Jens Andersen

Die LEGO-Story

JENS ANDERSEN

DIE LEGO-STORY

Wie der Spielehersteller zur Weltmarke wurde – Eine Familiengeschichte

Aus dem Dänischen
von Ulrich Sonnenberg

Deutsche Verlags-Anstalt

Die Originalausgabe erschien 2021
unter dem Titel *Et liv med LEGO. En slægtshistorie*
bei Politikens Forlag, Kopenhagen.

MIX
Papier | Fördert gute Waldnutzung
FSC® C010328

Penguin Random House Verlagsgruppe FSC® N001967

1. Auflage

Lektorat: Margret Trebbe-Plath
Fotos: siehe Bildnachweis; falls dort nicht anders vermerkt, © The LEGO Group
Umschlaggestaltung: Jorge Schmidt, München
Umschlagabbildungen: © The Lego Group (Strichzeichnung,
Fotografien auf der Rückseite); © Nanni Schiffl-Deiler
Autorenfoto: © Les Kaner
Satz: Uhl+Massopust GmbH, Aalen
Druck und Bindung: Alföldi Druckerei AG
Printed in Hungary
ISBN 978-3-421-07004-3
www.dva.de

You may say I'm a dreamer
But I'm not the only one
I hope someday you'll join us
And the world will be as one

John Lennon

Inhalt

Stammbaum

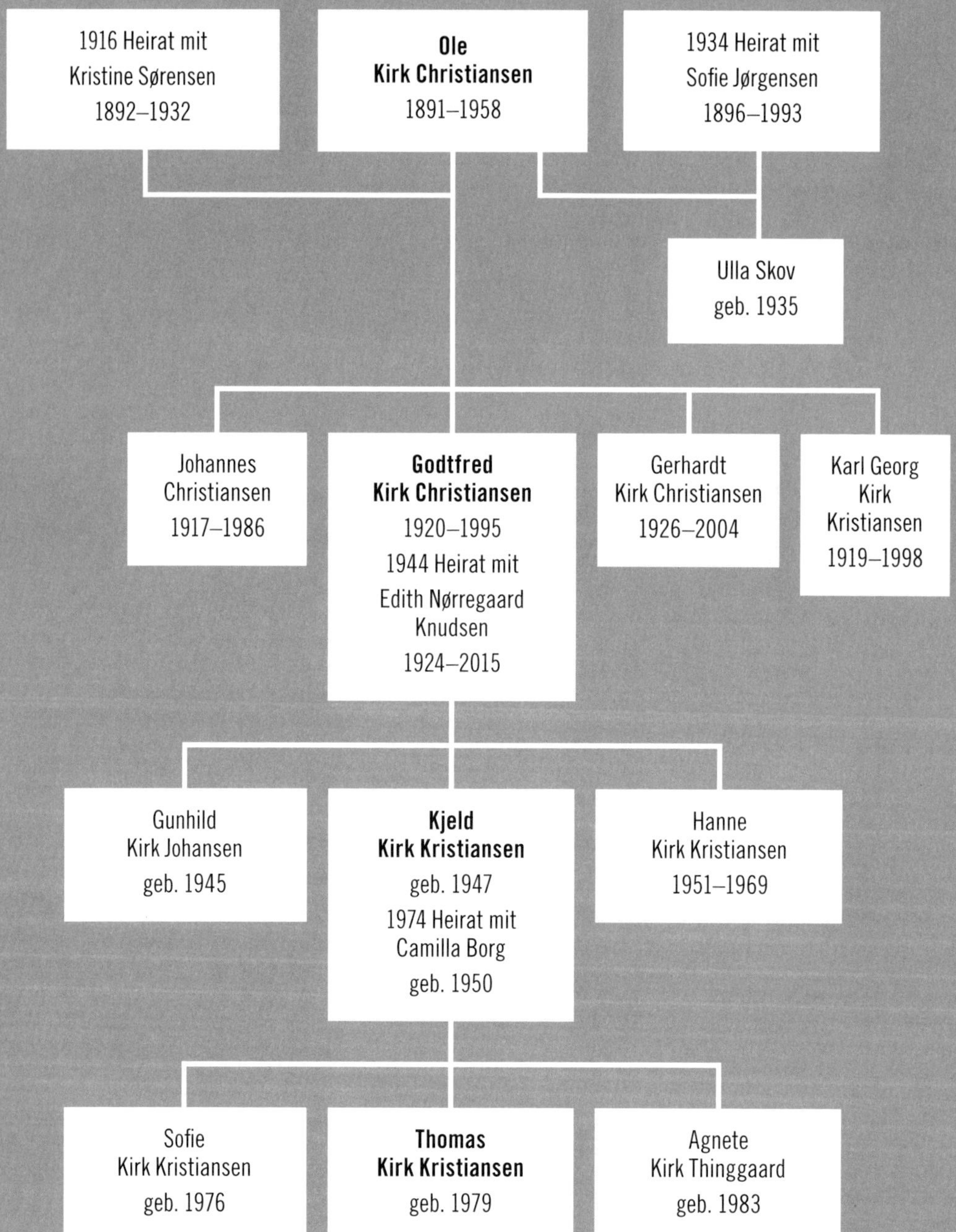
1916 Heirat mit
Kristine Sørensen
1892–1932
Ole
Kirk Christiansen
1891–1958
1934 Heirat mit
Sofie Jørgensen
1896–1993
Ulla Skov
geb. 1935
Johannes
Christiansen
1917–1986
Godtfred
Kirk Christiansen
1920–1995
1944 Heirat mit
Edith Nørregaard
Knudsen
1924–2015
Gerhardt
Kirk Christiansen
1926–2004
Karl Georg
Kirk
Kristiansen
1919–1998
Gunhild
Kirk Johansen
geb. 1945
Kjeld
Kirk Kristiansen
geb. 1947
1974 Heirat mit
Camilla Borg
geb. 1950
Hanne
Kirk Kristiansen
1951–1969
Sofie
Kirk Kristiansen
geb. 1976
Thomas
Kirk Kristiansen
geb. 1979
Agnete
Kirk Thinggaard
geb. 1983

Vorwort

Man kann davon ausgehen, dass jedes Jahr achtzig bis neunzig Millionen Kinder auf der Welt eine Schachtel LEGO geschenkt bekommen und rund zehn Millionen Erwachsene ein LEGO-Set für sich selbst kaufen. Doch LEGO ist sehr viel mehr als nur eine schwindelerregende Anzahl von Packungen mit Plastiksteinen, die sich in unzähligen Varianten zusammenbauen und kombinieren lassen. LEGO ist auch eine Vision über die Bedeutung des Spielens für den Menschen.

Dieses Buch ist die Geschichte einer global agierenden Firma und einer dänischen Familie, die neunzig Jahre lang das Recht des Kindes, zu spielen, verteidigt hat und bis heute daran glaubt, dass auch Erwachsene dem Kind in sich einen Platz bewahren sollten.

Seit Anfang der 1930er-Jahre produziert LEGO Spielzeug und verschafft kleinen wie großen Kindern immer neue Erlebnisse, quer durch alle sozialen und kulturellen Schichten und immer mit den gesellschaftlichen Entwicklungen Schritt haltend. Von der Wirtschaftskrise zum Wohlfahrtsstaat über den Bruch mit der patriarchalischen Familie mit dem Vater am Kopfende des Tisches bis hin zum Einzug der Frauen auf dem Arbeitsmarkt – mit den veränderten Geschlechterrollen und Familienstrukturen entstanden auch neue Formen des Spielens. Früher war das Spielen von Mädchen und Jungen eine rein physische Aktivität, heute findet es in ebenso hohem Maße digital statt. LEGO hat diese Entwicklung von Anfang an begleitet.

Die Idee zu *Die LEGO-Story* hatte ich im Herbst 2019. Es geht dabei nicht um eine traditionelle Firmengeschichte, sondern eher um eine Kulturgeschichte und eine biografische Chronik der drei Generationen der Familie Kirk Kristiansen, die LEGO entwickelten und zu dem werden ließen, was es heute ist: der weltgrößte Spielzeugproduzent und eine der beliebtesten Marken der Welt. Die vierte Generation bereitet sich darauf vor, diesen Weg fortzusetzen.

Dieses Buch basiert auf Material aus den Archiven von LEGO in Billund, zu denen ich Zugang bekam, und den monatlichen Gesprächen, die ich über anderthalb Jahre hinweg mit Kjeld Kirk Kristiansen geführt habe, der 1947 praktisch in die Firma hineingeboren wurde und LEGOs Entwicklung seit fast fünfzig Jahren prägt. Im Buch wird er auf eigenen Wunsch allein »Kjeld« genannt, denn nicht nur in Billund ist er unter diesem Namen bekannt, sondern auch bei den weltweit 20 000 Beschäftigten von LEGO und den fünfmal so vielen registrierten erwachsenen Fans, für die LEGO Leidenschaft und Lebensstil ist.

Apropos Namen. Der Nachname der Familie hat in der Vergangenheit für einige Verwirrung gesorgt. An dem Mittelnamen »Kirk« gibt es keinen Zweifel, aber folgt dann »Kristiansen« oder »Christiansen«? Laut den alten Kirchenbüchern und Taufscheinen der Familie müssten sie Kristiansen mit K heißen, aber aus unerfindlichen Gründen beschloss der Firmengründer Ole Kirk, sich Christiansen zu nennen, als er sich 1916 als junger Tischlergeselle in Billund niederließ. Mit wenigen Ausnahmen behielt er diese Schreibweise bis zu seinem Tod bei, und so wurde sein Name auch in den Grabstein gemeißelt, der auf dem Friedhof von Grene etwas außerhalb von Billund steht.

Ole Kirks Sohn Godtfred schrieb seinen Nachnamen ebenfalls mit Ch anstatt mit K, und als junger ambitionierter Fabrikleiter fing er in den 1940er-Jahren an, die Initialen G.K.C. zu benutzen. Dies behielt er sein Leben lang bei, das Kürzel wurde sein Rufname bei den Mitarbeitern von LEGO, bei Geschäftskontakten, den Menschen in Billund und guten Freunden. GKCs Sohn Kjeld – die Hauptperson dieses Buches – beschloss hingegen als junger Mann, sich an die Schreibweise des Taufscheins zu halten, und nennt sich seither immer Kjeld Kirk Kristiansen.

Ich habe mich entschieden, die Wahl der Nach- und Rufnamen der einzelnen Familienmitglieder zu respektieren, die man so auch im Stammbaum findet. Daher heißt der Gründer von LEGO auf den folgenden Seiten entweder »Ole Kirk« oder »Christiansen«, sein Sohn Godtfred »GKC«, während der Vertreter der dritten Generation der Familie ganz einfach »Kjeld« genannt wird.

Vielleicht werden sich einige Leser und Leserinnen darüber wundern, dass ich in dem gesamten Buch LEGO und andere Firmen des LEGO-Konzerns – wie etwa KIRKBI – in Versalien schreibe. Ich fand es angebracht, hier der gängigen Schreibweise des Unternehmens zu folgen. Wer bei LEGO beschäftigt ist oder eine engere Verbindung zu dem Unternehmen hat, wird bemerken, dass ich von den firmeninternen orthografischen Regeln abweiche. Zum einen lasse ich aus Gründen der Lesbarkeit die Registered Trade Mark nach LEGO® weg, zum anderen benutze ich einen Bindestrich, wenn es um LEGO-Steine, LEGO-Mitarbeiter oder LEGO-Elemente geht.

So wie zwei klassische Achtersteine auf mindestens vierundzwanzig verschiedene Weisen zusammengesetzt werden können, gibt es viele Möglichkeiten, die Geschichte von LEGO zu erzählen. Ich habe mich für die breite, erzählende Form ohne Quellenverzeichnis und Anmerkungsapparat entschieden.

Am Ende des Buches findet sich eine ausführliche Literaturliste, ein Namensregister sowie ein Dank an all diejenigen, die dieses Buch ermöglicht haben. An dieser Stelle möchte ich jedoch festhalten, dass ich dieses Projekt niemals unbeschadet überstanden hätte ohne die Hilfe von Jette Orduna, der Geschäftsführerin des LEGO Idea House, der Archivarin Tine Froberg Mortensen, der gesamten Familie Kirk Kristiansen, Niels B. Christiansen von LEGO A/S, Jørgen Vig Knudstorp, Ulla Lundhus und Søren Thorup Sørensen von KIRKBI A/S sowie Kim Hundevadt und Ulla Mervild vom Politikens Verlag.

Zum Schluss geht ein besonders herzlicher Dank an Kjeld, der mir Einblick in eine märchenhafte Episode der dänischen Geschichte gewährt hat. Mit einer Variation der Worte »Leg godt« – »Spiel gut« –, die in den 1930er-Jahren zu LEGO verkürzt wurden, bleibt mir nur noch zu sagen: Lies gut!

Jens Andersen, Juli 2021

Ole Kirks Werkzeug.

Holzarbeit

Die 1920er-Jahre

A long time ago in a galaxy far, far away …

So fängt eine berühmte Saga aus dem äußeren Weltraum an, die eine Rolle in der Geschichte spielen wird, die hier erzählt werden soll. Sie beginnt im Herbst 1915 in Dänemark, weit draußen auf dem Land, als ein junger Handwerker in Westjütland von einer Tischlerwerkstatt hört, die in dem kleinen Bahnhofsstädtchen Billund zum Verkauf steht.

Wie seine Verlobte ist der junge Handwerker in der kargen Heidelandschaft unter Tagelöhnern und kleinen Leuten aufgewachsen. Als Junge hat er Schafe und Kühe gehütet und gelernt, auf Kreuzottern achtzugeben und Mergelgruben auszuheben – und wenn ein Unwetter drohte, konnte er Höhlen bauen wie kein Zweiter in der Gegend.

Jetzt ist er ein Tischlergeselle auf der Walz, der von einem festen Dach über dem Kopf träumt und von Ehe und einer eigenen Werkstatt spricht. Durch Unterstützung seiner Geschwister kann er sich 10 000 Kronen[1] bei der Bank leihen und übernimmt im Februar 1916 ein kleines weißes Haus mit Werkstatt am Rande von Billund. Mit Gottes Hilfe – und der Varde Bank – wird es schon gehen. An sei-

1 Nach heutigem Wert etwa 54 000 Euro.

nem fünfundzwanzigsten Geburtstag im April 1916 heiratet Ole Kirk Christiansen Hansine Kristine Sørensen, ein Jahr später wird der erste ihrer vier Söhne geboren.

> **Kjeld**: »Mein Großvater wurde 1891 in Blåhøj geboren, einem Ort zwanzig Kilometer nördlich von Billund. Er wuchs in einer Familie mit sechs Jungen und fünf Mädchen auf, die alle einen Mittelnamen erhielten, den mein Urgroßvater sich ausdachte. Das heißt, die Mädchen bekamen keinen Mittelnamen, denn sie würden ja ohnehin ihre Namen ändern, wenn sie irgendwann heirateten. Einer der Söhne hieß Randbæk (Randbach), ein anderer Kamp (Kampf), ein dritter Bonde (Bauer). Mein Großvater erhielt seinen Vor- und Mittelnamen – Ole Kirk (Kirche) – nach einem braven westjütländischen Bauern und Mitglied der Ständeversammlung, bei dem mein Großvater als Knecht gearbeitet hatte und den er bewunderte. Bereits als Sechsjähriger wurde Großvater Hütejunge und arbeitete auf verschiedenen Höfen, bis er schließlich eine Lehre als Tischler bei einem seiner älteren Brüder begann. Wie andere Handwerksgesellen ging auch er auf die Walz, kehrte aber schon bald nach Hause zurück, um seinem älteren Bruder zu helfen, das Postamt von Grindsted zu bauen. 1916 tauchte er dann hier in Billund auf.«

Gegen Ende des Ersten Weltkriegs wohnen knapp hundert Menschen in dem kleinen Ort an der Bahnlinie zwischen Vejle und Grindsted. Neben dem Bahnhofsgebäude, das auch als Postamt dient, besteht Billund 1916 aus vier, fünf größeren Höfen, mehreren Häusern, die als Altenteil dienen, einer Schule, einer Genossenschaftsmolkerei, einem Konsum-Geschäft, einem Missionshaus und einer Gaststätte, die schon bald ihre Alkoholkonzession verliert und als Hotel für Abstinenzler wiedereröffnet wird. Alles in allem liegen rund dreißig Häuser an den tiefen Straßengräben der mit Schotter bedeckten Landstraße. Will man zur Straße gehen, ist man gezwungen, die Gräben auf ein paar Brettern zu überwinden.

Ole Kirks und Kristines Haus mit dem Werkstattgebäude ist das letzte Anwesen an der Ausfallstraße von Billund. Es folgen ein paar bestellte Felder und dann Heide, so weit das Auge reicht – Kilometer um Kilometer bräunliches Heidekraut an der sandigen Landstraße in Richtung Westen.

Es heißt, ein reicher Mann aus Kolding sei einst durch den Gemeindebezirk von Grene gereist und habe Billund einen »gottverlassenen Ort« genannt. Tatsächlich ist Billund in den ersten Jahrzehnten des 20. Jahrhunderts nicht sonderlich attraktiv, an Leben mangelt es in den Jahren nach dem Ersten Weltkrieg dennoch nicht. Und schon gar nicht, was Gott und den Heiligen Geist anbelangt.

Das junge Paar lässt sich zu einem Zeitpunkt der dänischen Geschichte in Billund nieder, als sich auf dem Land religiöse Bewegungen ausbreiten. Neben den Gewerkschaften in den Großstädten ist die Innere Mission die Vereinigung Dänemarks mit dem größten Zulauf. Überall errichten genügsame, gottesfürchtige Bauern Missionshäuser, und um 1920 sind mehr als 300 000 Menschen – vor allem einfache Leute aus der Unterschicht – Mitglied in einer der kleinen lokalen Gemeinden der Inneren Mission. Die Vereinigung ist keine Sekte, sondern vielmehr ein weit verzweigtes kirchliches Netzwerk, das ein eigenes frommes christliches Leben innerhalb der dänischen Volkskirche führt, auch wenn viele Pastoren der Volkskirche Mitgliedern der Inneren Mission den Zutritt zu den Gotteshäusern verweigern.

Mehrere Erweckungswellen sind seit den 1880er-Jahren über die Gemeinde Grene hinweggegangen. Viele verschiedene religiöse Stimmen haben sich Gehör verschafft, von katholischen Priestern und protestantischen Pastoren, Pietisten und Herrnhutern bis zu Mitgliedern der Inneren Mission und den sogenannten »Grundtvigianern«, die sich von den Gedanken des dänischen Dichters, Pastors und Begründers der Volkshochschulbewegung Nikolai Frederik Severin Grundtvig über Christentum, Kultur, Kirche und Vaterland leiten lassen. Die Mitglieder der Inneren Mission glauben fest daran, dass der Mensch von Natur aus sündig ist und nur durch ein Leben in Demut und mit Gottes Hilfe und Verständnis erlöst werden kann. Daran glauben auch der neue Tischler der Stadt und seine Ehefrau, obwohl es bei den

An Ole Kirks fünfundzwanzigstem Geburtstag am 7. April 1916 findet die Hochzeit mit Kristine statt. In Billund kümmern sich vor allem Karen und Peter Urmager, die beide zum Vorstand der Inneren Mission gehören, um die jungen Zugezogenen. Es entwickelt sich eine herzliche Freundschaft. Als Karen nach dem Tod ihres Mannes krank wird, nimmt Ole Kirk sie in seine Familie auf. Karen darf in seinem Bett liegen, bis sie wieder gesund ist.

Christiansens häufig fröhlicher zugeht als bei vielen anderen Anhängern der Inneren Mission in ihrer Gemeinde.

Kjeld: »Die Einwohner von Billund waren damals in zwei Gruppen geteilt. Die Anhänger der Inneren Mission hielt man für Strenggläubige, die in ihrem Missionshaus blieben, während es von den Grundtvigianern hieß, sie seien in ihrem Verhältnis zu Gott volkstümlicher. Sie trafen sich vor allem im Versammlungshaus. Wie meine Großeltern waren auch die meisten Einwohner hier in der Stadt Anhänger der Mission, aber für beide kirchlichen Gruppierungen galt, dass man mit ›den anderen‹ nur so viel Kontakt wie unbedingt nötig hatte. So war das tatsächlich noch in den 1950er-Jahren, in denen ich aufwuchs. Meine beiden Schwestern und ich wussten genau, wer zur Mission gehörte und wer Grundtvigianer war. Meine Großeltern waren sehr religiös, aber von meinem Großvater heißt es auch, er sei ein fröhlicher Mann gewesen, ›naiv‹ im besten Sinn des Wortes. Er war sehr offen und ehrlich in seinem Glauben und schrieb gern ›so Gott will‹ in Briefen, in denen es um seinen Betrieb ging. Aber er hat ganz sicher nicht versucht, andere über Gott und Jesus zu belehren, auch wenn er selbst in seinem Glauben unerschütterlich war. Großvater war bis zu seinem Tod davon überzeugt, dass er ohne Gottes Hilfe nie zum Spielzeug gefunden und LEGO gegründet hätte.«

»Billund Maschinenschreinerei & Tischlerwerkstatt« steht oben auf den Rechnungen des neuen Handwerkers im Städtchen. Obwohl die meisten Leute in Billund nur Gutes über Ole Kirk sagen können, wenn es um die handwerklichen Fähigkeiten des Mannes, seinen guten Willen und seinen festen Glauben geht, erwirtschaftet der Betrieb auch nach ein paar Jahren nicht den Ertrag, den Ole Kirk und seine Frau sich erhofft haben.

Eigentlich hatte es vielversprechend begonnen. Wie in vielen anderen Regionen des Landes profitierten die Bauern von der Neutralität Dänemarks während des Ersten Weltkriegs; sie verkauften Getreide und Fleisch an die kriegsführenden Nationen, und mit der Torfproduktion wurde ein zusätzlicher Verdienst generiert. Man konnte es sich also leisten, seinen Hof zu renovieren, umzubauen oder zu erweitern, und so gab es in den Jahren von 1916 bis 1918 für den jungen, fleißigen Tischler- und Zimmermeister genug zu tun. Nach Kriegsende traf die weltweite Wirtschaftskrise jedoch auch Dänemark, und plötzlich saß bei den Bauern das Geld nicht mehr so locker – zumal sie es in Billund und Umgebung mit einem ausgesprochen mageren, sandigen Boden zu tun hatten, der wenig Ertrag bringt.

Doch gute Zimmerleute werden immer gebraucht, Ole Kirk ist zuversichtlich. Er hat einen Gesellen und einen Lehrling, und bei größeren Bauaufträgen stellt er zusätzlich einen oder mehrere fahrende Zimmerleute ein. Er ist als freundlicher und umgänglicher Meister bekannt, der von seinen Mitarbeitern allerdings sorgfältige Arbeit und verantwortungsbewussten Einsatz verlangt. Eines der Lieblingsschimpfworte des Meisters ist »Schlappschwanz« – neigt jemand zur Faulheit, behält er seinen Job bei Christiansen nicht sehr lange. Ist jemand dagegen bereit, sich wirklich Mühe zu geben, ist er bei ihm in guten und fürsorglichen Händen. Ole Kirk schimpft nur selten mit seinen Angestellten, wenn sie einen Fehler gemacht haben. Er vertritt die Ansicht, »daraus könne man doch nur lernen«.

Einer der Handwerker, der viele Jahre eng mit Ole Kirk und seiner Familie zusammengearbeitet hat, ist »Schreiner Viggo«, der eigentlich Viggo Jørgensen heißt. 1917 tritt er seine Lehre in der Billund Maschinenschreinerei & Tischlerwerkstatt an und bleibt dort acht Jahre. Diese Zeit hat für den jungen Mann eine große Bedeutung, denn er lernt in den Jahren nicht nur sein Handwerk, sondern auch viel über sich selbst, andere Menschen und das Leben im Allgemeinen.

Wie Ole Kirks vier Söhne begreift Viggo, der in einem Kinderheim der Inneren Mission in der Nähe von Vejle aufwuchs, dass das Leben nicht nur eine Gabe ist, sondern auch eine Aufgabe. Als Mensch hat man die Pflicht, sich um das, was einem anvertraut wurde, so gut wie möglich zu kümmern. Dieses Gebot vergisst Schreiner Viggo niemals, und er pocht auch immer wieder darauf in seinen handgeschriebenen Erinnerungen über die Zeit bei der Familie Christiansen, die er viele Jahre später den Söhnen des Meisters schickt.

An einem Tag im Frühjahr 1917 kommt Viggo mit dem Zug aus Vejle in Billund an. So gut wie alles, was der 14-Jährige besitzt, passt in seinen kleinen Koffer. In der Tasche hat er sein gesamtes Vermögen, 1 Krone und 82 Øre. Ole Kirk holt den Jungen vom Bahnhof ab, auf dem Weg nach Hause und zur Werkstatt schiebt er sein Fahrrad. Das Anwesen der Christiansens liegt gegenüber des Konsum-Geschäfts, in dem viel zu viele Einwohner von Billund auf Pump kaufen – in den Rechnungsbüchern des Inhabers und seiner Frau herrscht ein gewaltiges Durcheinander. Ole Kirk stellt sein Fahrrad auf dem kleinen Platz hinter dem Haus ab und zeigt dem schüchternen Jungen den Raum über der Werkstatt, in dem er wohnen wird.

»Das ist dein Zimmer, Viggo, du hast doch keine Angst, allein auf dem Dachboden zu schlafen?«

»Nein«, antwortet Viggo tapfer, obwohl es für den Jungen aus dem Kinderheim neu und überwältigend ist, ein eigenes Zimmer mit Bett, Tisch und Stuhl zu haben. Im Wohnzimmer begrüßt er die Frau des Meisters, die ihn eingehend betrachtet:

»Er sieht mir ein wenig schmächtig aus, Ole.«

»Ja, aber das Problem werden wir schon lösen«, erwidert der Meister.

Viggo lebt sich rasch ein. Er ist nicht länger einer unter fünfzig, sechzig Waisen im Kinderheim von Bredballe, er lebt bei einer Familie, in der jede Mahlzeit mit einem Gebet und dem innigen Dank an Gott beginnt. Wenn Gäste kommen, werden Kirchenlieder gesungen. Viggo ist Teil der Gemeinschaft und hat seinen festen Platz unter den Handwerkern. Zeitweilig sind sechs, sieben Beschäftigte um den Esstisch versammelt, mit dem Meister am Kopfende. Häufig liest Ole Kirk ein wenig aus dem »Häuslichen Andachtskalender der Brüdergemeinde« und endet mit ein paar Strophen aus dem Gesangbuch, die ihm besonders gefallen.

Wie alle anderen Lehrlinge im damaligen Dänemark bekommt Viggo in den vier Jahren seiner Lehrzeit keinen Lohn, sondern aus-

Hilsen fra Billund

»Gruß aus Billund«. Postkarte aus den 1910er-Jahren. Billund von Westen her gesehen, mit Heidekraut neben der geschotterten Landstraße. Bei den weißen Gebäuden links handelt es sich um das Haus und die Werkstatt, die Ole Kirk 1916 kauft. *Lokalhistorisk Arkiv for Grene Sogn.*

schließlich Kost und Logis. Dafür erlaubt Ole Kirk ihm aber, in der Werkstatt Holzspäne zu sammeln und als Anzündholz für 10 Øre pro Sack zu verkaufen. Und Viggo kann sich auch etwas dazuverdienen, wenn Ole Kirk und seine Frau abends ins Missionshaus gehen oder Gemeindemitglieder zum Kaffee besuchen und er auf die Kinder aufpasst. Sobald Viggo mit dem Werkzeug umgehen kann, erlaubt ihm Ole Kirk, nach der Arbeitszeit die Werkstatt zu nutzen. Viggo schreinert Schemel, Hutablagen, kleine Bücherregale, Puppenmöbel und Spielsachen, die er im Städtchen verkauft.

»Aber denk daran, das Material ordentlich abzurechnen, Viggo!«, ermahnt ihn Christiansen. »Und achte darauf, dass du für das, was du verkaufst, auch bezahlt wirst.« Und das kann durchaus zur Herausforderung werden in der Gemeinde Grene jener Zeit. Häufig ist nur wenig Bargeld im Umlauf, der Tauschhandel floriert. Selbst wenn es um Kleinigkeiten wie die Reparatur eines Fensters oder den Austausch von Teilen einer alten Tür geht, erwarten die Bauern von Ole Kirk, dass er eine Bezahlung in Naturalien akzeptiert oder einen Preisnachlass gewährt.

So ist es auch beim Bau der Kirche in Skjoldbjerg, einem Ort südlich von Billund, in den Jahren 1919 bis 1921. Der gefragte Zimmermeister aus Billund hat kurz zuvor die neue Empore der Kirche in Grene durch einen Platz für die Orgel und zusätzliche Sitzbänke erweitert. Die Kirche in Skjoldbjerg ist Ole Kirks bisher größter Auftrag. Er ist verantwortlich für sämtliche tragenden Teile aus Holz, die große Eingangstür mit den schmiedeeisernen Beschlägen, die Kirchenbänke, die Kanzel und die Altartafel. Ein von außerhalb kommender Holzschnitzer ist für die Gestaltung der zwölf Apostel zuständig, die Schreiner Viggo in den kleinen Vertiefungen der Altartafel befestigt, wobei ihm ein Vergolder zusieht, der die Jünger Jesu mit Blattgold verzieren soll.

Als der Ausbau der Kirche in Skjoldbjerg beendet ist, erhält Ole Kirk nur einen Teil des vereinbarten Lohns und muss sich, wie er später erzählt, damit begnügen, »dass es einem guten Zweck diente« und man es mit Blick auf Gott als eine gute Investition betrachten könne.

Die Geschichte über die Verantwortlichen in Skjoldbjerg, die mit

Wegen des Handels mit Torf, Mergel und Dünger wurde der 1914 fertiggestellte Bahnhof von Billund einer der meistfrequentierten Bahnhöfe an der Strecke von Vejle nach Grindsted. Viggo Jørgensen (Abbildung rechts), der dort 1917 mit dem Zug ankam, schrieb in seinen Aufzeichnungen: »Noch immer erinnere ich mich an zwei Menschen, Christiansen und seine Frau, die sich des heimatlosen Jungen annahmen, ihm zu einer guten handwerklichen Ausbildung verhalfen und ihn lehrten, wie man sich im Leben zu betragen habe.« *Lokalhistorisk Arkiv for Grene Sogn.*

ihrem Kirchenbau deutlich billiger davonkommen, zeigt jedoch auch, dass der Zimmermeister mit seinen eigenen Rechnungen bei Weitem nicht so sorgfältig ist wie bei seinem Handwerk. Immer wieder erlebt Schreiner Viggo in der ersten Hälfte der 1920er-Jahre finanzielle Krisen bei Christiansen. Wenn das Geschäft ernsthaft in Gefahr ist und Gott – trotz der Gebete des Meisters – nichts unternimmt, wird Viggo mit dem Fahrrad zur Bank nach Grindsted geschickt.

Es sind jeweils fünfzehn Kilometer Weg auf der Schotterpiste, und auf der Hinfahrt hat er zusätzlich mit scharfem Westwind zu kämpfen. In der Tasche des Lehrlings steckt ein Umschlag mit Geld, das die Gläubiger zumindest kurzfristig befriedigen soll.

»Hoffen wir, dass du keinen Platten bekommst, Viggo, denn du musst bis 15 Uhr auf der Bank sein, sonst nehmen sie uns das Haus und die Werkstatt weg«, lautet Christiansens ernste Anweisung – während sich sogleich ein schelmisches Lächeln auf seinem Gesicht ausbreitet.

Schreiner Viggo erinnert sich: »Es brauchte schon weit mehr, um dem Meister die Laune zu verderben.«

Ole Kirk zählt zu den Gläubigen, die Vilhelm Beck, der Begründer der Inneren Mission, als »Männer mit einem helleren Blick und einem freieren Umgang mit ihrem Glauben« beschreibt. Neben der festen Überzeugung, dass der Mensch ein Kind Gottes ist, das für seine sündige Natur Vergebung durch die Taufe erlangt, steckt in Ole Kirk aber auch ein verspieltes Kind, das anderen gern Streiche spielt. Manchmal kann sein Humor ausgesprochen derb sein, zum Beispiel, wenn er Silvester den Menschen Kanonenschläge zwischen die Beine wirft oder als Großvater sein Enkelkind auffordert, Hund zu spielen und in den Kofferraum des Autos zu springen.

> **Kjeld**: »Ich erinnere mich an ihn als einen fröhlichen, lächelnden und sehr sanften Mann, der es sich nicht verkneifen konnte, mit den Leuten im Ort und in der Fabrik seine Späße zu treiben. Einmal schloss er mich in den Kofferraum seines Opel Kapitän ein, weil er meinte, ich sollte sehen, wie es ist, dort zu liegen, so wie der Hund meiner Großeltern, wenn sie irgendwo hinfuhren. Es war nicht besonders komisch, denn plötzlich kam jemand, um mit ihm zu reden, und er vergaß, mich wieder herauszulassen. Ich lag dort ziemlich lange, bevor jemand mein Klopfen hörte und mich befreite.«

Humor und Übermut gehören sein Leben lang zu Ole Kirks Persönlichkeit ebenso wie seine vorbehaltlose religiöse Überzeugung. In diesem scheinbaren Gegensatz liegt eine mögliche Erklärung für die Sorglosigkeit, mit der der Zimmermeister und Familienvater mit Schulden, fälligen Rückzahlungen und sogar Konkursverfahren umgeht. Häufig lösen sich selbst die dunkelsten Wolken über Ole Kirks Betrieb auf, weil er zu den Inkassobevollmächtigten und Anwälten, die ihm seine vielen Gläubiger auf den Hals hetzen, ein lockeres, freundschaftliches Verhältnis pflegt. Sogar der königliche Gerichtsvollzieher verlässt Billund unverrichteter Dinge, allerdings mit einer Menge schöner Holzwaren für die Familie unter dem Arm.

Im November 1921 beendet Schreiner Viggo seine Lehre, doch in diesem Teil Jütlands gibt es keine feste Arbeit für ihn.

»Was hast du jetzt vor, Viggo, weißt du denn, wohin du willst?«, erkundigt sich Christiansen. Viggo weiß es nicht.

»Nun gut, ich habe einen Vorschlag, den du annehmen oder ablehnen kannst, wir bleiben trotzdem gute Freunde.«

Der Meister bietet Viggo Kost und Logis sowie 10 Kronen Lohn in der Woche an, wenn er ihm bei den großen Aufträgen hilft, die ihm, so Gott will, schon bald angeboten werden. »Und glaub jetzt nicht, dass ich nur auf eine billige Arbeitskraft aus bin, weil ich ja beinahe ebenso knapp bei Kasse bin wie du, ich möchte nur, dass bei deiner Lehrzeit etwas Gutes herauskommt. Du hast das Können, Viggo, es fehlt bloß die Arbeit.«

Viggo nimmt natürlich dankend an. Er ist jetzt seit vier Jahre bei Christiansen in Billund und weiß, wie das Leben eines Handwerkers aussieht. Wenn größere Zimmerarbeiten auf sich warten lassen, erledigt man kleinere Tischleraufträge in der Werkstatt. In einem Raum stehen die Maschinen – die Bandsäge, die Bohrmaschine, das Schleifgerät und die Fräse –, die alle über lange Treibriemen mit einer Antriebswelle unter der Decke verbunden sind. In dem anderen Raum, in dem überall Holzwolle und Späne herumliegen, stehen die Hobelbänke und der Ofen, den man zum Erhitzen des Tischlerleims benötigt. Hier werden die einzeln gearbeiteten Holzteile zusammengesetzt, die zu Türen, Fensterrahmen, Kücheninventar, Särgen, Kästen für Arbeitswagen sowie Kleiderschränken und Kommoden für Knechte und Mägde werden, wenn diese ihren Dienst antreten.

1923 ist ein so erfolgreiches Jahr für die Billund Maschinenschreinerei & Tischlerwerkstatt, dass Ole Kirk ein Dachgeschoss auf die Maschinenwerkstatt baut. Hinter dem Fenster im Giebel (rechts) befindet sich eine weitere Werkstatt mit Hobelbänken, Werkzeugschränken und Leimofen, darüber hat ein Geselle sein Zimmer.

Viggo konzentriert sich auf die Schreinerarbeiten in der Werkstatt, und es vergehen nur wenige Wochen, bis sämtliche Aufträge von den Höfen der Umgebung erledigt sind. Umgehend sorgt Christiansen dafür, dass Viggo seinen rechtmäßigen Gesellenlohn von 1 Krone und 18 Øre in der Stunde bekommt.

Kjeld: »Was meinen Großvater in all den Jahren antrieb, sowohl als Zimmermeister wie auch als Fabrikant, waren nicht nur Perfektion und Qualität, sondern auch Regelmäßigkeit und Ordnung, die nicht zuletzt in dem guten Verhältnis zu seinen Angestellten zum Ausdruck kamen. Er hatte ein soziales Gewissen, das mit seinem Respekt vor gut ausgeführter Arbeit zusammenhing. Alles sollte ja von bester und ordentlichster Qualität sein. Es ging nicht darum, an der Stelle über den Zaun zu springen, wo er am niedrigsten war.

Das wurde meinem Vater schon vermittelt, als er noch klein war. Eines Tages in den 1930er-Jahren, als sie bereits Spielzeug produzierten, lieferte mein Vater eine Ladung Holzenten deutlich schneller aus als gewöhnlich. Er glaubte, er würde von Großvater dafür gelobt werden, dass die Enten nur mit zwei statt der üblichen drei Schichten lackiert worden waren. Auf diese Weise hatte er der Firma doch Zeit und Geld gespart, oder? Großvater sah meinen Vater sehr ernst an und forderte ihn auf, die komplette Lieferung vom Bahnhof zurückzuholen, damit sämtliche Holzenten eine weitere gute und gründlich aufgetragene Schicht Lack erhielten. Die Qualität des Produkts, und damit die Zufriedenheit des Verbrauchers, bedeutete meinem Großvater alles.«

Ole Kirks und Kristines Familie wird rasch größer. 1917 kommt Johannes zu Welt, 1919 Karl Georg, 1920 Godtfred (Kjelds Vater) und 1926 schließlich Gerhardt. Daher beschließt Ole Kirk 1923, das Werkstattgebäude um eine Etage aufzustocken und eine Wohnung auf dem Dachboden einzurichten. Außerdem kann man im Parterre ein Zimmer vermieten. Jede Form der Einnahme ist willkommen.

An einem Sonntag Ende April 1924, als alle Mittagsschlaf halten, hört man auf der Straße plötzlich laute Schreie. »Es brennt!« Die Werkstatt steht in Flammen, das Feuer breitet sich rasch bis zum Wohnhaus aus. Innerhalb weniger Stunden brennt das gesamte Anwesen bis auf die Grundmauern nieder.

Es stellt sich heraus, dass der fünfjährige Karl Georg und der vierjährige Godtfred – der später zum dynamischen Direktor von LEGO werden sollte – in die Werkstatt geschlichen waren, um zu spielen und Puppenmöbel für die Nachbarsmädchen zu basteln. Als sie zu frieren begannen, hatten sie ein paar Streichhölzer auf einer Hobelbank gefunden und versucht, den Ofen anzumachen. Glut war herausgefallen und hatte Hobelspäne entzündet. Die Jungen hatten noch versucht, das Feuer mit Holzstöckchen auszuschlagen, doch damit die Flammen nur noch angefacht. Sehr bald schon brannte es richtig, und ein Lehrling, der über der Werkstatt schlief, bemerkte den Rauch. Er lief die

Sommersonntag im Garten Anfang der 1920er-Jahre. Den Eltern ist die Freude an den Kindern anzusehen. Links Ole Kirk mit Karl Georg auf dem Rücken, in der Mitte das Hausmädchen mit Johannes und rechts Kristine mit Godtfred.

Treppe hinunter und schlug die Tür zur Werkstatt ein, die die Jungen verschlossen hatten.

Niemand wird verletzt. Etwas Inventar und Werkzeug können aus den Flammen gerettet werden, doch die Maschinen sind verloren. Viggo, der nur wenige Habseligkeiten besitzt, trifft es besonders hart, denn der Geselle, der gern schreibt und liest, verliert nicht nur Kleidung und Holzschuhe, sondern auch seine kleine Büchersammlung, die mehrere Exemplare umfasst, die er mit Christiansens Hilfe selbst eingebunden hat.

Seinen Lebenstraum plötzlich in Ruinen zu sehen, ist ein Schock für Ole Kirk, allerdings zeigt sich die Gemeinschaft vor Ort von ihrer besten Seite. Die Familie wird auf dem Dachboden des Konsums direkt gegenüber der Brandstelle einquartiert, hat somit gleich eine Unterkunft, und der Familienvater kann auch sofort wieder arbeiten. Gemeinsam mit vielen anderen Handwerkern baut er mitten im Ort eine neue Genossenschaftsmolkerei auf, dort, wo heute das LEGO House steht.

Kristine und Ole Kirk 1924 mit Godtfred (links), Karl Georg und Johannes. Gerhardt wird erst 1926 geboren.

Die neue Molkerei ist nicht nur für das Städtchen Billund lebenswichtig, sondern für die gesamte Region, und Ole Kirk packt hart mit an und versucht damit auch, sein persönliches Unglück zu verdrängen. Dabei denkt er ständig über ein neues Haus nach, das das alte, abgebrannte ersetzen soll. Er spricht mehrfach mit dem Architekten des Molkereigebäudes, der aus Fredericia kommt und sich, wie viele seiner Kollegen in den 1920er-Jahren, für eine neue Baukultur einsetzt. Der »Besser Bauen«-Bewegung, einer Strömung in der Kultur und Architektur jener Zeit, geht es darum, einfache Materialien zu verwenden und handwerklich gute und vernünftige Lösungen zu finden, häufig mit pittoresken Details.

Ole Kirk überredet den Architekten Jespersen, ein neues Haus mit daran anschließender Werkstatt für ihn zu entwerfen, ein großes, schönes Gebäude, das zu erheblichen Schulden führt, die »mich viele Jahre lang verfolgten«, wie er später selbst bekennt. Die Nachbarn verfolgen den Hausbau mit Argwohn, denn selbst auf den großen Höfen beginnt man beim Bauen normalerweise mit dem Kuhstall. Dann kommt die Getreidescheune und zuletzt – wenn das Geld noch reicht – das Wohnhaus. Christiansen schlägt den entgegengesetzten Weg ein. Er denkt in großen Zusammenhängen, nach vorn gerichtet und visionär, ihm geht es um ein Gebäude, in dem Wohnzimmer, Schlafräume, Küche und Werkstätten – das gesamte Wohnen und Arbeiten – in einer höheren funktionalen Einheit aufgehen sollen.

Im Sommer 1924 nimmt das Haus Gestalt an. In einem Brief vom August an den Architekten, in dem einige Fragen zu den Fenstern und Türen im Wohnhaus und der Werkstatt geklärt werden, fragt Ole Kirk, ob Jespersen die Leitung der Molkerei nicht bitten könne, ihm seinen Lohn auszuzahlen: »Das Geld ist ziemlich knapp bei uns.« Der Architekt leitet die Bitte mit dem Vermerk weiter, Ole Kirk Christiansen freundlichst und so rasch wie möglich 2000 Kronen auszuzahlen.

So bekommt der vom Brand geschädigte, insolvente Zimmermeister in Billund das schönste und modernste Haus im Gemeindebezirk Grene, mit Werkstattgebäude und einem Hof dahinter. »Ein ganzer Palast war das, und wie gewöhnlich hatte Vater den Bogen überspannt«, erinnert sich einer seiner Söhne.

An einer Seite des stattlichen Hauses sitzt ein riesengroßes Fenster zur Straße hin. Dahinter befindet sich eine Art Ladenlokal, wo der Tischler- und Zimmermeister, so wie andere ehrbare Handwerksmeister, seine Waren ausstellen kann. Um die handwerkliche Qualität des Hauses zu unterstreichen, das allein durch sein Vorhandensein neue Kunden anziehen wird, wie Ole Kirk meint, legt man einen Vorplatz aus Zement an – der einzige seiner Art in ganz Billund – und stellt an beiden Seiten der Haustür je einen wachsamen, majestätischen Löwen auf. Kaum haben sie ihren Platz eingenommen, wird das Haus im Volksmund auch bereits das »Löwenhaus« genannt.

Kjeld: »In gewisser Weise hat Großvater selbst die Form des Hauses bestimmt. Der Architekt folgte lediglich seinen Anweisungen. Großvater wusste genau, wie es sein sollte, dennoch stellte sich dann heraus, dass es viel zu groß war, selbst für zwei Erwachsene, vier Kinder und eine wechselnde Anzahl von

1924 entwirft der Architekt Jesper Jespersen Ole Kirks neues Haus nach den damaligen Idealen der »Besser Bauen«-Bewegung: Das Mauerwerk wird mit haltbaren, soliden Materialien ausgeführt, es geht um gleichmäßige Proportionen und praktische und zeitgemäße Einrichtung. Der Fokus wird auf den Eingangsbereich gelegt, den ersten Eindruck eines jedes Besuchers. Und was ist ansehnlicher und dekorativer als zwei wachsame Löwen aus Zement? *Zeichnung: Fredericia Lokalhistorisk Arkiv.*

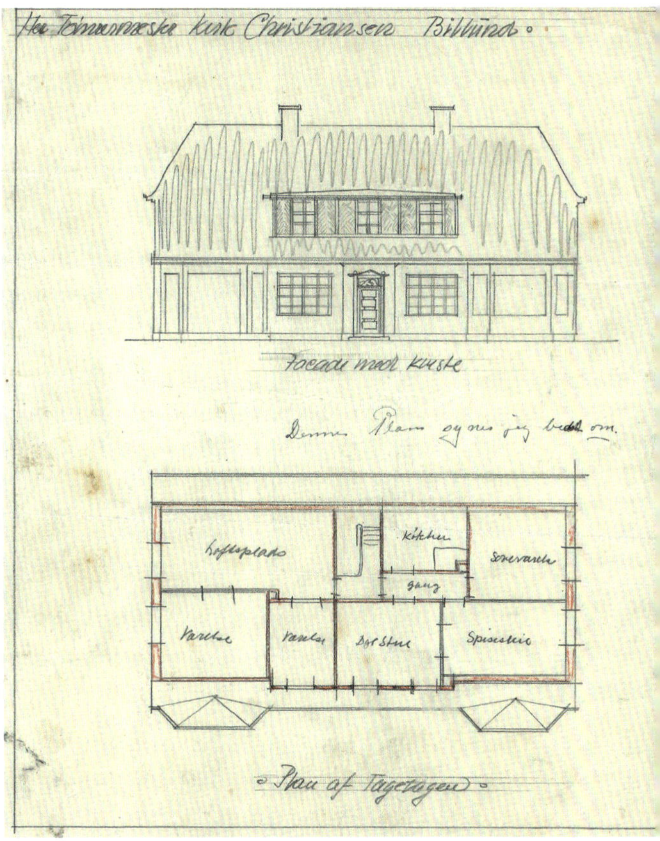

Handwerkern in Kost und Logis. Aber so war es mit Großvaters Bauplänen sein Leben lang. Es musste immer groß sein, und darüber kam es später zu heftigen Diskussionen zwischen ihm und meinem Vater. Weil die Gebäude, auch das Wohnhaus, von Anfang an zu groß waren, wurde der erste Stock vermietet. Unten, im Parterre, gab es neben dem Ausstellungsraum mit dem Fenster zur Straße ein Büro, und in der anderen Hälfte des Hauses ein Wohnzimmer, ein Schlafzimmer und die Küche. Das Haus steht noch immer mitten in Billund – schräg gegenüber vom LEGO House – und erinnert nicht nur an Ole Kirk Christiansen und seine Arbeit, sondern auch an den damaligen dänischen Baustil.«

Die ersten Jahrzehnte in der Geschichte von LEGO sind von Unglücken durchzogen. An einem Tag im August, nur ein Jahr, nachdem die Familie ins Löwenhaus gezogen ist, schlägt der Blitz in die neue Werkstatt ein, und Feuer bricht aus. Maschinen, Inventar und eine Menge halb fertiger Auftragsarbeiten gehen in Flammen auf. Der Brandschaden wird auf 45 000 Kronen geschätzt, und Ole Kirk muss seinen Betrieb ein weiteres Mal von Grund auf neu aufbauen.

Im folgenden Jahr, im November 1927, wird er erneut vom Unglück heimgesucht. Diesmal ist es allerdings selbst verschuldet, wovon die Versicherung jedoch nie etwas erfährt. In einer fröhlichen Runde aus Handwerkern und Meistern auf einem Hof in der Umgebung, auf dem größere Bauarbeiten stattfinden, behauptet Ole Kirk in einem seiner übermütigen Momente, dass man den neuen Petroleumgenerator des Bauern mit einem gewissen Körperteil stoppen könne. Das wollen natürlich alle sehen, bevor sie es glauben.

Hinterher weiß niemand mehr, warum die Maschine genau in dem Augenblick umfiel, als Christiansen sich mit dem Hinterteil auf den Treibriemen setzt. Jedenfalls kommt es zum Zusammenstoß mit dem Motor, Ole Kirk stürzt zu Boden und zieht sich einen Schädelbruch zu. Einige Tage später steht in der Zeitung:

»Der Krankenhausarzt Lange fuhr mit weißer Fahne am Auto in rasender Geschwindigkeit zum Unglücksort, gefolgt von einem Kran-

Ein junger Mann lehnt an Ole Kirks Ford mit Pedalschaltung. Das Auto wird im Herbst 1929 auf Raten gekauft, es ist das zweite Auto in Billund. Das erste gehört Maler Jensen und ist ein deutscher Brennabor mit Karbidscheinwerfern und Stoffdach.

kenwagen. Kurz darauf kam der Geschädigte zur Behandlung ins Krankenhaus. Sein Zustand ist ernst und gibt Anlass zur Sorge.«

Der Verunglückte erholt sich jedoch verhältnismäßig rasch und erhält ein zusätzliches Pflaster in Form von 4500 Kronen von der Versicherungsgesellschaft. Die große, unerwartete Summe gibt dem technikverrückten Zimmermeister die Möglichkeit, sich ein Radiogerät mit Kristalldetektoren zu kaufen, außerdem übernimmt er vom Schneider Frandsen ein altes vierzylindriges FN-Motorrad, das jedoch auf dem Heimweg von einem Ausflug nach Skagen endgültig liegen bleibt. Schreiner Viggo sitzt hinter ihm und erzählt später von den damit verbundenen Schwierigkeiten. Guter Rat ist teuer, doch im Herbst 1929 denkt Ole Kirk wieder in großen Zusammenhängen, verschließt die Augen vor all seinen Schulden und investiert in ein modernes Automobil, einen gebrauchten Ford T, der auf Raten gekauft wird.

Kjeld: »Großvater wollte immer das Neueste vom Neuen haben, nicht um damit anzugeben, sondern weil er so unglaublich neugierig und verspielt war, wenn es um neue Technologien ging. Er war auch der Erste in Billund, der in den Fünfzigerjahren einen Fernseher besaß. Ich erinnere mich, dass es ein riesiges Ereignis war, für die Kinder wie für die Erwachsenen. Wir saßen mit ich weiß nicht wie vielen Menschen in dem alten Wohnzimmer meiner Großeltern vor diesem enormen Fernsehkasten. Es war charakteristisch für ihn, dass er nie Angst hatte, etwas auszuprobieren, wenn er etwas sah und dachte oder auch nur das Gefühl hatte, es könnte sich um eine vernünftige Idee handeln.«

In gewissen Billunder Kreisen fängt man jedoch an, sich zu fragen, ob Christiansen nicht den Namen Gottes missbrauche. Erst baut er über seine Verhältnisse, dann kauft er ein Radiogerät und schließlich ein Auto. Auf der anderen Seite ist der Zimmermeister nicht der Einzige, der in diesen Jahren plötzlich Geld in die Hand bekommt. »Wenn der Bauer reich ist, sind alle reich«, heißt es, und 1928 bis 1929 ist eine Zeit mit außergewöhnlich guten Ernteerträgen in Dänemark. In der Folge haben Zimmerleute, Maurer und Maler in Billund und Umgebung volle Auftragsbücher.

Kristine jedoch ist der Ansicht, Ole Kirk gehe in seiner Begeisterung zu weit, wenn er all seine Zeit und nicht zuletzt sein bestes Holz aufwendet, um Pastor Frøkjær Jensen einen großen, schicken Schlitten zu bauen. »Bekommst du überhaupt etwas dafür, Ole?« Das erwartet der Ehemann nicht, aber wenn man seinem Pastor eine Freude machen kann, kommt man seinem Gott sicher etwas näher.

Und siehe da, Billunds Zimmermeister erhält eine Reihe neuer Aufträge für Haus- und Stallbauten, und das bedeutet, er hat mehr zu tun als je zuvor, kommt aber nun in seinem Ford T mit drei Fußpedalen anstelle eines Schaltknüppels schneller zu seinen Kunden. Der gebrauchte Wagen hat beim Automobilhändler Nielsen in Grindsted 1400 Kronen gekostet.

Eine Zeit lang sieht das Leben hell und vielversprechend aus, doch die Konsequenzen des Börsencrashs an der Wall Street im Oktober 1929 erfassen rasch auch Europa. Deutschland und Großbritannien, die größten Handelspartner Dänemarks, geraten ins Wanken, die Preise für Getreide, Butter und Schweinefleisch stürzen in den Keller. Die weitreichende Landwirtschaftskrise, die nicht nur die Bauern betrifft, sondern auch die Handwerker, die einen gewaltigen Rückgang bei sämtlichen Bauvorhaben erleben, führt zu massiver Arbeitslosigkeit und einem explosionsartigen Anstieg von Konkursen in den ländlichen Regionen. Viele Hofbesitzer und Handwerksmeister müssen ihre Tore schließen, und schon bald zieht sich das Netz auch um die Billund Maschinenschreinerei & Tischlerwerkstatt (Billund Maskinsnedkeri & Tømrerforretning) zusammen.

Ente, 1937.

Glaube

Die 1930er-Jahre

Eines Morgens im Herbst 1931 fährt ein Mann in seinem Ford T aus der Stadt heraus. Er ist bedrückter Stimmung. Ein langer Tag liegt vor ihm, an dem er versuchen muss, ein wenig von dem vielen Geld einzusammeln, das ihm überall im Gemeindebezirk zusteht. Zumindest aber muss er einige seiner Schuldner dazu bringen, einen Wechsel zu unterschreiben. Auf dem Land eine gängige Praxis, sich gegenseitig zu helfen, wenn das Geld knapp ist.

Schulden einzutreiben ist nicht gerade die Stärke des Zimmermeisters. Normalerweise schickt er den elfjährigen Godtfred mit den Wechseln los, die erneuert werden müssen, denn im Gegensatz zu seinem Vater kommt der Sohn selten unverrichteter Dinge nach Hause. Heute muss der vom Konkurs bedrohte Ole Kirk allerdings selbst aktiv werden, wenn der lange Arm des Gesetzes nicht nach dem Löwenhaus und der Werkstatt greifen soll.

Der Letzte, den er an diesem Herbsttag besucht, ist Jens Riis Jensen, der einen Hof an der Straße nach Grindsted besitzt. Vor ziemlich langer Zeit hat er eine Feldscheune zur Lagerung von Heu errichten lassen, die 35 Kronen für den Bau sind allerdings noch nicht bezahlt.

Als der große Ford T auf den Hofplatz biegt, kommt Riis heraus, um Ole Kirk zu empfangen. Christiansen öffnet die Autotür, bleibt aber sitzen.

»Wahrscheinlich hast du die 35 Kronen nicht, die du mir schuldest, Jens Riis? Ich war heute an fünfzehn verschiedenen Orten, wo man mir Geld schuldet, aber niemand hat auch nur eine einzige königliche Münze, und niemand traut sich noch, einen Wechsel zu unterschreiben.«

Der Bauer schüttelt resigniert den Kopf. »Tut mir leid, Christiansen. Als ich das letzte Mal mit ein paar ausgewachsenen Schweinen in der Schlachterei war, bekam ich weniger für sie, als ich damals für sie als kleine Ferkel bezahlt habe. Ich besitze nicht mal einen Taler, aber du kannst einen Käse mit nach Hause nehmen.«

»Damit habe ich auch nicht gerechnet, Riis, aber unterschreibst du mir einen Wechsel, damit ich den morgigen Tag überstehe?«

»Ja, natürlich, aber ich weiß nicht, wann ich den Rest für die Scheune bezahlen kann ...«

»Ruf mich an, wenn es nötig ist, Jens Riis, vielleicht habe ich dann ein bisschen Geld, das du dir von mir leihen kannst.« Der Bauer lächelt, holt einen Stift und unterschreibt.

Ole Kirk bedankt sich: »Deine Unterschrift ist die erste – und die einzige –, die ich heute mit nach Hause bringe, aber jetzt weiß ich, dass wir den morgigen Tag überstehen werden.«

Weder Jens Riis noch die anderen dänischen Bauern bekommen genügend Geld für ihre Produkte, und zu Beginn der 1930er-Jahre kann sich niemand größere Reparaturen oder das Auswechseln einer Tür oder eines Fensters leisten. Eines Tages ist es so weit, und der Zimmermann von Billund kann kein Holz mehr auf Kredit kaufen. Als ein Hof in der Nähe abbrennt und Ole Kirk den Auftrag bekommt, den Stall und das Wohnhaus wiederaufzubauen, bestellt er wie gewöhnlich Holz bei Johannes Grønborgs Holzhandel in Kolding. Aufgrund der vielen insolventen Handwerksmeister hat Grønborg selbst bei kleineren Lieferungen Bedenken, einen Kredit zu gewähren, und fragt die Bank um Rat. Ist Christiansen aus Billund kreditwürdig?

Die Antwort erfolgt umgehend: »Wir raten davon ab, selbst wenn

Billunds Konsum führt in den 1930er-Jahren eine elektrische Kaffeemühle ein und stellt am Straßenrand vor dem Laden eine Tanksäule auf. Der Inhaber des Konsum, Hans Nielsen, hat eine enge Beziehung zur Familie Christiansen auf der anderen Straßenseite. Häufig nimmt er ungedeckte Lohnschecks von Ole Kirks Angestellten entgegen, die erst an die Bank weitergegeben werden, wenn Konsum-Hans weiß, dass wieder etwas Geld auf dem Konto seines Nachbarn ist. Man hilft sich in dem kleinen Ort, so gut es geht. *Lokalhistorisk Arkiv for Grene Sogn.*

die Versicherungssumme gedeckt wäre, da es um die Firma des erwähnten Zimmermanns so schlecht steht, dass es jederzeit vorbei sein könnte.«

Ole Kirk befindet sich tatsächlich in einer prekären Lage. Dennoch geht er in das Jahr 1932 mit einem Optimismus, der nur auf seinem Glauben basieren kann, dass Gott ihm bei all den Schwierigkeiten des Lebens schon helfen wird. Ein Geselle und der Lehrling Lille Knud, der seit 1928 bei Ole Kirk ist und genau wie Schreiner Viggo seinerzeit auf dem Dachboden über der Werkstatt schläft, wo im Winter das Wasser im Wascheimer zu Eis gefriert, haben 1931 bei Christiansens letztem Hausbau in Billund mit angepackt. Nun helfen sie in der Werkstatt, verschiedene Holzwaren zu produzieren, die, so Ole Kirks Hoffnung, zu Weihnachten verkauft werden können: Treppenleitern, Hocker, Melkschemel, Weihnachtsbaumständer und ein paar Spielzeugautos, für die der Meister Anregungen von seinen vier Jungen bekommt.

Ole Kirk hat Spaß an der Herstellung der kleinen Spielsachen. Es geht ihm ausgesprochen leicht von der Hand, und auch wenn man nicht von einem größeren Verkaufserfolg sprechen kann, befriedigt es ihn, etwas für Kinder zu produzieren, das ebenso sorgfältig gearbeitet ist wie die Holzwaren für die Erwachsenen. Schon als seine Söhne noch klein waren, in den 1920er-Jahren, hatte er hin und wieder Holzstücke vom Boden aufgehoben und sie mit einem Messer oder einer Säge bearbeitet, bis sie zu Pferden, Kühen, Häusern oder den Transportwundern der damaligen Zeit geworden waren – zu Autos, Zügen und Flugzeugen.

> **Kjeld**: »Mein Großvater war ein guter und fürsorglicher Vater, der seine eigenen Ideen und Prinzipien hatte, was die Erziehung seiner Söhne betraf. Er spielte mit ihnen, wenn er Zeit dazu fand, was gewöhnlich nur am Sonntag der Fall war, den er sein Leben lang als Feiertag ansah, der mit der Familie verbracht werden sollte. Er schnitzte und schreinerte kleinere Spielsachen für seine Söhne und gab ihnen auch die Gelegenheit, den Dingen, die er für sie herstellte, ihren eigenen Charakter zu verleihen. Als er 1932 ernsthaft begann, Spielzeug zu produzieren, testete er es an den beiden jüngsten Söhnen, meinem Vater und Gerhardt. Taugt es etwas? Ist es gut genug, um das zu tun, was man damit tun soll? In gewisser Weise machte mein Vater in den Fünfzigerjahren genau dasselbe, wenn er plötzlich in unseren Hobbyraum im Keller kam, um zu sehen, was ich gebaut hatte und was ein Kind mit den neuen Plastiksteinen anfangen konnte, auf die LEGO damals setzte.«

Eines Tages im Frühjahr 1932 klopft es an der Tür des Löwenhauses. Draußen steht der Holzhändler Jens V. Olesen aus Fredericia, auch »Holz-Olesen« genannt. Er hat einen Kollegen mitgebracht, und die beiden Männer fragen, ob sie hereinkommen und sich ansehen dürfen, was Christiansen in seiner Werkstatt herstellt, jetzt, da das Baugewerbe in Dänemark stillliegt und ein Zimmermeister nach dem anderen seinen Betrieb schließen muss. Die beiden Männer loben Ole Kirk für die hohe Qualität, die seine Leitern, Hocker, Melkschemel und Bügelbretter auszeichnet. Besonders begeistert sind sie von den vielen schönen Spielzeugautos, die zum Teil aufwendig mit leuchtenden Farben bemalt sind. Olesen bestellt umgehend eine größere Ladung von Ole Kirks Holzarbeiten, die im August geliefert werden soll. Seiner Ansicht nach kann er sie ohne Weiteres an die Kaufmannsläden und Konsum-Geschäfte auf dem Land verkaufen, die in ihren Regalen Weihnachtsgeschenkideen für die ganze Familie benötigen. Es sind Notzeiten, aber dafür müssen die Kinder ja nicht bestraft werden, wie Holz-Olesen es ausdrückt.

Die beiden Männer werden zum Kaffee eingeladen, und irgendwann erzählt Olesen von »Dansk Arbejde« (Dänische Arbeit), einer Organisation, die Dänen dazu ermutigt, in Dänemark produzierte Waren zu kaufen, und die Handwerksmeistern hilft, neue Formen der Produktion einzuführen. Gerade die Nachfrage nach Holzarbeiten – nicht zuletzt Holzspielzeug – wird in den kommenden Jahren steigen, prophezeit Holz-Olesen. Er erklärt auch, dass Dansk Arbejde neuen Produzenten einen kostenlosen Stand bei der jährlich stattfindenden Mustermesse in Fredericia anbietet, auf der man seine Ware ausstellen und nicht nur nützliche Kontakte zu Groß- und Einzelhändlern knüpfen kann, sondern auch eine Menge Bestellungen erhält.

Ole Kirk hat davon noch nie gehört, doch er und Kristine sind »empfänglich für diese Propaganda«, wie er später erzählt. Als die Holzhändler fort sind, sagt Ole: »Vielleicht ist das ein Weg für uns? Wir können es ja erst einmal mit ein paar Bügelbrettern, Leitern, Holzautos und anderem Spielzeug vorsichtig angehen.«

Es wird der Wendepunkt in Ole Kirk Christiansens Handwerkerleben. Er beschließt, seine Produktion auf praktische Holzwaren und Spielzeug umzustellen. Um sich Hilfe in der Werkstatt und den Druck einer Preisliste leisten zu können, leiht er sich Geld von einigen seiner Geschwister. Geld, das er erst zehn Jahre später zurückzahlen kann.

Bei Weitem nicht alle Familienmitglieder verstehen Ole Kirks Entscheidung. Dies gilt auch für viele von Billunds Einwohnern, die nicht viel übrig haben für seinen Gemischtwarenladen. Spielzeug in den Händen eines erwachsenen Mannes! Vor dem Fleiß des Zimmermeisters und seiner Fachkompetenz hat man immer Respekt gehabt, doch nun werden die Köpfe geschüttelt, und vereinzelt heißt es ganz offen: »Ich finde, dafür bist du viel zu gut, Christiansen, such dir doch eine sinnvollere Beschäftigung!«

Kjeld: »In den ersten Jahren hatte Großvater das Gefühl, dass nicht nur die Leute im Ort und im Gemeindebezirk, sondern auch einige seiner älteren Geschwister auf ihn herabblickten, weil er Holzspielzeug herstellte. Man hielt das für absoluten Quatsch, und anfangs lief das Geschäft auch nicht sonderlich gut. Ich glaube, wenn er sich als älterer Mann manchmal in Interviews als das schwarze Schaf der Familie bezeichnete,

1932 erwartet Kristine ihr fünftes Kind und ist im Frühsommer durch die Schwangerschaft so beeinträchtigt, dass sie einen Stock benutzen muss. Von links: Ole Kirk, Kristine, der jüngste Sohn Gerhardt und der Geselle Harald Bundgaard.

dann deshalb, weil es ihm nicht gelungen war, seinen Zimmereibetrieb aufrechtzuerhalten, und er gezwungen war, Haushaltsgegenstände für Frauen und Spielzeug für Kinder herzustellen. Dafür hatte man damals kein Verständnis.«

Holz-Olesens Auftrag macht viel Arbeit. Das Angebot an Holzspielzeug ist inzwischen ebenso groß wie das der anderen Produkte in Ole Kirk Christiansens Holzwaren- und Spielzeugfabrik. Verewigt wird die Produktion auf einer Fotografie vom Sommer 1932, die im Garten der Familie hinter der Werkstatt aufgenommen wurde. Holzautos, Straßenbahnen, Flugzeuge und andere Spielsachen sind auf Bügelbrettern und Leitern aufgestellt. Dahinter stehen in einer Reihe Ole Kirks Mitarbeiter, unter anderem der Sohn Johannes, Harald Bundgaard, der kleine Knud, Niels der Maurer und die 13-jährige Karen Marie Jessen, deren Aufgabe es ist, das Spielzeug zu bemalen. Der Fotograf war möglicherweise Ole Kirk selbst, aber es könnte auch Kristine gewesen sein, die damals mit dem fünften Kind des Paares schwanger war.

Wonach man auf diesem historischen Foto vergeblich sucht, ist das meistverkaufte und am stärksten nachgefragte Spielzeug in Dänemark und dem Rest der Welt in diesen Jahren: das Jo-Jo! Für Ole Kirk ist es ein Zeichen des Himmels, wie er später erklärt: »Gott gab mir den Glauben an die Sache mit dem Spielzeug. Es waren diese Jo-Jos.«

Der weltweite Jo-Jo-Hype unter Kindern und Erwachsenen, der die Menschen für einen kurzen Moment von der immer schlimmer werdenden Krise ablenkt, erreicht Dänemark Ende 1931, und das neue Spielzeug kann auf der Ausstellung »Dänische Weihnachtsgeschenke« im Technologischen Institut in Kopenhagen zum ersten Mal ausprobiert werden. Im Laufe des Winters und des Frühjahrs 1932 verbreitet sich das Jo-Jo-Fieber im Rest des Landes, und Holzwarenfabrikanten wie Ole Kirk erleben für einen kurzen Moment eine glorreiche Zeit. Nicht zuletzt da dänische Tageszeitungen immer wieder über das neue weitverbreitete Phänomen berichten, von dem es heißt, die alten Griechen hätten es erfunden: »Das Jo-Jo-Fieber grassiert, es wird Jo-Jo in der Straßenbahn gespielt, auf dem Fahrrad, am Arbeitsplatz und in öffentlichen Einrichtungen, und wenn der Beamte im Postamt keine Zeit hat, uns zu bedienen, liegt es daran, dass er gerade mit seinem Jo-Jo unter dem Ladentisch übt.«

Für Ole Kirk kommt die Nachfrage nach dem neuen Spielzeug so plötzlich, dass er es 1932 noch nicht auf seiner ersten Preisliste hat. Dafür ergreift er aber begeistert die unerwartete Chance und beginnt mit der Massenproduktion, wenn auch zunächst in kleinerem Maßstab. Das Spielzeug ist von den Männern in der Werkstatt einfach und schnell herzustellen. Hinterher bemalen und lackieren die Frauen der kleinen fleißigen Arbeitsgemeinschaft aus Stadtbewohnern und der Familie die Jo-Jos. Dann werden die Baumwollschnüre montiert und die in Kisten verpackten Jo-Jos vom Bahnhof Billund an Groß- und Einzelhändler im ganzen Land verschickt.

Der Jo-Jo-Hype im Jahr 1932 beschert auch jemandem wie Niels dem Maurer das Glück, zeitweise Arbeit bei Christiansen zu finden. Er verdient 1 Øre pro Jo-Jo, und an seinen besten Tagen kommt er auf tausend Stück und einen Tageslohn von 10 Kronen, mehr als er als Maurer verdient hat. Ole Kirk versucht allerdings, mithilfe seiner Frau und seiner Söhne die meiste Arbeit selbst zu erledigen.

Später erzählt er: »Wir schufteten, meine Frau, meine Kinder und ich, und allmählich sah man Licht am Ende des Tunnels. An vielen Tagen arbeiteten wir vom frühen Morgen bis Mitternacht, und ich beschaffte uns einen Handwagen mit Gummireifen, damit ich nicht die Nachbarn störte, wenn ich spätnachts die Pakete zum Bahnhof brachte.«

Mit den verschiedenen hübschen Holzarbeiten und der Gruppe stolzer und treuer Mitarbeiter vermittelt das alte Foto aus dem Sommer 1932 den Eindruck einer friedlichen Idylle. Ganz wie es die ersten Zeilen eines der Lieblingskirchenlieder von Ole Kirk beschreiben: *Niemand ist so sicher bei Gefahr / wie Gottes frohe Kinderschar.*

Doch die Probleme sind für den inzwischen 41-jährigen Handwerksmeister und zukünftigen Fabrikanten noch lange nicht ausgestanden. Im August, als die Produktion von Jo-Jos ihren Höhepunkt erreicht und es zum ersten Mal so aussieht, als könne man mit Holzspielzeug Geld verdienen, wird die hochschwangere Kristine ernsthaft krank und muss ins Krankenhaus von Grindsted, wo sich herausstellt, dass der Fötus tot ist. Nach dem Abort scheint sie sich zunächst zu erholen, bekommt aber plötzlich eine Venenentzündung und stirbt am 6. September im Alter von nur vierzig Jahren.

Das Ganze geht erschreckend schnell, und in der Zeit nach Kristines Tod versucht ein tief trauernder Ole Kirk, seine Gedanken und Gefühle zu ordnen. Die Jungen, vor allem der zwölfjährige Godtfred, vergessen niemals den Anblick des trauernden Vaters: »Ich erinnere mich, dass er ins Zimmer kam, als ich ein bisschen auf der Orgel spielte. Er erzählte, was geschehen war. Es war das erste Mal, dass ich Vater weinen sah. Zusammen knieten wir nieder, bevor wir zwei meiner Brüder holten, die bei der Arbeit waren.«

Ole Kirk ist so tief getroffen, dass sein Glaube an Gott ins Wanken gerät. Er zieht sich aus der Leitung des Missionshauses zurück und ist in den nächsten zehn Jahren nur ein normales Gemeindemitglied. Erst 1944 taucht Ole Kirk Christiansens Unterschrift in Protokollen der Leitungsversammlung wieder auf. In einem späteren autobiografischen Rückblick auf diese schwerste und unglücklichste Zeit seines Lebens schreibt er: »Ich versuchte zu sagen, ›Dein Wille geschehe, Herr Jesus‹, ja, es auch zu leben, aber es war schwierig.«

Kjeld: »Es war charakteristisch für meinen Großvater, dass er sich weigerte, aufzugeben, auch wenn alles finster und ausweglos schien. Er muss eine ganz besondere Kämpfernatur gewesen sein. Egal, was passierte, er war in der Lage, sich selbst davon zu überzeugen, dass es schon irgendwie weitergehen würde. Einfach so aufzugeben, lag ihm fern. Diesen Charakterzug erkenne ich auch bei meinem Vater wieder, und ich habe ihn auch. Es ist eine Form von vererbter Beharrlichkeit, die mit Glauben zusammenhängt. Nicht unbedingt im religiösen Sinn, es handelt sich eher um einen breiteren und allgemeineren Glauben – an die Zukunft und an all das, wofür man Verantwortung trägt. Daraus

Im Sommer 1932 stellen sich die stolzen Mitarbeiter hinter dem ersten Sortiment an Holzwaren auf. Von links: Karen Marie Jessen, Lille Knud, Jens T. Mathiesen, Niels Christensen, »Mejse«, Harald Bundgaard und Johannes, der älteste von Ole Kirks Söhnen.

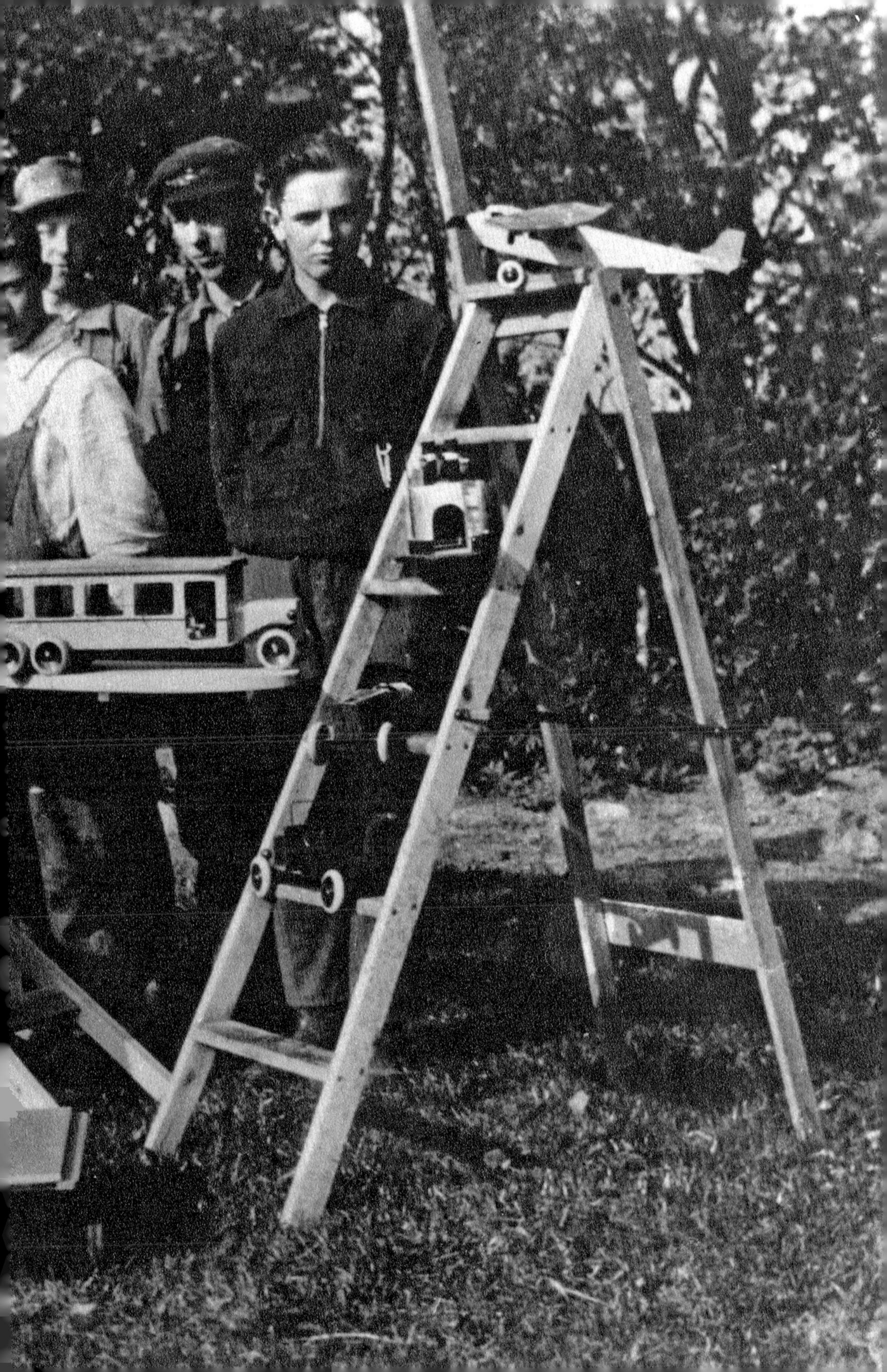

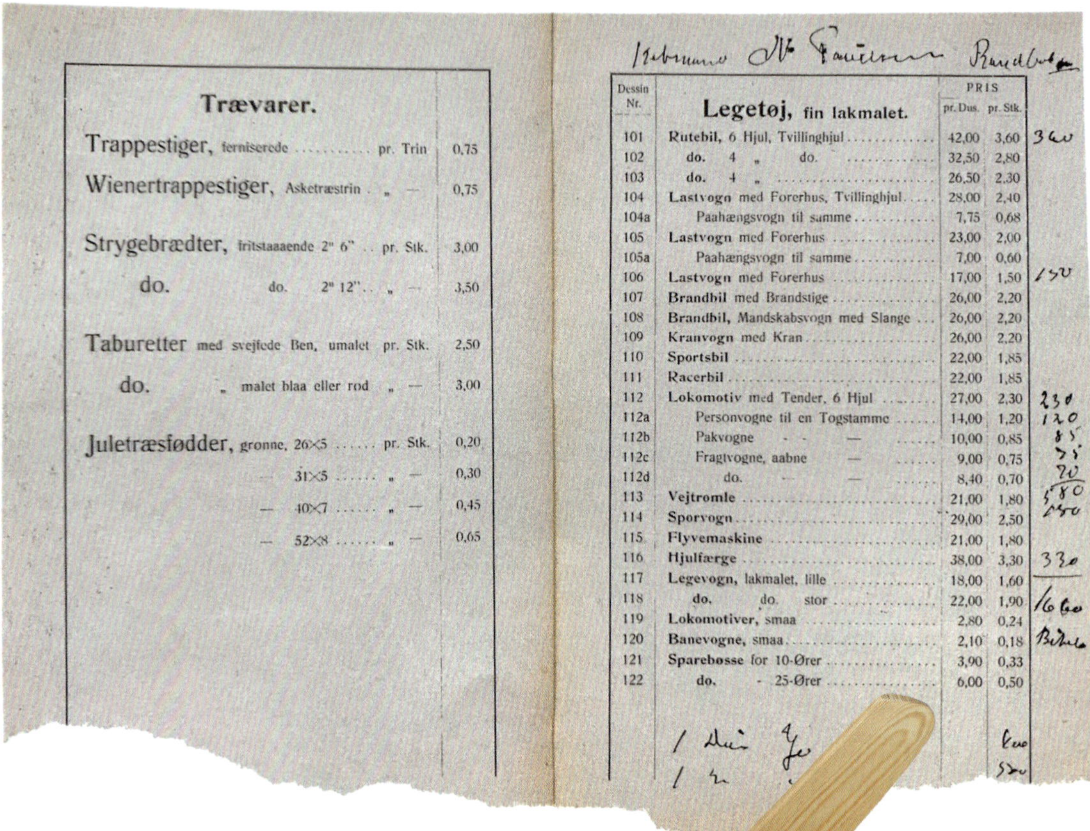

Trævarer.

Trappestiger, ferniserede	pr. Trin	0,75
Wienertrappestiger, Asketræstrin	„ —	0,75
Strygebrædter, fritstaaaende 2" 6"	pr. Stk.	3,00
do. do. 2" 12"	„ —	3,50
Taburetter med svejfede Ben, umalet	pr. Stk.	2,50
do. „ malet blaa eller rod	„ —	3,00
Juletræsfødder, grønne, 26×5	pr. Stk.	0,20
— 31×5	„ —	0,30
— 40×7	„ —	0,45
— 52×8	„ —	0,65

Dessin Nr.	Legetøj, fin lakmalet.	PRIS pr. Dus.	PRIS pr. Stk.
101	Rutebil, 6 Hjul, Tvillinghjul	42,00	3,60
102	do. 4 „ do.	32,50	2,80
103	do. 4 „	26,50	2,30
104	Lastvogn med Førerhus, Tvillinghjul	28,00	2,40
104a	Paahængsvogn til samme	7,75	0,68
105	Lastvogn med Førerhus	23,00	2,00
105a	Paahængsvogn til samme	7,00	0,60
106	Lastvogn med Førerhus	17,00	1,50
107	Brandbil med Brandstige	26,00	2,20
108	Brandbil, Mandskabsvogn med Slange	26,00	2,20
109	Kranvogn med Kran	26,00	2,20
110	Sportsbil	22,00	1,85
111	Racerbil	22,00	1,85
112	Lokomotiv med Tender, 6 Hjul	27,00	2,30
112a	Personvogne til en Togstamme	14,00	1,20
112b	Pakvogne - - —	10,00	0,85
112c	Fragtvogne, aabne —	9,00	0,75
112d	do. — —	8,40	0,70
113	Vejtromle	21,00	1,80
114	Sporvogn	29,00	2,50
115	Flyvemaskine	21,00	1,80
116	Hjulfærge	38,00	3,30
117	Legevogn, lakmalet, lille	18,00	1,60
118	do. do. stor	22,00	1,90
119	Lokomotiver, smaa	2,80	0,24
120	Banevogne, smaa	2,10	0,18
121	Sparebøsse for 10-Ører	3,90	0,33
122	do. - 25-Ører	6,00	0,50

Ole Kirks erste Preisliste, auf der Holzartikel wie Leitern, Hocker, Bügelbretter und Weihnachtsbaumständer angeboten werden, enthält auch eine ganze Seite mit verschiedenen Spielsachen. »O. Kirk Christiansens Trævare- og Legetøjsfabrik« nimmt Gestalt an.

erwachsen der Gedanke und das Gefühl: ›Das hier, das werde ich schon schaffen!‹«

Als Ole Kirk als älterer Mann und Firmenchef von LEGO erklären soll, wie er die Wirtschaftskrise und sein persönliches Unglück der Jahre 1931 bis 1933 bewältigte, antwortet er kurz gefasst: »Man musste viel beten, beten, dass man Aufträge hereinbekam, beten, dass man die Ware hergestellt bekam, und beten, dass man das Geld eingetrieben bekam.« Die Langversion seiner Antwort handelt von dem Begriff von Gott, der ihn, die Familie und den Betrieb durch die Krisen getragen hat – und von einer Offenbarung:

»Eines Abends saß ich da und dachte über all die Schwierigkeiten nach, vor denen ich stand. Meine Gläubiger hatten mir Anwälte geschickt, und meine Familie und Freunde warfen mir vor, dass ich ›nichts Sinnvolles‹ tat. Was sollte ich machen? Ich hatte das Gefühl, dass Hilfe weit weg war und niemals rechtzeitig eintreffen konnte. Und dann passierte etwas Erstaunliches – etwas, das ich nie vergessen werde. Ich sah wie in einer Erscheinung eine große Fabrik vor mir, in der emsige Menschen ein- und ausgingen, in die Rohstoffe hineingebracht und aus der fertige Waren verschickt wurden. So deutlich, dass ich seither niemals Zweifel hatte, eines Tages dieses Ziel zu erreichen, stand das Bild dieser Fabrik vor meinen Augen, die heute Realität ist. Merkwürdig, dass man mitten in einer so hoffnungslosen Zeit glauben und Vertrauen haben kann. Ich bin überzeugt, dass Gott für solche Erscheinungen verantwortlich ist. Der Gott, an den zu glauben ich als Kind gelernt habe.«

Plötzlich ist der Zimmermeister, der gerade seinen Betrieb umgestellt hat, allein für den Haushalt und die Erziehung seiner vier Söhne im Alter von sechs bis fünfzehn Jahren, die ihre Mutter vermissen, verantwortlich. Der sechsjährige Gerhardt ist noch zu klein, um seinem Vater richtig helfen zu können, und der 13-jährige Karl Georg soll schon bald eine Schreinerlehre beginnen. Im Löwenhaus wohnt noch der zwölfjährige Godtfred, der als kleines Kind so schwächlich war, dass Ole Kirk und Kristine eine Zeit lang fürchteten, ihn zu verlieren. Nun geht der aufgeweckte Bursche gemeinsam mit seinem Bruder Johannes dem Vater in der Werkstatt zur Hand, wenn sie nicht in der Schule sind. Godtfred ist geschickt, flink und kann gut rechnen, während der stets lächelnde Johannes durch die Epilepsie, an der er als Kleinkind litt, für sein Leben gezeichnet ist.

Mitten in all den Sorgen und Unglücksfällen steht Holz-Olesens großer Auftrag, der im August abgeholt werden sollte, im Lager und verstaubt. Ole Kirk hatte mit einer sicheren Einnahme gerechnet, doch nun stellt sich heraus, dass Jens V. Olesen Konkurs anmelden musste. Wie immer, wenn er Hilfe aus einer anderen Welt benötigt, fällt Ole Kirk auf die Knie und breitet seine Probleme vor Gott aus. Am nächsten Tag steht Ole Kirk früh auf, bepackt den alten Ford T mit Holz-Olesens nicht abgeholtem Auftrag, bittet die Jungen, gut aufeinander aufzupassen, und bricht zu einer Verkaufsreise von Kaufmann zu Kaufmann, von Konsum zu Konsum auf.

Die Reise ist wenig erfolgreich. Er kann zwar den Großteil seiner Waren absetzen, aber Ole Kirk muss einsehen, dass er nicht der geborene Verkäufer ist. Es fällt ihm schwer, seine eigenen Produkte anzupreisen, denn seiner Meinung nach ist die beste Reklame die sichtbare und spürbare Qualität seiner Ware. Dieser Ansicht ist er allerdings nur bis Esbjerg: »Die Dame im Laden machte meine Sachen unglaublich schlecht, und ich wagte es nicht, ihr zu widersprechen. Nach dieser Herabsetzung wollte sie allerdings durchaus etwas kaufen, wenn sie

Ole Kirk schwimmt auf der Jo-Jo-Welle mit, bis er 1933 auf einem größeren Lagerbestand sitzen bleibt.

dreißig Prozent zusätzlichen Rabatt bekäme. Ich war froh, als ich aus dem Laden heraus war.«

An anderen Orten muss Ole Kirk einen Tauschhandel akzeptieren, und er kehrt mit Rosinen, Sagograupen und zwanzig Kilo Mandeln mit Schale nach Billund zurück. Immerhin kann die kleine Familie im Löwenhaus, die jetzt eine Haushälterin hat, dadurch ein opulenteres Weihnachtsfest feiern als andere Familien in der Gegend. Viele haben Heiligabend weder Fleisch noch Süßigkeiten auf dem Tisch und müssen sich mit Kartoffeln, Kohl und einem bescheidenen Zuschuss aus der Unterstützungskasse des Gemeinderats begnügen.

Das Jo-Jo-Märchen ist ebenso schnell vorbei, wie es begonnen hat, und im Herbst 1933 hat die neu gegründete Fabrik trotz einer geringen Steigerung des jährlichen Umsatzes wirtschaftliche Probleme. Ole Kirk sitzt auf einem größeren Bestand an Jo-Jos, die er zu verkaufen versucht. In einer Anzeige heißt es am 4. November in der Tageszeitung *Jyllands-Posten*: »Angebote erwünscht für Spielzeugräder oder lackierte Jo-Jos. Umgehende Lieferung. Billigster Preis per tausend Stück. Billund Spielzeugfabrik (Legetøjsfabrik) v. O. Kirk Christiansen. Billund.«

Die finanziellen Probleme werden größer, gleichzeitig kämpft Ole Kirk mit dem Verlust von Kristine, die fünfzehn Jahre lang seine Stütze gewesen ist und sich um den Haushalt und die Erziehung der vier Söhne gekümmert hat. Außerdem verfolgen ihn alte Schulden, vor allem eine Bürgschaftsverpflichtung, die er gutgläubig Ende der Zwanzigerjahre eingegangen war, um ein Bauvorhaben im Ort voranzutreiben:

> »So etwas machten wir Handwerker häufig, ohne etwas zu riskieren, und meine Bürgschaft war eigentlich nur eine Formsache. Aber die Verhältnisse entwickelten sich so, dass die übrigen Bürgen es nicht schultern konnten, sodass man mir alles aufhalsen wollte. Mein Anwesen wurde gepfändet, wovon ich allerdings erst einmal nichts merkte, doch als diese Leute, die mich aufs Glatteis gelockt und mir freundschaftlich versichert hatten, dass ich nichts riskieren würde, jetzt kamen und mein Warenlager pfändeten, dachte ich, jetzt bricht alles zusammen.«

Ole Kirk ist kurz davor, aufzugeben und Konkurs anzumelden, als eines Tages im Spätsommer 1933 Flemming Friis-Jespersen auftaucht. Er ist Rechtsanwalt, hat in der Nähe etwas zu erledigen und beschließt, dem Zimmermeister einen Besuch abzustatten, der weder auf Mahnungen noch auf Vorladungen reagiert und daher in Abwesenheit vom Gericht verurteilt wurde. Vielleicht findet sich ja eine Lösung für die Gläubiger wie für den Schuldner, denkt der Anwalt aus Vejle. Viele Jahre später blickt Friis-Jespersen in einem Brief an Godtfred Kirk Christiansen auf seine Begegnung 1933 mit einem zutiefst unglücklichen und desillusionierten Ole Kirk zurück:

»In einer nahezu leeren Werkstatt hinter einem wirklich sehr großen Wohnhaus traf ich auf einen Mann, der mir vom ersten Moment an sympathisch war. ›Ehrlich gesagt, ich habe aufgegeben‹, erklärte er sofort. ›Letztes Jahr habe ich zwei Häuser gebaut, eins für einen Kunden, das andere zum Verkauf, aber der Kunde konnte nicht bezahlen, und niemand wollte das andere Haus kaufen. Jetzt wurden beide Häuser zwangsversteigert, und für mein eigenes ist es auch bald so weit. Ich habe überall Schulden, meine Frau ist gestorben, und ich stehe mit vier Kindern da, die voll und ganz auf mich angewiesen sind. Was soll ich machen? Ich kann mir ebenso gut gleich die Kugel geben.‹«

Friis-Jespersen sagt ihm, das Dümmste sei es, nichts zu tun, denn dann wüchse jede kleine Forderung durch Zins und Zinseszins, und bevor man sich's versehe, hätten sich die Schulden verdoppelt. Der Anwalt empfiehlt dem insolventen Zimmermeister, sofort eine Liste über sämtliche Gläubiger und deren Ansprüche zu erstellen. Auf dieser Grundlage wolle er eine Hypothek auf das Löwenhaus ins Grundbuch eintragen lassen, die nicht nur den Gläubigern Sicherheit gibt, sondern auch – zumindest für eine Weile – Ole Kirk die notwendige Ruhe verschafft, um seinen kleinen Betrieb zu konsolidieren und eine neue Haushälterin zu finden.

Die tüchtige und fleißige Nina, die sich um die Familie im ersten Jahr nach Kristines Tod kümmerte, hat zum 1. Oktober 1933 plötzlich gekündigt. In seinem Empfehlungsschreiben für das gläubige junge Mädchen schreibt Ole Kirk, sie arbeite »mit vollem Einsatz für das Reich Gottes«, und erklärt, sie habe nicht nur die Verantwortung für den täglichen Hausputz und das Mittagessen für zwölf Personen gehabt, sondern könne auch Orgel spielen und singen. Wie um alles in der Welt soll er eine neue Nina finden?

Vermutlich wissen die wenigsten, dass LEGOs erster Inhaber eine Frau war. Dazu wäre es sicher nie gekommen, hätte nicht auf einem Küchenstuhl eine Zeitung gelegen, als Sofie Jørgensen an einem Oktobertag des Jahres 1933 eine Freundin in dem südseeländischen Städtchen Haslev besucht. Die 37-jährige Sofie Jørgensen ist erst vor Kurzem aus Aarhus in ihre Heimatstadt zurückgekehrt, in der Hoffnung, bei der örtlichen »Tatol«-Filiale als Leiterin angestellt zu werden, einer Drogeriekette, die Seifen, Parfüm und andere Artikel zur Körperpflege verkauft.

Sofie hat die letzten Jahre in einem Heim für Jungen in Aarhus gearbeitet und fleißig gespart, um eines Tages ihren Traum realisieren zu können und hinter der Theke ihres eigenen Geschäfts zu stehen. Allerdings bekommt sie die Stelle in Haslev nicht. Enttäuscht steigt sie am folgenden Tag aufs Fahrrad und besucht eine Freundin, um auf andere Gedanken zu kommen. Während der Kaffee gekocht und der Tisch gedeckt wird, blättert Sofie im *Kristeligt Dagblad*, das auf dem Stuhl liegt. Als sie die Seite mit den Stellenanzeigen aufschlägt, fällt ihr Blick schnell auf einen Eintrag mit der Überschrift »Haushälterin«.

> »Ein wirklich gläubiges Mädchen, das wirtschaften, gut kochen und alle Pflichten einer Hausfrau in einem Heim übernehmen kann, wird zum 1. November in einem angenehmen Umfeld gesucht. Gute Gemeinschaft. Ich habe zwei Jungen im Alter von zwölf und sieben Jahren, sodass jemand, der liebevoll bei ihrer Erziehung behilflich sein und ihnen ein Zuhause bieten kann, bevorzugt wird. Empfehlungen von früheren Stellen und Lohn-

forderungen sind an O. Kirk Christiansen, Billund Maschinenschreinerei, zu senden, der auch nähere Auskunft gibt.«

Nachdem der Molkereileiter Hougesen ihm beim Lesen und Prüfen der vielen Antworten auf die Stellenanzeige geholfen hat, entscheidet sich Ole Kirk für Sofie Jørgensen, die gute Referenzen besitzt, gläubig ist und aus Haslev kommt, der Hochburg der Inneren Mission in Dänemark. Godtfred holt die neue Haushälterin der Familie vom Bahnhof ab und begleitet sie zum Löwenhaus, wo Ole Kirk die Haustür öffnet und spontan ruft: »Hätte ich gewusst, dass du so kurze Haare hast, Sofie Jørgensen, hätte ich dich nicht eingestellt.«

Vielleicht hätte Sofie sich auch nicht auf die Stelle beworben, hätte sie gewusst, dass in dem großen Haus mit der schönen Pflasterung und den vornehmen Löwen vor der Tür eine so gewaltige Unordnung herrscht. Oder hätte sie gewusst, dass zu der Familie vier und nicht zwei Jungen gehören, wie die Stellenanzeige vorgab. Allerdings nur, wenn Karl Georg und Johannes hin und wieder von ihren Lehrstellen zu Besuch nach Hause kommen. Godtfred geht noch zur Schule und hilft seinem Vater in der Werkstatt, erzählt er Sofie gleich, während der siebenjährige Gerhardt der fremden Frau auf den Schoß klettert und sagt: »Hast du meine Mutter gekannt? Sie war so lieb!«

Die neue Haushälterin erweist sich trotz ihrer kurzen Haare als Geschenk des Himmels. Fünfzig Jahre später erklären die vier Kirk-Brüder in einem Fernsehinterview wie aus einem Mund: »Sofie wurde eine richtig gute Mutter für uns. Sie war tüchtig, sie war liebevoll, und sie brachte den Haushalt wieder auf Vordermann.«

Auch zwischen dem Hausherrn und der Haushälterin stimmt die Chemie von Anfang an. Sieben Monate nach Sofies Ankunft in Billund findet bei ihrer Familie in Haslev die Hochzeit statt. Ein bisschen sehr schnell, findet Kristines Familie in Jütland. Zu dem Fest am 10. Mai 1934 hat Sofie ein Lied für Ole Kirk geschrieben, das nach der Melodie des Liedes »På Tave Bondes Ager« (Auf den Feldern eines Bauern aus Tave) des dänischen Dichters Bernhard Severin Ingemann gesungen wird. Darin beschreibt sie die Liebe, die so schnell auf Oles Feldern in Billund gewachsen war:

Die 37-jährige Sofie Jørgensen, die auf die Anzeige im *Kristeligt Dagblad* antwortet, steht in ihrem Leben an einem Scheideweg. Nachdem sie zehn Jahre mit Menschen gearbeitet hat, sowohl in einem Heim für Jungen wie in einem »Rettungsheim« der Inneren Mission für junge Prostituierte, will sie als Haushälterin etwas Neues ausprobieren.

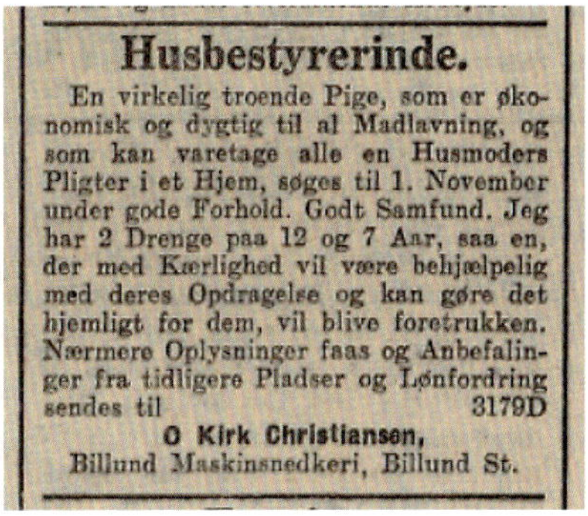

Husbestyrerinde.

En virkelig troende Pige, som er økonomisk og dygtig til al Madlavning, og som kan varetage alle en Husmoders Pligter i et Hjem, søges til 1. November under gode Forhold. Godt Samfund. Jeg har 2 Drenge paa 12 og 7 Aar, saa en, der med Kærlighed vil være behjælpelig med deres Opdragelse og kan gøre det hjemligt for dem, vil blive foretrukken. Nærmere Oplysninger faas og Anbefalinger fra tidligere Pladser og Lønfordring sendes til 3179D

O Kirk Christiansen,

Billund Maskinsnedkeri, Billund St.

Das erste Mal, dass sie davon träumte, mit ihm ihr Schicksal zu teilen,
war an dem Tag, als Ole in der gelben Jacke mit dem hohen Kragen
hinaus auf seinen Hof trat,
in diesem Augenblick lag alles im Sonnenlicht.
Worüber die beiden seither sprachen,
wir werden es nie erfahren.
Wie ihr Einverständnis zustande kam,
bleibt ihr Geheimnis.

Wäre Sofie 1933 nicht nach Billund gekommen und hätte sie ihm nicht ihre Ersparnisse zur Verfügung gestellt, so erzählt es Ole Kirk später immer wieder, hätte es LEGO nie gegeben.

So einfach ist es. Die 1000 Kronen, die Sofie mit in die Ehe bringt, retten ihren Mann im März 1934 vor einem weiteren Konkursverfahren. Zusammen mit mehreren kleineren Darlehen von einigen seiner Geschwister legt Sofies Mitgift das finanzielle Fundament des späteren Betriebs. Oder wie Ole Kirk es beschreibt: »1934 heiratete ich meine Haushälterin. Sie hatte 1000 Kronen, und mit einem Teil dieses Geldes beglich ich die drängendsten Schulden. Meine Familie half mir ebenfalls so gut sie konnte, sodass ich mit dem bloßen Schrecken davonkam.«

Es bedeutet auch, dass die O. Kirk Holzwaren- & Spielzeugfabrik im Jahr darauf umbenannt wird. Der Rechtsanwalt Friis-Jespersen, der Ole Kirk vor dem drohenden Konkurs bewahrt hat, schlägt ihm vor, für seine Spielzeugfabrik einen Namen zu finden, an den sich die Kunden erinnern. 1935 hat Ole Kirk zum zweiten Mal in Folge sein Angebot auf der großen Mustermesse in Fredericia ausgestellt und gesehen, dass alle größeren Firmen dort einen originellen Namen haben. Er versammelt seine acht Angestellten und erklärt ihnen, es gebe zwei Flaschen Apfelwein als Prämie für denjenigen, der einen guten Firmennamen findet.

Vielleicht ist es die abschreckende Wirkung des sauren Hausgebräus vom Chef, die dazu führt, dass die beiden besten Vorschläge – LEGIO und LEGO – vom Fabrikanten selbst stammen. Der erste Vorschlag hatte etwas mit »Legionen von Spielzeug« zu tun, erklärt Godtfred später: »Vater dachte, wenn die Spielzeugproduktion je etwas werden würde, dann nur mit Massenproduktion.« Der andere Vorschlag – LEGO – ist die Zusammenziehung der Worte »Leg godt« (Spiel gut) und entspricht dem Zeitgeist weit mehr, als Ole Kirk ahnt. Der zweite Vorschlag gewinnt, weil er gut klingt und weil Erwachsene wie Kinder ihn aussprechen können. Erst viele Jahre später, als die Spielzeugfirma in Billund bereits Plastiksteine in die ganze Welt exportiert, findet man heraus, dass LEGO auf Lateinisch »Ich sammele« bedeutet.

Kjeld: »Es gibt noch eine andere Geschichte zum Firmennamen, dass es nicht allein Not und Armut waren, die meinen Großvater dazu brachten, Spielzeug zu produzieren. Alles begann damit, dass er nützliche Haushaltsgegenstände schreinerte, als es in der Baubranche keine Aufträge mehr gab, dann aber bald auf Spielzeug umstellte. Vor allem, weil er selbst ein spielerischer Mensch war, der sich in Gesellschaft von Kindern immer wohlfühlte und dachte: ›Kindern soll es gut gehen, und ich kann Kinder glücklich machen, indem ich ihnen gutes Spielzeug gebe.‹ Dieser Gedanke spielte eine große Rolle für ihn, glaube ich, nicht zuletzt in der schweren Anfangsphase, und so kam er auf den Namen LEGO. Er wollte ausdrücken: ›Das hier, was ich jetzt mache, ist mindestens ebenso wichtig wie gewöhnliche Schreiner- und Zimmerarbeiten.‹«

Die Ehe zwischen Ole Kirk und Sofie und der starke Zusammenhalt innerhalb der Familie sind in den Dreißiger- und zu Beginn der Vierzigerjahre das Fundament der »LEGO-Fabrik«, wie das Unternehmen nun heißt und wie es auf dem vornehmen Briefpapier steht. Im Frühjahr 1935 bekommen Sofie und Ole mit der Tochter Ulla ihr einziges gemeinsames Kind. Sie wächst in einer kleinen Stadt auf, in der sich alle kennen, einander helfen und in der immer mehr Menschen von dort und aus der Umgebung jeden Tag in die staubigen und lärmenden Werkstätten hinter dem Löwenhaus gehen, in denen es nach Holz und Lack riecht. Am Jahresende hat sich der Umsatz mit insgesamt 17 200 Kronen gegenüber dem Vorjahr nahezu verdoppelt. 1936 verdoppelt er sich ein weiteres Mal, und die Werkstätten gleichen immer mehr dem Bild einer Fabrik mit Massenproduktion von Spielzeug, das Ole Kirk von Gott in einer Offenbarung gezeigt worden war.

1936 nimmt Ole Kirk zum letzten Mal an der Mustermesse in Fredericia teil, die einige Jahre eine große Bedeutung für seinen kleinen Betrieb hatte. Gleichzeitig ist es das erste Mal, dass die Spielzeugfabrik aus Billund ihren neuen Namen LEGO im Messekatalog präsentiert. Die Telegrammadresse lautet natürlich »Leg« (Spiel). *Fredericia Lokalhistorisk Arkiv.*

Doch aufgrund der alten Schulden des Firmengründers und seines unermüdlichen Drangs, in neue Technologien zu investieren, hat die kleine Firma auch weiterhin Liquiditätsprobleme. 1937 besucht Ole Kirk eine Messe in Deutschland und kann seine Augen nicht von einer hochmodernen Oberfräse der Firma Elze & Hess abwenden, mit der kunstfertige Holzzuschnitte und schöne, weich abgerundete Ecken an den populären LEGO-Holztieren auf Rädern möglich wären. Leider kostet die Maschine ein Vermögen von 4000 Kronen. Zwei Monate später bestellt Ole Kirk eine Oberfräse bei einem Lieferanten in Kopenhagen. Er ist bereit, auf volles Risiko zu gehen.

Dieselbe Haltung kommt auch einige Jahre später zum Ausdruck, als Buchhalter Johansen eines Tages im Büro von LEGO die fälligen Lohnschecks ausstellt. Er ist beinahe fertig, als die Vejle Bank anruft: »Johansen, so geht das nicht weiter. Hört auf, Schecks auszustellen, die nicht gedeckt sind!«

Das hat der Buchhalter schon häufiger gehört, und er reagiert mit der Bemerkung, die Bank hätte doch so viel Geld und LEGO fast nichts. Als die kühle Stimme antwortet, die Anweisung käme von ganz oben aus der Direktion, beschließt Johansen, Ole Kirk zu informieren. Er findet den Chef auf Knien beim Blumeneinpflanzen im Garten. Ole Kirks einziger Kommentar ist, Johansen solle einfach weiter die Schecks ausschreiben, die notwendig sind: »Ich habe schon ganz andere Schwierigkeiten durchgestanden.«

Ole Kirks unternehmerischer Wagemut und die vielen alten, nur schwer abbaubaren Schulden sind der Grund dafür, dass die Firma in den Jahren 1935 bis 1944 unter Sofie Kirk Christiansens Namen geführt wird. Sollte Ole Kirk eines Tages Privatinsolvenz anmelden müssen, kann man ihr Eigentum nicht zwangsvollstrecken. Die Besitzverhältnisse bedeuten aber auch, dass sämtliche Einnahmen von LEGO und das Anwesen bis 1944, als die Firma in eine Aktiengesellschaft umgewandelt wird, juristisch gesehen Sofie gehören.

Der neue Name und das neue Logo werden zum ersten Mal im Sommer 1936 auf der Mustermesse in Fredericia präsentiert, bei der sämtliche Rahmen gesprengt werden und 82 000 Menschen, unter ihnen König Christian X., die Ausstellungsgebäude in der Stadt besuchen.

Ole Kirk hat seinen Stand im dritten Saal des Hauptgebäudes, Seite an Seite mit großen, renommierten Firmen und kleineren Unternehmern und Handwerkern aus dem ganzen Land, die alle möglichen Waren präsentieren, von Klavieren über Korsetts und Obstwein bis hin zu Waschpulver, Fleischextrakt und Zigarrenschränken. Bereits in den Jahren 1934 und 1935 haben viele Besucher die hohe Qualität von Ole Kirks Holzspielzeug erkannt und die Details der vielen verschiedenen Autotypen bewundert. Sie werden Billund-Autos genannt, und ihre Räder sind aus alten Jo-Jos gemacht. All die Jo-Jos, die Ole Kirk 1933 nicht verkaufen konnte, hatte er zersägt und als Autoräder wiederverwendet – mit einem ungeheuer wirklichkeitsgetreuen Finish, für das die junge Karen Marie Jessen verantwortlich ist. Sie erinnert sich:

> »Jedes Rad ging drei Mal durch meine Hände. Zunächst musste es grundiert und getrocknet werden. Dann wurde es grau lackiert, wieder getrocknet, und ganz am Ende bekam es in der Mitte eine schöne rote Farbe, wobei man den Rand sehr genau beachten musste. Ich erhielt 1 Øre für jedes dritte Rad, und ich lackierte neunhundert in der Woche, sodass ich 3 Kronen ausbezahlt bekam. Ich erinnere mich noch, wie sich meine Mutter freute, wenn ich ihr am Samstagabend das Geld ablieferte.«

Ein Großteil der LEGO-Beschäftigten in den 1930er-Jahren hat keine Ausbildung; es sind junge Männer und Frauen, Hausfrauen und Witwen aus Billund und Umgebung, deren Leben und Schicksale Ole Kirk kennt. Die meisten kommen aus Familien, die von der Krise der Landwirtschaft hart getroffen wurden, und ergänzen ihr Einkommen in den Zeiten des Jahres durch Heimarbeit, in denen bei LEGO besonders viel zu tun ist, damit die Produktion für das Weihnachtsgeschäft fertig wird.

Die große Herausforderung für dänische Firmen in der zweiten Hälfte der Dreißigerjahre ist das fehlende Betriebskapital, sowohl, um die Löhne zu bezahlen, als auch, um Rohstoffe zu kaufen oder in Maschinen zu investieren. In der Holz verarbeitenden Branche sieht es gegen Ende des Jahrzehnts noch immer schlecht aus mit der Liquidi-

Richard Christiansen bedient die teure Oberfräse, die Ole Kirk 1937 für ein kleineres Vermögen angeschafft hat. Sie erweist sich jedoch als eine kluge Investition für die Holztiere zum Ziehen, die immer beliebter werden. Nicht nur die klassische Stockente, sondern auch Katzen und Hühner werden auf Räder gesetzt und mit einer Schnur versehen, die auch eine kleine Kinderhand ziehen kann.

tät, und die Lieferanten gewähren ungern Kredit. LEGO in Billund ist mittlerweile allerdings ein anerkannter Betrieb, auch außerhalb Jütlands, und nähert sich einem jährlichen Umsatz von 40 000 Kronen. Als Ole Kirk 1939 dem Davinde-Sägewerk auf Fünen einen größeren Auftrag erteilt und gebeten wird, seine Kreditwürdigkeit zu belegen, lässt die Vejle Bank dem Sägewerk folgende Mitteilung zukommen:

»Der Inhaber von LEGO ist Frau Kirk Christiansen mit ihrem Mann als dem eigentlichen Leiter der Firma. Unserem Eindruck nach sind es respektable und energische Menschen, die sparsam leben, und es sieht so aus, als gäbe es die Möglichkeit, einen lohnenden Betrieb aufzubauen. Herr Christiansen hat uns seine Bilanz für 1938 vorgelegt, die einen kleineren Reinertrag zeigt, und es kann unserer Ansicht nach kaum mit einem besonderen Risiko verbunden sein, der Firma für einen vertretbaren Betrag Kredit zu gewähren.«

Es geht voran für die LEGO-Fabrik, 1939 werden 50 000 Kronen Umsatz erreicht, dank eines Sortiments, das nun Spielzeug für Jungen und für Mädchen umfasst. Es gibt zusätzlich bekannte Tiere auf Rädern, die an einer Schnur gezogen werden können, angeführt von einer halb mechanischen Ente, die mit dem Schnabel schnattert, außerdem hat man einen roten Schnellzug der Dänischen Staatsbahn, Puppenwagen, Sandspielzeug und verschiedene Automarken im Angebot.

Ole Kirk fängt an, ins Ausland zu schielen, und besucht mehrfach die Leipziger Messe, um sich inspirieren zu lassen und Ideen mit nach Hause zu bringen, die man nachahmen und in die Produktion aufnehmen kann. Die Patentgesetzgebung ist in der Spielzeugbranche weitgehend unbekannt, alle kopieren einander. Er spielt auch mit dem Gedanken, zu exportieren, und schreibt im Januar 1938 an das Außenministerium, um sich nach »Absatzmöglichkeiten für Holzspielzeug in den skandinavischen Ländern und Großbritannien« zu erkundigen. Die Antwort des Ministeriums enthält eine Reihe Adressen von Importeuren, Informationen über die Höhe der Einfuhrzölle in den entsprechenden Ländern sowie einen Fragebogen, in dem LEGOs Inhaber weitere Auskünfte über die Firma und ihre Produkte geben soll.

Jahrzehntelang hat Deutschland, der große Nachbar im Süden, den europäischen Spielzeugmarkt mit Holz- und mechanischem Spielzeug dominiert, das Ole Kirk konsequent »Nürnberger Blechkram« nennt. Der qualitätsbewusste Handwerker ist von Deutschlands Spielzeugindustrie wenig beeindruckt und meint, LEGO sei mit seiner Qualität konkurrenzfähig.

Im Gegensatz zu vielen Kollegen in der Branche verwendet Ole Kirk keine billige Rohware wie »Blauer Splitter« – Holz, das von Schimmelpilzen bläulich verfärbt ist. Diese Verfärbungen lassen sich vertuschen, wenn das Holz einigermaßen gründlich in Farbe getaucht wird. Das Holzspielzeug von LEGO hingegen hat nie auch nur die Andeutung eines Astlochs, auf allen Stufen der Produktion wird großer Wert auf gründliche Handwerksarbeit gelegt – am Ende stehen ein zusätzliches Finish und eine Qualitätskontrolle.

Die Rohware – das eingekaufte Buchenholz – soll von allerbester Qualität sein und wird erst in Billund zersägt, wo man das Holz anschließend lagert und an der Luft trocknet, bevor man es später mit Dampf behandelt und im Ofen trocknet. Seit den Anfängen 1932 ist LEGOs Markenkern das gute, gediegene und unverwüstliche Holzspielzeug. Qualität verkauft sich von allein, davon ist Ole Kirk überzeugt. Und er hat sich den Slogan einer deutschen Firma zu eigen gemacht, die Teddybären produziert: »Für Kinder ist nur das Beste gut genug!«

In den Zwanziger- und Dreißigerjahren halten zunehmend progressive Ideen zu Kindern und ihrem Spiel Einzug in Europa, die vielfach auf die Ansichten Friedrich Fröbels zurückgehen. Der deutsche Pädagoge richtete 1840 den ersten Kindergarten ein, entwickelte Spielmaterialien für Kinder und gab eine Zeitschrift heraus, deren Motto war: »Kommt, lasst uns unsern Kindern leben!«

Auch *Das Jahrhundert des Kindes* von der Schwedin Ellen Key, das im Jahr 1900 erschien und in siebzehn Sprachen übersetzt wurde, beschäftigte sich mit dem Thema. Auf eine Weise, wie man es noch nicht gelesen hatte, diskutierte die Autorin das Erziehungsideal der Zukunft, forderte Eltern auf, ihre Kinder zu lieben, und machte deutlich, dass der wichtigste Rohstoff von uns Menschen zu allen Zeiten die Kinder sind, die wir auf die Welt bringen.

Um die Kindheit ging es auch in Sigmund Freuds 1920 erschienenem Essay »Jenseits des Lustprinzips« über die Funktion des Spielens, in dem der Psychoanalytiker behauptet, dass Kinder vor allem spielen, weil es mit Genuss verbunden sei. Und ebenfalls 1920 beschrieb der Schweizer Psychologe Jean Piaget in wissenschaftlichen Artikeln, wie Kinder die Welt durch das Spiel erforschen, das ihnen hilft, ursächliche Zusammenhänge zu verstehen. Viele andere Psychologen, Schriftsteller und Philosophen beschäftigten sich in der Zeit zwischen den Weltkriegen mit der Natur des Kindes und der universellen Bedeutung des Spielens für den Menschen, unter anderem Maria Montessori, Margaret Mead, A. S. Neill, Bertrand Russell und Johan Huizinga, der 1938 das Buch *Homo ludens* veröffentlichte, das mit der These beginnt, dass jede menschliche Kultur im Spiel entsteht und sich entwickelt.

In Skandinavien entsteht in den 1930er-Jahren und den folgenden Jahrzehnten ein besonderes Verständnis für die Natur des Kindes, das sich gerade beim Spielzeug und in der Literatur zeigt. 1932, als Ole Kirk seinen Zimmereibetrieb umstellt, erregt der Kunsthandwerker Kay Bojesen auf einer großen Ausstellung in Kopenhagen mit seinem hübsch designten Holzspielzeug international Aufsehen. Ein Jahr zuvor setzt eine schwedische Spielzeugfirma, die den Brüdern Ivarsson in Osby gehört, ein neues Logo mit dem Firmennamen BRIO auf ihr buntes Holzspielzeug, das man zwei Jahrzehnte lang entwickelt hat – mit dem Gespür für die Bedeutung des Spielens für Kinder.

In den 1940er- und Anfang der 1950er-Jahre werden in Skandinavien bahnbrechende Kinderbücher geschrieben. Zum ersten Mal in der Weltliteratur wagen es erwachsene Autoren, Kinder und kindliche Figuren als Ich-Erzähler in Kinderbüchern einzusetzen und damit dem Kind seine natürliche Stimme in der Literatur zu geben. Dazu zählen die Schwedin Astrid Lindgren, der Däne Egon Mathiesen, der Norweger Thorbjørn Egner und die Finnin Tove Jansson. Wie die Spielsachen von den Ivarsson-Brüdern, Kay Bojesen und Ole Kirk erweitern sie mit ihrer Kunst – geschaffen von Erwachsenen für Kinder – den Blick der Eltern auf die Welt des Kindes und das Wesen des Spiels.

Inmitten dieses Aufbruchs in eine neue Kinderkultur in Skandinavien und der zunehmenden Beachtung von Kindern, Spielen und Spielzeug erweitert LEGO seine Produktion, und Ole Kirk wird zum Spielzeugfabrikanten. Zunächst ist er sich des Zeitgeistes kaum bewusst, dessen elementarer Teil seine Spielsachen sind. Begriffe wie »Funktionalismus« und »Reformpädagogik« sind Ole Kirk fremd, aber mehrere Reisen in der zweiten Hälfte der Dreißigerjahre zu Messen und Ausstellungen ins Ausland verhelfen ihm zu neuen Einsichten. Es ist kein Zufall, dass er damals einen längeren Artikel aus einer dänischen Zeitung aufhebt, in dem es um das steigende, nicht zuletzt wissenschaftliche Interesse am kindlichen Spiel und Spielzeug geht:

> »Pädagogen denken über den erzieherischen Wert nach, Ärzte über den Schaden oder Nutzen für die kindliche Gesundheit, Chemiker über die Zusammensetzung der benutzten Farben,

die absolut unschädlich sein müssen, Erfinder konstruieren neue Modelle, die von Ingenieuren in die Realität umgesetzt werden, und der Geschäftsmann grübelt über die erfolgreichste Verkaufsstrategie. Während man sich in den alten Zeiten damit begnügen konnte, seinem Kind ein geschnitztes Pferd zu schenken, ein paar Glanzbilder oder eine Stoffpuppe, um damit zu spielen, sind die Kinder anspruchsvoller geworden, sodass Spielzeug nun ein derart bedeutender Faktor ist, dass es selbst in der Handelsbilanz Dänemarks aufgelistet wird.«

Kjeld: »Mein Großvater hat zweifellos gespürt, dass Qualitätsspielzeug die Grundlage für gutes Spielen ist, aber ich glaube nicht, dass er viel über den pädagogischen Aspekt und den Zusammenhang zwischen Spielen und Lernen nachgedacht hat, der für LEGO heute so wichtig ist. Das hat selbst mein Vater noch nicht getan, für ihn ging es mehr um das System der Spielzeugprodukte, auch wenn er von den ›schöpferischen Fähigkeiten des Kindes‹ sprach. Den Gedanken des Lernens durch Spielen mit LEGO brachte erst ich in den 1980er-Jahren in die Firma ein.«

Ole Kirks vier Söhne erinnern sich später nach dem Tod der Mutter an ihren Vater jener Jahre als einen »guten Kameraden«. So nannten sie ihn übereinstimmend in einem längeren Fernsehinterview aus den Achtzigerjahren, wobei Godtfred noch hinzufügte: »Vater verlor nie seinen Humor. Es war sein Wunsch, dass ich zu Hause blieb und ihm half, obwohl es damals viele andere Dinge gab, die ich lieber getan hätte.«

Mehr noch als seine drei Brüder hat Godtfred Sägespäne in den Adern, außerdem kann er gut rechnen und mit den Leuten reden. Bereits als Kind geht Godtfred dem Vater in der Werkstatt zur Hand, hilft ihm bei den Bilanzen und fährt mit dem Fahrrad Rechnungen und Wechsel aus, die unterschrieben werden sollen. Zur Belohnung bekommt er als Jugendlicher die Erlaubnis, mit Vaters Ford T zu fahren – was allerdings nicht ganz ungefährlich für die anderen Verkehrsteilnehmer ist, wie die Cousine Dagny Holm später erzählt, die in den

Familie Kirk Christiansen Ende der 1930er-Jahre. Hinten von links: Karl Georg, Johannes und Godtfred. Vorne: Sofie, Gerhardt, Ulla und Ole Kirk.

1960er-Jahren als Modellbauerin und Künstlerin der Stadtszenerien und Märchenfiguren im LEGOLAND bekannt wurde.

Zu Beginn der Dreißigerjahre wohnt Dagny in Skjern, wo ihr Vater ein Fahrradgeschäft betreibt. Wenn die Familie aus Billund zu Besuch kommt, lenkt manchmal Godtfred den Wagen. Dagny erzählt: »Einmal fuhr er mitten in Skjern gegen einen Laternenpfahl. Der Direktor des Elektrizitätswerks rief hinterher bei uns an und sagte: ›Wenn ihr das nächste Mal Besuch von den Burschen aus Billund bekommt, sagt vorher Bescheid, damit die Leute rechtzeitig nach Haus gehen können.‹ Der ganze Ort lag wegen des Unfalls im Dunkeln.«

Sie erinnert sich auch, dass die vier Brüder alle nach dem Vater geraten waren, insbesondere was seinen Übermut und eine gewisse Flachsigkeit betraf. Eine Weile wohnt die 18-jährige Dagny in Billund, bevor sie eine Stelle in einem Heim für Jungen in Seeland antritt. Ihre vier Cousins beschließen, ihr einen ordentlichen Abschied zu bereiten, und versuchen eines Abends, ein lebendiges Ferkel in ihr Zimmer zu bugsieren. Allerdings gelingt es Dagny gerade noch, das halb offene Fenster zu schließen. In der darauffolgenden Nacht haben die Cousins eine neue Idee – und diesmal gelingt ihr Vorhaben. Als Dagny am nächsten Morgen aufsteht und die Gardinen aufzieht, bekommt sie einen Riesenschreck. Vor dem Fenster baumelt eine männliche Figur an einer Art Galgen, die sich dann allerdings als Vogelscheuche mit einer Schlinge um den Hals entpuppt.

Nicht nur Dagny, auch Godtfreds Brüder verlassen einer nach dem anderen Billund, um Arbeit zu finden oder in die Lehre zu gehen. Ebenso wie die meisten von Godtfreds gleichaltrigen Freunden. Der 15-Jährige selbst freut sich darauf, bei Auto-Sørensen anzufangen, wo ihm eine Lehrstelle versprochen worden ist. Der Gesellenbrief als Automechaniker bleibt jedoch ein Traum. Eines Abends setzt Ole Kirk sich auf die Bettkante seines Sohnes und erklärt ihm, er könne Godtfreds klugen Kopf und seine technische Geschicklichkeit in der Werkstatt nicht entbehren.

> **Kjeld**: »Die Fabrik wurde zum Schicksal meines Vaters. Er hat ja außer der Schule hier in Billund, die er (wie damals üblich) jeden zweiten Tag besuchte und mit der siebten Klasse beendete, nie eine richtige Ausbildung erhalten. Danach blieb er bei seinem Vater in der Werkstatt und half ihm bei der Entwicklung und der Produktion von Spielzeug, hielt die Rechnungsbücher in Ordnung und ging zur Bank. Geldangelegenheiten waren nie die Stärke meines Großvaters, und mein Vater lernte viel durch die Verantwortung, die früh auf seinen Schultern lag.«

Was seine weitere Ausbildung anbelangt, so muss Godtfred sich damit begnügen, einige Abende in der Woche die Technische Schule in Grindsted zu besuchen. Tagsüber hilft er in den Werkstätten, wo inzwischen über fünfzig unterschiedliche Spielzeugartikel aus Holz produziert werden. Abgesehen von den verschiedenen Automodellen sind es Holztiere auf Rädern, Puppenwagen, Bügelbretter und Bügeleisen, Segelflugzeuge, Feuerwehrautos mit Leiter und etwas, das sie »Kirks

Kirks Kugelbahn aus den 1930er-Jahren enthält eine pädagogische Bauanleitung zum Spielen im Sand. Im Sandhaufen hinter der Molkerei spielt Ulla mit ihrem Spielkameraden Kurt, dem Sohn des Molkereileiters Hougesen.
Foto: Privatbesitz.

Kugelbahn« nennen: Längliche Holzelemente werden zu einer Kugelbahn zusammengesteckt, die sich einen Sandberg in einem Sandkasten oder am Strand hinunterschlängelt.

Die Dreißigerjahre sind in Dänemark auch eine Zeit, in der Freiluftaktivitäten eine immer größere Rolle spielen. Die dänische Familie geht am Sonntag in den Wald oder an den Strand. In Billund greift man diesen Trend auf, wie an der Schachtel des Sandspiels deutlich zu sehen ist, die mit einem passenden Reim als Aufdruck verkauft wird: »Sommersonne im Wald und am Strand, wohin es auch geht, Kirks Sandspiel als Freund des Kindes bereitsteht.« Darin liegt neben den

Es ist das Jahrzehnt, in dem das Auto zum bevorzugten Transportmittel wird, obwohl es sich bei Weitem nicht jedermann leisten kann – es sei denn, ein Auto von LEGO mit Qualitätsstempel. Anfangs sind sie noch recht einfach und eckig, bekommen aber gegen Ende des Jahrzehnts weichere, stromlinienförmigere Formen, als Godtfred auf der Handwerksschule von Haslev neue Automodelle zeichnet, die er sofort seinem Vater in der Fabrik schickt.
Foto: LEGO Group.

Holzelementen auch ein Dannebrog-Fähnchen mit dem Aufdruck »Kirks Kugelbahn«, das auf die Spitze des Sandbergs gesteckt werden kann. Und für Mutter und Vater gibt es folgende relevante Zusatzinformation: »Das Spiel ist hervorragend dazu geeignet, die Fähigkeiten des Kindes zu fördern.«

In den Jahren von 1936 bis 1940 entwickelt sich Ole Kirks und Godtfreds Verhältnis zu einer kreativen und erfolgreichen Partnerschaft, die zum Fundament von LEGOs wachsendem Umsatz und Erfolg in den Vierzigerjahren wird. Die Zusammenarbeit zwischen Vater und Sohn verläuft beinahe reibungslos, der Senior konzentriert sich auf die Qualität der Produkte und das gute Arbeitsklima unter den Mitarbeitern, und der Junior wird zum ideenreichen Designer, der realistisch und intuitiv zugleich ist, aber auch strategisch zu denken vermag.

Gedanklich hat Ole Kirk sich von den vier Söhnen bereits für Godtfred als Nachfolger und Leiter der Firma entschieden, wenn er eines Tages nicht mehr die Kraft dazu haben sollte. Sein Besuch der renommierten Handwerksschule der Inneren Mission in Haslev in den Jahren 1939 und 1940 ist daher eine Investition, die nicht nur den Sohn stimulieren wird, sondern auch für LEGO wichtig ist, meint Ole Kirk. Doch der Aufenthalt wird kein Erfolg. Godtfred fühlt sich nicht wohl, er hat Heimweh und zeichnet unablässig Modelle von künftigen, stromlinienförmigen LEGO-Holzautos, die sofort mit der Post an den Vater nach Billund geschickt werden.

> »Ihr Lieben! Lieber Vater! Hier einige Zeichnungen! Du kannst ja sehen, ob sie zu gebrauchen sind. Ich kann noch mehr Autos zeichnen, wenn du willst. Ich finde die Idee mit den Kotflügeln gut, aber es wäre sicher am besten, wenn wir die gleiche Größe für mehrere verschiedene Autos verwenden könnten.«

Godtfred hat das Gefühl, auf der Handwerksschule unbeliebt zu sein und ausgegrenzt zu werden, da er ja kein »richtiger« Handwerker ist wie alle anderen, sondern nur jemand, der Spielzeug für Kinder zusammenbaut. Später erzählt er: »Es wurde nicht als ordentlicher Beruf angesehen. Ich erlebte genau dieselbe Geringschätzung, der mein Vater ausgesetzt war, als er anfing, Spielzeug herzustellen.«

Um sich die Zeit zu vertreiben, arbeitet Godtfred auf eigene Faust am Autodesign. Er sitzt ganz hinten in der Klasse und gibt den alten, etwas kantigen und klotzigen Holzautos weichere Formen, die von Fords und Chevrolets inspiriert sind, während die angehenden Schreiner, Maurer und Schmiede um ihn herum ihre Aufmerksamkeit auf den Lehrer richten.

Ole Kirk hat mittlerweile andere und bessere Pläne für Godtfreds weitere Ausbildung. Er versucht, für den Sohn in Deutschland ein Praktikum in einer Fabrik für Holzwaren zu organisieren, sobald er die Schule in Haslev beendet hat. Doch die deutsche Besetzung Dänemarks am 9. April 1940 lässt diese Pläne abrupt platzen. Godtfred muss in Billund bleiben und in der Fabrik mitarbeiten, nun in der Position eines »Werkführers«.

An der Schwelle zu einem neuen Jahrzehnt steht die Welt vor einem langen, alles zerstörenden Krieg, der paradoxerweise einer Firma wie LEGO neue, unerwartete Möglichkeiten bescheren wird.

Friedenspistole, 1945.

Krieg

Die 1940er-Jahre

Bernhard Bonde Christiansen, ein junger Zimmergeselle aus Westjütland, hat im Dezember 1941 seinen ersten Arbeitstag bei LEGO. Seine Aufgabe ist es, die teure Oberfräse zu bedienen, in die Ole Kirk investiert hat. Die Kinder der damaligen Zeit lieben es, die verschiedenen Tiere aus Holz hinter sich herzuziehen, die damit produziert werden. Sein Anfangslohn beträgt 35 Kronen die Woche plus Kost und Logis. Die Mahlzeiten nimmt Bernhard im Löwenhaus ein, ein Bett und etwas Platz im Schrank hat er in dem Zimmer über der Holzwerkstatt. Ein kleiner Raum, den er sich mit drei anderen Angestellten teilt.

Anfangs wundert er sich über die bunt zusammengewürfelte Gruppe aus älteren Jungen und alten Frauen, die bei LEGO arbeiten. Insgesamt gibt es achtzehn Beschäftigte, und Bernhard Bonde ist, soweit er es beurteilen kann, der Einzige, der eine Ausbildung absolviert hat. Aber die Stimmung ist gut und der Zusammenhalt stark. Jeden Tag geht Ole Kirk in seinem khakifarbenen Overall umher, plaudert mit »seinen Jungs«, wie er die jungen Männer nennt, oder albert mit den Mädchen herum, die lackieren oder Waren verpacken.

Die Arbeitswoche hat neunundvierzig Stunden, doch die Welt befindet sich im Krieg, und Dänemark ist besetzt, daher ist zeitweilig früher Feierabend oder es wird darum gebeten, vom Morgengrauen an zu arbeiten, um beim rationierten Strom zu sparen. Ein normaler Arbeitstag bei LEGO beginnt um 7 Uhr. Bernhard hat eine halbe Stunde Pause am Vormittag, eine Stunde zu Mittag, in der es eine warme Mahlzeit im Löwenhaus gibt, außerdem eine halbe Stunde Kaffeepause am Nachmittag. Es wird bis 17.30 Uhr gearbeitet, und man bereitet sich erst fünf oder zehn Minuten vorher auf den Feierabend vor. Gleichzeitig sind alle Angestellten verpflichtet, ihren Arbeitsplatz nach Ende der Arbeitszeit sauber zu machen.

Die warme Mahlzeit zu Mittag, und vor allem der Nachmittagskaffee, der ebenfalls im Löwenhaus eingenommen wird, sind für Bernhard Bonde die Höhepunkte des Tages, bei denen er sich für kurze Zeit wie ein Teil einer großen Familie fühlen kann. Wenn das Mittagessen zu Ende ist, das Sofie und ihr Hausmädchen gekocht haben, spricht Christiansen in seiner abgewetzten Arbeitskleidung das Tischgebet: »Lieber himmlischer Vater, wir danken dir für alle deine Gaben, Amen!« Mit am Tisch sitzen außer Ole Kirk und Sofie auch die Tochter Ulla, die Söhne Godtfred, Johannes und manchmal Gerhardt oder Karl Georg, wenn sie zu Besuch sind, sowie die anderen Fabrikarbeiter, mit denen ebenfalls Kost und Logis vereinbart ist.

Bisweilen muss man auf Christiansen warten, der noch ein Telefonat beendet oder im geliebten Garten seinen Gedanken nachhängt. Die hungrigen Beschäftigten warten auf ihr Essen, und dauert es zu lange, wird es zur Tradition, dass alle am Tisch in einen stetig lauter werdenden Spruch einstimmen, den die übermütigen Söhne der Familie sich ausgedacht haben: »Wir warten auf den Chef. WIR WARTEN AUF DEN CHEF – UND HUNGERN UNS ZU TODE!«

In einer eiskalten Nacht im März 1942 wird Bernhard Bonde von einem seiner Zimmergenossen geweckt, der ihn wachrüttelt, weil er unten einen merkwürdigen Lärm gehört hat. Bernhard setzt sich auf und riecht sofort den Rauch, er springt die Treppe hinunter und reißt die Tür zur Werkstatt auf, wo das Feuer bereits das ganze trockene Holz erfasst hat. Bernhard rennt über den Hof, auf dem der Schnee in großen Wehen liegt, poltert gegen die Hintertür und klopft an die

Fenster des Löwenhauses, wobei er schreit: »Die Werkstatt brennt! Die Werkstatt brennt!« Schon bald hört er Stimmen und Rufe von drinnen, wo niemand etwas sehen kann, da der Strom ausgefallen ist.

Danach passierte alles instinktiv, erzählt Ole Kirk später. Ein Schneesturm hatte im Laufe des Abends und der Nacht die meisten Telefon- und Stromleitungen in Billund heruntergerissen. Nur eine einzige Leitung funktioniert noch, und darüber alarmiert Sine aus der Telefonzentrale von Billund die Feuerwehr in Grindsted. Die Männer und Jugendlichen des Ortes wissen bereits Bescheid und versammeln sich mit Eimern und was sonst noch zum Löschen taugt vor dem Löwenhaus. Ole Kirk versucht, mit einem Feuerlöscher in die Werkstatt vorzudringen, muss sich aber zurückziehen. Es ist nun so heiß, dass die Maschinen anfangen zu schmelzen. Sofie packt Ulla in eine Decke und trägt sie zur Molkerei, wo sie sich zu den Kindern des Molkereileiters ans Fenster setzt, um wie sie den Rauch und den flackernden Lichtschein am nächtlichen Himmel zu beobachten. Ein Anblick, den sie nie vergessen wird.

Es ist allein der Windrichtung und der Feuerwehr zu verdanken, dass nur das Werkstattgebäude von LEGO bis auf die Grundmauern abbrennt, und nicht das Löwenhaus und weitere Häuser und Bauernhöfe in Billund. Zusammen mit den Feuerwehrleuten und den Freiwilligen aus der Stadt retten Ole Kirk und drei seiner Söhne, was zu retten ist, unter anderem Godtfreds Dynamo, der immer *hvirv, hvirv, hvirv* machte, wenn man ihn drehte, wie sich Bernhard Bonde erinnert.

Karl Georg befindet sich in Filskov bei einem Onkel, dem er beim Hausbau hilft, aber Sine aus der Telefonzentrale, seine Freundin und spätere Ehefrau, ruft ihn sofort an. Da es unmöglich ist, ein Auto aufzutreiben, beschließt Karl Georg, die zehn Kilometer bis zu LEGO durch die Schneewehen zu Fuß zurückzulegen. Er leiht sich ein Paar dicke Socken, die er über die Schuhe zieht, damit er auf den glatten Wegen nicht ausrutscht.

In Billund angekommen, findet Karl Georg nur noch die qualmende Ruine, verrußte und einsturzgefährdete Mauern, verkohlte Rudimente der Hobelbänke und eingeschmolzene Reste von Maschinen und Werkzeug. Der Verlust beträgt 70 000 bis 80 000 Kronen, dazu kommt eine ebenso hohe Summe für Aufträge, die man gerade bearbeitet hat oder die versandfertig waren. Die Versicherungssumme beläuft sich auf 60 000 Kronen. Ole Kirk ist am nächsten Tag so ängstlich und verzagt, wie man ihn seit Kristines Tod nicht mehr erlebt hat. Zum ersten Mal, seit Sofie in sein Leben getreten ist, zweifelt Ole Kirk an der Lebensaufgabe, die Gott ihm gestellt hat:

»Widerstände sind bekanntlich dazu da, sie zu überwinden. Durch sie werden wir Menschen geläutert. Es war das dritte Mal, dass ich mitansehen musste, wie meine Firma in Schutt und Asche lag. Und diesmal war es ein wirklich großer Schock. Ich ging in meine Schlafkammer, um in meiner Verzweiflung ein Gebet zu verrichten. Und da erlebte ich etwas Bemerkenswertes: Mein Gebet wurde zum Dank und Segen für mich. Ich bekam eine unsichtbare Hilfe. Es war, als würden die Probleme von mir genommen.«

Wie schon so oft zuvor holt sich der Gründer von LEGO Hilfe und Kraft bei seinem himmlischen Vater, und nur wenige Tage nach der Katastrophe sieht er sein Leben und sein Werk bereits wieder in einem optimistischeren Licht. Ole Kirk steht an einem Scheideweg. Ist es an der Zeit, Billund zu verlassen und mit der Familie und der Firma an einem anderen Ort in Dänemark Wurzeln zu schlagen?

Ein paar Tage nach dem Brand verschickt ein gefasster, entschlossener Ole Kirk mehrere wichtige Briefe. Einer geht an Axel Barfod, LEGOs Vertreter in Kopenhagen, der über die unglückliche Situation informiert wird, die zur Folge hat, dass man im Augenblick unmöglich neue Aufträge annehmen kann. Der Brief endet mit folgenden Worten:

»Unsere Zukunftspläne stehen noch nicht fest, aber wir überlegen, falls wir den richtigen Ort finden, eine andere, eventuell aufgelassene Fabrik zu übernehmen, an einem zentral gelegenen Ort in der Nähe einer Stadt, aber nicht in der Stadt selbst. Sollten Sie einen solchen Betrieb kennen, der zu uns passen könnte, würden wir gern Näheres von Ihnen hören.«

Zwei andere, kürzer gefasste, formellere Briefe werden an die Zeitungen *Jyllands-Posten* und *Berlingske Tidende* gerichtet. Sie enthalten einen Anzeigentext, der am 28. März 1942, sieben Tage nach dem Brand, in beiden Zeitungen abgedruckt wird:

> »FABRIKRÄUME. Am liebsten mit Schreinereimaschinen, ca. 700 m² Bodenfläche sowie Büro- und Wohnräumen an einer Station der Staatsbahn. Zentral gelegen. Zur sofortigen Miete oder zum Kauf gesucht. Ebenfalls müssen 6 Wohnungen sowie einige Zimmer vorhanden sein. LEGO-Fabrik, Billund.«

Es kommen über dreißig Antworten von Eigentümern und Vermietern aus ganz unterschiedlichen Städten, vornehmlich aus Jütland. Ole Kirk, Sofie und Godtfred reisen umher und besichtigen ausgewählte Angebote. Ein paar Offerten aus Kopenhagen und Aarhus werden direkt verworfen, da Ole Kirk die Ansicht vertritt, dass man die Industrie über ganz Dänemark verteilen soll, statt sie in oder um die Großstädte herum zu konzentrieren. Ein Standpunkt, der auf seinen Sohn und seinen Enkel übergehen wird. Auch auf der Insel Fünen sieht sich die Familie interessante Lokalitäten an. Auf der neuen Brücke geht es über den Kleinen Belt; mit dem Auto kann man direkt neben dem roten Schnellzug der Dänischen Staatsbahn fahren, dem Litra MS, der in den Vierzigerjahren im LEGO-Sortiment zum Erfolgsschlager wird und selbstverständlich den Namen »Der echte Jütländer« bekommt.

Nachdem er das westliche Dänemark ausführlich bereist hat, weiß Ole Kirk genau, was er will – und was richtig ist: »Je mehr wir sahen, desto lieber wurde uns unser Billund.«

> **Kjeld**: »Mein Vater wurde zweifellos in die Überlegungen meines Großvaters, mit der Produktion und der Familie umzuziehen, einbezogen und hat später selbst überlegt, so etwas zu tun. Zeitweilig war Hedensted als neue Heimat des LEGO-Konzerns im Gespräch, denn es lag zentraler und näher an der Bundesstraße, meinte Vater. Aber letztendlich kam er wie mein Großvater 1942 zu dem Schluss, dass hier in Billund die Wurzeln von

Am Tag nach dem Brand gibt es nur noch die verkohlten Reste von Mauern, Maschinen und Inventar. In dieser Schicksalsstunde versammelt Ole Kirk die Angestellten und ihre Familien zu einem Gruppenfoto vor der Ruine. Der Direktor selbst sitzt in der ersten Reihe, neben sich Ulla. Ganz links steht Godtfred mit seiner Verlobten Edith.

Das gesamte unbeschädigte Spielzeug wird gesammelt und bei einem »Totalausverkauf« abgesetzt, der Ole Kirk die Möglichkeit gibt, alte Schulden bei seinen Geschwistern und Freunden aus der Inneren Mission zurückzuzahlen.

allem waren und bleiben sollten. Hier gab es die Mitarbeiter, die für LEGO durch Feuer und Wasser gehen würden, hier waren all unsere familiären Beziehungen. Ich glaube, es hat eine kolossale Bedeutung für LEGO, dass man damals beschloss, in Billund zu bleiben und die Fabrik wiederaufzubauen. Auch ich habe immer diese starke Verbindung zur Stadt und der Region empfunden, und deshalb bleibt Billund auch unser Hauptsitz.«

Ole Kirk nimmt neue Kredite auf und entwirft eine – in dieser Zeit und für damalige Verhältnisse – sehr große, moderne Fabrik. Die Arbeiten beginnen im Spätsommer 1942 und werden noch vor Neujahr beendet; die Bauleitung übernimmt Søren Christensen, ein lokaler Maurermeister, mit dem Ole Kirk seit den Zwanzigerjahren zusammenarbeitet. Außerdem kennt er ihn von den Treffen und Aktivitäten im Missionshaus. Die neue LEGO-Fabrik ist ein langes, rotbraunes Backsteingebäude mit zwei Etagen, einem Dachboden und einem Keller, das mit seiner architektonischen Verbindung zum Löwenhaus quasi den Arm um Ole Kirks Gartenanlage legt, die nicht nur der Familie, sondern auch den Mitarbeitern in den Pausen zur Verfügung steht.

Nach dem Brand und während der Bauarbeiten wird die Produktion notdürftig in der Hauswirtschaftsschule von Billund weitergeführt, die Ole Kirk einige Jahre zuvor mitgegründet hat. Godtfred bekommt die Erlaubnis, abends und nachts in Zimmermeister Tage Jensens Werkstatt zu arbeiten, um Modelle zu entwerfen, sodass man für die Serienproduktion gerüstet ist, wenn das neue Fabrikgebäude in Betrieb genommen werden kann.

Ein Teil der hohen Investitionen wird durch einen »Totalausverkauf« finanziert, den Ole Kirk kurz nach dem Brand in Zeitungsanzeigen angekündigt hat. Der Totalausverkauf umfasst den nicht beschädigten Teil des Warenlagers, der in der verhängnisvollen Nacht im Löwenhaus untergebracht war. Dabei kommt so viel Geld zusammen, dass Ole Kirk etwas tun kann, wovon er viele Jahre geträumt hat: Er begleicht die Schulden bei seinen Geschwistern und ein paar engen Freunden aus der Inneren Mission, die ihm in seinen schlimmsten wirtschaftlichen Krisen in den Dreißigerjahren geholfen und für

Das längliche Fabrikgebäude hinter dem Löwenhaus (links) wird Ende 1942 fertig und rasch zum Ort einer effektiveren Form der Produktion, wenngleich die meisten Produkte von den fünfunddreißig bis vierzig Angestellten auch weiterhin in Handarbeit produziert werden. Auf dem Gruppenfoto vor dem Hauptgebäude sitzen Ole Kirk und Sofie ganz links. Direkt hinter seinem Vater steht Godtfred.

einen Kredit gebürgt haben, der es ihm ermöglichte, in Maschinen zu investieren.

Mit Zins und Zinseszins betragen die Schulden 9000 Kronen. Dass er sie zurückzahlen kann, macht Ole Kirk Mut, den Neuanfang zu wagen. Mit dem Abstand von einigen Monaten zu dem Ereignis, das ihn beinahe ruiniert hätte, und nach den Überlegungen zur Abwicklung oder Verlegung der Firma, setzt er sich an einem Sommertag des Jahres 1942 an die Schreibmaschine. Ole Kirk hat das Bedürfnis, sich Gott gegenüber zu erklären, der ihm den Glauben an das Spielzeug gegeben hat:

> »Wir legen nun den Grundstein für unser neues Lager- und Werkstattgebäude, wohl wissend, dass wir es nicht vermögen, dies aus eigener Kraft zu tun. Sondern auch im Wissen um Gottes Wort, denn: ›Wer ist aber unter euch, der einen Turm bauen will, und sitzt nicht zuvor und überschlägt die Kosten, ob er's habe, hinauszuführen?‹ (Lukas 14,28) Und obwohl wir meinen, all dies durchdacht und berechnet zu haben, kommen wir dennoch zu dem Resultat, dass wir ohne ihn nichts können. Wir leben ja mit den Schrecken des Krieges. Dänemark ist besetzt von einem raubgierigen Volk. Es gibt immer weniger Lebensmittel, es ist schwierig, die notwendigen Waren zu beschaffen. Der Krieg hat möglicherweise dazu geführt, dass wir einen solch großen Umsatz haben, und doch wünschen wir aus diesem Grund nicht, dass der Krieg fortgeführt wird, sondern dass so bald wie möglich Frieden auf der ganzen Welt herrschen möge, und beten: ›Herr, nimm es in Deine Hand!‹ Unser Ziel ist es, eine wirklich gute, solide und schöne Arbeit zu machen, sodass man jederzeit erkennt, LEGOs Waren sind Qualitätswaren. Mein Gebet für LEGO zum Herrn ist, dass er uns dazu bringt, ein in jeder Hinsicht redliches Geschäft zu betreiben, sowohl im Leben wie in unserem Verhalten, sodass unsere Taten und unser Leben ihm zur Ehre gereichen und unter seinem Segen stehen. Gott bewahre unseren König und unser Land. Billund 19. Juni 1942.«

Der Krieg macht sich nun auch in Billund bemerkbar. Im Laufe des Sommers 1943 müssen alle Beschäftigten von LEGO, angeführt von Ole Kirk und seinen Söhnen, ins Moor, um Torf zu stechen, damit es in den Wintermonaten in den neuen Fabrikräumen und im Löwenhaus warm genug ist. Die Verdunkelung der Fenster und die Rationierung von Waren des täglichen Bedarfs sind zu einem Teil des Alltagslebens in dem kleinen Bahnhofsstädtchen geworden, und im Konsum auf der anderen Straßenseite wird das Angebot immer spärlicher.

Autos, von denen es inzwischen auch in Billund eine ganze Menge gibt, werden stehen gelassen, da Privatfahrten verboten sind, allerdings dürfen der Arzt und ein paar Fuhrunternehmer einen Gasgenerator auf ihre Fahrzeuge montieren, einen sogenannten »Kachelofen«, der mit Holzabfällen betrieben wird. Strom wird ebenfalls rationiert, jede Familie bekommt eine tägliche Ration zugeteilt. Kaffee wird zum seltenen, exotischen Gut, ebenso wie Tabak, den Ole Kirk am liebsten in Form von Zigarren genießt. Er hat begonnen, in seinem üppigen, gut bestellten Nutzgarten Tabak anzubauen. Die Tabakblätter trocknet er auf dem Dachboden, danach werden sie klein gehackt, zu Zigarren gerollt und mit ein paar Tropfen Backpflaumenextrakt besprengt, bevor man sie mit Eiweiß verklebt.

Das Einzige, das ausnahmsweise ausreichend bei den Dänen vorhanden zu sein scheint, ist Bargeld, nur gibt es in den Geschäften des Landes kaum noch etwas zu kaufen. Holzspielzeug steht wie immer in Krisen oder Zeiten des Mangels hoch im Kurs. Die Kinder sollen keine Not leiden, denken viele dänische Eltern, und in den fünf Besatzungsjahren setzt LEGO insgesamt über eine Million Kronen um. Abgesehen von dem Unglücksjahr 1942 gibt es für den jährlichen Umsatz nur eine Richtung: steil nach oben, von 74000 Kronen im Jahr 1940 auf 375000 Kronen 1945.

Die Produktion verläuft allerdings nicht problemlos, und das liegt nicht nur daran, dass es an Qualitätsholz, ordentlicher Farbe, Leim und Lack fehlt, sondern auch an einer steigenden Anzahl deutscher Soldaten in Billund. Sie gehören zu dem geplanten Flugplatz in Vandel – dem sogenannten Fliegerhorst Vejle. Sie verlangen, einquartiert zu werden, und wollen größere Gebäude in der Stadt beschlagnahmen.

In den Kriegsjahren ist es schwierig, Heizmaterial zu beschaffen, um die Fabrik zu beheizen. Daher müssen die Angestellten zusammen mit dem Direktor (ganz links) und Godtfred (ganz rechts) auf der Heide Torf stechen.

Eines Tages im Jahr 1943 betritt ein deutscher Offizier das Büro von LEGO und erklärt, die Wehrmacht benötige das neue Fabrikgebäude als Quartier und Depot. Godtfred spricht keine andere Sprache als Dänisch, aber er spürt durchaus, worum es geht, und tut daher so, als würde er nichts verstehen, erzählt er später in einem Interview:

> »Die Deutschen brauchten Platz für ihre Ausrüstung, und sie hatten ja die Macht, über alles und jeden zu bestimmen. Es war vermutlich das einzige Mal, dass es für mich von Vorteil war, kein Deutsch zu sprechen. Der Offizier gab ein paar Sätze von sich, und wir starrten uns nur kühl an. Dann drehte er sich plötzlich um und verließ das Büro. Ich habe ihn nie wiedergesehen.«

Besonders viele Soldaten werden 1943 und 1944 in der Region stationiert. Das Gemeindehaus, die Pfadfinderhütte und die neue Turnhalle der Schule von Billund füllen sich mit einfachen Soldaten, die genagelte Stiefel tragen, wodurch zum Ärger aller der lackierte Turnhallenboden in Mitleidenschaft gezogen wird. Die Offiziere werden in

Privatwohnungen einquartiert, im Löwenhaus muss Sofies alte Mutter sich den ersten Stock mit zwei deutschen Offizieren teilen. Sie ist aus Haslev zu ihrer Tochter und dem Schwiegersohn gezogen und spricht ebenfalls kein Wort Deutsch. Dafür kann sie Schach mit den fremden Männern spielen.

Ole Kirk kommuniziert so wenig wie möglich mit den unerwünschten Gästen, bemüht sich aber die ganze Zeit über um eine höfliche und korrekte Fassade. Dafür gibt es einen guten Grund, den weder seine Söhne noch Freunde der Familie kennen. Der Chef von LEGO hat sich dem illegalen Widerstandskampf angeschlossen. Auf geheimen Papieren, die 1944 und 1945 in der Widerstandsbewegung zirkulieren, ist der »Fabrikant Christiansen« als Stadt- und Gruppenleiter der dänischen Untergrundarmee aufgeführt, der landesweit 50000 Männer und Frauen angehören. Gleichzeitig ist er auch Leiter der Schutzwache in Billund, die nach Auflösung der dänischen Polizei durch die Deutschen im September 1944 in der Region für Ruhe und Ordnung sorgen soll. Ole Kirk hat aus diesem Grund Zugang zu mehreren britischen BSA-Gewehren, die während der Befreiung im Mai 1945 zum Einsatz kommen, als er und die übrigen Mitglieder der Schutzwache bei der Bewachung der vielen deutschen Flüchtlinge mithelfen. Es sind Frauen, Kinder und alte Menschen, die auf überfüllten Schiffen über die Ostsee nach Dänemark geflüchtet sind und in den letzten Kriegsmonaten in Sonderzügen aus Kopenhagen in Westjütland ankommen.

Der Firmengründer von LEGO ist nicht direkt an den zahlreichen Sabotageaktionen bei der Eisenbahn beteiligt, die von den sehr aktiven Widerstandsgruppen in Grindsted und Brande unternommen werden. Dafür ist Ole Kirk häufig das Bindeglied bei dem ungeheuer wichtigen Transport und der Lagerung von Waffen, Munition und Sprengstoff, die von britischen Flugzeugen in Containern abgeworfen werden. In den geheimen Papieren der Widerstandsbewegung wird er auch als Leiter einer »Empfangsgruppe im Grindsted-Distrikt« aufgeführt, zu der siebzehn junge wie ältere Männer aus Billund gehören, unter anderem ein Eisenbahnarbeiter, ein Landwirtschaftshelfer, ein Mechaniker, ein Gärtner, ein Schneidermeister, ein Möbelfabrikant, ein Buchhalter, ein Gemeinderatsvorsitzender und ein Spielzeugfabrikant.

Aufgabe der Gruppe ist es, die abgeworfenen Waffen zu bergen und die Fallschirme und Container wegzuschaffen, bevor die Deutschen eintreffen. Billund wird während des Krieges allerdings nie als Abwurfplatz ausgewählt, sodass Ole Kirk als Zwischenglied fungiert. Mit einem unschuldig aussehenden Pferdewagen, der mit Kisten beladen ist, auf denen »LEGO« steht, transportiert er Waffen und Munition. Es sieht aus, als würden Kisten mit Holzspielzeug zu Händlern in Westjütland gebracht. Viele Jahre nach dem Tod seines Vaters erzählt Godtfred die Geschichte:

> »Ich erfuhr davon erst nach dem Krieg. Vater transportierte unter anderem Handgranaten in leeren Holzkisten, in denen sonst Holzspielzeug ausgefahren wurde. Wie viele andere in der Gegend hatten auch wir deutsche Offiziere bei uns wohnen, aber das interessierte meinen Vater nicht. Er ließ sich jedenfalls nicht davon beeindrucken. Die Kisten wurden in unserem Buchenholzlager aufbewahrt, von dort wurde die Widerstandsbewegung versorgt.«

Der bewaffnete Fabrikant Christiansen ist auch in den hektischen und chaotischen Tagen nach der Befreiung im Mai 1945 auf der Straße, um zu patrouillieren. Die dänische Polizei ist noch nicht wiedereingesetzt, überall im Land herrscht eine Lynchstimmung, und es werden regelrechte Treibjagden auf Landesverräter veranstaltet. Vom 4. Mai an geht Ole Kirk zusammen mit seinem Buchhalter Axel Svarre und dem Gemeinderatsvorsitzenden Christian Horsted auf Streife, jeder mit einem Gewehr über der Schulter. Einerseits, um zu signalisieren, dass niemand ohne ein Gerichtsverfahren bestraft wird, andererseits, um die deutschen Flüchtlinge zu schützen, die im Gemeindehaus von Billund untergebracht sind, wo sie auf Stroh von den umliegenden Bauernhöfen schlafen.

Vier Mitglieder der illegalen Widerstandsgruppe in Billund im Gespräch vor dem Haus ihres Anführers im Jahr 1943. Von links: Schneider Frandsen, Fuhrmann Alfred Christiansen, Thorvald Christensen, der bei LEGO beschäftigt ist, und der Verkäufer Gunnar Sand. Rechts: Ole Kirks Ausweis als Leiter der städtischen Schutzwache.
Lokalhistorisk Arkiv for Grene Sogn.

Trotz des Brandes 1942 und des Mangels an Rohstoffen und Materialien wird der Krieg besonders einträglich für LEGO. Der Verkauf von Spielzeug steigt Jahr für Jahr um dreißig bis vierzig Prozent, und die Anzahl der Beschäftigten in der Firma vervierfacht sich zwischen 1939 und 1946. Neben der Dänischen Spielzeugfabrik, die seit dem Ersten Weltkrieg Holzspielzeug verkauft, das in Gefängnissen produziert wird, ist LEGO jetzt einer der großen, angesehenen Spielzeugproduzenten im Land.

Fragt man ein dänisches Mädchen direkt nach dem Krieg, mit welchem Holzspielzeug es am liebsten spielen möchte, dann sind das ein Bügeleisen und ein Bügelbrett von LEGO, während die meisten Jungen sich LEGO-Autos und den LEGO-Schnellzug wünschen. Viele Eltern kleinerer Kinder investieren in eine rot lackierte Kiste mit pädagogisch wertvollen LEGO-Klötzen aus Holz, in deren polierte, mit Lack überzogene Seiten Buchstaben und Zahlen in den Primärfarben geprägt sind. Das ist Handwerkskunst, die Ole Kirks kompromisslosen Qualitätsanspruch widerspiegelt und seine Definition von Erfolg in der Spielwarenbranche darstellt: »Das richtige Spielzeug ist das, was Eltern gern kaufen und womit die Kinder länger spielen wollen als nur am Geburtstag oder an Heiligabend.«

Der enorme Erfolg, den die Fabrik in Billund während des Krieges erlebt, setzt sich bis zum Ende des Jahrzehnts fort, da die dänischen Spielzeugfabrikanten weiterhin durch ein Importverbot begünstigt werden. Eine weitere Ursache für LEGOs Wachstum ist Ole Kirks Entschluss, seine Firma in eine Aktiengesellschaft umzuwandeln. 1944 wird für die »LEGO-Spielzeugfabrik, Billund A/S« ein Aktienkapital von 50 000 Kronen notiert. Das Ziel ist, sich mit der Zeit selbst zu finanzieren, sodass man nicht jedes Mal einen Kredit aufnehmen muss, wenn man den Maschinenpark oder die Fabrik erweitern will.

Damit endet Sofie Kirk Christiansens nahezu zehnjährige alleinige Inhaberschaft. Die alten Schulden ihres Ehemanns sind inzwischen beglichen, und Ole Kirk kann sich als rechtmäßiger Inhaber, Direktor und Vorsitzender eines familiengeführten Vorstands und eines Aktionärskreises bezeichnen, zu dem außer ihm Sofie und die vier Söhne zählen. Als Konsequenz des steigenden Umsatzes wird bereits 1946 eine Teilung des Unternehmens beschlossen und die Tochtergesellschaft »A/S O. Kirk Kristiansen« gegründet, eine Aktiengesellschaft, die sich ausschließlich mit der Produktion befassen soll, während die Muttergesellschaft für den gesamten Bereich Verkauf und Marketing verantwortlich ist. Hier wird Kristiansen mit K geschrieben – wegen Ole Kirks Taufschein und aus Rücksicht auf die Behörden.

Dass die Aktiengesellschaftskonstruktion nicht die Idee des LEGO-Direktors ist, sondern auf einen tüchtigen Steuerberater zurückgeht, der etwas von Steuergesetzgebung und der Absicherung einer Firma in Familienbesitz versteht, verrät Ole Kirk in einem Interview, in dem er auch die patriarchalische Erbfolge betont, die LEGO zugrunde liegt. Sofie sitzt zwar mit im Leitungsgremium, und sicher bekommt Ulla mit der Zeit ihren Geschwisteranteil an LEGO-Aktien, aber es herrscht kein Zweifel darüber, dass die Männer der Familie an der Spitze des Unternehmens stehen:

»Meine Söhne und ich haben es so eingerichtet, dass zwei Aktiengesellschaften registriert wurden. Eine heißt LEGO und beschäftigt sich ausschließlich mit dem Verkauf unserer Waren, die andere heißt O. Kirk Kristiansen und ist für die Fabrikation zuständig.«

Im letzten Jahr des Krieges stehen der Familie weitere große Veränderungen ins Haus, als Godtfred um die Hand der 20-jährigen Edith Nørregaard Knudsen anhält, der Tochter eines Kaufmanns aus Billund. Edith hat klare Vorstellungen von ihrer Zukunft mit dem energischen und ehrgeizigen Godtfred und denkt dabei an »einen kleinen Handwerker, der zu Hause in der Werkstatt bei seinem Vater steht«. Und auch wenn die Entwicklung der Firma in den folgenden Jahrzehnten eine ganz andere Dynamik gewinnt, kommt die Situation 1945 ihrem glücklichen Bild von einem kleineren Familienbetrieb und einem Ehemann, der sich viel zu Hause aufhält, recht nahe. LEGO ist noch so klein, dass Ole Kirks Schwiegertochter beim Reinigen der Büroräume und in der Hochsaison beim Verpacken des Holzspielzeugs mithelfen kann.

Kjeld: »Als meine Eltern heiraten wollten, brauchten sie ein Auto. Es gehöre einfach dazu, wenn man eine Familie gründet, meinten sie. Vater konnte es sich aber nicht leisten und vereinbarte daher mit dem Molkereileiter Hougesen, dass sie sich einen Chevrolet Jahrgang 1931 teilten. So fuhren der Molkereichef und mein Vater den Wagen abwechselnd jeweils eine Woche. Und genau dieses Auto fand mein Vater viele Jahre später bei einem Gebrauchtwagenhändler. Der Wagen war in einem üblen Zustand, aber mein Vater ließ ihn tipptopp herrichten und mit seiner ursprünglichen schwarzen Farbe lackieren; er verpasste ihm sogar das alte Nummernschild von damals – Z8300. Heute ist er das Glanzstück meiner Autosammlung.«

Am 29. Oktober 1944 heiraten der 24-jährige Godtfred und die 20-jährige Edith Nørregaard Knudsen in der Kirche von Grene. Sie ist die Tochter des Kaufmanns Knud N. Knudsen und seiner Frau Theodora (links). Die Brautjungfern sind Ediths jüngere Schwester Birgit (vordere Reihe links) und Godtfreds kleine Schwester Ulla.
Foto: Privatbesitz.

Godtfred und Edith heiraten im Oktober 1944. Die Hochzeit wird mit richtigen Kaffeebohnen aus Kaufmann Knudsens Geheimlager und zusätzlichen Butterrationen vom Leiter der Molkerei gefeiert. Es sind schwere Zeiten in Dänemark, und unter den Geschenken für das Paar finden sich auch aus Mehl- und Zuckersäcken genähte Bettwäsche und Geschirrtücher. Dem Bräutigam ist es gelungen, ein Haus für die Familie zu bauen, die sie gründen wollen. Es liegt an einer Seitenstraße der Hauptstraße Hovedgaden gegenüber dem Garten und der Fabrik, die später den Namen Systemvej bekommt und in den Fünfziger- und frühen Sechzigerjahren zur zentralen Verkehrsader in dem stetig wachsenden Teil von Billund wird, in dem sich LEGOs Fabrik- und Bürogebäude befinden.

Aus dem roten Backsteinhaus haben Godtfred und Edith Blick auf die Fabrik und Ole Kirks Garten, der sich bis zu den endlosen, flachen

Von Godtfreds und Ediths Haus (2) aus sind das Löwenhaus (1) und das längliche Fabrikgebäude (3) zu sehen. Rechts liegen der Holzschuppen (4), in dem das gesamte Holz aufbewahrt wird, sowie Ole Kirks Kräutergarten mit Bienenstöcken und einem Treibhaus (5). *Luftfoto: Det Kongelige Bibliotek.*

Feldern nördlich von Billund erstreckt, auf denen in einer nicht allzu fernen Zukunft ein großer Flughafen, ein Familienpark und ein Hotel entstehen werden. Beim Hausbau 1943 bis 1944 muss Godtfred angesichts der Herausforderung, Ziegelsteine von der Ziegelei in Sønder Omme nach Billund zu transportieren, sich kreative Lösungen einfallen lassen. Später erzählt er:

»Der Fuhrmann, von dem ich mir den Lastwagen lieh, hatte viel zu tun, da er tagsüber für die Deutschen auf dem Flugplatz in Vandel arbeitete. Daher konnte ich seinen Wagen nur nachts bekommen, um die Ziegelsteine abzuholen. Wir haben ein Haus von sechsundfünfzig Quadratmeter Grundfläche gebaut, komplett unterkellert und mit einem ersten Stock für die Schlafzimmer. Es gab zwei Toiletten mit Wasserspülung, eine oben und eine unten. Ich erinnere mich, dass viele in Billund es großartig fanden, ein Haus mit zwei Toiletten zu bauen!«

Kurz nach der Befreiung und dem Ende des Zweiten Weltkriegs im Mai 1945 realisiert Godtfred eine Produktidee, mit der er sich seit einem Jahr beschäftigt hat: eine halb automatische Spielzeugpistole aus Holz, die sich im Design deutlich von den traditionellen Waffen für Jungen wie Holzschwertern, Flitzebogen und Cowboygewehren unterscheidet. 1945 existiert in Dänemark noch immer ein Verkaufsverbot für Spielzeug- und Schreckschusspistolen, doch das hält LEGOs findigen Werksführer nicht davon ab, ein Patent anzumelden. Die kleine Holzwaffe ist so etwas wie ein technischer Geniestreich, der Holz und Metall kombiniert und die Waffe durch verschiedene Federmechanismen automatisch mit Holzpatronen aus der Kammer über dem Schaft lädt. Die Pistole verursacht beim Abfeuern keinen größeren Lärm, gibt aber einen ordentlichen Knall von sich, wie ihn spielende Jungen schätzen.

Gewalttätige Kriegsspiele zu unterstützen, ist jedoch keineswegs Godtfreds Absicht, daher beschließt er, seine Erfindung »Friedenspistole« zu nennen. Auf der Rückseite der Verpackung wird der zukünftige Besitzer des Spielzeugs ermahnt: »Jeder gesunde Junge wünscht sich eine Friedenspistole. Denk du als Besitzer dieser Pistole aber an das Waffengesetz: Ziel niemals im Spaß oder Ernst auf einen Kameraden!«

Die Pistole wird ein Erfolgsschlager, als das Verkaufsverbot für Spielzeug- und Schreckschusspistolen im Herbst 1945 aufgehoben wird. LEGO kann die Nachfrage bei Weitem nicht befriedigen, und nach Neujahr mahnt Axel Barfod, ihr ungeduldiger Vertreter in der Hauptstadt, »weitere 1000 Pistolen und 1000 Packungen Munition« an, obwohl er ganz genau weiß, dass es in Billund gewaltige Probleme bei der Holzlieferung gibt. Außerdem hat man nichts mehr von der Lackmischung, die der schwarzen Pistole ihr authentisches, leicht glänzendes Aussehen verleiht.

Die Friedenspistole mit dazugehöriger sogenannter »Munition« in Form von roten Holzprojektilen in der Holzausgabe von 1945 und rechts in der späteren Plastikversion. 1946 träumt Ole Kirk von Massenproduktion und Export der Pistole.

Aufgrund des Holzmangels sieht sich Ole Kirk nach anderen Materialien um. Bakelit ist in der Spielzeugindustrie seit Langem bekannt und somit eine naheliegende Möglichkeit für eine künftige Massenproduktion von Friedenspistolen. Das Gleiche gilt für Plastik, das viele für das Wundermaterial der Zukunft halten, allerdings hat es in der dänischen Spielwarenbranche noch niemand ausprobiert.

Labore auf der ganzen Welt haben jahrzehntelang mit synthetischen Materialien wie Zelluloid, Bakelit, PVC, Polystyrol und Melamin experimentiert, doch während des Zweiten Weltkriegs hat sich Plastik ernsthaft zu einem Material entwickelt, das nach dem Krieg verschiedenen Branchen neue industrielle Möglichkeiten bietet. Allerdings ist es in Europa noch schwer, eine funktionierende Produktion aufzubauen, da die Gerätschaften weitgehend zerstört oder verschlissen sind; außerdem hat man als neuer Plastikfabrikant in Dänemark einen Dschungel aus Regeln und Vorschriften zu beachten, wenn man Maschinen und Rohstoffe kaufen will.

Dennoch tauchen Regenmäntel, Schuhe, Nylonstrümpfe und andere Produkte aus Kunststoff in den Jahren 1946 und 1947 zunehmend in den dänischen Geschäften auf. Innerhalb der Spielzeugbranche sehen viele Akteure in Plastik die erneuernde Kraft auf einem Markt, der zehn Jahre lang nichts Neues gesehen hat. Eltern und Kinder haben genug vom Holzspielzeug, das jedes Kriegsjahr an Weihnachten in den

...jernbonsvej 21.

København, den 17. December 1946

Fabriken Lego A/S.
Billund.

Kære Ole!

for Dit Brev af 13 ds.
ar taget Din Meddelse til Efterretning, men ønsker dog gerne,
nde Bemærkning Bakeliten vedrørende, at tilføje følgende:
r vanskelige Aar der forestaar, og vort Lands Købeevne vil
l med vore Ønsker og det Initiativ, der vil bygge op.
Virksomhed hvor jeg er beskæftiget, importerer vi alle Raa-
men Tildelingerne bliver stadig mindre og mindre. I Øje-
tiller vi kun 2,5 Tons pr. Døgn af Bakelitepulver, til For-
ca. 100 Kunder.
staaende Mulighed jeg har for at faa Andel heri, burde
mange Grunde!
gen af Maskine og Form vil blive udsat mange Gange og med
eret, vil I komme ud for uanede Vanskeligheder.
fremstillet i Træ, er ikke tilstrækkelig driftssikker.
fremstillet i Bakelite er forsvarlig, fordi Emmet s
agt, ja maaske i Virkeligheden at foretrække.
I med fra Starten og gør Jeres Erfaringer, baade med
form, Salg osv.
ego selv vil købe Formen og samle Pistolerne, kan jeg
for Kr. 1,50. pr. Stk. (min Fortjeneste medregnet)
ter Kr. 3600. og udleveres Lego naar I maatte ønske det
Levering paa 25000. Stk. herfra.
gne Beregninger som hidtil, men overvej ogsaa dette
ligt at opnaa andre Steder i Dag.
gaa ind for Bakeliten, send da Telegram senest Onsdag:
" Bestil Form"

e vil udgøre Kr. 6000. for at fremskaffe Pulveret,
jeg at vi deler naar Pistolerne er leveret.
en gratis.

Med venlig Hilsen.

Martin.

FABRIKEN **LEGO** BILLUND A/S

Post- og Godsadresse: Billund St.
Telegramadresse: „Lego"
Bankkonto: Vejle Bank.
Telefon: Billund 10.
Postkonto: 41 910

Billund, d. 23 Desember 1946

Kære Martin.
Tak for dit Brev af 17/d.Jeg blev forhindret i at svare da
jeg,ja vi (Godtfred,Edith.Herzum-Larsen,Haugesen og jeg) var ude
for en større Biluheld.Vi havde været i Vejle og da vi saa skulde
hjem var Vejen bleven saa forferdelig glat,da vi saa lige før vi
kom til Skibet skulde pasere en stor Brunkulsbil satte Billisten
fuld Lys paa og det bevirkede at jeg uvilkaarlig berørte Bremserne
og saa begynte Bilen at kure lige gen for Lastbilen og man kunde
intet gøre.Vor Bil kom da med Forenden hel hen foran Lastbilen og
vi fik derved en sardenlig singeldus saa vi snurrede hel rundt saa
vi fik Næsen vendt hjemad igen. Ja det var en
røg ud af Døren men falt ikke jeg vilde have v
kunde ikke komme ud for Stolene og gik da ud a
Godtfred kom ogsaa ud men Hertzum-Larsen var
var bleven helt forvildet.Vi forsøgte saa at t
var hele eller hvordan og kom til det resultat
Vidunderlig undtagen Biler,denne faar en mege
Hertzum-Larsen maa Holde Sengen i tre U
Hjernerystelse.Haugesen fik et blaat Øje forsl
Stederskulde holde sig i Ro de første Dage og
Arm slaaet maatte holde Sengen nogle Dage.God
med Skrækken men var jo noget fortumlet.Vi mu
paa nær Hertzum-Larsen,men hvor slap vi dog s
vi os jo saadan ved at vi slet ikke faar Tid
dens hele Forparti blev slaaet i Stykker. - -
Samme Dag fik vi Faktura paa den førs
fra England.Sendingen var ikke saa stor men
hele med.Det var gennem Herstad.
Angaaende Bakkelitten,Nej,jeg er i
der ikke andre Ting du kunde tænke dig at fr
Ideé saa tag den op det maa gerne være inden
Symaskine eller Telefon eller lignende eller
skal aldeles ikke tænke paa os i dette da de
har abselut ikke eneret uden noget som man s
du det ikke saa er der maaske en anden der g
mens du har den og du har vor hjertelige Lyk
lykkes
Du skrev i dit brev af 27/10 om Tør
Mand der kan fremstille en saadan til et ri
det er nødvendig at have en saadan ?
Nu vil jeg slutte denne Side Jul m
en rigtig velsignet Jul for jer alle

Martin Jørgensen, Sofies jüngerer Bruder in Kopenhagen, wird nach dem Krieg Ole Kirks Kompagnon bei dem Versuch, eine Plastikproduktion zu beginnen. Die beiden Schwäger schreiben sich in den Jahren 1945/46 lange, eindringliche Briefe über all die damit verbundenen Probleme, aber auch über große und kleine Ereignisse in ihrem Privatleben.
Fotos: Privatbesitz.

Regalen lag, und Experten haben keinen Zweifel, dass das Plastikzeitalter zum Greifen nahe ist. So steht 1947 in einer dänischen Zeitung: »Das Spielzeug der Zukunft wird aus buntem Plastik bestehen. Das Material ist ideal für diesen Zweck, da es herrlich anzufassen ist, hygienisch, ungefährlich und praktisch unverwüstlich. Dazu kommt, dass Plastikspielzeug sehr leicht verbessert werden kann, da die Modelle gegossen werden.«

Und der 55-jährige Ole Kirk erweist sich als echter Unternehmer. Er denkt unkonventionell und ist bereit, ein hohes Risiko einzugehen, um seine Idee zu verwirklichen. Im Gegensatz zu Godtfred hat der Vater Vertrauen in die neuen Materialien, vor allem in Plastik, das sich gut für die Massenproduktion der Friedenspistole eignet, für den Fall, dass sie in den Export gehen soll.

Zusammen mit seinem Schwager Martin Jørgensen, einem Mechaniker und Schmied, beschließt Ole Kirk im Januar 1946, eine Sonderproduktion von Spielzeug aus einem anderen Material als Holz zu beginnen. Der Plan ist, 11 500 Friedenspistolen aus Bakelit oder Plastik in Martins Keller am Bjørnsonsvej in Kopenhagen zu gießen. Die vielen Spielzeugpistolen sind zunächst für den heimischen Markt gedacht, und wenn der Plan gelingt, will man den Blick sofort aufs Ausland richten. Ole Kirk schreibt seinem Schwager: »Diese Partie können wir leicht hierzulande verkaufen, aber es ist zu wenig, um mit dem Export zu beginnen.«

Die beiden haben nichts als einen leeren Keller in der Hauptstadt für eine Spritzgießmaschine, Gussformen, kleinere Maschinen zur Abrichtung und zum Schleifen, verschiedene Werkzeuge sowie fünf Tonnen Bakelit – oder Plastikpulver –, das 1946 allerdings kaum zu beschaffen ist. Sie sind sich schnell einig, dass sie vor allem die Plastikproduktion vorantreiben müssen, denn eine Plastikgießmaschine kann einhundertsechzig Pistolenhälften in der Stunde gießen, während die Bakelitmaschine in der gleichen Zeit nur fünfzehn Stück schafft, die anschließend noch gehärtet werden müssen. Dafür ist die Plastikgießmaschine sechsmal so teuer wie eine Maschine für Bakelit, aber ist es die Investition nicht wert? Wie Martin Jørgensen an Ole Kirk schreibt, geht das Gerücht um, dass die Spielzeugfirma Tekno eine englische

Maschine bestellt hat, die Autos aus Plastik gießen kann. Sollte LEGO nicht langsam aus den Startlöchern kommen?

Unbedingt, darin sind sie sich einig, und während Martin Plastikpulver zu bestellen versucht, Angebote für eine Spritzgießmaschine und Formen einholt und sich ein Logo für die Friedenspistole ausdenkt, das auf den Schaft gedruckt werden kann, beschließt Ole Kirk, einen größeren Betrag aus dem Firmengewinn für neue Maschinen und neues Werkzeug abzuzweigen. Seinem Kompagnon in Kopenhagen schreibt er: »Auf diese Weise können wir ein Vermögen ansparen, das im Werkzeug sitzt und beim Warenlager nicht mitgerechnet wird, und das kann in schlechten Zeiten viel ausmachen.«

Ole Kirk informiert seinen Werksführer vorerst nicht über die Absicht, eine Spritzgießmaschine zu kaufen, wohl wissend, dass Godtfred eine Entscheidung nicht gefallen wird, die die Liquidität der Firma in eine derart angespannte Situation bringt. Wenn es um die Risikobereitschaft geht, sind Vater und Sohn wie Tag und Nacht.

> **Kjeld**: »Die wirtschaftliche Situation bedeutete meinem Vater zu diesem Zeitpunkt unglaublich viel. Er spürte ja, dass es seine Aufgabe war, die Dinge in Ordnung zu halten. Er blieb nicht nur im Büro, um dafür zu sorgen, dass die Bücher stimmten, sondern auch, um aufzupassen, dass das hart verdiente Geld nicht verschwendet wurde. Als mein Großvater losfuhr und eine teure Plastikgießmaschine kaufte – ja, er war sogar kurz davor, zwei zu kaufen –, war mein Vater überhaupt nicht begeistert, so viel steht fest. Denn nach dem Brand 1942 und der Gründung der Aktiengesellschaften stand die Firma finanziell endlich wieder gut da.«

Als Martin Jørgensen im Mai 1946 schreibt, die Firma Hoffmann & Co. hätte eine Windsor SH 3-Spritzgießmaschine im Freihafen von Kopenhagen, die schon bald vorgeführt werden könnte, kann Ole Kirk gar nicht schnell genug in die Hauptstadt reisen. Er schlägt auf der Stelle zu, und Ende Juni konstatiert Martin Jørgensen in einem Brief an den Schwager: »Vorläufig ist die Spritzgießmaschine eingekauft und die Bestellung der Formen aufgegeben.«

Godtfred ist voller Ideen, aber er glaubt mehr an Holz als an Plastik. 1945 wird sein »zusammenklappbarer Promenadenwagen« patentiert. Es ist eine Kombination aus Spielauto, Kinderwagen und Hochstuhl. Mit Tochter Gunhild als Modell versucht er, seine Idee an die Firma BRIO in Schweden zu verkaufen, 1947 sagen die Brüder Ivarsson in Osby jedoch endgültig ab. Die gute Idee wird nie umgesetzt.

Die Maschine aus Großbritannien kostet 30 000 Kronen, das ist mehr als die Hälfte von LEGOs letztem Gewinn; zusammen mit den übrigen Ausgaben für Formen, Pulver, Schleifmaschine, Federn und Schrauben wird sich der zu investierende Betrag auf 50 000 Kronen erhöhen, bevor man überhaupt mit der Produktion der Friedenspistole aus Plastik beginnen kann. Es ist eine Summe, die heute rund 135 000 Euro entspricht, und in einer unsicheren, unvorhersehbaren Nachkriegszeit bedeutet eine Investition in dieser Höhe ein wirtschaftliches Wagnis, das in letzter Konsequenz mit dem Konkurs enden kann. Davon lässt sich Ole Kirk jedoch nicht abschrecken. Schließlich hat er auf diesem Gebiet ja schon einiges erlebt, die schwerste Zeit Anfang der Dreißigerjahre beschreibt er mit den Worten: »Wir waren zwischendurch pleite. Aber was heißt schon pleite, es gab nichts, um pleite zu sein.«

Nach den Sommerferien häufen sich die Probleme. Hoffmann & Co. teilt mit, dass die Spritzgießmaschine nicht vor November geliefert werden kann, und auch die Lieferung der Formen verzögert sich. Martin Jørgensens Jagd nach Plastikpulver wird zudem durch die Restriktionen erschwert, die vom Direktorat für Warenversorgung ausgehen. Vielleicht hätten sie Glück und könnten eine halbe Tonne Plastikpulver von einem dänischen Importeur bekommen, schreibt Martin, aber nur solange der eine Lizenz zum Import des Pulvers habe. Alternativ könnte man versuchen, mit einer »Einfuhrerlaubnis« zu importieren, dazu bräuchte man allerdings die Genehmigung der Nationalbank, um einen Antrag auf Ankauf ausländischer Valuta zu stellen.

Der Papierkram will kein Ende nehmen, und dem ambitionierten Plan der beiden Schwäger, bis zum Weihnachtsgeschäft 11 500 Friedenspistolen aus Plastik zu produzieren, läuft die Zeit davon. Noch haben sie allerdings nicht aufgegeben, und um den eher langfristigen Exporttraum am Leben zu erhalten, schauen sie sich nun auch eine amerikanische Spritzgießmaschine an, die allerdings noch teurer ist als die britische. Dafür ist sie aber auch schneller und effektiver und lässt sich darüber hinaus für kompliziertere Gießprozesse einsetzen.

Im August 1946 reisen Ole Kirk und Martin Jørgensen nach Stockholm, um an einer Vorführung der amerikanischen Maschine teilzunehmen, die sich als genauso beeindruckend erweist, wie sie es erwartet haben. Ole Kirk bestellt noch eine Plastikgießmaschine, diesmal für die schwindelerregende Summe von 53 000 Kronen. In einem anschließenden Antrag auf eine Valutabewilligung von 11 000 Dollar, den Martin Jørgensen sofort nach der Rückkehr für LEGO schreibt, steht: »Die Gießmaschine soll für den Export eingesetzt werden, dessen Voraussetzung eine große und billige Produktion unserer patentierten Artikel ist.«

Einer der wenigen Vorteile der Import- und Exportbürokratie in der

Nachkriegszeit besteht darin, dass selten etwas bei der Bestellung zu bezahlen ist. Das heißt, Ole Kirk ist im Winter 1946/47 der angehende Besitzer von zwei Spritzgießmaschinen, von denen er noch nichts gesehen, für die er aber auch noch keine einzige Krone bezahlt hat. Dafür häufen sich nun jede Menge andere Sachen in Martin Jørgensens Keller an, die bezahlt werden müssen: eine Schleifmaschine, eine Exzenterpresse, Verpackungsmaterial aus Pappe, Werkzeug, Schrauben und Nägel sowie eine Schreibmaschine mit Tabulator.

Das Warten auf die beiden Gießmaschinen ist unerträglich, und angesichts der ganzen Anschaffungen, die vor sich hinstauben, fängt Ole Kirk an, die geplante Plastikproduktion im Keller des Schwagers realistischer zu betrachten. Kann der Plan wirklich funktionieren? Und wird die Gewerbeaufsicht die Räume überhaupt genehmigen? Bei genauerem Nachdenken kommt Ole Kirk zu dem Entschluss, das einzig Richtige sei eine Verlagerung der gesamten Plastikproduktion nach Billund. Noch bevor er die Situation mit seinem Kompagnon durchgesprochen hat, kauft er eine alte Baracke von einem Bauern in Vandel, die zerlegt und hinter der Fabrik in Billund eingelagert wird.

Es ist höchste Zeit, dass die beiden Schwäger sich zusammensetzen und eine Entscheidung treffen. Im November 1946 schreibt Ole an Martin: »Ich weiß, dass Rom nicht an einem Tag erbaut wurde, und es ist vielleicht auch das Beste, wenn es eine gewisse Zeit dauert, denn dadurch entsteht die Chance, dass die Dinge sich in die richtige Richtung entwickeln.« In die richtige Richtung entwickeln bedeutet in den Augen des LEGO-Direktors nicht nur, dass die Plastikproduktion nach Billund verlegt wird, sondern auch dass Martin Jørgensen samt Familie dorthin zieht, obwohl Ole Kirk weiß, dass der Schwager selbstständig bleiben möchte. In einem langen, schönen Brief vom 19. November 1946 kündigt Martin die Kooperation auf, bedankt sich und wünscht seinem Schwager viel Glück »bei der Realisierung Deiner großen Pläne, aus Billund eine Spielzeugstadt zu machen – Dänemarks Nürnberg«, wie er prophetisch schreibt.

Im Frühjahr 1947 wartet Ole Kirk noch immer auf die englische Windsor SH 3-Maschine. Godtfred ist jetzt über die Pläne seines Vaters informiert, in Billund mit der Plastikproduktion zu beginnen, und zur Erleichterung des Sohnes hat der Vater die amerikanische Spritzgießmaschine wieder abbestellt. Im Stillen hofft Godtfred, dass Ole Kirk auch die Windsor-Maschine und damit die gesamte Idee, Plastikspielzeug zu produzieren, aufgeben wird, die der junge Werksführer mit großer Skepsis betrachtet. In aller Vertraulichkeit schreibt er an Martin Jørgensen nach Kopenhagen:

> »Die Plastik-Geschichte hat bis heute nur zu Enttäuschungen und Ausgaben geführt, die Zukunft sieht nicht gerade rosig aus, da es verboten ist, Spielzeug, kleinere Utensilien, Büro- und Haushaltsartikel aus Plastik herzustellen. Und der Export ist schwierig, da verschiedene Länder geschlossen sind.«

Im Frühsommer 1947 geschieht jedoch etwas absolut Entscheidendes in der Geschichte von LEGO. Eines Tages kommt Direktor Printz von der Firma Hoffmann & Co., der für den Verkauf der Spritzgießmaschine zuständig ist, zu Besuch nach Billund. Der Direktor ist gerade aus Großbritannien zurückgekehrt und hat eine Schachtel mit einigen kleinen, ziegelsteinähnlichen Plastiksteinen in verschiedenen Farben mitgebracht, die er auf der Britischen Industriemesse in London gesehen hat. Wäre das nicht etwas für LEGO, wenn die Windsor-Gießmaschine in Dänemark ankommt und in Billund aufgestellt wird?

Ole Kirk ist wie verzaubert von den englischen Steinen, die hohl sind und an der Oberseite Noppen haben. Mit einer Handvoll solcher Elemente könnte jedes Kind reale Handwerker imitieren und sein eigener Maurermeister werden. Ole Kirk erkennt auch sofort die Überlegenheit des Materials. Im Vergleich mit Holz ist Plastik noch widerstandsfähiger, dazu hygienisch und nicht zuletzt leicht und schnell zu produzieren. Im Gegensatz zu Holz muss Plastik nicht gelagert, gedämpft, im Ofen getrocknet, gefräst, poliert, bemalt, lackiert und schließlich mit Schrauben oder Nägeln montiert und mit einem Etikett versehen werden. Und während ein Holzspielzeug durch viele verschiedene Hände und Arbeitsgänge gehen muss, ist Plastik wie geschaffen für die schnelle und einfache Massenproduktion durch eine Maschine, die von einem einzigen Menschen bedient werden kann.

In der Fabrik fällt einigen Mitarbeitern auf, dass der Direktor bei seinen täglichen Runden durch die Werkstatt mit irgendetwas in seiner Kitteltasche klappert. Orla Jørgensen in der Buchhaltung und Bernhard Bonde in der Holzwerkstatt erinnern sich, wie Ole Kirk immer wieder stehen blieb und ihnen einige kleine bunte Plastiksteine zeigte. Könnte das etwas für dänische Kinder sein?

Nicht, wenn man Godtfred fragt. Und doch wird er acht Jahre später zu dem großen Strategen hinter dem System der LEGO-Steine, die in Rekordzeit den europäischen Markt erobern. Noch 1951 ist Godt-

Auf der ersten Schachtel von Kiddicraft mit »Self-Locking Building Bricks« aus dem Jahr 1947 wird deutlich darauf hingewiesen, dass die Steine patentiert sind. Sie sind hohl und haben an der Seite Schlitze für Türen und Fenster, außerdem sind die Noppen der Steine auf der Oberseite mit einer kleinen zusätzlichen Noppe versehen. Die Steine gibt es in den Farben Rot, Gelb, Blau und Grün.

fred Plastikspielzeug gegenüber skeptisch und erklärt einer dänischen Zeitung: »Plastik wird niemals das gute und solide Holzspielzeug verdrängen können.«

Godtfred bekommt in seiner skeptischen Haltung Unterstützung von Buchhalter Jørgensen und Wirtschaftsprüfer Lorentzen, die beide bei dem kostspieligen Experiment mit der Plastikproduktion Bedenken haben. Ein Blick in die Finanzen der Firma an einem beliebigen Tag Ende der Vierzigerjahre spricht für sich: 100 Kronen in der Kasse, 2400 Kronen auf einem Girokonto und 3364 Kronen auf dem Konto der Vejle Bank, der LEGO 150 000 Kronen schuldet. Später berichtet Godtfred von häufigen Auseinandersetzungen mit dem Vater über die finanzielle Lage von LEGO:

> »Vater sagte oft zu mir: ›Sorg du nur dafür, dass wir ein paar Sachen verkaufen und etwas Geld verdienen, dann regele ich die Aufbauarbeiten und den Einkauf von Maschinen.‹ Wir diskutierten viel über unsere wirtschaftliche Situation. Und ich hasste es ganz einfach, wenn Ebbe in der Kasse herrschte und ich wieder den schweren Weg zu Direktor Gunnar Holm von der Vejle Bank antreten musste, um weiteres Geld zu leihen oder die Rückzahlung eines Kredits um ein oder zwei Monate zu verschieben.«

Laut Wirtschaftsprüfer Lorentzen entstehen die Meinungsverschiedenheiten zwischen Vater und Sohn am häufigsten, wenn Ole Kirk sich mit Innovationen beschäftigt: »Immer wieder brauchte er Godtfreds liquide Mittel auf, die den unbedingt notwendigen Rückzahlungen unserer damals bedeutenden Kreditverpflichtungen vorbehalten waren.«

Godtfreds drei Brüder erzählen in einem Videoclip aus den Achtzigerjahren, dass er sie eines Tages überredet habe, in Ole Kirks Büro zu gehen, um »Vater dazu zu bringen, mit diesem Plastikquatsch aufzuhören, mit dem wir riskieren, uns zu ruinieren«. Karl Georg erinnert sich auch, wie er eines Tages, als die Windsor-Maschine gerade geliefert worden war und sie damit herumexperimentierten, hörte, wie

Sommer 1948. Der kleine Kjeld auf dem Arm seines Großvaters. *Foto: Privatbesitz.*

Godtfred seinem Vater gegenüber laut wurde: »Diese verdammte Plastikmaschine hätten wir nie kaufen sollen, damit steuern wir direkt in den Konkurs!«

Als die Windsor-Maschine im November 1947 in Billund eintrifft, hat Ole Kirk die Holzbaracke aufgebaut, in der die gesamte Plastikproduktion untergebracht werden soll, doch noch wartet man auf die verschiedenen Gussformen zur Herstellung des Spielzeugs. Und so verbringen sie Weihnachten und die ersten Monate des neuen Jahres damit, sich mit der Mechanik der neuen Maschine vertraut zu machen. Dies alles geschieht im Keller von Godtfred und Edith, die am 27. Dezember 1947 Eltern eines Sohnes werden, der Kjeld heißen soll.

Kjeld: »Es war eine Hausgeburt, wie bei meiner großen Schwester Gunhild und meiner jüngeren Schwester Hanne. Jedes Mal wurde die Hebamme aus Jelling geholt, die mit dem Cousin meines Vaters verheiratet war. Mir wurde erzählt, die neue Gießmaschine hätte unten im Keller gestanden, als ich geboren wurde, und zu verschiedenen Tageszeiten wäre der Lärm durch das ganze Haus zu hören gewesen, womit meine Mutter in den ersten Wochen und Monaten nach der Geburt, in denen sie den ganzen Tag mit mir zu Hause war, überhaupt nicht einverstanden war. Aber so war eben die Situation. Die Gießmaschine hatte absolute Priorität und stand zunächst in einem Kellerraum, der später zu meinem Hobbyraum wurde, wo ich an zwei großen Tischen mit LEGO-Steinen Häuser, Brücken und Schiffe baute.«

Normalerweise braucht es Zeit, wenn man von einem Material zu einem anderen wechselt, aber noch bevor die Spritzgießmaschine in Billund ernsthaft eingesetzt wird, hat Ole Kirk kleinere Plastikdinge »außerhalb des Hauses« produziert, unter anderem kleine Jetons für das LEGO-Brettspiel Monypoli, ein Verkehrsspiel für Kinder. Im Sommer 1948 kommt das allererste von LEGO produzierte Plastikspielzeug in den Handel. Es sind Babybälle, die für 83 Øre das Stück verkauft werden; ein Jahr später findet sich schon ein kleineres Sortiment an Plastikspielsachen auf LEGOs Preisliste: ein Fisch, ein Matrose, einige Miniaturtiere, Rasselklötze für kleine Kinder, eine Plastikpistole (die allerdings nicht mehr Friedenspistole heißt) – außerdem einige kleine bunte Plastikbausteine, die im Herbst 1949 in dänischen Spielwarengeschäften verkauft werden.

In Billund ist man bis zum Schluss unsicher, wie die Steine heißen sollen. Wie gewöhnlich hat Ole Kirk keine Angst, seine Umgebung um Unterstützung zu bitten. Im Frühjahr 1949 bekommt ihr Firmenvertreter in Kopenhagen, Barfod, die Aufgabe, seine Freunde und Bekannten nach einem passenden Namen zu fragen. Barfod antwortet: »Mehrere Menschen suchen nach dem richtigen Namen. Ich hoffe, Ihnen im Laufe der nächsten Tage das Resultat mitteilen zu können.« Doch so weit kommt es nicht, denn in Billund beschließt man, den Plastikklötzen den Namen »Automatic Binding Bricks« zu geben.

Nach beinahe einem halben Jahr Wartezeit kommt die Windsor-Plastikgießmaschine im Dezember 1947 nach Billund und wird zunächst in Godtfreds und Ediths Keller aufgebaut. Ende Dezember kommt Kjeld zur Welt.

Woher die Idee zu den allerersten LEGO-Plastiksteinen kam, ist unbestritten. Godtfred hat bei mehreren Gelegenheiten erzählt, dass sie sich von der britischen Firma Kiddicraft inspirieren ließen, die in den Dreißigerjahren von Hilary Fisher Page gegründet worden war. Page gilt als Pionier des pädagogischen Plastikspielzeugs für kleine Kinder, das in England unter dem Namen »Sensible Toys« gehandelt wird. Doch der Weltkrieg, Pages Scheidung und sein Aufenthalt in den USA unterbrechen zeitweilig die Produktion des innovativen Spielzeugs.

Als er 1942 nach Großbritannien zurückkehrt und nach dem Krieg die Entwicklung von Plastikspielzeug für verschiedene Altersstufen wieder aufnimmt, lässt er sich sofort ein System von Plastikbausteinen für größere Kinder patentieren: »Self-Locking Building Bricks«. Page erhält das Patent 1947, nicht allein für Großbritannien, sondern auch für Frankreich und die Schweiz. Auf der Vorderseite der Schachtel, die

Direktor Printz Ole Kirk nach Billund mitbringt, steht: »British and foreign patents«.

Diese Information bleibt Godtfred nicht verborgen, der sich im Zusammenhang mit seinen eigenen Spielzeugerfindungen – nicht zuletzt der Friedenspistole – mit der dänischen Patentgesetzgebung befasst hat. Im Januar 1949, bevor LEGO mit der Produktion seiner Steine beginnt, wendet sich Godtfred daher an das Nordische Patentbüro. Er möchte wissen, ob Kiddicraft ein Patent auf seine Plastiksteine in Dänemark angemeldet hat. Wie sich herausstellt, ist dies nicht der Fall.

Im Gegensatz zu seinem Sohn hat sich Ole Kirk wenig mit dem Patent- und Urheberrecht beschäftigt. Er ist als Autodidakt in den Dreißigerjahren eher zufällig in die Spielzeugbranche hineingestolpert, als man mit dem eventuellen Schutz einer originellen Idee eher großzügig umging. Und auch nach dem Krieg imitieren viele Spielzeugproduzenten noch Produkte und kopieren sich gegenseitig. »So geht es eben zu in der Spielzeugbranche«, sagt der kommende Plastikfabrikant zu Rechtsanwalt Flemming Friis Jespersen. Viele Jahre später erzählt Friis-Jespersen in einem Brief an Godtfred, dass Ole Kirk ihm Ende der Vierzigerjahre eines Tages ein paar kleine, hohle Plastiksteine aus England gezeigt und ihn um seine Einschätzung gebeten habe. Der Anwalt antwortete, die Idee sei bestimmt großartig, aber die Briten hätten vermutlich ein Patent darauf, sodass sie in irgendeiner Weise geschützt sei. Darauf antwortete Ole Kirk:

> »Das nehmen wir in unserer Branche nicht so genau. Wenn wir uns einig sind, dass etwas eine Zukunft hat, fange ich einfach damit an. Dänemark ist ja ein kleines Land, und es vergehen möglicherweise viele Jahre, bis die Engländer herausfinden, dass wir so etwas produzieren, wenn man es überhaupt je bemerkt. Spielzeug ist normalerweise eine recht kurzlebige Angelegenheit.«

Godtfred, der mehr Verantwortung für die Herstellung und den Verkauf der LEGO-Produkte übernommen hat, ist sich jedoch darüber im Klaren, dass die Spielzeugbranche sich verändert, auch in Bezug auf Copyright und die Patentgesetzgebung. Im Gegensatz zu seinem

Vater ist er sich sicher, dass es eindeutigere Grenzen dafür geben wird, wie weit man sich von einem patentierten Spielzeug inspirieren lassen beziehungsweise es nachahmen darf.

Jahrzehnte später, als die amerikanische Spielzeugfirma Tyco, die Nachahmungen von LEGO-Steinen hergestellt hat, in einem langwierigen Prozess in Hongkong 1986 LEGOs Patente auf dem amerikanischen Markt infrage stellt, ist Godtfred als Zeuge geladen. Die Amerikaner benutzen vor Gericht das Argument, LEGO hätte vor langer Zeit selbst mit seinen Steinen eine britische Erfindung kopiert. Und so wird der 66-jährige Godtfred gebeten, die Entstehungsgeschichte der allerersten LEGO-Steine im Jahr 1949 darzustellen:

»Wir hatten beschlossen, ein paar Elemente zu produzieren, die Kiddicraft sehr ähnlich waren, aber bevor wir mit der Produktion begannen, wollten wir uns absichern, dass sie in Dänemark nicht geschützt waren, sonst hätten wir es nicht machen können.«

Godtfred erklärt auch, dass man damals die Werkzeugfirma Bodnia in Kopenhagen damit beauftragt habe, Gussformen für kleine Plastikbausteine herzustellen, sowohl mit vier als auch mit acht Noppen, sodass sie – so steht es im Prozessprotokoll – »den Proben ähnelten, die wir von Kiddicraft hatten, doch es gab drei Unterschiede. Wir wollten scharfe Ecken, flache Noppen und ein Modul von 8 mm. Verstehen Sie, der Unterschied ist, dass wir in Europa – abgesehen von England – ein metrisches System nutzen, während man in England ein imperiales System benutzt.«

Kjeld: »Es gab damals viele Produzenten, die verschiedene Formen von Plastiksteinen herstellten. Schon in den Dreißigerjahren, noch bevor Kiddicraft seine Steine erfand, wurde überall auf der Welt mit Steinen experimentiert, die oben Noppen hatten; sie waren aus Holz, Gummi, Ton oder Plastik. Daher können wir auch nicht sagen – und das haben wir auch nie getan –, dass wir die Steine erfunden hätten. Es war mein Großvater, der das Potenzial der Steine aus England sofort erkannte, und es war mein Vater, der sie in den Fünfzigerjahren zu einem größeren Bausystem entwickelte und 1958 das innere Rohr in den Stei-

Die allerersten von LEGO produzierten Plastiksteine werden unter dem Namen »Automatic Binding Bricks« verkauft. Sie haben Schlitze für Fenster und Türen an der Seite und sind unten hohl. 1950 lanciert LEGO die etwas größeren und höheren »Plastik-Bausteine«, die ebenfalls von einem Kiddicraft-Produkt inspiriert sind. Auf der Schachtel hat der zweijährige Kjeld sein Debüt als Fotomodell.
Foto: Privatbesitz.

nen erfand. Es bewirkte, dass die Steine fest zusammenhielten, was sie bislang nicht getan hatten. In den Vierzigerjahren gab es so gut wie keinen rechtlichen Schutz der Form, des Aussehens oder des Designs eines Produkts. Das alles war Open Source, wie wir heute sagen, also frei zugänglich. In all den Jahren fühlte Vater sich allerdings nie richtig wohl dabei, zu erklären, woher die Idee ursprünglich stammte. Er konnte sich vermutlich nicht von dem Gefühl befreien, dass wir einmal das Gleiche getan hatten, was andere nun mit uns machten.«

Die Kiddicraft-Steine verkaufen sich in Großbritannien Ende der 1940er-Jahre nicht sonderlich gut, und in Dänemark stößt auch LEGO mit seinen Automatic Binding Bricks auf wenig Interesse. Vielleicht liegt es am Namen, vielleicht an der unmodernen Verpackung mit einer kolorierten Zeichnung von zwei Kindern, in jedem Fall sieht das Produkt wie eine Schachtel mit altmodischen Holzklötzen aus. Die Spielzeughändler glauben ebenfalls nicht an die kleinen Plastikbausteine und wollen die Schachteln nur ins Sortiment nehmen, wenn sie volles Rückgaberecht bekommen.

Der äußerst bescheidene Verkauf bedrückt Godtfred, dessen Aversion gegen Plastikspielzeug erneut aufflammt. Noch einmal versucht er, gemeinsam mit seinen Brüdern den Vater zu überreden, sich auf das zu konzentrieren, wofür LEGO bekannt ist und was sich verkaufen lässt: Spielzeug aus Holz!

Ole Kirk sitzt in seinem Büro hinter einem großen, dunklen Schreibtisch am Fenster zur Hauptstraße und hört Godtfred zu, der das Wort führt. Als der Sohn schließlich schweigt, schaut der Vater allen vier Söhnen in die Augen und sagt dann langsam: »Wo bleibt euer Glaube, Jungs? ICH habe zu Gott gebetet, und ICH glaube an die Steine!«

Gerhardt und Karl Georg betonen viele Jahre später, dass dies ein entscheidender Moment in der Geschichte von LEGO gewesen sei. Der Beschluss, weiterhin Plastiksteine zu produzieren und dem Produkt noch eine Chance zu geben: »Wir sollten es allein in Gottes Hand legen, dann würde er es schon richten! Das waren Vaters Worte. Also schlichen wir leise aus dem Büro, damit war die Diskussion beendet.«

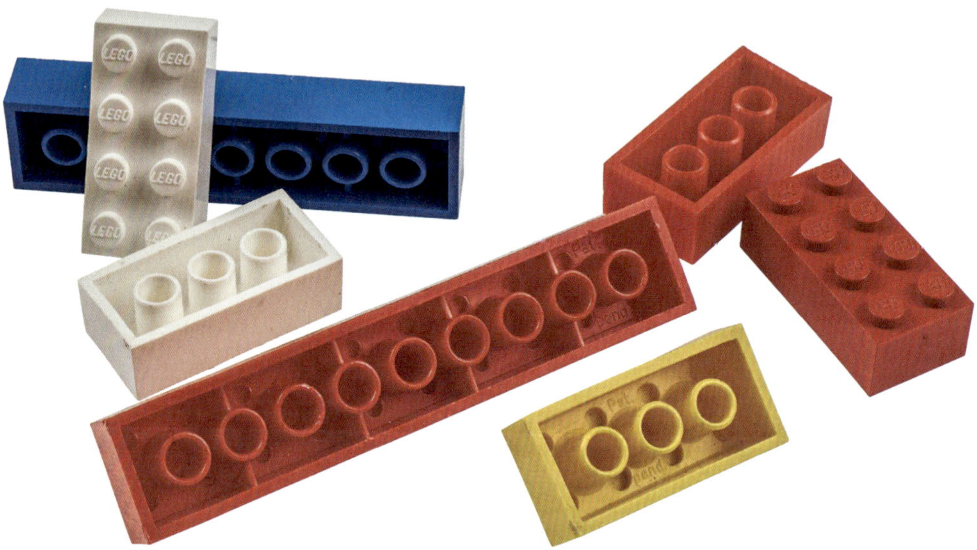

LEGO-Steine, 1958.

System

Die 1950er-Jahre

»Es sieht beinahe so aus wie farbiger Kies und ist in allen möglichen Farben erhältlich. Bevor es verwendet wird, lässt man es bis zu einem bestimmten Feuchtigkeitsgrad trocknen, dann wird es in eine Wanne oben auf der Maschine geschüttet. Es rieselt nach und nach von allein in die Maschine, in der es bis auf 200 Grad erhitzt wird, sodass es sich verflüssigt. Danach wird es mit circa hundert Atmosphären Druck in die Form gespritzt, und nur einen Moment später wird das gegossene Teil, das in reinen Pastellfarben schimmert, aus der Maschine genommen, die eine Kapazität von hundert Abgüssen in der Stunde hat …«

LEGOs Juniordirektor führt einen Journalisten und einen Fotografen durch die Fabrik in Billund. Es ist das Jahr 1951, und die einst so populäre Friedenspistole, die es jetzt auch aus durchsichtigem Plastik gibt, wird, was den Verkauf betrifft, von den kleinen, wirklichkeitsgetreuen Ferguson-Traktoren aus Plastik überholt, die sowohl den Frieden als auch die Marshallplan-Hilfen symbolisieren. »Es gibt sie übrigens auch als Bausatz, LEGO kann davon dreißig Stück in der Stunde gießen«, erzählt Godtfred und fügt hinzu, dass das komplette Abfallmaterial recycelbar ist.

Der Journalist möchte etwas über die kleinen, hohlen Plastikbausteine mit dem merkwürdigen Namen hören, notiert sich aber »Amerika« auf seinem Block statt »England«, als Godtfred erzählt, woher die Idee zu den bunten Steinen stammt. Und in der Zeitung steht auch – und hier hat der Journalist richtig zugehört –, dass der junge Direktor einen überraschend negativen Blick auf das Material der Zukunft in der Spielzeugbranche hat. Auf die Frage des Journalisten, ob Plastikspielzeug je beliebter sein wird als Holzspielzeug, antwortet Godtfred:

> »Das wird niemals der Fall sein! Wenn man sich die Mühe macht, sich den Plastikmarkt genauer anzuschauen, wird man feststellen, dass das meiste davon kaputt ist, wenn die Kinder auch nur einen Tag damit gespielt haben. Daran ist nicht das Plastik schuld, sondern die Konstruktion. Und deshalb verliert Plastik auch allmählich seinen Reiz. In Amerika zum Beispiel ist es schon deutlich auf dem Rückzug. Es ist ganz einfach so, dass man es mit der Verwendung von Plastik übertrieben hat. Man kann nützliche und schicke Dinge aus Plastik herstellen, aber Holz ist nun einmal das solideste Material.«

Es gibt mehrere Gründe dafür, dass Godtfred mit der Presse spricht, und nicht sein Vater. Der Sohn hat zwar den Machtkampf um die Plastikproduktion verloren, an seinem dreißigsten Geburtstag im Sommer 1950 wird er aber zum »Juniordirektor« der A/S LEGO und der A/S O. Kirk Kristiansen ernannt. Von der Beförderung erfährt er durch ein festliches und feierliches Geburtstagstelegramm, das von Ole Kirk, Sofie, Johannes, Karl Georg und Gerhardt unterschrieben ist und mit den bekannten Worten aus dem vierten Buch Mose endet: »Der Herr segne und behüte dich; der Herr lasse sein Angesicht leuchten über dir und sei dir gnädig; der Herr hebe sein Angesicht über dich und gebe dir Frieden.« Über diesen besonderen Augenblick in seinem Leben sagt Godtfred später:

Glückliche Mitarbeiter, der Sohn Johannes (rechts) und die Tochter Ulla heißen Ole Kirk nach einem Krankenhausaufenthalt aufgrund einer Hirnblutung 1951 zu Hause willkommen. *Foto: Privatbesitz.*

»Ich glaube nicht, dass ich meinen Vater je gefragt habe, warum er in seinem Glückwunschtelegramm auf diese Stelle der Bibel verwiesen hat. Dass er auf seine Weise den Segen für mich erbat, liegt auf der Hand. Aber gleichzeitig war es meinem Vater wichtig, die Verantwortung zu betonen, die ich nun übernahm.«

Im Herbst 1951 erleidet Ole Kirk eine Hirnblutung. Sie ist nicht lebensbedrohlich, aber sie schwächt ihn und führt in den folgenden Jahren zu mehreren längeren Kuraufenthalten im Ausland. In der ersten Hälfte der Fünfzigerjahre werden daher immer größere Bereiche des Tagesgeschäfts Godtfred überlassen, dem seine Brüder helfen, die nun alle drei in die Firma eingetreten sind. Karl Georg und Gerhardt arbeiten als Betriebsleiter der Plastik- beziehungsweise der Holzabteilung, während Johannes sich als Fahrer betätigt, alle möglichen anfallenden Arbeiten übernimmt und den Titel »Verwalter« trägt. Soweit seine Kräfte reichen, ist es jedoch noch immer Ole Kirk selbst, der den Einkauf von Holz verantwortet.

»Er kannte sich wirklich aus mit Holz«, so Buchhalter Jørgensen später, »und fuhr im Auto der Familie – einem schicken blauen Opel Super 6 – zum Waldgebiet von Boller bei Horsens, um eine Partie

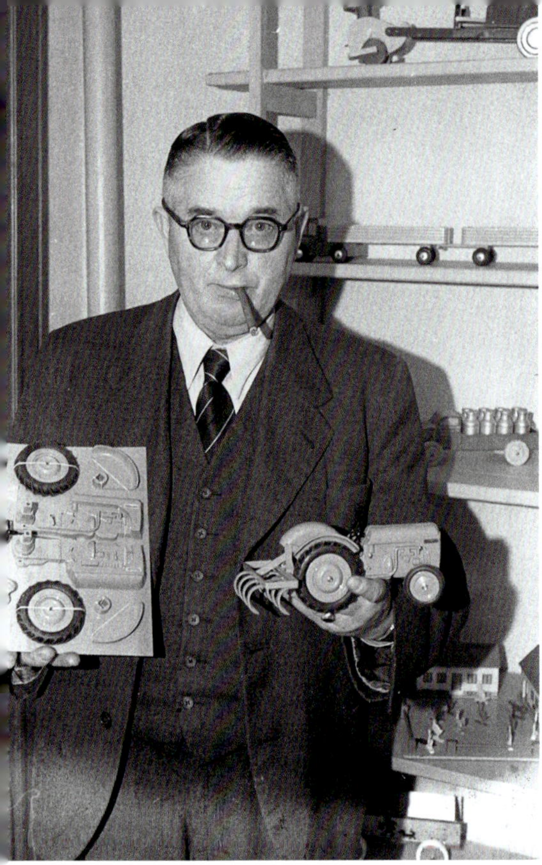

LEGOs größter Erfolg bei Plastikspielwaren ist der Ferguson-Traktor, von dem 1952 75 000 Exemplare verkauft werden. Das rollende Symbol der modernen, industrialisierten Landwirtschaft in Europa hat in der LEGO-Version Gummiräder. Die Vorderräder sind mit dem Lenkrad verbunden und lassen sich lenken. Ole Kirk zeigt, dass der Traktor auch verschiedene landwirtschaftliche Geräte ziehen kann.

Qualitätsbuchenholz in ganzen Stämmen zu kaufen. Sie wurden dann im Sägewerk von Billund zugeschnitten. Wenn die Bezahlung fällig war, mahnte der Förster telefonisch und verlangte, immer ein wenig verstimmt, mit dem Senior persönlich zu sprechen. Ich musste ihn mehrfach aus dem Garten holen.«

Nachdem sie das Kriegsbeil im Zusammenhang mit der Plastikproduktion begraben haben, gibt es immer noch hier und da deutliche Meinungsverschiedenheiten zwischen Vater und Sohn über Dispositionen und Investitionen, die sie gern auch lautstark austragen. Kurz nach der Feier von Ole Kirks sechzigstem Geburtstag im Frühjahr 1951 kommt es zu einem größeren Zusammenstoß, als Barfod und Breckling – die beiden reisenden Vertreter der Firma – mitteilen, dass es sich ihrer Ansicht nach nicht lohne, alle festen Kunden vor den Sommerferien zu besuchen. Die meisten Einzelhändler würden ihre endgültigen Weihnachtsbestellungen ohnehin erst im Laufe des Augusts aufgeben.

Vor diesem Hintergrund beschließt der Seniordirektor, die Produktion einzustellen und die Fabrik für einige Wochen im Juli zu schließen, womit Godtfred, gelinde gesagt, nicht einverstanden ist. Seiner Meinung nach müssen die Maschinen laufen – ohne Unterbrechung. Der Strom an Bestellungen darf nicht abreißen, und wenn der Berg nicht zum Propheten kommt, muss der Prophet eben zum Berg gehen, erklärt der Juniordirektor.

Resolut, tatkräftig, beharrlich und bisweilen auch besserwisserisch – dafür ist Godtfred in Billund und Umgebung schon bekannt –, belädt er den schwarzen Chevrolet, den er sich nach wie vor mit Molkereichef Hougesen teilt, mit einer Auswahl aus dem LEGO-Sortiment. Er bittet Edith, einen Koffer zu packen und für Proviant zu sorgen, denn sie beide würden nun aufbrechen. Der Plan ist, so viele jütländische Kunden wie möglich zu besuchen, damit sich das Auftragsbuch rasch füllt und die Geschäftsleitung weiß, wie es im Handel um LEGO steht, noch bevor die entscheidenden Herbstmonate beginnen, in denen die Fabrik sich immer in die geschäftige Werkstatt des Weihnachtsmannes verwandelt.

Edith hat ihr Strickzeug dabei, aber sie hat mehr mit dem Stift und dem Auftragsbuch zu tun. Die ersten Bestellungen kommen herein, und schließlich hat Godtfred auf der Rundreise des Paares Spielzeug im Wert von 60 000 Kronen verkauft. Damit sind die Produktion und gleichzeitig die Beschäftigung der beinahe hundert Mitarbeiter gesichert.

Die vielen gefahrenen Kilometer und all die Kundenbesuche sind auch eine Art Bildungsreise für den Juniordirektor, bei der ihm die Bedeutung des direkten Kontakts mit den Einzelhändlern klar wird. Im Gegensatz zu seinem Vater hat er überhaupt kein Problem damit, die Produkte von LEGO bei den Spielzeughändlern anzupreisen. Godtfred – oder GKC, wie er mittlerweile in der Fabrik genannt wird – ist der geborene Verkäufer.

Der Geruch von Holz, Hobelspänen und Sägemehl von den Werkstätten hinter dem Löwenhaus, den Billunds fünfhundert Einwohner seit vielen Jahren gewohnt sind, vermischt sich nun mit dem süßlichen Duft von erhitztem Plastik. Und die alten, wohlbekannten Geräusche der Schreinerwerkzeuge und Maschinen, das Heulen und Kreischen, werden nun von einem monotonen, stoßweisen Klopfen untermalt, das aus der Baracke am Ende von Ole Kirks Garten kommt, wo das Plastikspielzeug gegossen wird. Das neue Material ist inzwischen für die Hälfte des Umsatzes verantwortlich, und LEGOs jährliche Preisliste umfasst mehr als zweihundertfünfzig verschiedene Spielzeugartikel.

> **Kjeld**: »Ich habe als Kind den Duft von Holz geliebt, und als Zehn-, Zwölfjähriger schlich ich oft in den Handwerkshof, wie wir ihn nannten. Dort gab es kleine Werkstätten für Schmiede, Maler, Schreiner und Elektriker, es war eine Welt für sich, in der man sich tummeln konnte. Ich lernte ein bisschen über die verschiedenen Werkzeuge, wozu man sie benutzte und wie man sie richtig hielt. Und ich durfte auch selbst etwas herstellen.«

Auf der Südjütländischen Messe im Sommer 1951 präsentiert LEGO sein gesamtes Angebot an Spielzeug – von Babyrasseln, Badebällen, Steckenpferden, Tieren zum Ziehen und klassischen Holzautos bis hin zu den kleinen Plastikbausteinen und den neuesten Bestsellern aus der Fabrik in Billund: einem »Ferguson-Modelltraktor mit originalen Geräten aus Plastik« und einer sogenannten »Diesella« aus Holz, die an das Hinterrad eines Fahrrads montiert wird und den Drahtesel eines Jungen wie ein Moped klingen lässt. Die Fachzeitschrift *Legetøjs-Tidende* ist natürlich auch auf der Messe und schreibt begeistert über die Diesella:

> »Abgesehen davon, dass das bekannte Knattern täuschend ähnlich wiedergegeben wird, kann der LEGO-Fahrradmotor abgenommen und mit ›Benzin‹ befüllt werden. Da es außerdem einen Führerschein für den glücklichen ›Mopedfahrer‹ gibt, kann man getrost voraussagen, dass dieser ausgesprochen originelle Spielzeugartikel rasch nachgefragt werden wird.«

Auf der Spielzeugausstellung zeigt LEGO sein breites Sortiment von Babyrasseln bis zu einem »Motor«, durch den ein Fahrrad wie ein Moped klingen kann.

Es gibt jede Menge interessantes Spielzeug für Mädchen und Jungen am Stand von LEGO, beinahe zu viel. Das Sortiment ist breit aufgestellt. Sogar Plastikrahmen für Dias produziert die Spielzeugfabrik inzwischen, außerdem wird über den Import und Verkauf von Dampfmaschinen aus Großbritannien nachgedacht. Natürlich dient alles der Steigerung des Umsatzes, der 1951 zum ersten Mal über einer Million Kronen liegt.

Godtfred erkennt, dass eine schärfere Fokussierung und Priorisierung notwendig sind, damit LEGOs Sortiment auf lange Sicht trägt und die Firma weniger abhängig ist von kurzfristigen Verkaufserfolgen wie dem Jo-Jo, der Friedenspistole oder dem Ferguson-Traktor. Von 1952 an wird »Konzentration« ein Schlüsselbegriff von Godtfred und ein Synonym für die gesamte Produkt- und Marketingphilosophie der Firma. Viele Jahre später definiert Kjeld diese grundlegende Komponente auf einer Marketingkonferenz:

> »Innerhalb der Spielzeugbranche, in der es von Eintagsfliegen nur so wimmelt, Produkten, die kommen und gehen, ist die ›Konzentrationsphilosophie‹, an die wir uns bisher gehalten haben und die wir weiter auszubauen gedenken, ziemlich einzigartig. Wir werden unsere Grundidee weiterverfolgen, die ganz einfach das Fundament unserer Firma ist, denn es ist eine Grundidee, die auch weiterhin noch reichlich Wachstumsmöglichkeiten bietet.«

1952 wird Godtfreds Position in dieser Sache durch eine neue Idee von Ole Kirk noch klarer. Ob sie die Folge seiner Krankheit ist, durchschaut der Sohn nicht, aber dafür weiß er, dass es für eine Erweiterung der Fabrik in dem Umfang und der Investitionssumme, die dem Vater vorschwebt – 350000 Kronen – weder einen Bedarf noch eine finanzielle Deckung gibt. Godtfred bleibt dabei, dass Investitionen nicht zulasten der gesunden ökonomischen Entwicklung der Firma getätigt werden dürfen.

Die Meinungsverschiedenheit über das Bauvorhaben des Seniordirektors löst an einem Sommertag des Jahres 1952 einen anhaltenden Streit zwischen Vater und Sohn aus, der damit endet, dass Godtfred kündigt. Er geht nach Hause und fragt Edith, ob sie ihn auf eine Reise nach Schweden begleitet, doch bevor sie Billund verlassen, versucht er es noch einmal mit einem Kompromiss:

»Lass uns mit einem Drittel deines Plans anfangen, Vater!«

Ole Kirk will davon nichts hören. »Hier bestimme ich, was gebaut wird, deine Aufgabe ist es, das Geld zu beschaffen!«

Godtfred sieht, dass der Vater Tränen in den Augen hat, aber er will nicht nachgeben. Also macht der Sohn auf dem Absatz kehrt und reist wütend und enttäuscht nach Schweden.

Eine Woche des Nachdenkens vergeht, bevor Godtfred und Edith nach Billund zurückkehren. Er ist noch immer nicht einverstanden mit den Plänen des Vaters, aber er geht auf ihn zu und erklärt: »Jetzt bauen wir auf deinen Glauben, nicht auf meinen.«

Dieser Schritt war für die Entwicklung von LEGO in den folgenden Jahren von entscheidender Bedeutung, wie Godtfred später berichtet: »Die Fabrikerweiterung 1952 war ein Meilenstein in unserer Geschichte. Sie zwang mich, über die Landesgrenzen hinaus zu denken, zuerst 1953 in Richtung Norwegen. Ich erinnere mich, dass ich mit einem bedeutenden Vertrag aus Norwegen nach Hause kam, gerade, als das neue Gebäude errichtet wurde.«

Im folgenden Jahr reist Godtfred auch nach Deutschland und England, um herauszufinden, wie die dortige Spielzeugbranche tickt, und um Kontakte zu Händlern und anderen Produzenten zu knüpfen. Auf der Spielwarenmesse in Nürnberg 1953 kommt es eines Abends zu einem Treffen der dänischen Kollegen, und Godtfred hört mehrere Einkäufer sagen, die dänischen Spielzeugfabriken hätten keine Überlebenschance, sobald die dänischen Importrestriktionen aufgehoben würden. Godtfred fühlt sich provoziert, hat er doch mit seinem Vater und anderen Herstellern seit über zehn Jahren viel Geld und Schweiß investiert, um das beste Spielzeug zu entwickeln, das nach Ansicht zahlreicher Experten in seiner Qualität mit den besten deutschen Produkten mithalten kann.

Empört und angespornt von dieser, seiner Ansicht nach ungerechtfertigten Haltung, hat er eine verrückte Idee: Wenn LEGO nun genau das richtige, absolut einzigartige und zukunftsträchtige Spielzeug hätte, das überall verkauft werden könnte, wäre es dann nicht denkbar, anstatt sich zu verteidigen, zum Angriff zu blasen und den deutschen Markt zu erobern, auf direktem Weg zu den anderen europäischen Ländern und Märkten? Einige Jahre später, als LEGO seine Waren bereits nach Norwegen und Schweden exportiert, erläutert Godtfred der Unternehmensführung seine Überlegungen:

> »Wenn nun die Bevölkerungszahl von fünfzehn Millionen, mit der wir es hier in Skandinavien zu tun haben, mit den fünfund-

vierzig Millionen Deutschen zusammengelegt würde und wir in der Lage wären, einen solchen Markt zu beherrschen, dann wären wir nicht nur vollkommen konkurrenzfähig mit den Deutschen, sondern wir wären ihnen, sofern wir effiziente Verkaufsmöglichkeiten aufgebaut haben, sogar einen Schritt voraus, und wir hätten darüber hinaus die gleichen Exportmöglichkeiten wie sie.«

Solche furchtlosen expansiven Gedanken gehen dem 33-jährigen Godtfred im Kopf herum, als er im Februar 1954 zur Britischen Spielzeug- und Hobbymesse nach Brighton reist. Begleitet wird er von seinem Direktionssekretär Bent N. Knudsen, einem Bruder von Edith, der seinem Schwager bei der fremden Sprache helfen soll, die Godtfred zwar ein wenig versteht, aber nicht spricht.

Nach einer geschäftigen und inspirierenden Woche in dem südenglischen Badeort, in der Godtfred auch sieht, dass Kiddicrafts Self-Locking Building Bricks zwar noch immer verkauft werden, aber offenbar zu keinem größeren kommerziellen Erfolg in Großbritannien oder anderen Ländern geworden sind, entspannt er sich bei einem Whisky und einem Zigarillo an der Bar der DFDS-Fähre, die in Harwich gestartet ist.

Mit an Bord sind andere Dänen aus der Branche, die ebenfalls die Messe besucht haben, und irgendwann unterhält sich Godtfred mit dem jungen Einkaufschef der Spielzeugabteilung des Magasin du Nord, des größten dänischen Kaufhauses in Kopenhagen, Troels Petersen. Petersen ist mit dem derzeitigen Zustand der Spielzeugbranche unzufrieden und meint, es fehle ein System. Godtfred spitzt die Ohren. Troels Petersen benennt das Problem, mit dem er sich selbst seit ein paar Jahren beschäftigt und bei dem es nicht nur um das sehr breit aufgestellte Sortiment von LEGO geht, sondern auch darum, die Produktion und den Verkauf zielgerichteter und systematischer zu betreiben.

Die Unterhaltung der beiden Männer auf der Englandfähre öffnet Godtfred die Augen. Plötzlich sieht er die Aufgabe klar und deutlich

Ediths und Godtfreds drei Kinder spielen gern zusammen. Sie fahren Fahrrad, bauen runde LEGO-Türme und spielen Bus auf dem Rasen des Ferienhauses in Hvidbjerg an der dänischen Nordseeküste. Kjeld ist der Fahrer, hinten sitzt Mutter Edith.

vor sich: LEGO muss sich auf eine einzige Idee konzentrieren, sich um ein einziges Produkt versammeln, das einzigartig und beständig ist und zu einem größeren System von Spielsachen erweitert werden kann. Und mit diesem System muss man leicht spielen können, es muss leicht zu produzieren und leicht zu verkaufen sein.

Aber welches Produkt kann diese Anforderungen erfüllen? Erneut geht Godtfred das breite LEGO-Sortiment durch, und diesmal ist klar, dass nur eines der zweihundertfünfundsechzig verschiedenen

Angebote aus Holz und Plastik infrage kommt. Es sind die bunten Plastikbausteine, die Ole Kirk verzaubert haben und die nach wie vor in Billund produziert werden. 1952/53 waren sie unter dem Namen »LEGO-Bausteine« erneut auf den Markt gebracht worden.

Im Gegensatz zu seinem Vater hat Godtfred nie wirklich an die kleinen, hohlen Steine geglaubt, und die Verkaufszahlen der ersten Jahre haben ihm recht gegeben. 1953 und 1954 haben sich die Absatzzahlen leicht verbessert, aber noch immer sind sie nicht überwältigend. Die Frage ist, ob die LEGO-Bausteine das Produkt sind, das sich zu etwas Größerem und Dauerhaftem entwickeln lässt.

Ole Kirk hat daran nie gezweifelt. Und auch seine Enkel nicht, wenn sie mit den LEGO-Steinen gespielt haben. Vor allem der sechsjährige Kjeld baut mit großem Geschick alle möglichen Gebäude.

> **Kjeld**: »Als Kind baute ich Türme um mich herum. Nur zwei Noppen überlappten einander, sodass ich die Steine drehen und runde Mauern bauen konnte. Die Türme waren oft so hoch, dass ich hineingehen und mich darin verstecken konnte. Später baute ich ganze Städte aus LEGO-Steinen in unserem Hobbyraum im Keller. Dort, wo die erste Spritzgießmaschine gestanden hatte. Ich hatte nie irgendeine Bauanleitung, sondern baute nach meinen eigenen Ideen. Ich glaube, es steht außer Frage, dass mein Vater sich von mir und dem Spiel meiner Geschwister mit den Steinen inspirieren ließ und dabei erkannte, dass man daraus ein System entwickeln konnte. Er fragte häufig interessiert nach, was wir bauten, aber er setzte sich nie zu uns, um mitzuspielen, auch nicht, als wir etwas größer waren. Es hat mich immer erstaunt, dass er selbst kein Interesse daran hatte, mit LEGO-Steinen zu spielen. Dafür kam er aber sehr gern hinunter in den Keller, um zu sehen, was ich mir ausgedacht hatte, und oft zeigte er die Sachen seinen Geschäftspartnern, wenn sie zu uns nach Hause kamen.«

Bei dem »System«, das Godtfred vorschwebt, geht es nicht nur darum, fünf, sechs oder mehr Steine zu irgendeinem Bauwerk zusammenzusetzen, sondern darum, LEGO-Steine zu *sammeln* und an Weihnachten und an den Geburtstagen die Spielmöglichkeiten durch LEGO-Geschenksets und Ergänzungsschachteln zu erweitern. Die Formel für Godtfreds Geschäftsidee ist schnell gefunden: Je mehr Steine man hat, umso mehr Spielmöglichkeiten gibt es. Je mehr Spielmöglichkeiten es gibt, umso mehr Sets und Schachteln werden nachgefragt. Je mehr Sets und Schachteln verkauft werden, umso größer ist der Umsatz.

Es ist schwer zu sagen, welche Bedeutung Ediths und Godtfreds Kindern bei der Erfindung ihres Vaters von »LEGO System im Spiel« zukommt, zumal Godtfred selbst nie darüber gesprochen hat. Mit Sicherheit weiß man nur, dass er so stolz auf seine Kinder und ihr Spiel war, dass er sie auf einer neuen Serie von LEGO-Stein-Schachteln für das Weihnachtsgeschäft 1953 verewigte.

Auf dem ursprünglichen Foto, das der Fotograf Hans Lund aus Grindsted aufgenommen hat, stehen die sechsjährige Gunhild, der fünfjährige Kjeld und die zweijährige Hanne zu Hause im Wohnzimmer an einem Kacheltisch. Hanne taucht jedoch auf dem Foto, das die Vorderseite der LEGO-Schachteln von 1953 bis 1954 ziert, nicht auf, weil Godtfred entschieden hat, dass die primäre Zielgruppe der LEGO-Steine Jungen und Mädchen im Alter von Gunhild und Kjeld sind.

Godtfreds Idee zu einem »System im Spiel« fällt in eine Zeit nach Kriegsende, als in Dänemark und anderen Ländern viel über Kindererziehung, »gesundes Spielen« und die Bedeutung von gutem Spielzeug diskutiert wird. Experten raten Eltern dazu, Kindererziehung nicht als Pflicht, sondern als Freude anzusehen. So weit möglich verfolgt LEGOs umtriebiger Juniordirektor die pädagogische Debatte, die in den großen Tageszeitungen des Landes und im Radio geführt wird. Godtfred bewahrt Artikel und Interviews mit führenden dänischen Kinderpsychologen und Pädagogen wie Jens Sigsgaard, Thea Bank Jensen und Sten Hegeler in LEGOs großem Scrapbook auf, wo sie neben den ersten Artikeln über die kleine Spielzeugfabrik mit den großen Visionen aus Billund Platz finden.

Viele Erwachsene im Nachkriegsdänemark sehen Spielen als etwas für Kinder an, dem man entwachse. Doch so war es nie in der Familie Kirk Christiansen. Als Godtfred und seine Geschwister Kinder waren,

Auf dem Schwarz-Weiß-Foto spielt auch die zweijährige Hanne mit am Tisch, doch auf der Schachtel mit den LEGO-Steinen sind nur ihre beiden älteren Geschwister Gunhild und Kjeld abgebildet. Sie gehören zur Zielgruppe.

hielten Ole und Kristine, und später auch Sofie, es keineswegs für Zeitverschwendung, wenn sie spielten. Godtfred und seine Brüder beschäftigten sich viel mit den Holzresten in verschiedenen Formen und Größen, die in der Werkstatt ihres Vaters abfielen. Hin und wieder wurde daraus ein Tier oder ein Auto geschnitzt, oder sie wurden wie Klötze einfach übereinandergestapelt. Und in den Dreißigerjahren, als die kleine Schwester Ulla aufwuchs, baute Ole Kirk im Garten ein Baumhaus zum Spielen für sie und ihre Freunde. Manchmal, so wurde erzählt, forderte er auch die Frauen, die die Räder und Enten für ihn lackierten, dazu auf, mit ihren Kindern zu spielen. Wenn er ihnen die Holzteile in einem Korb am Sonntagnachmittag vorbeibrachte, soll er manchmal an die Haustür geklopft und gesagt haben: »Sitzt nicht drinnen herum, kommt raus und spielt mit den Kindern!« Und dann wurde in ganz Billund gespielt.

Selbst in Ole Kirks eigener kurzer Kindheit in den 1890er-Jahren spielten und sangen er und seine zahlreichen Geschwister zu Hause in Blåhøj. Das liebste Spielzeug eines Hirtenjungen, so erzählt es LEGOs Seniordirektor in einem Interview auf Jütländisch, war eine sogenannte »hwolkow« (Lochkuh) – ein Stein mit einem Loch und einer Schnur daran, den die Kinder hinter sich herzogen und an einen Pfahl banden wie eine richtige Kuh. Aber die Zeiten haben sich geändert, stellt Ole Kirk fest:

»Wir leben zweifellos im Zeitalter der Kinder. Jedes Jahr kaufen engagierte Eltern in Dänemark für ungefähr 50 bis 100 Millionen Kronen Spielzeug für ihre Kinder. Wenn man bedenkt, dass man selbst als Junge nichts als einen rostigen Nagel und einen Stein mit einem Loch zum Spielen hatte, kann man nur seufzen und bedauern, dass man eigentlich viel zu früh geboren wurde.«

Wie sein Vater und die Experten jener Zeit ist auch Godtfred der Meinung, dass gutes Spielen gute Spielsachen erfordert, und als Spielwarenfabrikant muss man, so erklärt er, »sich auf das Niveau des Kindes einstellen und dafür sorgen, dass das Spielzeug ausreichend viele Möglichkeiten bietet«. Auch andere, ähnliche Äußerungen zeigen Godtfreds Aufgeschlossenheit gegenüber der Kinderpädagogik-Debatte jener Jahre. Gleichzeitig sucht er nach Anregung für die Slogans, mit denen »LEGO System im Spiel« eines Tages lanciert werden soll. Wie nah er schon damals seinem Ziel ist, sieht man an einer Reklame für LEGO-Steine aus dem Jahr 1954 mit der Überschrift »Willst du LEGO mit mir?«, in der folgende Werbebotschaft zu lesen ist:

»Kinder, die gut spielen, werden als Erwachsene initiativ und unternehmungslustig. Die Wichtigkeit, Kindern entwicklungsförderndes Spielzeug zu geben, das ihre Fantasie und schöpferische Lust anregt, ist daher einleuchtend. LEGO-Steine sind solch ein Spielzeug, von Jungen ebenso geliebt wie von Mädchen, und sogar von Erwachsenen. Sie werden von zahlreichen Kinderkrippen, Freizeitheimen und Kindergärten empfohlen.«

»Willst du LEGO mit mir?« In der Werbung für den LEGO-Stein aus dem Jahr 1954 ist die Rede davon, dass das Spielzeug nicht nur für Kinder ist, sondern auch von Architekten für Baumodelle verwendet werden kann.

Aufgrund seines gesundheitlichen Zustands und längerer Erholungs- und Kuraufenthalte ist Ole Kirk nur teilweise an Godtfreds großem Plan beteiligt, die Produktion von Plastikspielzeug auf den LEGO-Stein zu konzentrieren. Vom Frühjahr 1955 an wird »System« zu einem der am meisten verwendeten Begriffe auf der Führungsetage und in der Fabrik von Billund, obwohl Godtfred den Claim »LEGO System im Spiel« erst im letzten Augenblick bekannt gibt.

Auf dem ersten Treffen der Geschäftsleitung im Jahr 1955 versammeln sich Ole Kirk, die Söhne Karl Georg und Gerhardt, die drei reisenden Vertreter sowie der Buchhalter Orla Jørgensen. Sie werden von Godtfred willkommen geheißen, der sich aus Anlass des Jahreswechsels erhebt und eine feierliche Rede hält, in der er nicht nur das neue Jahr begrüßt, sondern auch einen Neuanfang ausruft:

> »Unser Seniordirektor hat mit Gottes Segen gearbeitet, und ich kann uns nur dazu beglückwünschen, dass wir Teil einer Firma sind, die uns zum einen die Gelegenheit gibt, das zu tun, was jeder vernünftig denkende Mensch gern tut, nämlich verantwortungsbewusst etwas zu schaffen, und die uns zum anderen ein gutes Leben ermöglicht. Lasst uns auch im neuen Jahr mit dieser grundlegenden Sicht auf das Leben weiterarbeiten und auch weiterhin um Gottes Segen bitten – denn darauf beruht alles.«

Einen Monat später lüftet Godtfred den Schleier über den Details der neuen Ausrichtung der Firma, deren physische, konkrete Grundlage ein gedruckter Stadtplan auf einer Plastikdecke ist, die entweder auf den Tisch oder auf den Fußboden gelegt werden kann. Der Slogan lautet: »Bau eine LEGO-Stadt aus LEGO-Steinen!« An markierten Stellen können Kinder Häuser aus LEGO-Steinen platzieren, Bäume und Büsche aufstellen, und auf den grauen Straßen mit weißen Markierungen und Zebrastreifen können kleine, sorgfältig bis ins Detail ausgestaltete LEGO-Autos herumfahren.

Bei dem neuen System geht es um das freie und individuelle Spiel, erklärt Godtfred. Außerdem sollen Kinder etwas lernen, denn in einem von wachsendem Verkehrsaufkommen bestimmten Alltag im Dänemark der Fünfzigerjahre muss jedes Kind die Verkehrsregeln kennen und wissen, wie man sich sicher im Straßenverkehr verhält. Daher hat Godtfred sein System vom dänischen »Rat für größere Verkehrssicherheit« absegnen lassen und zu Reklamezwecken einen echten Polizisten angeworben, der den Kindern Anweisungen erteilt und den Eltern empfiehlt, das neue Spielzeug zu kaufen, da es Spielen und Lernen vereint. Wohlgemerkt fünfundzwanzig bis dreißig Jahre bevor Godtfreds Sohn Kjeld den Begriff »Spielen und Lernen« einführt und zum Markenzeichen des LEGO-Konzerns macht.

Bei einem Treffen im Juni präsentiert Godtfred die Idee einer großen Verkaufsaktion im Herbst. Der Plan ist, den Händlern und dem Personal in den Spielwarengeschäften eine kleine Zeitung – *LEGO Nyt* (LEGO-Neuigkeiten) – zukommen zu lassen und ihnen anschließend einen der drei LEGO-Vertreter vorbeizuschicken. Deren Aufgabe wird es sein, die Philosophie hinter dem neuen Spielsystem zu präsentieren, die verkaufsfördernden Maßnahmen zu erläutern und, nicht zuletzt, so viele Aufträge wie überhaupt nur möglich für »LEGO System im Spiel« zu notieren.

Der letzte Punkt der Tagesordnung ist vermutlich der wichtigste, denn in der Firmenkasse herrscht aufgrund der aufwendigen Fabrikerweiterung, auf der Ole Kirk bestanden hatte, Ebbe. Godtfred wendet sich bei dem Führungstreffen direkt an die drei Vertreter: »Es ist sehr wichtig, ja, es ist eine Überlebensnotwendigkeit, dass wir unser Geld so schnell wie möglich bekommen. Wir haben in diesem Jahr aufgrund der Bautätigkeiten weniger liquides Kapital und brauchen daher deutlich mehr Umsatz.«

Die dänischen Spielwarenhändler hören also zum ersten Mal von LEGOs neuem Bausystem im Herbst 1955, als sie *LEGO Nyt* erhalten. Die große Neuigkeit wird in sechs Botschaften zusammengefasst, die beschreiben, was man in Billund unter gutem Spielzeug versteht. Mehrere dieser sechs Botschaften lehnen sich eng an die Formulierungen an, die dänische Kinderpsychologen und Pädagogen in den Zeitungsartikeln geäußert haben, die Godtfred gelesen und aufbewahrt hat. Aber der ehrgeizigste Punkt scheint von Godtfred selbst zu kommen und handelt von der Zeitlosigkeit, die die Firma mit »LEGO System im Spiel« anstrebt: »Es soll ein Klassiker unter den Spielwaren sein, der keiner Erneuerung bedarf.«

Der Ton der ersten Präsentation des neuen Spielzeugsystems, dessen Teile im Volksmund schon bald LEGO-Steine genannt werden, ist insofern bemerkenswert, als dass die Firma versucht, die Händler und das Verkaufspersonal in die Kampagne miteinzubeziehen; im Grunde sollen sie zu einer Art Botschafter für »LEGO System im Spiel« werden:

> »Wir glauben, Sie als Fachleute innerhalb der Spielwarenbranche werden uns recht geben, dass dies mehr ist als ein gewöhnliches Spielzeug, und wir glauben, dass Sie in der Lage sind, die ungeahnten Perspektiven zu erkennen, die dieses Spielzeug beinhaltet. Wir haben weder Geld noch Mühe gespart, um etwas vollkommen Neues und Außergewöhnliches zu schaffen – und alles ist auf den ganz großen Erfolg ausgerichtet. Wollen Sie diesen Weg mit uns gehen? Dann ist der Erfolg garantiert!«

Die Kampagne zeigt nicht nur ein neues Spielzeugsystem, sondern präsentiert auch eine Botschaft über Kinder und das Spielen, die sich als äußerst weitsichtig und tragfähig erweist und im LEGO-Konzern bis auf den heutigen Tag gilt. Sie wird buchstäblich mit einer Zeichnung auf der Vorderseite der Zeitung für die Händler und ihr Personal herausposaunt, auf der man ein kleines, pummeliges LEGO-Männchen in Arbeitskleidung und Maurermütze sieht. Der fröhliche Bauarbeiter hält ein Megafon vor den Mund und schreit die humanistische Idee des LEGO-Systems in die ganze Welt hinaus:

»Unsere Idee war es, ein Spielzeug zu schaffen, das einen Wert fürs Leben hat – ein Spielzeug, das die Fantasie des Kindes anspricht und seinen kreativen Drang und die Freude am Schaffen entwickelt, die in jedem Menschen steckt.«

> **Kjeld**: »Die großartige Neuerung von ›LEGO System im Spiel‹ war, dass man plötzlich viel mehr Möglichkeiten bekam, verschiedene Dinge zu bauen. Es war Vaters Grundgedanke, ein zusammenhängendes System von Elementen zu schaffen, die

Auf dem ersten LEGO-Stadtplan von 1955 können Kinder ihre eigene Stadt bauen, mit Häusern, Autos, Schildern und Bäumen. Das Ganze wird mit einem Modell präsentiert, das in Spielwarenläden und Kaufhäusern zur Inspiration von Kindern und Eltern aufgebaut und ausgestellt wird.

tem i leg...
URSTEN
HOTEL
LAGTER
KIOSK
Esso Service

immer zusammenpassen. Steine aus ganz unterschiedlichen LEGO-Sets konnten kombiniert werden. Auf seine alten Tage, als ich bereits an der Spitze von LEGO stand, sah Vater die Entwicklung dann allerdings skeptisch, denn seiner Ansicht nach waren zu viele Elemente dazugekommen. Er meinte, es ginge zu schnell, seine ursprüngliche Erfindung sei inzwischen zu breit gefächert und zu vielfältig. Er wollte, dass wir an dem Grundsatz, dass die Steine und nur die Steine LEGOs Kerngeschäft sind, festhielten. Diese Ansicht vertrat er von Anfang an, seit 1955, zusammen mit der pädagogischen Grundüberzeugung, dass Kinder ihre Kreativität durch Bauen und Spielen entwickeln.«

Die Herausforderungen, denen viele Firmen im Europa der Fünfzigerjahre gegenüberstehen, spiegeln sich auch in LEGOs Situation wider. Die Spielzeugfabrik in Billund hat während des Zweiten Weltkriegs und danach durchaus vom Importverbot profitiert und die Grundlage für den Traum geschaffen, selbst zu exportieren. Aber Ole Kirk und Godtfred müssen auch immer wieder erfahren, wie schwierig der internationale Handel in der Nachkriegszeit ist. Es geht nicht allein um die Logistik, wenn man Maschinen aus dem Ausland kaufen und in einer fremden Währung bezahlen will. Es geht auch darum, in welche Länder man seine Ware überhaupt verkaufen darf.

Wie so viele andere dänische Firmen braucht LEGO eine Finanzspritze. Für die Fabrikerweiterung der Jahre 1952 und 1953 beantragt Godtfred einen Kredit, der Teil der breit angelegten amerikanischen Hilfe für Europa durch den Marshallplan ist. Für Dänemark wird eine Kreditsumme von 33 Millionen Dollar bereitgestellt, und LEGOs Juniordirektor braucht mehrere Wochen, um einen gründlichen, gut argumentierenden Antrag zu formulieren, der allerdings abgelehnt wird. Die Enttäuschung hält sich indes in Grenzen, da abzusehen war, dass die Produkte einer Spielwarenfabrik auf der Liste der »notwendigen Verbrauchsgüter« ziemlich weit unten stehen.

Obwohl es keine direkte Hilfe aus dem Marshallplan gibt, deutet doch vieles darauf hin, dass sich der dynamische Direktor von LEGO Ideen und Inspiration aus dem technischen Unterstützungsprogramm der Marshallhilfe holt, in dem viel Fachwissen aus der Industrie versammelt ist. Das Unterstützungsprogramm dient als eine Art Handbuch für den Aufbau europäischer Firmen nach amerikanischem Muster und umfasst die neuesten Überlegungen zu Automatisierung, Rationalisierung, Verkauf, Werbung, Marketing und Management. Kurz gesagt, die Anleitung, eine Firma nach amerikanischem Vorbild zu führen, die sich auf drei zentrale Begriffe konzentriert: *specialization*, *standardization* und *simplification*. Zauberworte für einen Unternehmer aus Mitteljütland, der den Ehrgeiz hat, ein verzweigtes System von Spielwaren zu entwickeln, das nicht nur auf der besten Form des Spielens beruht, sondern auch auf dem effektivsten Geschäftsmodell.

LEGO will sich nach amerikanischem Muster modernisieren – in dem Umfang, der nun einmal möglich ist, wenn man als Direktor einer Spielzeugfabrik vorsteht, die meilenweit von den Fluren der Eliten in Kopenhagen entfernt liegt. Es ist jedoch nichts Neues für Godtfred, sich auf eigene Faust das Wissen über moderne Unternehmensentwicklung anzueignen. Im Gegensatz zu anderen dänischen Direktoren und Firmenchefs nimmt er nie an einer vom Marshallplan bezahlten Studienreise in die USA teil, und er meldet sich auch nicht zu den Intensivkursen an, bei denen dänische Führungskräfte über amerikanische Geschäftsmodelle und Leitungsmethoden informiert werden.

Godtfred ist Autodidakt, und eine seiner besonderen Kompetenzen ist ja gerade, Ideen aufzugreifen und sich von Gesprächen inspirieren zu lassen, die er mit anderen Unternehmern führt. Das bedeutet, dass er ein bei LEGO bis dahin unbekanntes Wort wie »Rationalisierung« plötzlich in mehreren internen Sitzungen fallen lässt; später folgen auch Begriffe wie »Produktivität«, »Automatisierung«, »Produktentwicklung« und »Marktanalyse«.

Kjeld: »Ich kann mich nicht erinnern, dass ich Vater jemals in einem betriebswirtschaftlichen Buch lesen gesehen habe. Zeitschriften oder Zeitungsartikel über Betriebsführung lagen zu

Hause ebenfalls nie herum. Ich glaube, er hat bei den Gesprächen, die er mit anderen führte, genau hingehört. Vater war immer bereit, jemandem zuzuhören, vor allem denjenigen, die anderer Meinung waren als er und ihm etwas Neues erzählen konnten. Er ließ sich gern von den Leuten inspirieren, die er in seinem Führungsstab hatte, ja, er erwartete geradezu, dass sie etwas entscheidend Neues beitragen und ihn dadurch herausfordern konnten. Sie kamen schließlich von ›außerhalb‹ mit einer Menge an neuem und fremdem Wissen und Erfahrungen aus dem internationalen Geschäftsleben. Es war offensichtlich, dass mit Vater im Laufe der Fünfzigerjahre etwas Entscheidendes passierte. Er entwickelte sich, sowohl als Mensch wie als Direktor, und veränderte seinen Führungsstil.«

Ein Begriff wie »Public Relations« taucht in Dänemark erst nach dem Krieg wirklich auf und ist nicht vor 1955/56 zum ersten Mal in den Protokollen der Geschäftsleitungssitzungen in Billund zu lesen. Bis dahin waren PR und Werbung keine größeren Ausgabenposten in den Bilanzen der Firma, doch je stärker GKC die Leitung an sich zieht und die Produktion auf »LEGO System im Spiel« konzentriert, umso größer wird das Werbebudget. Auch dies ist ein Thema, das zu Meinungsverschiedenheiten zwischen Vater und Sohn führt, denn für den Sohn sind Ausgaben für Marketing eine unumgängliche Investition, während der Vater an seinem Handwerkerglauben festhält: »Wenn nur die Qualität stimmt, dann kommen die Kunden von allein.«

In dem entscheidenden Jahr 1955, in dem »LEGO System im Spiel« auf den Markt gebracht wird und sich bei Händlern und Konsumenten bewähren muss, hat der Juniordirektor 60000 Kronen für Werbe- und Ausstellungsmaterial bereitgestellt. Die große Investition, der der Kassenmeister Godtfred einige Jahre zuvor niemals zugestimmt hätte, soll LEGO bis Weihnachten eine eindrucksvolle Platzierung in den Spielwarenläden und Kaufhäusern sichern. Ziel ist es, die Grundidee von »LEGO System im Spiel« zu verbreiten und zu verankern. Wie GKC immer wieder auf den Verkaufskonferenzen erklärt: »Es reicht nicht, dass *wir* es wissen – die ganze Welt muss es wissen!«

Godtfred: »Unsere Idee ist es, Spielzeug zu produzieren, mit dem das Kind auf das Leben vorbereitet wird.« Und mit dem Balancieren auf einem kleinen LEGO-Haus zeigt er auch, dass es sich um Spielzeug handelt, das den Gebrauch aushält.

Ein Beispiel für LEGOs Werbestrategie in einem Jahrzehnt, in dem Freizeit und der Traum vom eigenen Haus zu Fixpunkten im Leben vieler junger Familien werden, ist ein bunter Folder, der sich an die Eltern wendet. Zunächst wird er nur in Dänemark verteilt, aber schon bald auch in Deutschland, denn sehr rasch zeigt sich, dass die Botschaft international ist: Mit dem neuen »LEGO System im Spiel« hat man nicht nur ein gesundes, kreatives Familienhobby, sondern kann auch sein eigenes Traumhaus planen und bauen.

Der Reklamefolder ist eine kleine, illustrierte Mehrgenerationengeschichte darüber, was passiert, wenn die kleinen LEGO-Steine im Leben von Familien mit Kindern Einzug halten. Alles beginnt mit Eriks drittem Geburtstag: »Er bekam eine Schachtel LEGO-Steine und baute den ersten Turm.« Es folgen einige Ereignisse im Leben von Erik und seiner Familie. Dann will die kleine Schwester Lene auch mit LEGO spielen, »und natürlich waren es Puppenstuben, die sie baute«. Als Sechsjähriger baut Erik nun große, schicke Häuser, die zu einer Stadt mit Straßen, Modellautos, Schildern und Bäumen zusammenwachsen. Lene darf mitspielen, und »Erik und Lene lernten eine Menge über den Verkehr«. Als Zwölfjähriger ist Erik so geschickt mit den LEGO-Steinen, dass er »einen riesigen Wolkenkratzer mit 24 Etagen« bauen kann, und als Erik sechzehn Jahre alt ist, hat sich LEGO zu seinem Lieblingshobby entwickelt. Dann vergehen ein paar Jahre. Erik verlobt sich, und bald werden er und seine Liebste ihr Traumhaus aus LEGO bauen – »mit denselben Steinen, die Erik an seinem dritten Geburtstag bekam«. Einige Jahre später bewohnt das junge Paar

ein modernes Haus, »das so aussieht wie das Haus, das sie so oft aus LEGO gebaut haben«. Sie sind Eltern geworden, und nun könnte ein Punkt gemacht werden, doch in Wahrheit ist es ein Komma in der kleinen, glücklichen Werbeerzählung: »Der Junge ist erst drei Jahre alt, aber er spielt bereits mit LEGO – wie sein Vater, denn LEGO kann immer wieder benutzt werden, Generation um Generation, bis weit in die Zukunft hinein.«

Die Geschichte illustriert Godtfreds großen Plan, den einst so zögerlich verkauften Plastikbaustein als Teil von etwas Größerem zu etablieren. Das LEGO-System ist nicht nur ein Spielzeug, sondern ein ganzes Spieluniversum, das wächst, zum Familienleben dazugehört und an die nächste Generation weitergegeben wird. In einem Zeitungsinterview erklärt der Juniordirektor:

»Man könnte vielleicht sagen, aus geschäftlicher Sicht ist es unlogisch, ein Spielzeug zu produzieren, das für das ganze Leben gedacht ist. Aber wir glauben, dass unsere Idee richtig ist und wir ein Spielzeug geschaffen haben, das nicht nur ein Spiel ist, sondern für die Entwicklung von Kindern bedeutsam sein kann.«

Mit Blick auf Weihnachten arbeiten Produktion, Verkauf und Packerei 1955 mit Hochdruck, doch im Januar 1956 berichten die Vertreter von frustrierten und verwirrten Händlern, die das weiter gefasste Konzept von »LEGO System im Spiel« nicht verstanden haben. Mitten im Weihnachtsgeschäft fragten sich die Verkäufer verunsichert, ob der LEGO-Stadtplan mit Häusern, Straßen und Autos als unterhaltsames Spielzeug oder als sinnvolle Lektion in Verkehrserziehung ange-

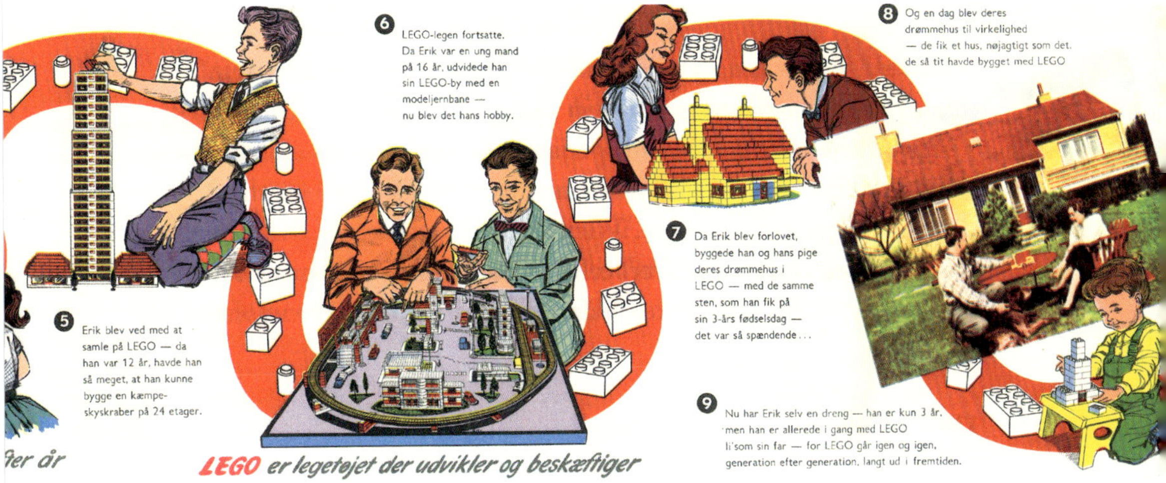

LEGOs erstes Hauptquartier in Deutschland liegt in der obersten Etage des ehemaligen Bahnhofshotels von Hohenwestedt. Von dort leitet Axel Thomsen die Eroberung des deutschen Marktes.
Fotos: Privatbesitz.

LEGO kurz vor dem internationalen Durchbruch steht – abgesehen von Godtfreds Intuition und dem Glauben an sich selbst, der Berge versetzen kann.

Im Januar 1956 wird das Unternehmen »LEGO Spielwaren GmbH« gegründet, und die Vorgeschichte dazu ist bis heute legendär. Zwei Monate zuvor ist Godtfred auf dem Weg nach Hause und fährt durch Norddeutschland, nachdem er das dänische Generalkonsulat in Hamburg besucht hat. Dort hat er versucht, mehr über LEGOs Chancen, sich auf dem deutschen Markt zu etablieren, in Erfahrung zu bringen. Man hatte ihm erklärt, es sei vernünftiger, anstelle einer dänischen Tochterfirma eine eigenständige deutsche Firma zu gründen, denn auf diese Weise käme man in den Genuss von niedrigeren Zollsätzen, besonderen Steuervorteilen und günstigeren Kreditmöglichkeiten.

Auf dem Rückweg sieht Godtfred sich in Schleswig-Holstein nach geeigneten Büroräumen für die neue Firma um. Er fährt nach Hohenwestedt bei Neumünster, um Axel und Grethe Thomsen zu besuchen, alte Bekannte von ihm und Edith. Das Ehepaar hat sich in dem Ort niedergelassen und mit der Produktion von Puppenmöbeln begonnen, die nach dem Krieg von der Lundby Spielwarenfabrik bei Göteborg entworfen wurden.

Thomsens sind zu Hause und laden Godtfred zum Kaffee ein. Er erzählt von seinem Besuch in Hamburg und den Exportplanungen. Schließlich holt er einige Schachteln LEGO und einen System-Stadtplan aus dem Auto. Axel Thomsen ist Feuer und Flamme und erkennt sofort das Potenzial des Systemgedankens: »Dieses Spielzeug ist ja fantastisch. Darf ich dir helfen, es in Deutschland zu verkaufen?«

Godtfred zögert und erwidert schließlich: »LEGO braucht in Deutschland einen Mann, der sich hundertprozentig für das Geschäft engagiert, nicht jemanden, der bereits andere Spielwaren produziert und verkauft.« Dann fährt er zurück nach Billund, während Axel Thomsen zu grübeln beginnt.

Einige Tage später ruft Thomsen Godtfred an und erklärt: »Und wenn ich meinem Sohn die Puppenmöbelfabrik übertrage und Grethe und ich arbeiten nur für deine Firma und ›LEGO System‹, kannst du mich dann brauchen?«

Und wie. Bereits auf dem Heimweg von Hohenwestedt hat Godtfred gedacht, Axel Thomsen sei der Richtige, um einen Exportvorstoß nach Deutschland zu leiten. Er verfügt nicht nur über Energie und Enthusiasmus, sondern hat auch die notwendigen Einblicke und gründlichen Kenntnisse der deutschen Marktbedingungen.

Kurz darauf mietet LEGO den gesamten ersten Stock des alten Bahnhofshotels in Hohenweststedt – Bahnhofstraße 19 – an, das dem

Ehepaar Thomsen gehört. Die Puppenmöbel müssen den Plastikbausteinen weichen. »Thomsen wurde zu hundertzehn Prozent unser Mann«, so GKC später. »Er war unglaublich tüchtig, hatte etwas von einem Bulldozer. Er war es, der gleich zu Beginn den Grundstein dafür legte, dass der deutsche Markt unser bester ausländischer Markt werden sollte.«

Jetzt wird auch der erste Firmenlastwagen mit Anhänger gekauft, ein Bedford mit einem riesengroßen roten LEGO-Logo auf dem weißen Kasten hinter der Fahrerkabine. Er dient dazu, die zu Dreiviertel gepackten LEGO-Schachteln nach Hohenwestedt zu bringen, wo sie ein letztes Mal kontrolliert und fertig gepackt werden. Auf diese Weise vermeidet man die Zahlung von dreißig Prozent Importzoll, mit dem vollständig verpacktes Spielzeug belegt wird. Hinter dem Steuer sitzt Johannes, der älteste von Ole Kirks Söhnen, ein guter Fahrer, der nun zum »Exportchauffeur« befördert ist – mit eigener Uniform und einer Schirmmütze mit dem LEGO-Logo.

> **Kjeld**: »Johannes fuhr den Lastwagen nach Deutschland, wenn Ware nach Hohenwestedt gebracht werden musste. Diesen Job und die damit verbundene Verantwortung liebte er. Er plauderte immer mit den Zöllnern an der Grenze, die ihn auf eine Tasse Kaffee einluden. Wenn Johannes nach Hohenwestedt kam, machte er es sich mit den Angestellten gemütlich, während der Lastwagen ausgeladen wurde, dann fuhr er zurück nach Billund. Den Job hatte er ziemlich viele Jahre.«

Anfangs fuhr Johannes nur einmal pro Woche, später musste er zweimal fahren. Auf der allerersten Fahrt von Billund nach Schleswig-Holstein begleitet ihn Axel Thomsen, um die Zollformalitäten zu klären und sicherzustellen, dass alles mit rechten Dingen zugeht. In Hohenwestedt hilft seine Frau Grethe bei der täglichen Arbeit, das Ehepaar im alten Bahnhofshotel ist für den gesamten Vertrieb und die Verwaltung verantwortlich.

Zunächst läuft der Verkauf jedoch nur langsam an. Die Einkäufer der deutschen Spielwarenläden und Kaufhäuser, die jedes Jahr auf der

Die Jungfernfahrt 1956 mit dem neuen Lastwagen übernehmen Johannes als Fahrer und Axel Thomsen, um die Formalitäten an der deutschen Grenze zu klären.

Nürnberger Spielwarenmesse zusammenkommen, haben schon vor Jahren, als Godtfred seine »LEGO-Bausteine« anbot, den Daumen gesenkt. Die gleiche Skepsis gegenüber dem Konstruktionsspielzeug erlebt nun Axel Thomsen im Frühjahr 1956.

Kjeld: »Anfangs dauerte es einige Zeit, die deutschen Einkäufer davon zu überzeugen, dass sie es hier wirklich mit einem Produkt zu tun hatten, das sich in der Breite verkaufen ließ. Eigentlich eigenartig, dass sie nicht sofort erkannten, dass es hier um ein bahnbrechendes neues Bausystem ging, bei dem Kinder selbst bauten, womit sie spielen wollten. Es war geradezu ein Sieg, als es Axel Thomsen gelang, eine ganze deutsche Kaufhauskette von der LEGO-Idee zu überzeugen. Gleichzeitig akzeptierten sie, dass der Verkauf nicht über einen Großhändler lief, der einen besonderen Rabatt bekam, wie es traditionellerweise in Deutschland üblich war. Hier blieben Vater und Thomsen stur. Es war ebenso klug wie mutig von ihnen, und es legte den Grundstein für unseren Erfolg in Deutschland.«

Der entscheidende Durchbruch gelingt mit Godtfreds und Axel Thomsens genau durchdachter PR-Strategie im Herbst 1956, bei der der Werbeeinsatz auf eine einzige Großstadt konzentriert wird. Die Wahl fällt naturgemäß auf Hamburg, eine Millionenstadt und ein Handelsmekka, nur achtzig Kilometer südlich der deutschen LEGO-Firmenzentrale in Hohenwestedt gelegen. In einer Rede an seine Mitarbeiter erklärt GKC einige Jahre später:

»Uns war klar, dass es einfach keinen Sinn ergab, unsere Werbeaktionen über ganz Deutschland zu verstreuen. Daher konzentrierten wir uns ausschließlich auf Hamburg. Und nachdem die Erde durch tüchtige Pionierarbeit in Form von Präsentationen in spezialisierten Geschäften und Gesprächen mit den Inhabern und Verkäufern gepflügt war, wurde Dünger verstreut: ein Film für die Kinos.«

Mit seinem unbedingten Glauben an die Macht der Werbung produziert GKC mit seinem Werbechef Guld einen zwei Minuten langen Reklamefilm in Farbe – »Wir bauen eine Stadt« –, der in den vier größten Hamburger Kinos gezeigt wird. Der Film erzählt eindringlich und untermalt von freundlichen Jazztönen davon, wie die ganze Familie – Mädchen, Junge, Mutter und Vater – gemeinsam mit »LEGO System im Spiel« spielen können.

Während der Film in den Kinos läuft, heuert Axel Thomsen fünf-

Werbung für »LEGO System im Spiel« in Verbindung mit der jährlichen Spielwarenmesse in Nürnberg.

zehn bis zwanzig Frauen und Männer an, die durch Hamburgs Spielwarengeschäfte und Kaufhäuser gehen sollen, um zu überprüfen, ob dort LEGO Schachteln erhältlich sind. Ist dies nicht der Fall, sollen sie sehr bestimmt nach LEGO-Bausteinen fragen, diesem neuen interessanten Konstruktionsspielzeug, von dem sie so viel Gutes gehört haben.

Kjeld: »Vater erzählte häufig von dem allerersten Werbefilm, den er zusammen mit Henning Guld und Axel Thomsen produziert hatte. In einer Filmszene stellt Thomsen sich auf ein LEGO-Haus auf dem Stadtplan, um zu zeigen, dass das Gebäude sogar sein Gewicht aushält. Vater hatte ihn darum gebeten, denn er selbst liebte diesen Stunt, wenn Journalisten und Fotografen dabei waren. Vater hat gegenüber seinen Mitarbeitern immer wieder betont, wie wichtig es ist, die Funktionalität und Qualität des LEGO-Systems vorzuführen und herauszustellen, obwohl die Steine in Wahrheit zunächst miserabel zusammenhielten.«

Im Januar 1957 kann GKC konstatieren, dass sein Wagnis des Exportgeschäfts zu gelingen scheint. Innerhalb eines Jahres hat LEGO den potenziellen Kundenkreis um hundert Millionen Menschen erweitert, und das Jonglieren mit der Liquidität der Firma, das er früher bei seinem Vater immer kritisiert hatte, scheint Früchte zu tragen. Aus Deutschland beginnt Geld zu fließen, weil die deutschen Händler ihre Einkäufe früher bezahlen. Außerdem hat GKC, dieser ausgesprochen geschickte Kaufmann, einen besonders langfristigen Kredit für die immer größeren Mengen an Plastikpulver ausgehandelt, die eingekauft werden müssen.

In den ersten Monaten des Jahres wird die »LEGO System im Spiel«-Kampagne durch verschiedene Marketingaktivitäten auch auf andere deutsche Großstädte ausgeweitet. Abgesehen von dem Werbefilm im Kino und Broschüren werden die großen Schaufenster der Kaufhäuser mit LEGO-Modellen bestückt, und schon bald folgt auch eine bunte LEGO-Zeitung für deutsche Kinder. Daneben besuchen Axel Thomsen und seine Mitarbeiter Spielwarenhändler in ganz Deutschland, damit sie verstehen und mit ihren eigenen Händen erleben, was das LEGO-System kann und warum es das Spielzeug der Zukunft ist. Der Systematiker Thomsen legt eine Händler- und Kundenkartei an, mit der sich nach einigen Jahren schnell ein steigender oder fallender Absatz von LEGO-Steinen in einer Stadt oder einem Bundesland registrieren und die Reaktionen der Konsumenten analysieren lassen.

Besonders interessant ist ein Ergebnis aus Thomsens Datei: dass deutsche Eltern glauben, LEGO sei ein deutsches Produkt. GKC stört das keineswegs. Im Gegenteil, er hält es für eine Stärke, was wiederum den gerade eingestellten Exportchef Troels Petersen überrascht. »Warum werben wir nicht damit, dass ›LEGO System im Spiel‹ dänisch und ›Made in Danmark‹ ist?«, fragt er seinen Chef. Godtfreds Antwort ist typisch für seinen Führungsstil und den Ton gegenüber seinen Mitarbeitern:

»Wenn du diese Politik verfolgen willst, Troels, bist du ganz sicher in der falschen Firma Exportchef geworden. Meine Strategie ist das Gegenteil deines Vorschlags. LEGOs Produkte sind international, und das Beste, was uns passieren kann, ist tatsächlich, dass die Deutschen glauben, LEGO sei eine deutsche Firma, und die Franzosen glauben, die Produkte würden in Frankreich produziert. Und so weiter.«

Kjeld: »Vater war schon sehr früh klar, dass Dänemark zu klein war, wenn die Firma wachsen sollte, und wir somit gezwungen waren, international zu denken. Das war lange bevor man von Internationalisierung sprach, gar nicht zu reden von Globalisierung und Binnenmarkt. Es war ein wesentlicher Unterschied, eine dänische Firma zu sein, die exportiert, oder eine internationale Firma, die ihre Wurzeln in Billund hat. Dieser Gedanke, den wir bis heute verfolgen, geht zurück auf die Fünfzigerjahre.«

In verblüffend kurzer Zeit wird »LEGO System im Spiel« in Deutschland zu einem bekannten und nachgefragten Spielzeug, und bereits 1958 werden südlich der dänischen Grenze mehr LEGO-Steine pro Einwohner verkauft als zu Hause in Dänemark. Weniger als fünf Jahre, nachdem deutsche Groß- und Einzelhändler ihre Skepsis geäußert und auf der Spielwarenmesse in Nürnberg geradezu herablassend auf Godtfreds Produkte geschaut haben, setzt LEGOs deutsche Firma 10 Millionen Kronen in einem Jahr um. Eine schwindelerregende Summe, wenn man bedenkt, dass der Betrieb in Billund drei Jahre zuvor einen Gesamtumsatz von 2,1 Millionen Kronen vorzuweisen hatte.

Möglicherweise wundert man sich darüber, dass das LEGO-System in Deutschland so schnell so populär wurde. Dabei hat sicher die aggressive Verkaufs- und Werbestrategie in Kombination mit den vielen Eigenschaften und Spielmöglichkeiten der LEGO-Steine eine Rolle gespielt, aber eine weitere Erklärung für den gigantischen Erfolg liegt in einem sozialen Bedürfnis, das sie zu befriedigen scheinen. Ein Bedürfnis, das aus dem nationalen Fokus auf den Wiederaufbau kommt. Überall in Deutschland werden nicht nur Häuser, Viertel und Städte

Die Familie als Rahmen und Bühne für das Spiel mit LEGO wird zur übergeordneten europäischen PR-Strategie. Hier ein Beispiel aus den Niederlanden 1959.

wiederaufgebaut, sondern auch Familienstrukturen und andere Beziehungen. Im Deutschland der Fünfzigerjahre gibt es eine umfassende Sehnsucht danach, das Band zwischen Alten und Jungen, zwischen Eltern und Kindern neu zu knüpfen und sich im Schoß der Familie zu versammeln. Warum sich nicht bei einer gemeinsamen, friedlichen Aktivität wie dem »LEGO System im Spiel« zusammenfinden?

Vor dem Krieg spielten Kinder draußen, außerhalb der Reichweite der Erwachsenen, nun sind sie mit ihrem Spielzeug im Wohnzimmer – im Kreis der Familie. Diese Entwicklung, die in den meisten westeuropäischen Ländern in jenen Jahren zu beobachten ist, wird von LEGOs Werbeabteilung genau registriert. Die große Linie der Werbestrategie ist bereits in dem ersten Reklamefilm vorgezeichnet, in dem eine adrette, lächelnde Kernfamilie ins Wohnzimmer kommt und sich mit »LEGO System im Spiel« an einen Tisch setzt. Und während die sanfte Jazzmusik langsam leiser wird, sagt der Sprecher: »Alle bauen mit. Groß und Klein bauen mit dem LEGO-Stein.«

»LEGO System im Spiel« passt zu dem neuen Zeitgeist im Europa der Nachkriegszeit und profitiert vom wachsenden Wohlstand und dem gesteigerten Fokus auf das Wohlbefinden der Familie. In Deutschland wird in diesem Zusammenhang der Begriff »Wirtschaftswunder« geprägt, der die wundersame wirtschaftliche Verwandlung des Landes von einem Trümmerhaufen in eine Industrienation beschreibt.

> **Kjeld**: »Die Nachkriegszeit war in ganz Europa geprägt von zerstörten Häusern und Dingen, die wiederaufgebaut werden mussten, und ich glaube, das spielte auch bei der Entscheidung vieler Familien für die LEGO-Steine eine Rolle. Mit ihnen tat man etwas Positives, man war in gewisser Hinsicht am Wiederaufbau beteiligt. Dieser Zusammenhang ist mir häufig durch den Kopf gegangen.«

Der wirtschaftliche Aufstieg und Erfolg von LEGO lässt sich auch am Maschinenpark der Firma ablesen. Vor Ende des Jahrzehnts stehen mehr als fünfzig Spritzgießmaschinen in der Plastikabteilung. Allerdings bereitet die Verbindungskraft der Steine nach wie vor Probleme. Sie fügen sich schlichtweg nicht fest ineinander, wenn man sie zusammensetzt.

Seit den allerersten Automatic Binding Bricks aus dem Jahr 1949 ist der LEGO-Baustein innen hohl, und daran hat sich auch im Januar 1958, als Axel Thomsen nach Billund fährt, um vom fantastischen Weihnachtsgeschäft in Deutschland zu berichten, nichts geändert. Der einzige Wermutstropfen des Verkaufserfolgs sind die Klagen einiger unzufriedener Kunden, die berichten, dass die Bauwerke ihrer Kinder in sich zusammenfallen.

Das Problem ist in Billund seit Jahren bekannt, auch wenn es bei den internen Verkaufskonferenzen selten angesprochen wird. Viele Kundenbeschwerden, in denen es um »LEGO System im Spiel« geht,

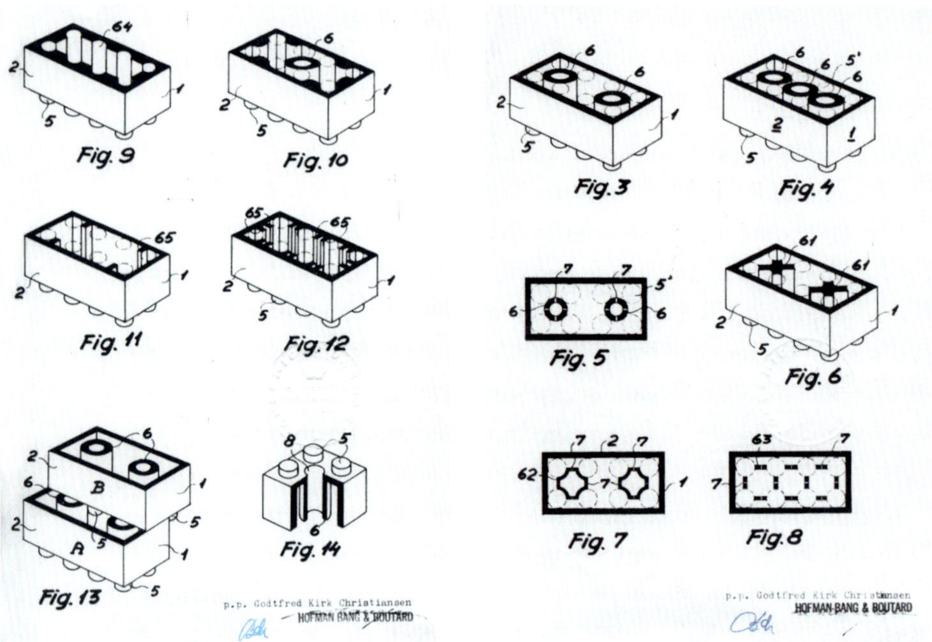

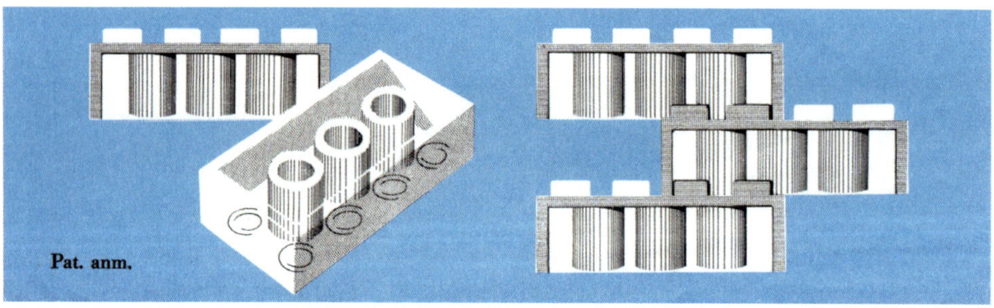

1958 wird der moderne LEGO-Stein mit Röhren und Noppen patentiert. Jetzt hängen die Steine perfekt zusammen, die Baumöglichkeiten erhöhen sich. Die oberen Abbildungen zeigen, dass auch andere Möglichkeiten zur Verbesserung der Verbindungskraft ausgearbeitet werden. Diese alternativen Möglichkeiten lässt LEGO weltweit in einer Reihe von Ländern ebenfalls patentieren.

werden in den Jahren von 1955 bis 1957 sehr ernst genommen, nicht aber dieser eindeutige Schwachpunkt des Spielzeugs. Selbst im Januar 1957, als GKC bei einem Leitungstreffen eine neue Initiative namens »PUK« (Produkt Udviklings Komité, Produkt-Entwicklungs-Komitee) vorstellt, deren Aufgabe es ist, die »Vervollkommnung unserer Produkte« zu betreiben, gibt es niemanden, der das Problem mit der Verbindungskraft der Steine anspricht. Dennoch wissen alle am Tisch, dass die tüchtigsten Techniker der Fabrik – angeführt vom Leiter der Gießerei Ove Nielsen – seit Längerem versuchen, diesen offensichtlichen Qualitätsmangel zu beheben. Inmitten des überwältigenden Erfolgs mit den Steinen und der steigenden Nachfrage ist das Bemühen jedoch ein wenig in Vergessenheit geraten.

Die Beschwerden der deutschen Kunden im Januar 1958 werden zum Weckruf. Godtfred reagiert augenblicklich, und nach Gesprächen mit Axel Thomsen, an denen auch Karl Georg als Leiter der Plastikabteilung beteiligt ist, fertigt er noch am selben Tag eine Skizze über sämtliche Möglichkeiten an, Verbindungen im Hohlraum des Achtnoppensteins anzubringen, von denen man die meisten allerdings bereits bei früheren Gelegenheiten diskutiert hat.

Die Skizze wird an Ove Nielsen weitergegeben, der gebeten wird, ein Teststück nach der jüngsten Idee herzustellen, über die man gesprochen hat: zwei zylindrische Verbindungsröhrchen in dem Hohlraum des Steins anzubringen. Den ganzen nächsten Tag wird intensiv an dieser Lösung gearbeitet, und irgendwann schlägt Godtfred vor, es mit einem dritten Zylinderrohr zu probieren.

Diese Lösung entpuppt sich als Geniestreich. Drei Röhren bedeuten, dass Röhren und Noppen in einer nicht nachlassenden Spannung zueinander stehen, wenn man die Steine zusammensetzt. Ja, es ist beinahe so, als seien die Steine zusammengeleimt, und doch sind sie leicht wieder zu trennen. Dass jede einzelne Noppe des Steins nun auch an drei Punkten berührt wird, liefert die Stabilität und Verbindungskraft, die man jahrelang vermisst hat. Gleichzeitig zeigt sich, dass es sich um eine ästhetisch gelungene Lösung handelt, da die runde Form der Röhren mit den runden Noppen auf der Oberseite der Steine harmoniert.

Ein Ingenieur, den GKC von früheren Patentuntersuchungen kennt, rät ihm, sämtliche denkbaren Verbindungen patentieren zu lassen, mit denen LEGO experimentiert hat, um jede zukünftige Nachahmung zu vermeiden. Gerade in diesen Jahren hat LEGO harte Konkurrenz durch andere Plastikproduzenten auf dem Spielzeugmarkt bekommen, die die LEGO-Steine kopieren, unter anderem die dänische Firma Puwi, die in ihrer Werbung den Kunden erzählt, ihre Steine seien mit »LEGO System im Spiel« kombinierbar.

Es folgen einige weitere harte Tage mit Überstunden in der Gießerei, an denen sämtliche Teststücke und noch ein paar Varianten produziert werden, die ähnlich wie das Rohr funktionieren. Am 27. Januar ist alles fertig, und Godtfred eilt nach Kopenhagen, wo das gesamte Material einem Patentbüro überreicht wird, das dafür sorgt, dass die Anträge von der zuständigen Behörde genehmigt werden. Der 28. Januar 1958, 13.58 Uhr sind Datum und Uhrzeit der Geburt des modernen LEGO-Steins, wie wir ihn heute kennen.

Mit diesem technischen Zauberschlag wird das »LEGO System im Spiel« vollendet. Von nun an bleiben die Steine fest zusammen wie keine anderen Plastikbausteine auf der ganzen Welt, und gleichzeitig eröffnet sich die Möglichkeit für ganz neue Bauten und Kombinationen der Steine untereinander.

Kjeld: »Ich glaube, Vater war sich bereits 1955, als wir ›LEGO System im Spiel‹ einführten, über die Problematik vollkommen im Klaren, aber wir hatten noch keine vernünftige Lösung gefunden. Es kamen viele verschiedene, kreative Vorschläge auf den Tisch – Steine mit kreuzförmigen Verbindungen, mit Zapfen, mit Rippen, ich weiß nicht was. Sie alle wurden in den Patentantrag mit eingebracht, um zu zeigen, dass wir die Verbindungskraft auf mehrere unterschiedliche Weisen herstellen konnten, wenn wir wollten, aber auch, um zu verhindern, dass andere auf eine der skizzierten Möglichkeiten kamen. Für einen zehnjährigen LEGO-Bauer wie mich war es einfach fantastisch, dass man plötzlich stabiler bauen konnte, selbst schräg nach oben oder schräg nach unten, wenn man wollte. So wie man heute eine große Raumrakete aus LEGO vom Tisch heben kann, ohne dass der unterste Stein herausfällt.«

Im Laufe der Fünfzigerjahre verschlechtert sich der gesundheitliche Zustand Ole Kirks zusehends, was auch an den Unterschriften des 66-jährigen Seniordirektors auf Protokollen der Aktiengesellschaft oder Redemanuskripten bei Treffen der Geschäftsleitung im Missionshaus von Billund abzulesen ist. Der Firmengründer ist mit seinen Kräf-

15. März 1958. Ole Kirks Sarg wird aus dem Löwenhaus getragen und bis zur Kirche von Grene von Einwohnern Billunds begleitet.
Fotos: Privatbesitz.

ten am Ende, wenngleich er in seinen letzten Lebensjahren sogar noch mit Sofie zum Baden an die Nordsee fährt und sich in Norwegen im Skilaufen versucht. Aber die Leitung der Firma hat Ole Kirk nach und nach abgegeben. Zum 25-jährigen Jubiläum von LEGO im August 1957 erklärt er einem Journalisten: »Ich kann dem allen nicht mehr folgen; dazu ist es zu groß geworden, und ich bin zu schwach.«

Als das Jubiläumsjahr zu Ende geht, widmet Godtfred einen wesentlichen Teil seiner Neujahrsansprache vor den versammelten Beschäftigten dem Vater, der seit den Festlichkeiten im August zum ersten Mal wieder in der Fabrik ist. Ole Kirk sieht den Sohn hin und wieder an und lauscht der Rede, die zu einem tief empfundenen Dank wird – und zu einem Abschied:

> »Auch wenn du nicht mehr an der täglichen Arbeit teilnehmen kannst, Vater, hoffen wir doch sehr, dass du dich freust zu sehen, wie das Unternehmen, das ja tatsächlich dein Leben gewesen ist, weiterwächst. Wir wissen alle, dass diese Firma unter großen Anstrengungen und Schwierigkeiten geboren ist und immer von dem Motto geleitet wurde: ›Bete und arbeite.‹ Wir hoffen sehr, dass du und Mutter euch darüber freut zu sehen, dass dieser Betrieb, wie es 1932 dein größter Wunsch war, nicht nur dir und den Deinen ihr tägliches Brot gibt, sondern auch mehreren hundert Heimen und Familien, direkt und indirekt. Du hast etwas für die Allgemeinheit geschaffen, Vater! Es muss unsere Aufgabe und unser Bestreben sein, das Unternehmen in dem guten Geist weiterzuführen, mit dem du und Mutter begonnen haben, auch wenn alles größer und damit auch unpersönlicher wird. Aber ich glaube, sagen zu dürfen, dass wir alle, die wir hier versammelt sind, uns weiterhin anstrengen werden, unser Bestes zu tun, getreu dem Motto: ›Bete und arbeite.‹«

Anderthalb Monate nach der Erfindung des modernen LEGO-Steins stirbt Ole Kirk am 11. März 1958. Es gilt, einen Meilenstein in der Geschichte Billunds zu ehren, und sämtliche Einwohner des Ortes sind am Tag seines Begräbnisses auf der Straße. Jung und Alt, alle wollen den angesehenen und respektierten Mann, der für ihre Gemeinschaft Verantwortung übernommen hat, auf seinem letzten Weg begleiten.

Die alten Schwarz-Weiß-Fotos des Familienalbums zeigen, wie der Sarg von den Söhnen mühsam durch die Eingangstür des Löwenhauses getragen wird, gefolgt von Sofie, Ulla, den Schwiegertöchtern und Enkelkindern. Überall im Ort und in der Umgebung ist halbmast geflaggt, und die Straßen der Stadt sind mit Tannenzweigen übersät. Zur Sicherheit hat man einen Lautsprecherwagen vor die Kirche von Grene gestellt, doch mit zusätzlichen Stühlen und Bänken im Kirchenvorraum gelingt es, alle Trauergäste in der Kirche unterzubringen.

Der Gemeindepfarrer Johannes Bruus, der den Verstorbenen drei Jahrzehnte gekannt hat, hält eine bewegende, warmherzige Predigt über Paulus' Ersten Brief an die Korinther: »Der letzte Feind, der vernichtet wird, ist der Tod.« Am Sarg stehend, fasst er Ole Kirks Leben mit den Worten zusammen: »Der Vorsehung, die ihm in seinen jungen Tagen begegnete, blieb er treu, und dass dies seinen ganzen wackeren Einsatz, sein Leben und Wirken prägte, daran gibt es für uns keinen Zweifel.«

In den Monaten bis zu seinem Tod hatte der LEGO-Firmengründer noch viel von seinem guten Freund Johannes Rønberg gehört, dem Gründer der Firma Rønberg Spielzeug in Kopenhagen. Einmal pro Woche schickte Rønberg Ole Kirk längere Briefe, die nicht nur voller Bibelzitate waren, sondern auch von gemeinsamen Erinnerungen berichteten:

> »Weiß Du übrigens, Senior, was das Größte und Beste ist, das Du in Deiner Karriere je geschaffen und fabriziert hast? Was glaubst Du, was das ist und wie viele es sehen können (leider viel zu wenige)? Es war das leuchtende Kreuz, das Du Deinen Kunden zu Weihnachten geschickt hast, oder war es Silvester? Sie können mit allen möglichen ›Systemen im Spiel‹ kommen, mit allen möglichen Spielsachen, allem Mammon der Welt – in diesem kleinen Kreuz aus Plastik für vielleicht 1 Krone Herstellungskosten steckt die ganze Geschichte von LEGO jener Zeit.«

Mit Ole Kirks Tod verschwindet nicht nur ein fleißiger und ordentlicher Handwerker mit der entsprechenden Integrität, sondern auch eine besondere Art und Weise, einen Betrieb zu führen, die aus den engen Beziehungen innerhalb der bäuerlichen Gesellschaft, ihrem Zusammenhalt und Glauben entstanden ist. Als Firmeninhaber war Ole Kirk der Patriarch, der eine kleine Fabrik gründete, die mit der Hilfe und zum Segen der gesamten Gemeinde aufblühte. Auf altväterliche Weise kümmerte er sich um das Wohl und Wehe seiner Beschäftigten. LEGOs erster Buchhalter, Henning Johansen, hörte Ole Kirk während des Krieges einmal sagen, die Mitarbeiter seien immer das Wichtigste für LEGO: »Das Wohl der Menschen steht allzeit an erster Stelle, die Dinge an der zweiten.«

Bezeichnend für diese Haltung ist, dass Ole Kirk seine Angestellten nie »Arbeiter« nannte, sondern »Leute«. Auch das bedeutete etwas für

Der gesamte Mitarbeiterstab 1954 umfasst fünfunddreißig Frauen und etwas weniger Männer. Das Foto entstand vor der Fabrik in Ole Kirks Garten, wo man im Laufe des Tages die Pausen verbringt. An besonders heißen Tagen gibt es Wasserschlachten, an denen auch die Inhaberfamilie teilnimmt.

das Arbeitsklima und den Umgangston in der Fabrik. Als Elna Jensen in den 1970er-Jahren in Rente geht, erinnert sie sich in der Mitarbeiterzeitung an die guten alten Tage in der Fabrik:

»Ich will nicht sagen, dass die Arbeitsbedingungen in den Fünfzigerjahren besser waren – man hatte damals ja Schichtarbeit und Nachtarbeit –, aber es waren wirklich gute Jahre. Heute gibt es keinen Zusammenhalt mehr, man kann nicht mehr mit den Leuten reden und sich jemandem anvertrauen.«

> **Kjeld**: »Großvater hatte dieses tiefe Verantwortungsgefühl gegenüber seinen Leuten, sie waren beinahe wie eine Familie für ihn. In gewisser Weise ist das auch heute noch im LEGO-Konzern zu spüren, wo wir ein Verhältnis von Vertrauen und Offenheit zwischen der Inhaberfamilie und den Mitarbeitern anstreben. LEGO war immer ein Wir-Unternehmen, wo alle per Du miteinander sind und jeder einzelne Beschäftigte wie selbstverständlich die Wir-Form benutzt, wenn man mit jemandem außerhalb von LEGO über LEGO spricht. Natürlich gibt es auch bei uns Disziplin, eine Hierarchie und bestimmte Spielregeln, die wir befolgen, aber im alltäglichen Umgang dürfen wir niemals vergessen, einander nahe zu sein – und spielende Menschen zu bleiben, genau wie mein Großvater es war.«

Bis zu Ole Kirks Tod 1958 und auch noch einige Jahre später spielt die religiöse Einstellung der Leitungsebene von LEGO eine wesentliche Rolle in der Unternehmensführung, ohne dass die Haltung der Mitarbeiter zu Gott streng kontrolliert würde. Doch immerhin findet der christliche Glaube Mitte der Fünfzigerjahre bei jeder Bewerbung Berücksichtigung, sowohl Ole Kirk als auch Godtfred fragen bei den Vorstellungsgesprächen danach, um die religiöse Einstellung eines potenziellen Angestellten zu prüfen. Ein Beispiel unter vielen ist der Buchhalter Orla Jørgensen, der 1948 eingestellt wird, 1988 sein 40-jähriges Jubiläum bei LEGO feiert und in all den Jahren einer der engsten Mitarbeiter Godtfreds ist. Orla Jørgensen hatte damals auf eine Anzeige im *Kristeligt Dagblad* mit der Überschrift »Ein gläubiger

Ole und Sofie auf einer Autofahrt durch Dänemark. *Foto: Privatbesitz.*

Buchhalter« reagiert. Er war für die Buchführung eines Lebensmittelgeschäfts in Hørsholm nördlich von Kopenhagen verantwortlich, wo zufällig einige Verwandte der Kirk Christiansens aus Billund wohnten. Sie bekamen eines Tages einen Brief von Ole Kirk und Godtfred, der sich nach Jørgensen und nicht zuletzt nach der religiösen Einstellung des Mannes erkundigte: »Ist Jørgensen aktiv im Reich Gottes, und ist er bekannt als ein entschieden gläubiger Mann?« Er war es, und er bekam die Stelle.

Ein fester Bestandteil der Gemeinschaft in der LEGO-Fabrik, die in den Vierziger- und Fünfzigerjahren im Sommer Ausflüge unternimmt und Weihnachten und Fasching zusammen feiert, sind die morgendlichen Andachten, die Ole Kirk 1952 einführt, als der neue Vortragssaal der Firma eingeweiht wird. Von nun an kann sich jeder Beschäftigte, der möchte, um 7.30 Uhr nach einem kurzen Sirenengeheul im Saal einfinden, um Gottes Wort zu hören und ein, zwei Kirchenlieder zu singen. Ole Kirk investiert in eine größere Auflage des Gesangbuches der Inneren Mission, *Hjemlandstoner* (Heimattöne), das sorgfältig in blaues Leder gebunden wird. Auf die Vorderseite wird mit goldenen Buchstaben geprägt: »LEGO Billund«. Außerdem schafft er ein Klavier an, damit der morgendliche Gesang, an dem nicht nur er und Sofie, sondern auch die vier Söhne und ihre Ehefrauen teilnehmen, mehr Klang und Rhythmus bekommt.

> **Kjeld**: »Die morgendlichen Andachten fanden statt, bis ich dreizehn oder vierzehn Jahre alt war. Bei einer ganz normalen Andacht versammelten sich in den Fünfzigerjahren siebzig bis achtzig Mitarbeiter, die sangen, die Hände falteten und das Vaterunser beteten. Das Ganze dauert knapp zwanzig Minuten, dann ging man zur Arbeit, jeder in seine Abteilung an seinen Platz. Diese morgendliche Routine wurde Anfang der Sechzigerjahre von LEGOs erstem Personalchef aufgegeben – im Übrigen ein ehemaliger Pastor –, der meinte, die Zeiten für Andachten seien in einer modernen Fabrik vorbei. Immer weniger kamen, und viele hatten sicher auch das Gefühl, dass es mit der Freiwilligkeit so eine Sache war.«

Ole Kirk Christiansen war nie ein Mann der Worte, der wie seine Söhne und Enkel die Ziele des Spielens mit den Produkten von LEGO ausformulierte. Doch den Respekt für das Kindeswohl hat er für immer und ewig im Firmennamen festgehalten – »Leg godt« (Spiel gut) –, und es gibt viele Geschichten über seine unmittelbare Freude an Kindern und wie gern er ihnen ein Spielzeug schenkte.

Eine solche Geschichte ist vom Sommer 1952, als Sofie und Ole mit dem Auto eine Reise nach Seeland unternehmen und eines Tages auf dem Weg von Korsør nach Skælskør bei dem Dorf Boeslunde rasten. Zwischen den Rüben jätet eine Frau, die von zwei Jungen begleitet wird, auf einem Feld Unkraut. Ihr Name ist Ottomine Andersen, sie wohnt auf einem Hof in der Nähe. Ihre beiden Jungen nimmt sie immer mit aufs Feld, denn als Mutter vertritt Ottomine die Ansicht, dass Kinder ihre Eltern brauchen, wenn sie klein sind.

Sie singt John und Niels etwas vor, die zwischen den Rüben spielen, als an diesem Sommertag ein großes, vornehmes Auto am Ende des Feldes hält. Ein älterer Mann steigt aus, sieht sich um und kommt dann auf Ottomine und die Jungen zu. Er bleibt stehen und sagt: »Es ist schön zu sehen, dass eine Mutter trotz anstrengender Arbeit bei dieser Hitze singen kann.«

Ottomine antwortet, auf diese Weise vergehe die Zeit nicht nur für die Jungen, sondern auch für sie schneller. Der Mann nickt lächelnd, geht dann zum Auto, öffnet den Kofferraum und kehrt mit zwei kleinen runden Schachteln zurück. In den Schachteln liegen ein paar Kreisel, die man zwischen den Fingern drehen kann. »Langweilt ihr euch, Jungs? Bitte, hier ist für jeden von euch ein Kreisel, mit dem ihr spielen könnt! Und wenn euch jemand fragt, woher ihr sie habt, dann sagt, ihr hättet sie von mir. Ich wohne in Billund, einem kleinen Ort in Jütland, und ich stelle Spielzeug aus Plastik her, das LEGO heißt.«

Viele Jahre später, 1975, besucht der erwachsene Niels mit seinen Kindern das LEGOLAND. Er bringt den Kreisel mit, den er damals von dem netten Mann bekommen hat. Nun ist der Sohn dieses Mannes Direktor von LEGO, aber leider ist er in LEGOLAND nicht zu sprechen, also fährt Niels unverrichteter Dinge zurück nach Seeland. Und so schreibt seine alte Mutter, Ottomine Andersen, einen langen Brief an Godtfred, in dem sie die ganze Geschichte erzählt und mit den Worten schließt: »Ich weiß, den Mann gibt es nicht mehr, aber wir erinnern uns an ihn nicht als den großen Erfinder eines sehr berühmten Spielzeugs, sondern an den schlichten, herzensguten, kinderfreundlichen Mann, den wir an einem heißen Sommertag vor langer Zeit kennengelernt haben. Wir werden sein Andenken in Ehren halten.«

Die erste internationale Konferenz der Direktoren und Verkaufsleiter von LEGO findet nur vier Monate nach dem Tod des Firmengründers in Billund statt. Man beginnt mit einer Gedenkrede für Ole Kirk, in der GKC unter anderem sagt, dass der Glaube seines Vaters nicht Engstirnigkeit, sondern Lebensfreude bedeutet habe, und weiter: »Auf dieser Grundlage ist LEGO gebaut.«

LEGOs nun unumstrittener Chef vermeidet es bei seiner Begrüßungsrede sorgfältig, die Frage anzusprechen, die sich die Beschäftigten alle nach dem Tod des Firmengründers stellen: Wird GKC den Kurs ändern und die zweigleisige Produktion von Holz- und Plastikspielzeug beenden, die das Image der Firma im vergangenen Jahrzehnt geprägt hat?

Godtfred hat sehr viele Überlegungen zu diesem Thema angestellt und den geschlossenen Kreis der Aktionäre – die Familie – über seine Sicht der Holzwarenproduktion informiert. Er meint, dass sie in nicht allzu ferner Zukunft abgewickelt werden muss. Es ist ein heikles Thema, so rational sein Standpunkt auch sein mag und so diplomatisch Godtfred es auch ausdrückt. Die Geschichte der Firma beruht auf Ole Kirks altem Handwerk, und ohne Holzspielzeug hätte es die Plastikbausteine und »LEGO System im Spiel« nie gegeben.

Die Angelegenheit wird zusätzlich dadurch verkompliziert, dass Godtfreds jüngerer Bruder Gerhardt ein neues Konstruktionsspielzeug mit dem Namen »BILOfix« erfunden hat, das nun auf dem Spielzeugmarkt lanciert werden soll. Inspiriert von dem klassischen englischen Bausatz Meccano hat Gerhardt auf originelle Weise Holz und Plastik in einem Spielzeugsystem vereint, das aus Holzklötzen mit Löchern und gelochten Holzleisten in unterschiedlichen Längen besteht, die mithilfe von blauen Plastikschrauben und roten Plastikmuttern verbunden werden. GKC ist offenbar bereit, dieses neue LEGO-Produkt stillschweigend zu begraben, für dessen Entwicklung Gerhardt mehrere Jahre gebraucht und das er sich gerade hat patentieren lassen. Auch diese Absicht bestätigt bei seinen Brüdern ein Gefühl, das nicht nur Gerhardt, sondern auch Karl Georg seit längerer Zeit umtreibt.

Kjeld: »Die beiden Brüder hatten erlebt, dass sich mein Vater im Laufe der Jahre immer weniger auf sie stützte, obwohl Gerhardt Leiter der Holzwarenproduktion und verantwortlich für den gesamten Verkauf in Dänemark und Karl Georg Direktor der Plastikabteilung war. Nach dem Tod von Ole Kirk wollten sie an Godtfreds Entscheidungen beteiligt werden und vor allem in der Firma mehr zu sagen haben. Es hat sicher mehrere

Gespräche gegeben, die damit endeten, dass mein Vater sagte: ›Entweder ihr oder ich!‹ In dieser Hinsicht war er nicht sonderlich entgegenkommend, und er versetzte sich auch nicht ernsthaft in die Lage seiner Brüder. Vater war ja besessen vom ›System im Spiel‹! Von 1957 bis 1960 gab es einfach ein wahnsinniges Wachstum und eine unglaubliche Entwicklung in der Firma. Es wurden viele Sitzungen abgehalten – auch Sitzungen, zu denen Gerhardt und Karl Georg nicht eingeladen waren.«

Die Meinungsverschiedenheiten nehmen nach Ole Kirks Tod zu. Sicherlich war es das Letzte, was der Vater gewollt hätte. Denn das Erbe ist aufgeteilt in fünf gleich große Aktienpakete, vier für die Söhne und eins für die Tochter Ulla. Auf den ersten Blick sieht es so aus, als hätte der Firmengründer für eine liebevolle und gerechte Regelung gesorgt, doch stattdessen verschlechtert sich dadurch das ohnehin angespannte Verhältnis vor allem zwischen Gerhardt und Godtfred. Doch auch Karl Georg vertritt die Auffassung, dass sie aufgrund der Aktienverteilung durch den Vater in die Leitung der Firma und die großen Entscheidungen, die Godtfred in den vergangenen fünf Jahren allein gefällt hat, künftig stärker miteinbezogen werden müssen.

Kjeld: »Als Großvater noch lebte, sagte mein Vater zu ihm: ›Ich möchte, dass wir Geschwister zu gleichen Teilen erben, aber ich will in der Firma am Kopfende des Tisches sitzen!‹ Nun bereute er, dass er ein Erbe zu gleichen Teilen vorgeschlagen hatte, denn das bedeutete, dass einige der Geschwister der Meinung waren, LEGO sei ebenso sehr ihre Firma, obwohl mein Vater ja bereits so viele Jahre an der Spitze stand und LEGO zu dem gemacht hatte, was es Ende der Fünfzigerjahre war. Er hätte seinem Vater besser sagen sollen: ›Weißt du was, ich arbeite hier, seit ich ein Junge war, deshalb will ich dieses Unternehmen weiterführen. Selbstverständlich sollen meine Geschwister auch erben, aber vielleicht sollten sie einen kleineren Anteil an der Firma bekommen und noch etwas anderes dazu.‹«

Gerhardt ahmt Godtfreds Trick nach, sich auf das Spielzeug zu stellen, um dessen Qualität und Widerstandsfähigkeit zu zeigen. Es funktioniert, und BILOfix tritt Anfang der 1960er-Jahre einen Siegeszug im In- und Ausland an. *Foto: Erik Friis / Ritzau Scanpix.*

Wie gerecht die Aufteilung des Erbes in Ole Kirks Augen auch ausgesehen haben mochte, vermutlich war ihm nicht klar gewesen, dass der Konflikt, der zwischen seinen Söhnen schwelte, auch in seiner Entscheidung von 1950 begründet lag, als er Godtfred an dessen dreißigstem Geburtstag vor all seinen Brüdern zum Juniordirektor ernannte. Der auserwählte Sohn bekam den väterlichen Segen mit dem schon erwähnten Glückwunschtelegramm, das auf Wunsch des Vaters auch die Brüder unterschrieben hatten:

»Als Ansporn und Dank für das, was Du bis heute für die Firma getan hast. In der Überzeugung, dass Du auch weiterhin Dein Bestes im Interesse von LEGO geben wirst, wirst Du heute – Samstag, 8.7.1950 – zum Juniordirektor der A/S LEGO und A/S O. Kirk Kristiansen ernannt. 4. Buch Mose: 6, 24–26.«

Diese offensichtliche Bevorzugung wiederholte sich ein Jahr später an Ole Kirks sechzigstem Geburtstag mit einem Foto, das während der Feiern am 7. April 1951 im Wohnzimmer des Löwenhauses gemacht, dann vergrößert, gerahmt und als eine öffentliche Dokumentation der Erbfolge im Familienbetrieb aufgehängt wurde. Ganz oben thront der Firmengründer zwischen all seinen Geschenken und Blumen, unter ihm sitzt Godtfred und ganz unten der dreijährige Enkel Kjeld.

Zunächst schien Godtfreds Position in der Firma das Verhältnis der Brüder nicht zu belasten. Im Gegenteil, in der ersten Hälfte der Fünfzigerjahre sah es so aus, als würden sich die vier Kirk-Christiansen-Söhne ausgezeichnet ergänzen, nicht zuletzt hinsichtlich der Arbeit. Sowohl Gerhardt als auch Karl Georg waren froh, dass ihr Bruder die ökonomischen und administrativen Aufgaben sowie das Marketing verantwortete, sodass sie ihre technischen Kompetenzen in der Produktion entfalten konnten. Im Alltag arbeiteten alle vier konfliktfrei, auch privat kamen sie gut miteinander aus, sahen sich oft an Sonn- und Feiertagen und verbrachten den Sommerurlaub gemeinsam in Hvidbjerg am Vejle Fjord, wo sie ein Ferienhaus in der Nähe von Ole Kirks und Sofies kleinem Holzhaus gebaut hatten.

Doch in der zweiten Hälfte der Fünfzigerjahre wird das Verhältnis zwischen den Brüdern komplizierter. Die Meinungsverschiedenheiten betreffen nicht nur das Erbe und die Schwierigkeiten, die eine gleichmäßige Verteilung der Aktien zur Folge hat, sondern auch die rasche Entwicklung von LEGO von einer kleinen Fabrik im Familienbesitz zu einem internationalen Exportunternehmen mit großen Ambitionen. Und es geht nicht zuletzt um Godtfreds Wandel vom Werksführer im Blaumann zum Geschäftsmann im eleganten Anzug. Er selbst hat es später folgendermaßen beschrieben:

> »Meine Brüder hatten das Gefühl, ich hätte zu viele Kompetenzen erhalten und wir sollten stärker gemeinsam Verantwortung tragen. Als sich unsere Zusammenarbeit zunehmend problematisch gestaltete, passierte gerade sehr viel im Unternehmen, es wurden ausländische Vertriebsgesellschaften gegründet, die Fabrik in Billund wurde erweitert. Das Exportgeschäft wuchs, auf dessen Entwicklung meine Brüder, so wie es stand, keinen Einfluss hatten. Es war schwierig, die bestehenden Verhältnisse zu ändern, schließlich kann es ja keine drei Kapitäne auf einem Schiff geben.«

1951 wird am sechzigsten Geburtstag des Gründers die patriarchalische Erbfolge bei LEGO verewigt: Ole Kirk, der Sohn Godtfred und der Enkel Kjeld.

Sowohl die Produktentwicklung als auch der Verkauf von »LEGO System im Spiel« nehmen Fahrt auf. 1958 wird LEGO auch in der Schweiz, den Niederlanden, in Österreich, Portugal, Belgien und Italien verkauft. Die Veränderungen erfolgen so rasant, dass Gerhardt seinen Bruder mehrfach vor dem seiner Ansicht nach unkontrollierten Wachstum warnt. 1959 schreibt er in einem Brief an Godtfred, dass »LEGO System im Spiel« eine ungesunde Entwicklung nehme. Seiner Ansicht nach plane die Geschäftsleitung viel zu viele neue Produkte und solle stattdessen mit den guten Ideen haushalten:

»Wir müssen aufpassen, dass wir uns selbst und die Händler nicht überfordern. Von den Speisen, die bei unseren mittäglichen Treffen im Hotel Australia in Vejle wieder herausgetragen werden, für die wir aber bezahlt haben, haben wir nichts, ebenso wenig wie von einer Überfütterung des LEGO-Systems.«

Es ist nicht bekannt, wie Godtfred darauf reagiert hat, aber es geht sicher in dieselbe Richtung wie seine Antwort an einen LEGO-Vertreter, der sich wie Gerhardt Sorgen wegen der explosiven Entwicklung macht: »Nun ja, wenn wir gleichzeitig expandieren und konsolidieren können, umso besser, oder?«

In Gerhardts Brief ist auch die steigende Frustration zu spüren, in dem vom Vater gegründeten Unternehmen nicht in gebührendem Maß Gehör zu finden. Noch in den Vierzigerjahren hatten sich nicht nur Ole Kirk, sondern auch Godtfred gewünscht, dass Johannes, Gerhardt und Karl Georg aktive Teilhaber der Firma sein sollen. Hinzu kommt, dass nun allein Godtfred weiß, was mit dem Unternehmen und damit auch mit dem BILOfix-Bausatz passieren wird, mit dem man in der Branche große Erwartungen verbindet.

1958 wird eine neue Aktiengesellschaft gegründet, die A/S LEGO System, bei der GKC, Gerhardt und Karl Georg in den Aufsichtsrat gewählt werden. Bei der Aufsichtsratssitzung der neuen Gesellschaft drei Monate später – am 9. Februar 1959 – bittet GKC seine Brüder gleich vorne auf einem sechs Seiten langen Papier mit Überlegungen zur Zukunft von LEGO Stellung zu nehmen, das er zuvor verschickt hat.

In dem Papier werden die Dinge deutlich beim Namen genannt. Es wird eine komplette Umorganisierung skizziert, bei der Gerhardt als geschäftsführender Direktor einer der Aktiengesellschaften vorgesehen ist, außerdem sollen Gerhardt und Karl Georg in ihrer Funktion als technische Direktoren der Holz- beziehungsweise Plastikabteilung »bei persönlicher Verantwortung und persönlicher Zufriedenheit in vollem Ausmaß freien Zugang zur Entwicklung« erhalten, wie GKC es formuliert. Godtfred betont in seinem Papier, dass »Gerhardt sich klar darüber sein muss, dass an ihn persönlich die größten Ansprüche gestellt werden«. Der etwas überhebliche Ton gegenüber seinen Brüdern, der vermutlich der juristischen Diktion geschuldet ist, kommt noch deutlicher in dem Abschnitt zum Ausdruck, in dem erklärt wird, dass Karl Georg sich bis auf Weiteres damit begnügen muss, technischer Direktor zu bleiben: »Es wäre nicht ratsam, Karl Georg mit sofortiger Wirkung die Hauptadministration der Fabrik zu übertragen, aber es ist wünschenswert, dass er auf lange Sicht auf dieses Ziel hinarbeitet.«

Zwischen den beiden Fotos der Brüder liegt lediglich ein Jahr. Im Jubiläumsjahr 1957 reiten sie noch munter auf ihren Steckenpferden, doch im Frühjahr 1958, nach dem Tod ihres Vaters, ist die Stimmung plötzlich getrübt.
Unten von links: Gerhardt, Johannes, Godtfred und Karl Georg.

Und Godtfred selbst, wo positioniert er sich? Seinen Überlegungen zufolge ist es sinnvoll, wenn er von seinen zahlreichen Verpflichtungen entlastet und befreit wird, gleichzeitig aber soll er zum geschäftsführenden Direktor der neuen Muttergesellschaft ernannt werden, die über den beiden existierenden, alten Aktiengesellschaften steht. Dort sind Karl Georg und Gerhardt die Chefs, doch ihre Macht und ihr Einfluss auf die Zukunft von LEGO werden durch diese Konstruktion stark eingeschränkt. Sämtliche Fragen der Produktion und der Ökonomie sowohl in der Holz- wie in der Plastikproduktion werden künftig in der Muttergesellschaft entschieden und müssen von Godtfred genehmigt werden. Er verfügt über »die gesamte administrative Kontrolle«, wie es in seinen Überlegungen heißt. Sie enden mit den Worten:

> »Es ist richtig, dass Vater die Firma gegründet und ins Laufen gebracht hat, aber es ist auch richtig, dass die Zukunft von uns gestaltet werden muss; sie ist abhängig von unserem Einsatz auf unseren jeweiligen Posten, und eine Aufteilung der Zuständigkeiten, die jedem die Möglichkeit zur freien Entfaltung seiner Vorstellungen eröffnet, kann dem Unternehmen nur zu mehr Rückgrat und uns zu persönlicher Zufriedenheit verhelfen. Wenn der Aufsichtsrat sich diesen Gedanken anschließen und dafür eintreten kann, werden sie realisiert werden.«

Der Aufsichtsrat ist einverstanden, denn wie der Buchhalter Jørgensen später erklärt: »Gerhardt und Karl Georg wussten ganz genau, wer sich mit dem Export und den ausländischen Märkten auskannte. Dagegen hatten sie ja auch nichts, aber sie wollten eben selbst auch etwas zu sagen haben.«

Doch dazu kommt es nicht. Die neue, von GKC definierte Gesellschaftskonstruktion bewährt sich 1959, als LEGO in sämtlichen Bereichen Zuwächse verzeichnet. Nicht nur beim Export und dem Gesamtumsatz, sondern auch bei den neuen ausländischen Vertriebsgesellschaften, den Lizenzvereinbarungen, den Spritzgießmaschinen und den Mitarbeitern. Innerhalb von nur zwei Jahren steigt die Zahl der Beschäftigten von hundertvierzig auf vierhundertfünfzig. Gleichzeitig wird BILOfix auf dem dänischen Markt eingeführt – mit großem Erfolg. Verständlicherweise ist Gerhardt der Ansicht, dass dieses neue Spielzeugsystem, das von dänischen und internationalen Pädagogen sowie Spielzeugexperten in den Himmel gelobt wird, zukünftig auch exportiert werden muss.

Dieser Ansicht ist GKC nicht. Er fürchtet, das BILOfix-System in die Exportwaren aufzunehmen, würde zulasten der notwendigen Konzentration auf »LEGO System im Spiel« gehen. Zwei verschiedene Spielzeugsysteme von ein und demselben Hersteller würden für unnötige Verwirrung bei Händlern und Kunden im Ausland sorgen. Die beiden Brüder können sich nicht einigen, verständigen sich aber auf einen Kompromiss: Alles, was an Spielzeug aus Holz und Plastik produziert wird und nichts mit »LEGO System im Spiel« zu tun hat, wird künftig BILOfix genannt.

Wie will GKC mit diesem zweischneidigen Schwert umgehen? Die Antwort wird man nie erfahren. Denn kurz nach Beginn des neuen Jahres klopft das Schicksal erneut an LEGOs Tür.

Eisenbahn, 1966.

Expansion

Die 1960er-Jahre

In der Nacht zum 4. Februar 1960 ist der Hausmeister auf dem Weg in die LEGO-Fabrik, um den Heizkessel zu überprüfen, damit die Nachtschicht der Plastikgießerei es warm genug hat. Sofort sieht er den Rauch, der aus den Fenstern im ersten Stock am gegenüberliegenden Ende der Plastikabteilung kommt. Augenblicklich wird bei den Feuerwehren von Grindsted, Varde und Vejle Alarm ausgelöst, und mithilfe von ein paar Leuten aus Billund gelingt es dem Hausmeister und der Nachtschicht, ein größeres Lager mit feuergefährlichen Flüssigkeiten in Sicherheit zu bringen. Trotz des Pulverschnees und glatter Straßen außerhalb von Billund erreichen die Löschzüge die Fabrik, und noch vor dem Morgengrauen ist der Brand unter Kontrolle.

Am nächsten Tag hat niemand eine Erklärung dafür, wie das Feuer ausbrechen konnte, allerdings haben einige leitende Angestellte rote Ohren, da gerade erst ein Ingenieur der Feuerversicherung der Fabrik seinen jährlichen Kontrollbesuch abgestattet hat. In seinem Bericht weist er auf Mängel in der Holz- wie in der Plastikabteilung hin, unter anderem auf mehrere Missstände, die er bereits bei seinem vorherigen Besuch festgehalten hat. In einem internen LEGO-Schreiben heißt es im Dezember:

Der Brand 1960 ist nicht so umfassend und verheerend wie die Brände von 1924, 1925 und 1942. Dafür hat er eine entscheidende Bedeutung für LEGOs zukünftige Produktion und Besitzverhältnisse.

> »Ingenieur Steffensen war der Meinung, dass es schwierig oder unmöglich sei, einen Brand einzudämmen, wenn ein Feuer in der Plastikabteilung erst einmal ausgebrochen ist, da es keinerlei Abtrennung in Form von Brandmauern oder Ähnlichem gebe. Er hat daher ganz entschieden empfohlen – vor allem in LEGOs eigenem Interesse –, sehr genau dafür zu sorgen, dass ausreichend Material zur Feuerbekämpfung zur Verfügung steht und in Ordnung gehalten wird.«

Glücklicherweise beschränkt sich der Brand auf die Holzabteilung und Teile der Dachkonstruktion. Die Malerwerkstatt brennt total aus, ebenso ein Lager mit einer Menge Holzspielzeug, mehreren Maschinen und anderem Inventar. Der Gesamtschaden beträgt 250 000 Kronen. GKC beschließt umgehend, dass LEGO einen eigenen Löschzug benötigt, im darauffolgenden Jahr wird ein gebrauchtes Modell der Feuerwehr von Vamdrup übernommen.

Zehn Tage nach dem Brand findet eine außerordentliche Generalversammlung der LEGO A/S statt, an der die vier Brüder, Sofie und der jüngst eingestellte Direktor Søren Olsen teilnehmen. GKC hat im Vorfeld eine Erklärung verfasst, in der es darum geht, die Holzwarenabteilung jetzt zu schließen und sich künftig ausschließlich auf die Produktion von »LEGO System im Spiel« zu konzentrieren. Er erwartet die Unterstützung des Aufsichtsrats für seine Pläne. Nach dem Brand steht alles auf dem Prüfstand, und »man« sei zu dem Resultat gekommen, so heißt es in Godtfreds Erklärung, dass eine Konzentration der Kräfte auf »LEGO System im Spiel« dem Gesamtunternehmen am meisten nütze. Die Schließung der Holzabteilung würde noch mehr Platz für die »LEGO System im Spiel«-Produktion bedeuten, außerdem könne Gerhardt, der Leiter der Holzabteilung, dann seine ganze Kraft für das LEGO-System einsetzen. BILOfix, das gerade erst in die Produktion gegangen ist und sich ausgezeichnet verkauft, wird ausschließlich als »dieser Artikel« bezeichnet, über den nur in der Vergangenheitsform gesprochen wird:

> »Direktor Gerhardt Kirk Christiansen hatte die Aufgabe, das Bestmögliche aus der Holzabteilung zu machen, indem er sich darauf konzentriert. Er konstruierte einen Artikel, der Exportmöglichkeiten eröffnete und bei einer rationelleren Produktion auch die Möglichkeit bot, die Holzabteilung voranzubringen. Dies wäre jedoch nicht möglich, ohne dass es zu einer gewissen Form der Konkurrenz innerhalb der Unternehmen führen würde, daher ist mit Blick auf die ausländische Kundschaft eine Aufteilung der Fabriken und eine Trennung der Namen vonnöten.«

Der Streit zwischen den beiden Brüdern endet – wenig überraschend – damit, dass Gerhardt im Frühjahr 1961 kündigt, woraufhin Godtfred ihm und Karl Georg die Firmenanteile abkauft. Allerdings erst, nachdem er ihnen angeboten hat, seinen eigenen Aktienposten an dem Familienunternehmen zu übernehmen. Das lehnen sie dankend ab, so GKC:

»Und ich konnte eigentlich gut verstehen, dass sie nicht wollten. Denn zu diesem Zeitpunkt waren beide schon zu weit entfernt von den

De berømte Lego-brødre arbejder nu hver for sig

Godtfred Kirk Christiansen har faaet aktiemajoriteten i Billund, mens to af hans brødre er flyttet til Kolding – den ene for at opbygge fabrik til plastic-produktion

Medens der før var tre brødre med i ledelsen for Lego-fabrikken i Billund, har de to skilt sig ud og afhændet deres aktier til direktør Godtfred Kirk Christiansen.

De to andre brødre, Karl Georg Kirk Christiansen og Gerhard Kirk Christiansen, begynder for

Godtfred Kirk Christiansen

sig selv. De flytter begge til Kolding, og her har foreløbig Karl Georg Kirk Christiansen bestemt sig for igangsætning af en fabrik, hvor man vil fremstille snit- og standseværktøj samt plastic-værktøj. Fabrikken faar paa ingen maade forbindelse med Lego. Senere er det Karl Georg Kirk Christiansens mening at udvide til selv at producerer plastic-varer.

Valgte Kolding fremfor Vinding

— Jeg synes, det ville være morsomt at prøve noget nyt — og prøve selv, siger Karl Georg Kirk Christiansen. Oprindeligt var jeg interesseret i at placere min virksomhed i Vinding, men det viste sig, at betingelserne var bedre i Kolding. Her har jeg købt August Andersens Strømpefabrik, ialt ca. 1500 kvadratmeter. Lokalerne egner sig udmærket, og jeg regner med at kunne starte allerede omkring maj. I begyndelsen vil jeg beskæftige en halv snes mand, men forhaabentligt vil der hurtigt blive tale om flere.

I disse dage venter jeg paa en del specialmaskiner fra Vesttyskland, Svejts og USA. Disse er beregnet til fremstilling af værktøj, men paa længere sigt stiler jeg som nævnt ogsaa efter en produktion af plastic-varer. Jeg tror, at dette materiale stadig har store muligheder herhjemme.

Det kan yderligere oplyses, at Gerhard Kirk Christiansen har købt overlæge Johs. Kjølbyes villa paa Strandvejen i Kolding. Han forhandler for tiden om overtagelse af en virksomhed i Kolding.

Lego-succes

Ændringerne i ledelsen paa Lego-fabrikken i Billund er sket i bedste forstaaelse mellem brødrene. Og de har medført, at Godtfred Kirk Christiansen nu har aktiemajoriteten paa fabrikken i Billund.

Apropos Lego kan nævnes, at der i fjor solgtes ca. 700 mill. dele til det populære Lego byggesystem, heraf 95 pct. i 14 lande i Europa. Hele Lego-organisationen beskæftiger 13—1400, heraf 600 i Billund. Lego har salg til 20.000 forretninger, og i f. eks. Vesttyskland sælger man til 99 pct. af legetøjsforhandlerne . . . ALF

Die Meinungsverschiedenheiten der Brüder führen zum endgültigen Bruch. Im April 1961 teilt das *Vejle Amts Folkeblad* mit, dass Gerhardt und Karl Georg beschlossen haben, ihre eigenen Firmen zu gründen. Beide ziehen nach Kolding, während Johannes und Godtfred in Billund bleiben.
Vejle Amts Folkeblad, Jysk Fynske Medier.

Entscheidungen, die ganz oben in der Firma getroffen wurden. Das Ganze endete damit, dass ich ihre Aktien zu dem für die damalige Zeit sehr hohen Kurs kaufte.«

Kjeld: »Gerhardt war der Ansicht, das LEGO-Holzspielzeug sei eine vernünftige Sache, die beibehalten werden sollte, auch nach dem Brand. BILOfix schien ein Verkaufserfolg zu werden, für LEGO und für Gerhardt persönlich, doch dann kam mein Vater und sagte: ›Damit beschäftigen wir uns nicht mehr!‹ Das war sicher der Hauptgrund, dass nicht nur Gerhardt, sondern auch mein anderer Onkel sich aus dem Unternehmen zurückzogen. Johannes hielt sich aus dem Streit vollkommen heraus und blieb bei meinem Vater in Billund, um weiterhin den großen Lastwagen zwischen Billund und Hohenwestedt hin- und herzufahren. Ich weiß nicht, wie viel Geld Gerhardt und Karl Georg bekamen, als sie meinem Vater ihre Aktienanteile verkauften und nach Kolding zogen, aber es war jedenfalls so viel, dass jeder etwas Neues anfangen konnte. Gerhardt hatte einige Jahre Erfolg mit BILOfix und gründete eine Kette von Spielwarengeschäften, während Karl Georg seine eigene Plastikfabrik eröffnete. Der Bruch war bitter für alle Beteiligten, und es vergingen über zwanzig Jahre, bis die Brüder wieder ein einigermaßen erträgliches Verhältnis miteinander hatten. Aber man kann nicht behaupten, dass sie jemals wieder so vereint waren wie zu der Zeit, als mein Großvater noch lebte.«

In den zehn Jahren nach Kriegsende hatten ein Vater und seine vier Söhne die Verantwortung für das Tagesgeschäft von LEGO, dazu kamen der Buchhalter Orla Jørgensen und ein paar fest angestellte Vertreter – in der zweiten Hälfte der Fünfziger- und zu Beginn der Sechzigerjahre tauchen nun eine Reihe neuer Gesichter im »Systemhaus« auf, wie das neue, schicke Verwaltungsgebäude in Modulbauweise an der Ecke Hovedgaden und Systemvej genannt wird. Es sind Männer wie Helge Torp (Verkauf und Marketing), Ole Nielsen (Rechtsabteilung), Henning Guld (Werbung), Arne Bødtker (Verkauf) und Søren

Olsen (Organisation und Personal). Und im Gegensatz zu Ole Kirk und seinen Söhnen sind die neuen Leute erfahrene, professionelle Führungskräfte, die aus ganz unterschiedlichen Wirtschaftszweigen Dänemarks kommen.

Es ist mit anderen Worten von einem Paradigmenwechsel in der Geschäftsleitung die Rede, den zumindest Godtfred erwartet, da die neuen Leute mit den Regeln und der effizienten Firmenkultur eines modernen Unternehmens vertraut sind. Es sind Männer, mit denen sich Godtfred als geschäftsführender Direktor und Inhaber täglich beraten und von denen er sich inspirieren lassen kann. Neben Orla Jørgensen, seinem treuesten Mitarbeiter in der Firmenleitung, der nun, nach zehn Jahren in der Buchhaltung, zum Prokuristen befördert wird.

Kjeld: »Eine der absoluten Schlüsselpersonen bei der Entwicklung der Firma in den Fünfziger- und Sechzigerjahren durch meinen Vater war Orla Jørgensen, der kurz nach meiner Geburt eingestellt worden war. Ich erinnere mich, dass er bei meiner Konfirmation eine Rede hielt und sagte, er sei mit dem ›Schweinchen‹ gekommen, wie man die Lokalbahn zwischen Vejle und Grindsted nannte, während mich natürlich der Storch gebracht habe. Mit seinen täglichen Lageberichten über die wirtschaftliche Situation der Firma sorgte er dafür, dass Vater stets Bescheid wusste, wie die Geschäfte sich entwickelten und auf welcher Grundlage er seine Entscheidungen treffen konnte. Einige der neuen Leiter waren selbstbewusster als andere und trugen häufig Konflikte untereinander aus. Ich glaube, es war für Vater gewissermaßen ein Balanceakt, denn welches Gewicht sollte er dem Wort seines deutschen Direktors im Vergleich zu dem seines dänischen Direktors beimessen? Er wusste, dass dies der Preis für eine dynamische Entwicklung der Firma war. Und es war durchaus Teil der Pionierstimmung, die damals herrschte.«

GKC setzt hohe Erwartungen in seine leitenden Angestellten. Zum einen müssen sie entscheidungsfreudig und initiativ sein und dürfen keine Angst haben, Fehler zu begehen. Es wird beinahe eine Art

Grundgesetz in der noch nicht ausformulierten Personalpolitik von LEGO, und diese Hauptregel hat Godtfred nicht von Fremden übernommen, wie er später in einem Interview erklärt:

»Mein Vater war ein fantastischer Lehrmeister, und er war immer aktiv. Als Junge war ich sehr vorsichtig und zurückhaltend, und Vater sagte oft zu mir: ›Jetzt mach doch mal was!‹ Daraus habe ich gelernt, und ich mag es bis heute, wenn Menschen die Initiative ergreifen. Wenn ein Mitarbeiter einen Fehler macht, gratuliere ich ihm für gewöhnlich, denn daraus lässt sich etwas lernen.«

Zum anderen fordert GKC, dass die Philosophie von »LEGO System im Spiel« nicht nur verinnerlicht, sondern auch vertreten wird. Und zum dritten müssen seine Direktoren ihre Mitarbeiter inspirieren und motivieren können. Bei einer seiner charakteristischen Motivationsreden auf den zahlreichen Führungstreffen um 1960 erklärt er:

> »Wir brauchen nur Chefs, die es verstehen, auf die richtige Weise zu begeistern, und die immer die Sache über die eigene Person stellen. Es ist eure Aufgabe, diesen Geist bis tief in die Reihen hinein zu verbreiten, und es ist eine Bedingung für die Zukunft des Unternehmens, dass wir Führungspersonal haben, das diese Priorität begreift und die Fähigkeiten hat, sie auch weiterzugeben.«

Einer dieser loyalen und engagierten engen Mitarbeiter, der sich so sehr von GKC als Chef inspirieren lässt, dass er später ein Buch darüber schreibt, was er in der Führungsebene bei LEGO gelernt hat, ist Helge Torp. Er zieht 1958 nach Billund und übernimmt die Bereiche Verkauf, Marketing und andere Handelstätigkeiten. Torp lernt einen Chef kennen, der einfach und logisch denkt, sich gern mit anderen austauscht und Handeln und Dynamik für das Wichtigste hält. Tatsächlich gleicht der geschäftsführende Direktor und Inhaber von LEGO niemandem aus der Führungsebene der dänischen Wirtschaft, die Helge Torp gut kennt.

Auf dem Systemhaus wehen während eines internationalen Treffens bei LEGO fremde Fahnen. Die Welt ist nach Billund gekommen!

»Die Art und Weise, wie Godtfred in den Jahren der Expansion und in den Sechzigern die Firma leitete, kam im Grunde der japanischen Form der Unternehmensführung sehr nahe. Er war kein autoritärer Chef, der nur klare, konkrete Vorgaben machte, nach denen sich dann alle zu richten hatten. Sondern er machte Vorschläge – die ganze Zeit. Er stellte Fragen. Er wollte Antworten.«

Kjeld: »Vater änderte seinen Führungsstil und seine Methoden parallel zu den Menschen, die er einstellte und mit denen er verkehrte, nicht nur zu Hause in Billund, sondern auch in den ausländischen Firmen, wo er mit Leuten wie Axel Thomsen in Deutschland und John Scheidegger in der Schweiz richtiggehend Freundschaft schloss. In einigen Dingen war Vater allerdings kein guter Chef. Zum Beispiel war er sehr spontan und bisweilen viel zu sehr damit beschäftigt, was ihm in diesem Moment wichtig war. Dann hatten es andere schwer, mit ihren Ideen zu ihm durchzudringen. Es kam auch vor, dass er zeitweilig einzelne Mitarbeiter bevorzugte und favorisierte, während er andere im Regen stehen ließ. Ich glaube, viele merkten es durchaus. Andererseits war er unglaublich gut darin, besonders qualifizierte und kompetente Leute einzustellen, die jeder für sich dann eine enorme Bedeutung für die Entwicklung des Unternehmens bekamen.«

Der 53-jährige Søren Olsen, der kurz nach dem Brand im Februar 1960 als Direktor in die Firma eintritt und rasch in die einschneidenden Veränderungen bei der Produktion einbezogen wird, hat großen Einfluss auf den Geist und den Zusammenhalt bei LEGO in den Sechzigerjahren und zu Beginn der Siebzigerjahre. Er kommt von einem Direktionsposten des Unternehmens Bjerringbro Sägewerk und Möbelfabrik und ist bekannt für seine Begeisterungsfähigkeit, die vielgestaltigen Kompetenzen und sein breit gefächertes Wissen, das sich von Rationalisierung, Produktionssteuerung und Personalpolitik bis hin zu Psychologie, Philosophie und Kunst erstreckt. Kurz gesagt ist Søren Olsen kompetent auf einem Gebiet, das später Human Resource Management genannt wird, 1960 aber lediglich Personalpolitik heißt.

Nicht zuletzt aus diesem Grund bemüht sich GKC so eifrig darum, Søren Olsen einzustellen. LEGO leidet unter seinem zu schnellen Wachstum. Der Umsatz verneunfacht sich innerhalb von drei Jahren, und ein konstanter Strom von neuen Beschäftigten in Billund führt zu einem großen, inhomogenen Mitarbeiterstab in der Fabrik und der Verwaltung. Es bedeutet, dass zu viele Menschen zu wenig Informationen und Instruktionen erhalten und es dadurch zu häufigen Kompetenzstreitigkeiten kommt.

Der eloquente Søren Olsen führt viele neue Begriffe bei LEGO ein, und einer der wichtigsten ist eben »Personalpolitik«. Deren Eckpunkte formuliert er im Laufe der nächsten zehn Jahre aus. Als Mitglied der Inneren Mission und jahrelanger Freund der Kirk-Christian-

Søren Olsen formuliert LEGOs erste Personalpolitik und wird eine Art Kulturträger in den dreizehn Jahren, die er in Billund verbringt. Als fester Lieferant von weisen Worten für das Mitarbeiterblatt kämpft er für den LEGO-Geist. Kurz vor seinem Tod 1982 schreibt er an Edith und Godtfred: »Sie, die Sie so reiche Fähigkeiten besitzen, müssen damit wie ein Geizhals knausern und gleichzeitig verschwenderisch sein wie ein König.«

sen-Familie übernimmt Olsen auch die schwere Aufgabe, neue wie alte Beschäftigte an die Werte und die Unternehmenskultur zu erinnern, auf der LEGO aufbaut. Und es ist auch das Multitalent Olsen, der den Arbeitern der Fabrik auf undramatische Weise erklärt, dass sie das Wort »Rationalisierung« nicht fürchten müssen, denn wenn man es richtig anwendet, sagt Olsen, weiß man, dass es in Wahrheit »Vernunft« bedeutet.

Søren Olsen hat vorher nie etwas mit der Spielzeugbranche zu tun gehabt, dadurch erfüllt er jedoch eines von GKCs wichtigsten Kriterien bei der Rekrutierung von Führungskräften. »So weit wie möglich stellen wir nie Leute aus der Branche ein, da sie häufig traditionsgebunden sind, und das würde unsere Entwicklung bremsen«, erklärt er in einem Interview.

Der eigentliche Einstellungsprozess von Søren Olsen ist ein GKC-Klassiker. Erst ein längeres Gespräch unter vier Augen, dann mehrere Telefonate sowie ein monatelanger Briefwechsel im Sommer 1959, in dem GKC einen nagelneuen Volvo Amazon in die Verhandlungen einbringt. Es ist ein Traum von einem Firmenwagen, mit dem der autoverrückte LEGO-Inhaber persönlich eine Probefahrt unternehmen muss, bevor er sich in Olsens Namen für ein beigefarbenes Modell entscheidet.

Als Søren Olsen in den Siebzigerjahren in Rente geht, beschreibt er die Firma, in die er dreizehn Jahre zuvor eingetreten ist: »Es gab überhaupt keine formale Organisation, keine Personalabteilung, keinen Betriebsrat, keinen Arbeitsschutz, und die Produktion lief ohne irgendwelche Produktionspläne und Lagerhaltung. Montags sprachen wir darüber, was bis Freitag geschafft werden sollte, und das schafften wir dann auch! Alles war sehr flexibel und überschaubar. Und man sollte nicht denken, dass dieses offensichtliche Fehlen von Systematik die reine Verwirrung bedeutete. Nein, wir setzten uns zusammen und besprachen, was zu tun war, und die Aufgaben wurden ohne allzu viel Papierkram gelöst. Wir kommunizierten fast vollständig ohne Organisation, Bürokratie und Papier!«

Ein paar Monate nachdem er seine neue Stelle bei LEGO angetreten hat, nach dem Brand und der Abwicklung der Holzabteilung, präsentiert sich Søren Olsen als Chef. Der Anlass ist die Einweihung der neuen Firmenkantine im ersten Stock der Fabrik hinter dem Systemhaus. Am Ende des großen Frühstückstischs für die Mitarbeiter erhebt sich der umtriebige, lächelnde Mann, den noch nicht alle kennengelernt haben. Er dankt GKC, weil er als Inhaber der Firma »darum bemüht ist, den Arbeitern eine so schöne Umgebung zu bieten«. Außerdem dankt er den Handwerkern, dem Verantwortlichen der Umbauarbeiten und dem Kantinenchef. Und dann hält Søren Olsen eine Motivationsrede, wie GKC sich gewünscht hat, dass jemand anderer als er selbst sie hält. In warmen Worten beschwört Olsen den Stolz und

Godtfred hat turmhohe Ambitionen, die durch den grenzenlosen Erfolg in Europa beflügelt werden.

ihr Gemeinschaftsgefühl als LEGO-Familie herauf, was durch die beiden Plastikklötze symbolisiert wird, die jedem einzelnen Mitarbeiter am Eingang der Kantine überreicht wurden:

> »Wahrscheinlich glaubt ihr, dass ihr die Achtnoppensteine ganz genau kennt. Aber seht sie euch trotzdem noch einmal an, ich bin nicht sicher, ob euch klar ist, was sich dahinter verbirgt. Es ist das genialste Spielzeug der Welt, und es wird die Welt erobern. Überlegt nur mal, was hinter diesem kleinen Ding an Überlegungen, Forschung, Erfahrung, Formarbeit und Versuchen, eine so hohe Qualität zu erreichen, alles steckt. Auf diesem kleinen Ding ist das gesamte LEGO-Unternehmen aufgebaut, in Dänemark wie im Ausland. Dieses kleine Ding gibt uns allen unser tägliches Brot.
>
> Aber wir müssen nach vorn schauen. LEGO in Billund soll zu einer Musterfabrik werden, die Vorbild für alle LEGO-Fabriken ist, die in den kommenden Jahren überall auf der Welt gebaut werden. Ihr habt euren Anteil daran, ob es gelingen wird, und es ist diese Gemeinschaft und Zusammenarbeit, an der mitzuwirken ich euch einladen möchte. Der Gründer der Firma, der verstorbene Ole Kirk Christiansen, hatte einen Wahlspruch für die Fabrik: ›Nur das Beste ist gut genug.‹ Dieser Satz gilt noch immer und soll auch weiterhin befolgt werden, und Godtfred hat für 1960 das Motto geprägt: ›Weiter geht's nach vorn, nur ein bisschen besser.‹«

Bereits im Herbst 1958 hat GKC begonnen, den Blick auf die englischsprachige Welt zu richten, wie er in seinem Jahresbericht auf der Generalversammlung der LEGO A/S festhält: »Der Erfolg in Europa ist ansteckend. Das sollte man sich in Amerika zunutze machen.« Allerdings gibt es in dieser Hinsicht noch viele unbeantwortete Fragen, unter anderem, ob man sich einen amerikanischen Partner suchen oder den Export in die USA über den britischen Markt laufen lassen soll.

Und so engagiert LEGO einen Berater, der verschiedene Untersuchungen und Marktanalysen vornehmen soll. Er berichtet von einem verheißungsvoll hohen Spielzeugkonsum bei den sechzig Millionen Kindern im Alter von bis zu vierzehn Jahren in den USA. Gleichzeitig versucht man bei LEGO, sich einen Überblick über die Marktsituation und mögliche Lizenzpartner in Großbritannien zu verschaffen, dem zweitgrößten Spielzeugmarkt Europas mit bekannten Qualitätsspielzeug-Marken wie Airfix, Corgi, Meccano und nicht zuletzt William Britain, die seit 1893 Spielzeugsoldaten produzieren.

Die britischen Kiddicraft-Klötze geistern in regelmäßigen Abständen in den Köpfen der LEGO-Chefs herum, seit der Seniordirektor die kleinen Plastikbausteine in den Händen gehalten hat. GKC träumt davon, eines Tages »LEGO System im Spiel« in Großbritannien zu lancieren, aber er weiß aus Untersuchungen des Dänischen Patentbüros, dass Hilary F. Pages ursprüngliches Patent weiterhin in Kraft ist und damit dem Verkauf von LEGO-Steinen in Großbritannien im Weg steht.

Die Frage des Patents ist Teil des Verhandlungspakets, als Courtaulds Ltd., ein weltweit agierender Textilkonzern mit 60 000 Beschäftigten, zu dem neben vielen anderen Firmen auch die Plastikfabrik British Celanese gehört, im Dezember 1958 großes Interesse an einer Zusammenarbeit mit LEGO zeigt. Courtaulds möchte die Produktion bei British Celanese in Wrexham auf Plastikspielzeug umstellen, und die Briten haben das dänische »LEGO System im Spiel« zum Produkt für ihre Investition auserkoren.

Die Verhandlungen ziehen sich hin im Frühjahr 1959, vor allem wegen der Unentschlossenheit der LEGO-Geschäftsführung. Soll man sich für eine Lizenz entscheiden oder versuchen, auf eigene Faust zu exportieren? Während GKC und seine engsten Mitarbeiter über einer Entscheidung brüten, sorgt Courtaulds dafür, dass das Problem des Patents von Hilary F. Page und Kiddicraft von britischen Juristen geprüft wird. Das Ergebnis fällt zugunsten von LEGO aus, nicht zuletzt wegen der originalen Weiterentwicklung der Steine mit den drei Röhrchen im Boden und der verbesserten Klemmkraft, die LEGO 1958 vorgenommen hat.

Godtfred zögert dennoch. Ist es der richtige Moment, sich auf einen so großen Markt zu begeben? Ist es mitten in der bisher hektischsten, expansivsten Periode in LEGOs Geschichte nicht eher an der Zeit, sich zu konsolidieren und auf die Märkte zu konzentrieren, auf denen man bereits vertreten ist? Godtfreds Berater haben keine Zweifel: »Firmen von Courtaulds' Format und mit dieser positiven Einstellung wachsen nicht auf Bäumen.« Es geht hier um ein riesiges und kapitalstarkes internationales Unternehmen, das zu einem unschätzbaren Verbündeten für LEGO werden könnte, nicht nur in Großbritannien, sondern auch in den alten britischen Herrschaftsgebieten Australien, Irland und Hongkong. Und vielleicht auch – wer weiß – zu einer goldenen Brücke in die USA?

Wieder erweist sich Godtfred als Mann der Tat, der das Eisen schmiedet, solange es heiß ist. Im Juli wird die Vertriebsgesellschaft »British LEGO Limited« gegründet. Der Vertrag mit Courtaulds enthält eine Vereinbarung über eine Lizenzproduktion in der Fabrik in Wrexham; im Januar 1960 wird LEGO auf der Spielwarenmesse in Brighton zum ersten Mal in Großbritannien gezeigt.

Der Verkauf läuft von Anfang an ausgezeichnet, ebenso wie die Zusammenarbeit mit Courtaulds, und nur ein Jahr später, 1961, ergibt sich auch eine Lösung für Nordamerika. LEGO trifft eine Vereinbarung mit der Samsonite Corp., die weltweit für ihre smarten Koffer, Beautycases und Aktentaschen aus Kunststoff bekannt ist.

Doch der Kooperation ist kein Erfolg beschieden. Godtfred hält später fest: »Man soll nie mit einer Firma zusammengehen, deren Hauptinteresse auf einem anderen Gebiet liegt, und sie sind nun einmal besonders erfolgreich bei Koffern.« Samsonite erweist sich auch als besonders erfolgreich bei lukrativen Vereinbarungen. Zumindest sieht der Vertrag, den die Firma mit LEGO schließt, vor, dass die Amerikaner das Recht erhalten, neunundneunzig Jahre lang LEGO zu produzieren, auf dem amerikanischen Markt zu verkaufen und dafür Tantiemen an die Dänen zu zahlen. Es endet mit einer gewaltig großen ökonomischen Schlappe, als LEGO zehn Jahre später die unbefriedigende Zusammenarbeit mit der Kofferfirma einstellen will.

Kjeld: »Es war unser Schweizer Direktor John Scheidegger, der vorher für Samsonite gearbeitet hatte, der meinen Vater überredete, der Kofferfirma eine Lizenz zur Produktion und zum Verkauf von LEGO-Steinen auf dem amerikanischen Markt zu geben. Diese Vereinbarung war nicht nur teuer, wir kamen auch nur schwer wieder heraus, als es in den Sechzigern nicht so gut lief, wie wir es uns erhofft hatten. Der Vertrag hatte eine unendliche Laufzeit, und es war beinahe unmöglich, ihn umzuwandeln. Eigentlich sah es meinem Vater gar nicht ähnlich, einen so schlechten Vertrag abzuschließen, aber zu diesem Zeitpunkt, als das Exportgeschäft von LEGO sich sehr rasch über ganz Europa ausbreitete, hat er vermutlich gedacht, es sei vollkommen unüberschaubar, in einem damals so fernen Kontinent wie Nordamerika auf eigene Faust etwas aufzubauen. ›Da brauchen wir jemanden, der uns hilft, koste es, was es wolle!‹«

1962 sieht das amerikanische Abenteuer aber noch hell und vielversprechend aus. Das eine Foto, das von der Eröffnung der großen LEGO-Ausstellung in New York im März entsteht, bei der »LEGO System in Play« vorgestellt wird, spricht für sich. Ein breit lächelnder kleiner Mann aus Dänemark balanciert auf einem kleinen Haus zwischen Wolkenkratzern aus LEGO-Steinen, um zu zeigen, was dieses Spielzeug aushält. Auf dem Schild hinter ihm steht in großen, fetten Buchstaben: »LEGO now at last in the U.S.A.«. Die Wikinger sind in der Stadt, und die amerikanische Presse ist in großer Zahl erschienen. Dreißig bis vierzig Journalisten von Zeitungen und Fernsehkanälen berichten über das Ereignis, und am folgenden Tag füllt LEGO die gesamte Rückseite eines Abschnitts der *New York Times*, berichtet Godtfred in einem Brief an Direktor Holm von der Vejle Bank, der dänischen Rettungsleine der Firma aus Billund.

Ein Jahr zuvor, noch vor Abschluss des Vertrags mit Samsonite, waren GKC und sein juristischer Berater Ole Nielsen in Chicago gewesen, um ein ernsthaftes Problem aus dem Weg zu räumen. Es ging um die amerikanische Spielzeugmarke ELGO, die seit 1947 für ihre »American Plastic Bricks« bekannt war, die den Kiddicraft-Klötzen

LEGO und Godtfred 1961 in Manhattan.

und LEGOs allerersten Plastikbausteinen in Aussehen und Qualität nahekamen. In den Fünfzigerjahren werden American Plastic Bricks noch immer auf dem amerikanischen Markt in Schachteln und Dosen angeboten, und ELGO beginnt Mitte des Jahrzehnts mit einer größeren Kampagne unter dem Motto: »Plan and build your *own* city.« Mit seinen gezeichneten bunten Bildern von Straßen und Stadtvierteln erinnert es sehr an den LEGO-Stadtplan von 1955.

Der Name ELGO ist keine Abwandlung von LEGO, sondern eine Zusammenziehung der Nachnamen der beiden Inhaber Harold Elliot und Samuel Goss und wurde 1941 eingeführt, als außerhalb Dänemarks noch niemand von LEGO überhaupt gehört hatte. Zu Recht vermutet Godtfred, dass ELGO mit LEGO verwechselt und ELGO zu einem unangenehmen Konkurrenten auf dem amerikanischen Markt werden könnte.

Das Treffen mit den Repräsentanten der Spielwarenfirma Halsam, die das Recht an dem Namen ELGO besitzt, findet in einem Hotel in

Der elfjährige Kjeld sieht sich die Fremden an. Von links: Mario Mitrani und Ehefrau, Italien; Hans Grohe, Österreich; Rene Frankfort, Belgien; Ragnar Lyngra, Norwegen; K. Lameris, Niederlande; John Scheidegger, Schweiz; Bror Åsberg, Schweden; Verkaufsleiter Aage Jørgensen, Norwegen, und LEGOs Exportleiter Troels Petersen. Viele Jahre später sagt Edith in einer Rede über ihren 50-jährigen Sohn: »Wenn ich dieses Foto sehe, Kjeld, muss ich immer an die Geschichte in der Bibel über den zwölfjährigen Jesus im Tempel denken, in der es heißt, Jesus habe den Gesprächen der weisen Männer zugehört. Es sieht so aus, als würdest du das hier auch tun!« *Foto: Privatbesitz.*

Chicago statt, und GKC erzählt später, dass die Amerikaner zunächst 250 000 Dollar für den Markennamen haben wollten. Die Verhandlungen ziehen sich in die Länge, aber es gelingt den Dänen im Laufe der Nacht, die Forderung auf 25 000 Dollar zu reduzieren. Allerdings wollen die Amerikaner nichts unterschreiben, solange sie nicht das Geld in den Händen halten. Eine Herausforderung 1961, als man als Däne im Ausland nicht einfach zur nächsten Bank gehen und einen größeren Geldbetrag abheben kann. Auch ist es nicht gestattet, das Geld zu überweisen, denn das verbieten die dänischen Devisenbeschränkungen.

Guter Rat ist teuer. Zunächst ruft GKC Bankdirektor Holm in Vejle an, der allerdings die dänischen Valutavorschriften kennt und nicht bereit ist zu helfen. Der nächste Anruf gilt LEGOs Firmenvertreter in der Schweiz, John Scheidegger, und mit seinen persönlichen Kontakten zum geschmeidigen Schweizer Bankwesen sorgt er dafür, dass sofort 25 000 Dollar an Godtfred angewiesen werden. Ein großes Problem auf dem Weg in den amerikanischen Markt hat sich damit erledigt.

Die Internationalisierung geht rasch voran, und schon bald umfasst die LEGO-Familie neben den USA, Kanada, Australien, Singapur und Hongkong auch Japan und Marokko. Vor allem die Bevölkerung in Billund bekommt es mit, wenn im Systemhaus internationale Treffen und Konferenzen stattfinden. Morgens werden fremde Fahnen auf dem Dach gehisst und tagsüber Sprachen gesprochen, die man nie zuvor im Gemeindebezirk Grene gehört hat.

LEGOs Inhaber ist herausgefordert. »Ich habe ja gerade so Dänisch in der Schule gelernt«, erzählt GKC in einem Interview und erklärt, dass er von sprachbegabten Mitarbeitern umgeben sei und Sprachschwierigkeiten manchmal auch hilfreich wären, weil er bei wichtigen Verhandlungen im Ausland auf diese Weise zusätzliche Zeit für seine Entscheidungen bekäme, wenn die Kommunikation sich ein wenig schwierig gestalte.

Tatsächlich bekommt Godtfred die Chance, noch einmal die Schulbank zu drücken, als die gute Zusammenarbeit mit Courtaulds in Großbritannien sich zu einer Freundschaft mit mehreren leitenden Angestellten bei British LEGO entwickelt. So bietet Mr. Stimson 1962 an, einen längeren, intensiven Sprachkurs in Wrexham zu organisieren, und eine von LEGOs eigenen Korrespondentinnen antwortet im Namen des Chefs, er sei bestimmt interessiert an »two or three weeks in Wales in order to brush up my English«, aber leider stehe eine Reise in die USA an, daher werde er irgendwann im Frühjahr auf das Angebot zurückkommen. Allerdings bleibt es bei der Absichtserklärung.

Kjeld: »Vater hatte in der Schule keine Sprachen gelernt und konnte kein Englisch, aber er lernte ein ganz klein wenig Deutsch, allerdings nicht genug, um ein Gespräch zu führen. Er machte darüber Scherze, aber wenn er eine Rede halten musste, begann er durchaus mit ein paar Worten auf Englisch oder Deutsch, bevor er ins Dänische wechselte. Daher zogen sich die Treffen mit ausländischen Gästen in Billund, bei denen Reden oder Vorträge gehalten wurden, immer so lang hin. Auch einige andere ausländische Direktoren verstanden kein Englisch oder Deutsch. Hinter ihnen saßen bei diesen Treffen dann drei, vier professionelle Dolmetscher, die simultan übersetzten.«

Mit der Internationalisierung benötigt LEGO Mitarbeiter für die Korrespondenzen und Vertragsabwicklung; es sind vornehmlich Frauen. Die Erste wird 1958 eingestellt und arbeitet fortan in einem Haus hinter Godtfreds und Ediths Garten, das extra dafür gebaut wird und den Namen »Jungfernkäfig« bekommt. Es ist für die englisch-, deutsch- und französischsprechenden jungen Frauen bestimmt, die sich dort für 90 Kronen im Monat in eine Gemeinschaftswohnung einmieten können.

Kjeld: »Sie konnten ja nicht einfach so in Zimmern in Billund oder der Umgebung wohnen, meinte Vater, sie sollten einen vernünftigen Platz für ihren Feierabend haben; also in der Nähe des Systemhauses, wo man sie tagsüber bei der Korrespondenz aus aller Welt dringend brauchte. Die ersten Korrespondentinnen, die von der Handelsschule in Aarhus nach Billund kamen, waren ›Eybye‹ und ›Ehlers‹. Wir waren auch schon damals per Du in der Firma, gleichzeitig redeten wir uns aber mit dem Nachnamen an, daher wurden die beiden Korrespondentinnen Eybye und nicht Inge, und Ehlers statt Lisbeth genannt.«

Gleich zu Beginn des Exportabenteuers hat Godtfred die Idee, ein Unternehmen aufzubauen, das die ausländischen Vertriebsabteilungen in einer familiären Gemeinschaft mit Wurzeln in Billund zusammenführt. Auf diese Weise arbeiten alle nach den gleichen Grundsätzen wie die Muttergesellschaft in Dänemark, sind aber gleichzeitig in der

Lage, sich an die ganz unterschiedlichen lokalen Verhältnisse anzupassen, ohne dass Initiativen und Entscheidungen der ausländischen Chefs von Dänemark aus behindert werden. So entsteht ein grundlegendes und globales Führungsprinzip, bei dem es mit Godtfreds Worten darum geht, »die ganze Zeit diplomatisch zu arbeiten, sodass wir steuern, ohne jedoch den Führungskräften in den verschiedenen Ländern die Verantwortung zu entziehen«.

Im Mittelpunkt des Ganzen steht »LEGO System im Spiel«, oder wie Godtfred die gemeinsame Idee definiert: »Wir sind eine große LEGO-Familie, die es als ihre Lebensaufgabe ansieht, Spielzeug auf den Markt zu bringen, das eine längerfristige Perspektive aufweist und die besten Spielmöglichkeiten bietet.«

Das physische Zentrum dieser globalen Bestrebungen ist das Systemhaus, in dem sich nach einer langen und abwechslungsreichen Nutzung als LEGO-Firmenzentrale und Rathaus von Billund heute Teile des Firmenarchivs und der Firmengeschichte von LEGO befinden. Das Systemhaus wurde 1958 gebaut und 1961 erweitert, und es steht an einer umkämpften Ecke der Stadt, wo der örtliche Friseur viele Jahre sein Haus hatte und sich weigerte, es dem »großmächtigen« LEGO zu verkaufen. 1957, als Ole Kirk noch lebt, beschreibt eine Lokalzeitung mit großer Heiterkeit den jahrelangen Streit:

> »Das Haus und der Hinterhof des Friseurs sind in das Werksgelände eingezwängt, die anderen Nachbarhäuser hat Ole Kirk für LEGO erwerben können. Der Fabrikant hat dem Friseur eine neue Villa mit Zentralheizung und einen modernen Friseursalon im Tausch gegen seinen alten Laden angeboten. Aber der Friseur will nicht!
>
> ›Ich werde dir zeigen, dass es etwas gibt, das du nicht mit Geld kaufen kannst, kleiner Ole!‹ Der Friseur hält an seinem Standpunkt fest – und der Schmied unterstützt ihn. Und nun fragt sich Ole Kirk, ob er nicht einfach eine Mauer vom Grundstück der Fabrik zum Haus des Friseurs bauen soll!
>
> ›Also gut, ich sag dir was‹, flüstert ihm eine kleine Stimme ins Ohr, ›wenn ich dieses Stück Mauer baue, dann kann der Fri-

seur sein Brennholz von der Straße durch sämtliche Zimmer und die Küche tragen, um es ins Hintere des Hauses zu bringen ...‹«

1958 erwirbt LEGO schließlich das Eckgrundstück, das viele Jahre lang die Einfahrt von der Ortsseite zum Fabrikgelände am Systemvej wird. Über den neuen Systemhaus-Bau, der das Zentrum von LEGO Billund bilden soll, sagt GKC: »Es ist das Mutterhaus, wo die leitenden Angestellten und ihre Mitarbeiter in einem gewissen Maß zusammenkommen, um Inspiration und Anleitungen zu erhalten, und wo Ideen gesammelt und koordiniert werden.«

Das Systemhaus ist der Ort, an dem die Geschäftsleitung und Verwaltung ihre Büros und Sitzungsräume haben, und hier befindet sich auch der moderne, geschmackvoll eingerichtete Konferenzraum, die sogenannte »Systemhalle«. Eine Weltkarte zieht sich über die gesamte Hinterwand, die LEGOs weltumspannende Ambitionen symbolisiert und alle im Raum Anwesenden daran erinnert. Bis Anfang der Siebziger versammelt sich hier jedes Jahr die internationale LEGO-Familie zu einem mehrtägigen konstruktiven Gespräch.

Kjeld: »Es war ein fantastischer Raum. Man hat schon damals im ganz großen Stil gedacht, und das Ziel war klar: Wir gehen hinaus in die Welt! Überall dort draußen wird es unsere eigenen Einrichtungen geben, geleitet von lokalen Kräften, die direkt vor Ort sind und alles über den jeweiligen Markt wissen. Es sollten gerade keine Dänen sein, die wir von Billund aus losgeschickt hatten, sondern Staatsbürger der einzelnen Länder, in denen wir arbeiteten. Mein Vater hatte zunächst ein schönes Eckbüro im Systemhaus mit einer kleinen Sofagruppe und einem großen Schreibtisch am Eckfenster mit Aussicht auf die Hovedgaden und die Fabrik. Später zog er nach oben und bekam ein noch größeres Büro mit einem Konferenztisch und einem eigenen Ausgang aufs Flachdach. Wenn ich ihn besuchte, ging ich sehr gern dort hinaus. Dort oben wurden die ganzen Fahnen gehisst, wenn Besuch aus dem Ausland da war. Es wurde

Die »Systemhalle« wird der große Konferenzraum mit der Weltkarte an der Hinterwand genannt, in dem die ersten internationalen Konferenzen abgehalten werden. Die Luft ist durch die zahlreichen Zigarren und Zigaretten rauchenden Leiter der LEGO-Vertriebsgesellschaften aus den verschiedenen Ländern schneidend.

> zur Tradition, dass die verschiedenen Direktoren aus dem Ausland auf dem Dach ihre Nationalfahne hissen mussten, wenn sie zum ersten Mal nach Billund kamen. Die Flaggen, die im Wind flatterten, waren ein außergewöhnlicher Anblick. Die ganze Welt war nach Billund gekommen!«

Auf den Konferenzen in Billund wechseln sich Vorträge mit Plenumsdiskussionen und Gruppenarbeit hoch engagierter Männer ab, die sprechen, einander zuhören und dabei wie die Schlote rauchen. Orla Jørgensen erinnert sich vor allem an die kollektive Begeisterung, die aufkam, wenn neue Ideen vorgebracht wurden: »Es herrschte ein wahrer Pioniergeist und ein hohes Maß an Zusammenhalt, unabhängig von den verschiedenen nationalen Mentalitäten.«

Eine wichtige Funktion der LEGO-Konferenzen in den Sechzigerjahren besteht gerade in der Stärkung der sozialen Gemeinschaft. Menschen aus den unterschiedlichsten Nationen lernen einander kennen, genau wie bei einem großen Familienfest, bei dem man plötzlich einem entfernten Cousin zum ersten Mal begegnet. Die Ehefrauen der ausländischen Direktoren sind ebenfalls auf die Reise nach Dänemark eingeladen, und während die Herren (es waren ausschließlich Herren zur damaligen Zeit) LEGOs allgemeine Situation besprechen und »die weitere Arbeit in der Perspektive«, wie Godtfred es etwas verschroben ausdrückt, unternehmen die Damen unter Ediths Leitung einen gemeinsamen Ausflug nach Aarhus, um zu shoppen oder mit dem Schiff die Bucht vor der Stadt zu erkunden. Am letzten Abend der Konferenz treffen sich alle Paare zu einer Cocktailparty in der einstöckigen Villa der Inhaberfamilie, die über eine Unmenge von Räumen und vier große Wohnzimmer um einen zentralen Atriumhof verfügt.

> **Kjeld**: »Unser neues Haus, das am Ende einer langen Einfahrt hinter dem alten Haus stand, war im Januar 1960 fertig geworden. Damals gab es noch nicht so viele Übernachtungsmöglichkeiten in Billund, eigentlich nur das Gasthaus, und das war nicht unbedingt der repräsentabelste Ort, jetzt, wo wir im Laufe des Jahres Besuch aus dem großen Ausland bekamen. Daher ließ Vater unser Haus so groß bauen, damit es immer Platz für Übernachtungsgäste gab. Es konnte Axel Thomsen aus Deutschland sein, John Scheidegger aus der Schweiz, Bror Åsberg aus Schweden oder andere ausländische Vertriebspartner oder Direktoren. Sie wohnten ein, zwei Tage bei uns und waren auf diese Weise nicht nur ein Teil von LEGO, sondern auch unserer Familie. All das hat mich geprägt. Sicher, ich war lediglich ein zwölf-, 13-jähriger Zuschauer, aber ich hatte Augen und Ohren, und auf diese Weise wuchs ich mit dem Unternehmen auf und kannte alle, die für diesen unglaublichen Erfolg verantwortlich waren.«

LEGOs große Herausforderung Anfang der Sechzigerjahre besteht darin, die inneren Angelegenheiten in den Griff zu bekommen. Die innovativen Ideen sprudeln nur so aus den Werkstätten und Büros heraus, dem Pioniergeist sind keine Grenzen gesetzt, und das Wachstum ist überall in der Firmenzentrale zu spüren, wo man die Fabrik- und Bürogebäude ständig erweitern und Platz für neue Beschäftigte schaffen muss. Sämtliche Bereiche werden immer größer, und es ist offensichtlich, dass etwas getan werden muss, damit die Firma nicht riskiert, aus der Spur zu geraten. Der Wortkünstler und Direktor Søren Olsen drückt es so aus: »Gelingt es uns, den Pflug in der Furche zu halten?«

Zu den Führungsmethoden, die GKC anwendet, zählt ein Kommunikationssystem, das mit verschiedenfarbigen DIN-A4-Mappen arbeitet, die an alle leitenden Angestellten verteilt werden. In der Präsentation erklärt er, das Ziel dieser Maßnahme bestehe darin, »die Loyalität zum Unternehmen durch interne Information zu erhöhen«. Das Kommunikationssystem erhält den Namen »LEGO Intern« und übermittelt die wichtigsten Informationen und Beschlüsse der Direktion sowie Zusammenfassungen von Vorträgen und Diskussionen.

Ungefähr gleichzeitig stellt GKC ein besonderes Forum vor, das er »Wissenswert« nennt. Es umfasst Abendveranstaltungen für die Angestellten der Firma, von denen erwartet wird, dass sie einmal pro Monat an Vorträgen, Filmvorführungen und anderen Formen der Volksbildung teilnehmen, die sich mit Problemen der Arbeitswelt, des Unternehmens und »LEGO System im Spiel« befassen. Auch dabei ist das Ziel, den Zusammenhalt zu fördern und den wachsenden Stab an leitenden Angestellten im Unternehmen darin zu bestärken, ihre Mitarbeiter noch besser zu motivieren. GKC ist überzeugt, dass man motivierte Mitarbeiter braucht, die die Anforderungen verstehen, die man an sie stellt, um ein qualitativ hochwertiges Produkt herzustellen: »In einem modern organisierten Unternehmen reicht es nicht, Anweisungen zu erteilen; die Person, die die Anweisung bekommt, muss verstehen, warum die Anweisung gegeben wurde und warum sie auf eine bestimmte Art und Weise ausgeführt werden soll.«

Im Grunde geht es bei diesen Versammlungen um Allgemeinbildung, und so bekommt diese beinahe volkshochschulartige Idee zusätzlichen Auftrieb, als Søren Olsen die Organisation der Wissenswert-Abende übernimmt. Auf seiner bunten Themenpalette findet sich alles, vom Chef des Heizungsbauers Danfoss, der über Organisationsstruk-

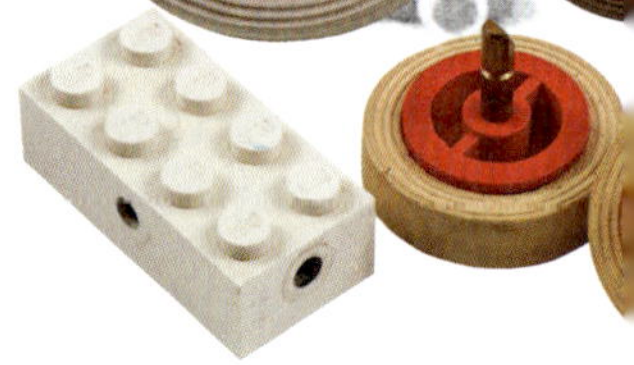

Mit den neuen Rädern kann der 13-, 14-jährige Kjeld endlich richtige Autos bauen: »Ich schrieb kleine Geschichten über die einzelnen Autos, wie große Motoren sie hatten, wie schnell sie fahren konnten und so weiter. Ich habe sie auch mit Preisen versehen, damit die Leute Lust bekamen, sie zu kaufen.«

turen referiert, bis zum örtlichen Polizisten Qvist-Sørensen, der eines Abends in die Fabrik kommt, um über Stadtentwicklung beziehungsweise das Fehlen einer solchen in Billund zu sprechen. Auf dem Programm steht auch der Psychologe Sten Hegeler aus Kopenhagen, der LEGOs leitende Angestellte über die Bedeutung des Spielens für Kinder aufklärt, und eines Abends stellt Pastor Philipsen aus Fredericia die Frage: »Ist Gott in allem, was geschieht?« Dem Bankkaufmann Strøjer Sørensen von der Vejle Bank wird die Ehre zuteil, die letzte Wissenswert-Saison 1963 mit seinem Vortrag »Regiert Geld die Welt?« abzurunden.

Gerade diese Frage sollte man sich durchaus stellen als geschäftsführender Direktor und Inhaber eines Unternehmens, dessen Umsatz im achten Jahr hintereinander gestiegen ist. 1963 erhöht sich der Umsatz auf schwindelerregende 35 Millionen Kronen; es geht immer nur aufwärts mit den LEGO-Steinen, die nun auch Räder bekommen haben und fahren können.

Die Zwei-mal-zwei-Noppenräder mit Gummibereifung hatte der Modellschreiner Knud Møller bereits 1958 erfunden, doch erst jetzt werden sie aus der Ideenkiste geholt und produziert. Die Neuheit wird sofort zum Verkaufsschlager, und als 1970 das Zahnrad folgt, eröffnen sich vollkommen neue Baumöglichkeiten für alle Kinder, die von einem Beruf als Ingenieur oder Konstrukteur träumen.

Kjeld: »Ich habe immer Autos geliebt, als Junge baute ich eine Unmenge von verschiedenen Modellen. Vor allem, als wir das Rad erfanden – also das LEGO-Rad! Ich nannte meine große Sammlung ›LECA‹, natürlich die Abkürzung von LEGO CARS, und ich baute auch eine LECA-Garage für meinen Fahrzeugpark. Da gab es große amerikanische Autos, kleine englische Sportwagen und was mir noch so einfiel. Nach dem kommerziellen Erfolg des LEGO-Rads fingen wir 1963 an – zum ersten Mal in der Firmengeschichte – Modellschachteln zu verkaufen, LEGO-Sets mit Bauanleitung. Anfangs waren es ziemlich kleine Sets, zum Beispiel ein Lastwagen, bei dem sich die Vorderräder mithilfe eines Knopfs auf dem Dach des Führerhauses drehen ließen. Es gab auch ein Set mit einem weißen geländegängigen Auto, das ich entworfen hatte. Sonst waren es meist große Autos, die ich damals zusammensetzte, aber mit den Zahnrädern konnte ich nun ganze Schaltgetriebe für die Autos bauen, mit Gangschaltung und beweglichen Zylindern.«

Zwei weitere wichtige LEGO-Neuheiten kommen Anfang der Sechzigerjahre auf den Markt. Da ist zum einen die »Architecture«-Serie, bei der sich aus einer Handvoll flacherer LEGO-Elemente noch detailliertere Modelle von Gebäuden bis hin zu Wohnungen errichten lassen. Diese neuen weißen, grauen und schwarzen LEGO-Steine zielen eindeutig auf ein erwachsenes Publikum ab.

Die zweite Neuheit nennt sich »Modulex« und besteht aus Sets mit kleineren Steinen in modularer Abstimmung, bei denen ein Einnoppenstein fünf Millimeter an allen Seiten misst. Dieses Produkt ist für die professionelle Baubranche gedacht, da sich mit diesen kleinen Elementen sehr detaillierte Modelle von ganz unterschiedlichen Bauprojekten zusammenfügen lassen.

Wie bei so vielen anderen Dingen in diesen Jahren geht die Initiative von GKC aus. Er beabsichtigt mit der Idee nicht nur, mehr Erwachsene zum Spielen mit dem LEGO-System zu bringen, sondern Architekten, Ingenieure, Designer und Bauherren sollen die neuen, kleineren LEGO-Elemente für 3-D-Projekte und -Planungen in einer sich wandelnden Baubranche nutzen. Wie die Architektur ist auch das Bauen an sich im Laufe der 1950er-Jahre durch das Aufkommen von einfachen, standardisierten Komponenten und Modulen revolutioniert worden, die in Massenproduktionen gefertigt und vor Ort auf den Baustellen montiert werden.

Ein naheliegendes Beispiel ist Godtfreds und Ediths bereits erwähntes hypermodernes einstöckiges weißes Haus. Als sie verschiedene Entwürfe auf dem Zeichenbrett des Architekten Åge Bundgård beurteilen sollten, hatte Godtfred eine Idee.

Kjeld: »Zu Beginn des Baugeschehens ärgerte sich Vater, dass man nicht ein Modell unseres Hauses mit gewöhnlichen LEGO-Steinen bauen konnte. So kam er auf die Idee für ein ganz neues System von kleineren Steinen, mit denen man ein projektiertes Bauwerk sehr detailliert nachbauen kann. Die Idee wuchs und wuchs in meinem Vater, bis er glaubte, sie könne größer werden als das Geschäft mit dem Spielzeug. Allein die Vorstellung, nicht nur Architekten und Ingenieure dazu zu bringen, die beiden neuen Systeme zu verwenden, sondern auch all die Erwachsenen, die Anfang der Sechzigerjahre von einem Reihenhaus träumten, das sie in der ein oder anderen Form selbst mit entwerfen könnten – es würde sich ein riesiger neuer Markt für LEGO eröffnen!«

Die »Architecture«-Serie wird ein ambitionierter Versuch, LEGO-Steine in die Welt der Erwachsenen zu überführen, sodass nicht nur Hobby- und Modellbauer, sondern auch Architekten und Ingenieure moderne Häuser wie Godtfreds und Ediths Villa aus dem Jahr 1959 entwerfen können. Aus Anlass von Ediths neunzigstem Geburtstag werden 2014 einige wenige exklusive Bausätze von »Edith's House« in LEGOs Architecture-Serie produziert, die an Familienmitglieder verschenkt werden. Interessant der Hinweis für die empfohlene Altersgruppe auf der Schachtel: 90+.

Weder davor noch danach denkt Godtfred je wieder so riskant und entfernt sich so weit von der »Konzentration« auf »LEGO System im Spiel«, die er immer von seinen Mitarbeitern gefordert hat. Die Grundlage und Perspektive seiner Vision nennt er die »LEGO-Säule«. Seinen Mitarbeitern präsentiert er die vierstufige Entwicklung zum ersten Mal 1959 bei einer Sitzung im Systemhaus.

Die erste Stufe ist das bekannte »LEGO System im Spiel« für Kinder. Die zweite Stufe ist »das Produkt verfeinert und in einen anderen Maßstab überführt, als Hobby für Erwachsene«. Die dritte Stufe wendet sich an Ingenieure, Architekten und weitere Vertreter der Baubranche. Und die vierte Stufe ist ein beinahe philosophischer Überbau, der darauf hinausläuft, so GKC, dass das Spielen mit LEGO in Zukunft nicht nur weltweit die Art und Weise, wie konstruiert und gebaut wird, verändert, sondern auch die Art und Weise, zu denken.

Seine Vision führt also vom abstrakten Spiel des Kindes mit kleinen Plastikbausteinen zum konkreten Bauen der Erwachsenen mit Backsteinen und Modulen. Und wie in jeder Vision, in der sich Realität und Fantasie vermischen, sieht GKC das Ganze geradezu vor sich, während er seinen Mitarbeitern die großen Linien erklärt:

»Der Tag wird kommen, an dem ein ganzes Haus mit Standardelementen nach unserem Modulsystem ohne großen Arbeitseinsatz auf dem Bauplatz errichtet werden kann. Durch unsere gesamte bisherige Erfahrung und durch systematische Forschung werden wir der Menschheit etwas Gutes zur Verfügung stellen, von dem bisher niemand geträumt hat.«

Vermutlich haben nicht alle Mitarbeiter am Konferenztisch dem Direktor auf seinem gedanklichen Höhenflug folgen können und vor ihrem inneren Auge gesehen, wie LEGO nun auch zu einem Arbeitsmittel im Baugewerbe werden soll. Aber das Programm, das aus GKCs Idee folgt, leuchtet den meisten Sitzungsteilnehmern ein. Schließlich geht es darum, LEGOs Zielgruppe zu erweitern, nicht allein auf junge Menschen und Erwachsene, die sich an ihrem Hobby erfreuen, sondern auch auf Millionen von Menschen, die weltweit im Baugewerbe tätig sind.

Eine beträchtliche Umsatzerhöhung wird sich beinahe von selbst einstellen, erklärt GKC, wenn die Erwachsenen, die LEGO künftig entweder als Hobby oder in ihrem Arbeitsleben nutzen, ihren Kindern LEGO-Steine zum Spielen geben. Denn jemand, der als Kind von LEGO begeistert ist, wird als Erwachsener intuitiv verstehen, dass dieses gute, fantasievolle Spiel in die Bauvorhaben der Wirklichkeit überführt werden kann. Wirtschaftlich gesehen klingt die Idee verheißungsvoll, und ein begeisterter Axel Thomsen von LEGO Deutschland ruft bei der Sitzung spontan aus: »Wir können zu Herrschern im Spielwarensektor werden!«

Für eine Weile ist der nie ruhende Unternehmergeist in Godtfred vollkommen mit den menschlichen und gesellschaftlichen Aspekten beschäftigt, die in dieser »erwachsenen« Weiterentwicklung von »LEGO System im Spiel« stecken. In der Kommunikationsmappe LEGO Intern deutet er an, dass man dabei beinahe von einer Evolution sprechen könne:

> »Die LEGO-Idee enthält die pädagogische Aufgabe, den Menschen zu einer einfachen, zweckmäßigen, rationalen und durchdachten Bauweise zu erziehen. Durch eine Generation von Kindern, die mit dem LEGO-System aufwächst, wird sich bei Millionen von Menschen im Unterbewusstsein unweigerlich der Gedanke einprägen: ›Warum sollte man etwas schwierig gestalten, wenn es doch mit dem LEGO-System so einfach geht?‹«

GKC ist so überzeugt von diesem »evolutionären« Aspekt, dass er bei dem Direktorentreffen im Frühjahr 1963, bei dem über das Risiko einer Produktvermischung zwischen dem bekannten LEGO für Kinder und den beiden verschiedenen Linien für erwachsene Hobbybauer und Architekten diskutiert wird, erklärt: »Wir sind keine Spielzeugfabrik, wir sind ein LEGO-System-Unternehmen mit einer besonderen Aufgabe.«

> **Kjeld**: »Die Sets für Erwachsene, die wir 1962, 1963 als ›Hobby und Modellbau‹ auf den Markt brachten, waren nie ein Erfolg, aber Vaters Königsidee, mit kleineren Steinen wirklichkeitsgetreuer bauen zu können, führte zu etwas äußerst Wertvollem für das LEGO-System für Kinder, nämlich einem neuen Typ von Steinen: den flachen, dünnen, die nur ein Drittel der Höhe der ursprünglichen LEGO-Steine haben und heute ein unglaublich wichtiger Teil unseres Bausystems sind. Der flache Stein in allen LEGO-Farben eröffnete eine Menge neuer und ganz anderer Möglichkeiten, zu bauen. Plötzlich, das habe ich selbst erlebt,

Der Teenager Kjeld baut größere und immer komplexere Spielsysteme, in die LEGO integriert wird. Die Scalextric-Rennbahn bekommt einen Boxenstopp und Zuschauerränge aus LEGO. Die Riesenbrücke aus LEGO ist regelrechte Ingenieursarbeit.
Fotos: Privatbesitz.

konnte man noch realitätsnaher Flugzeuge, Schiffe, Autos und Raumraketen bauen – Sputnik, Saturn und wie sie alle hießen.«

Auch Modulex wird nach ein paar Jahren wieder vom Markt genommen, und 1965 begräbt Godtfred schließlich den Gedanken, etwas revolutionär Neues in der Baubranche zu schaffen. In der neu gegründeten Aktiengesellschaft A/S MODULEX arbeitet man jedoch weiter an der Grundidee der kleinen, flachen Steine, die statt zu einem weltweiten Arbeitsmittel für Architekten nun zu Wegweisern und einem Beschilderungssystem für Bahnhöfe und Flughäfen weiterentwickelt werden.

Es ist das erste, aber bei Weitem nicht das letzte Mal, dass Godtfred seine eigene Forderung ignoriert, bei der Konzentration auf »LEGO

System im Spiel« nicht nachzulassen. Er sprüht nur so vor Ideen und Vorhaben. GKC ist zu jeder Stunde des Tages und häufig auch bis weit in den Abend hinein der Dynamo des Unternehmens. Zu Hause bei der Familie, die nun in einem der modernsten Häuser Jütlands wohnt – mit einer Unmenge großer Fenster, acht Schlaf- und vier Wohnzimmern, einem Hobbyraum, einem Atriumhof, einer Sauna und einem Traum von einer modernen Küche –, wird er allerdings vermisst.

Kjeld: »Vater war in gewisser Hinsicht ehrgeiziger als mein Großvater. Es ging bei ihm weit mehr um ›Arbeit, Arbeit, Arbeit‹. Er kam häufig mit irgendeinem Mitarbeiter nach Hause, weil sie noch an irgendeinem Problem weiterarbeiten wollten, und dann sollte der Gast auch eine Kleinigkeit zu essen bekommen, obwohl meine Mutter häufig vorher nichts von dem Besuch erfahren hatte. Das war die Art meines Vaters, er war direkt und spontan. Wenn ich zurückdenke, habe ich ihn als Vater eigentlich viel zu selten erlebt. Er war immer beschäftigt, entweder physisch abwesend oder er saß für sich allein da, in Gedanken vertieft. Der einzige Weg, wie ich richtig mit ihm in Kontakt kommen konnte, war, ihm meine LEGO-Bauwerke zu zeigen. Dann ging ein Leuchten über sein Gesicht und wir unterhielten uns, er erkundigte sich nach meinen Ideen, zum Beispiel bei der Scalextric-Rennbahn, wo ich entlang der Fahrbahn Zuschauerplätze und einen Boxenstopp aus LEGO gebaut hatte.«

1963 feiert das Missionshaus von Billund sein 50-jähriges Jubiläum. Der Landessekretär der Inneren Mission, Stefan Ottesen, der vom Hauptvorstand Grüße ausrichtet, ist mit einem Geschenk aus Kopenhagen angereist, einer neuen Bibel. In seiner Rede, die davon handelt, wie wichtig es ist, unter Gottes Segen zu stehen, sagt er: »Es gibt Unterschiede bei den Bedingungen für geistliches Wachstum, aber wir müssen zugeben, dass Gott diese Gemeinde auf besondere Weise gesegnet hat.«

Wie die dänische Gesellschaft insgesamt verändert sich auch Billund in den 1960er-Jahren ständig, unter anderem durch einen bisher nie gekannten Wohlstand, der natürlich dadurch bedingt ist, dass LEGO immer reicher wird – und sich mehr und mehr von seiner ehemals so unerschütterlichen religiösen Grundlage entfernt. Die Säkularisierung des Unternehmens liegt nicht allein am Zeitgeist, sondern auch an den vielen neuen Mitarbeitern, die aus allen Teilen des Landes kommen, und an der Internationalisierung des Unternehmens.

Die Ouvertüre dieser veränderten Geisteshaltung ertönt 1960, als die Gewerkschaft verlangt, dass LEGO Ole Kirks alten Tarifvertrag mit dem Kristelig Dansk Fællesforbund (Christlicher Dänischer Zentralverband), dem heutigen Krifa, aufkündigt und die Mitarbeiter auffordert, sich in einer Gewerkschaft der Landesorganisation LO zu organisieren. Die alte Vereinbarung des Gründers aus den 1930er-Jahren sah vor, dass es die Pflicht jedes neuen und nicht organisierten Mitarbeiters war, in die christliche Gewerkschaft einzutreten.

In der ersten Phase der Verhandlungen mit der Gewerkschaft versucht die Geschäftsleitung von LEGO, auf ihrem firmenhistorischen Standpunkt zu beharren. Man verweist darauf, dass die Verbindung zum Christlichen Dänischen Zentralverband eine große symbolische Bedeutung für LEGOs Gründer gehabt hatte. Es ist ein Kampf gegen Windmühlen. Die Basis für den alten LEGO-Geist, Ole Kirks tiefe Verbundenheit mit dem Glauben, bröckelt, und als die Angestellten von LEGO im Herbst 1960 wählen dürfen, in welcher Gewerkschaft sie Mitglied sein wollen, kommt es zu einer Massenflucht aus der christlichen Organisation.

Bei LEGO sind neue Zeiten angebrochen. Die Abstände zwischen den Wissenswert-Treffen, bei denen immer ein oder zwei Lieder aus dem LEGO-Gesangbuch der Inneren Mission gesungen wurden, werden immer größer, die tägliche Morgenandacht wird schließlich eingestellt. Paradoxerweise trifft diese Entscheidung der Pastor Gustav A. Højlund, der 1962 als erster selbstständiger Personalchef bei LEGO anfängt und rasch spürt, dass die Zeit für Ole Kirks morgendliches Ritual abgelaufen ist.

Für die Einstellung des 51-jährigen Højlund, der über zwanzig Jahre als Pastor bei der Kirche gearbeitet hat, sind Godtfred und Søren Olsen verantwortlich. Sie kennen den Pastor aus ihrem christlichen Umfeld und haben das Gefühl, dass gerade Højlund das Zeug dazu hat, mit allen Angestellten zu reden und die personellen Herausforderungen mit einem »sozial-christlichen Standpunkt« zu meistern, wie es in einer internen Notiz heißt. Zumal Højlund ein bewegtes Leben hinter sich hat. Er war schon als Krankenträger, in der Landwirtschaft, auf dem Bau, als Seemannspastor in Hamburg und Botschaftspastor in Stockholm tätig.

Godtfred hat allerdings gewisse Bedenken. Was werden die anderen leitenden Angestellten mit ihrer langjährigen Erfahrung in der Wirtschaft dazu sagen, wenn plötzlich ein Theologe mit am Konferenztisch sitzt? Er schreibt Højlund ganz offen, dass einige Führungskräfte ihre Verwunderung ausgedrückt hätten, und fragt, ob sich der kommende Personalchef darüber im Klaren ist, was da auf ihn zukommt:

»Lieber Højlund! Ich habe gestern Abend einen Vortrag bei Rotary darüber gehört, wie wichtig es für uns Menschen ist, den richtigen Platz zu finden, und ich muss Dir ganz offen sagen: Wenn Du als Pastor glücklich bist und es Dich auch weiterhin erfüllen kann, so bleib dabei, dann ist es falsch, dass wir versucht haben, Dich in Versuchung zu führen. Aber wenn es Dich noch glücklicher macht und noch mehr erfüllt, das Amt eines Personalchefs zu übernehmen, dann must Du Dein Pastorenamt aufgeben. Es ist für mich ganz klar, dass eine Vermischung beider Posten nicht richtig sein kann. Durch die Kraft Deiner Fähigkeiten als Personalchef solltest Du einer christlichen Berufung nachgehen.«

Im Sommer 1962 taucht Pastor Højlund auf der Titelseite mehrerer dänischer Zeitungen auf, die Überschriften lauten: »Legt Talar und Kragen ab und geht in die Wirtschaft« und »Pastor übernimmt Job in Spielzeugfabrik«. Godtfred hat seinen neuen leitenden Mitarbeiter zuvor gebeten, sich so wenig wie möglich Journalisten gegenüber zu äußern. Er selbst verteidigt in der Presse die kontrovers diskutierte Besetzung und erklärt in der *Aarhus Stiftstidende* am 26. Juli, LEGO handele auch in diesem Fall aus humanistischen Erwägungen:

»In einem großen Industrieunternehmen wird viel Geld in Maschinen investiert, aber gewöhnlich nur sehr wenig in die Menschen, die damit arbeiten. An diesem Punkt möchten wir ansetzen. Das Zeitalter der Maschinen erfordert eine radikale Änderung der Personalpolitik, wenn der Mensch überleben soll.«

Zwei, drei Jahrzehnte, bevor Begriffe wie »Zufriedenheitsumfrage«, »Human Resources«, »Leistungsbewertung« oder »Persönlichkeitstest« ein allgemein akzeptierter Teil des dänischen Arbeitslebens wurden, wagt LEGO sich an ein Experiment, das möglicherweise ein Problem lösen kann, das die Wirtschaft der Nachkriegszeit mehr und mehr beschäftigt: den Erhalt eines guten Betriebsklimas.

Højlund geht die Aufgabe mit viel Mut an und nimmt die Arbeit in seiner neuen »Gemeinde« mit großem Engagement und Begeisterung auf, doch trotz der guten Absichten scheitert das Experiment. Es stellt sich heraus, dass die kulturelle Kluft zu groß ist, sowohl für Højlund als auch für LEGO, und nach zwei Jahren in Billund kehrt der Personalchef 1965 in sein Pastorenamt zurück. Wieder sind LEGO und Højlund Thema in den Zeitungen, und ein Kopenhagener Boulevardblatt möchte wissen, was Pastor Højlund in den zwei Jahren in Billund gelernt hat. Højlund antwortet, er habe entdeckt, wer sich in einem Unternehmen wie LEGO am einsamsten fühlt:

»Der Arbeiter wird von einer Gemeinschaft der Kameraden getragen und trägt sie gemeinsam mit ihnen. Die Arbeiter wissen, dass sie eine Aufgabe erfüllen, und das gibt ihnen eine Sicherheit und Harmonie, die bei denen, die auf den exponierteren Posten in der Nähe der Spitze sitzen, keineswegs zu finden ist.«

Obwohl in den Sechzigerjahren der Einfluss der Inneren Mission deutlich zurückgeht und der erste Satz eines Entwurfs zur Personalpolitik – »LEGO soll mit einem christlichen Blick auf das Leben geführt werden« – gestrichen wird, verhehlt auch Godtfred niemals seine religiöse Überzeugung. Sein Glaube ist nicht annähernd so stark und lebendig wie der seines Vaters, aber er hält doch sein ganzes Leben daran fest. Nach Ole Kirks Tod 1958 macht Godtfred in regelmäßigen Abständen darauf aufmerksam, dass man in Billund den Klang von Kirchenglocken vermisse, ein Thema, das auch sein Vater zu seinen Lebzeiten immer wieder angesprochen hatte.

Während einem seiner Aufenthalte in den USA lässt Godtfred sich von einem Zentrum in einer kleineren Stadt inspirieren, wo die Kirche, eine Bibliothek, ein Theater, eine Cafeteria, ein Kindergarten und andere Räume für kulturelle Zwecke unter einem Dach versammelt sind. Erstaunlicherweise ist auch dem Bischof des Bistums Ribe, Henrik Dons Christensen, bei einer Reise in die Staaten dieses Zentrum aufgefallen, wie Godtfred erfährt, als sie sich eines Tages unterhalten. Die Frage liegt auf der Hand: Könnte der Bischof sich solch ein Kirchen- und Kulturzentrum in einem rasch wachsenden Ort wie Billund vorstellen, in dem es keine Kirche gibt? Godtfred kann es durchaus, und er beginnt, diese Idee mit Enthusiasmus, Beharrlichkeit und seinen analytischen Fähigkeiten zu entwickeln – so wie er alle Projekte angeht, die Billund und LEGO betreffen.

Es fehlen in diesen Jahren Wohnungen für die vielen neuen Mitarbeiter, und basierend auf den Vorstellungen seines Vaters, dass man den Beschäftigten der Fabrik nicht nur einen Ort zum Wohnen anbieten solle, sondern möglichst ein Haus mit Garten, sorgt GKC in den Jahren 1958 bis 1962 dafür, dass am Fasanvej, Bogfinkevej und Solsortevej in Billund Einfamilienhäuser gebaut werden. Er kauft einen Bauernhof, teilt dessen Ländereien auf und lässt darauf insgesamt zwanzig Häuser für Angestellte von LEGO errichten. Eine Direktionssekretärin erledigt die gesamten Formalitäten, jedes Haus kostet 56 000 Kronen, für die Anzahlung von 5000 Kronen bürgt GKC persönlich.

LEGOs enormes Wachstum prägt das Bahnhofsstädtchen, das im Laufe von zehn Jahren von achthundert auf zweitausend Einwohner anschwillt und nun mit riesigen Herausforderungen in sämtlichen kommunalen Bereichen zu kämpfen hat. Der örtliche Polizist Qvist-Sørensen hatte in seinem Wissenswert-Vortrag bereits darauf hingewiesen, dass die Gemeinde nicht im notwendigen Maß in der Lage ist, mit der alles überlagernden Expansion der Firma Schritt zu halten. Das war verständlich, gab es doch – abgesehen von den privaten Wohnzimmern der Gemeinderatsmitglieder – bis 1954 nicht einmal ein Gemeindebüro in Billund. Der Gemeinderatsvorsitzende hatte die gesamte Korrespondenz zu erledigen, ein Kassierer trieb die Steuern ein und führte die Rechnungsbücher.

In traditionell jütländischer Art hatte sich der Gemeinderat viel zu lange passiv und skeptisch gegenüber dem Erfolg von LEGO verhalten. Lohnte es sich, in neue Wohnungen, Abwassersysteme, bessere Infrastruktur und mehr öffentliche Gebäude zu investieren? Abgesehen von einem neuen Altersheim, in dessen Keller das erste Gemeindebüro eingerichtet wird, und dem von der Billund Wohnungsbaugesellschaft errichteten Wohnblock am Lærkevej werden keine größeren kommunalen Bauprojekte in Angriff genommen, bevor sich nicht Ole Kirks Söhne mit Godtfred an der Spitze direkt an den Gemeinderat wenden.

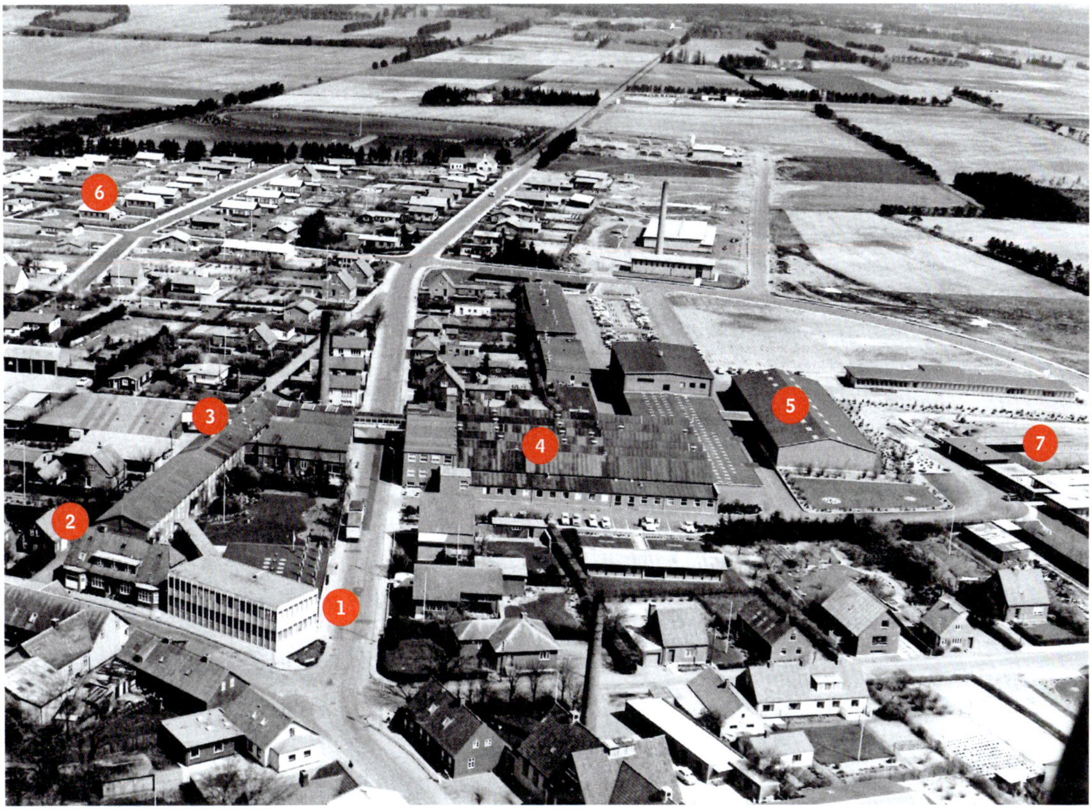

GKC hat große Pläne mit LEGO und Billund. Um 1960 kämpft er beim Gemeinderat um neue Wohnungen, weitere Einrichtungen für Kinder und eine bessere Infrastruktur. Auf dem Foto rechts ist GKC im Gespräch mit dem Gemeinderatsvorsitzenden Hans Jensen zu sehen.
Oben: Billund aus der Luft, Anfang der 1960er-Jahre: das Systemhaus (1), das Löwenhaus (2), das Fabrikgebäude aus dem Jahr 1942 (3), die Gießerei (4), das Exportlager (5), Einfamilienhäuser für LEGO-Mitarbeiter (6), Godtfreds und Ediths neues Haus (7).

In einem längeren Brief erkundigt sich die Familie Kirk Christiansen nach einem Entwicklungsplan für Billund und hängt dem passiven Gemeinderat eine verlockende Karotte vor die Nase. LEGO will dem Ort fast vier Hektar Land für ein Erholungsgebiet überlassen, das die Menschen in Billund so sehr vermissen. Und als Krönung wird dem Gemeinderat noch versprochen, dass LEGO die laufenden Kosten für

10 VIGTIGE KENDETEGN FOR LEGO

1. LEGO = ubegrænsede muligheder i leg
2. LEGO = for piger, for drenge
3. LEGO = begejstring til alle aldre
4. LEGO = leg hele året
5. LEGO = sund og rolig leg
6. LEGO = de fleste legetimer
7. LEGO = udvikling, fantasi, skaberevner
8. LEGO = mere LEGO, mangedoblet værdi
9. LEGO = let supplering
10. LEGO = gennemført kvalitet

»Zehn wichtige Kennzeichen für LEGO«, die GKC 1963 intern vorstellt, werden zur Grundlage der Entwicklung von LEGO-Produkten in den nächsten Jahrzehnten. Im gleichen Jahr wird als Rohmaterial statt Celluloseacetat ABS-Plastik verwendet, das die Steine kräftiger und die Farben gleichmäßiger werden lässt.

1. LEGO = unbegrenzte Spielmöglichkeiten
2. LEGO = für Mädchen, für Jungen
3. LEGO = Begeisterung für alle Altersstufen
4. LEGO = ganzjähriges Spielen
5. LEGO = gesundes und ruhiges Spielen
6. LEGO = die meiste Spielzeit
7. LEGO = Entwicklung, Fantasie, schöpferische Fähigkeiten
8. LEGO = mehr LEGO, vervielfachter Wert
9. LEGO = leichte Ergänzung
10. LEGO = durchgängige Qualität

die Anlage übernimmt, die auf 50 000 Kronen geschätzt werden. Die Schenkung, so heißt es in dem Brief, ist im Zusammenhang mit den Wohnquartieren zu sehen, die in der Stadt entstehen werden. Billund könne zu einer Oase werden, nicht zuletzt für die LEGO-Mitarbeiter, die nicht mit jütländischem Heidesand unter den Holzschuhen geboren wurden:

> »Mit der Zeit kann dort mit verhältnismäßig geringen Mitteln eine schöne und besondere Anlage entstehen, auf der die Heide einen ungewöhnlich feinen Kontrast zu all den Neubauten liefert. Darüber hinaus können dort nach und nach ein Schwimmbad, Tennisplätze, Spielplätze und viele andere Dinge angelegt werden, die dazu beitragen, das Ganze auf ein Niveau zu heben, das Billund zu einer Stadt macht, die auch für tüchtige Menschen attraktiv ist – wertvolle Mitglieder der Gesellschaft,

die mit anpacken und eine Zukunft schaffen. Warum machen wir Billund nicht zu einer Stadt, von der die Menschen sagen: ›Das ist die führende Kleinstadt‹? Oder ›die Oase in der Heide‹? Oder ›die Stadt, in der ein frischer Wind weht‹? LEGO ist gern bereit, sich an einer derartigen Aufgabe zu beteiligen, um solch eine Perspektive möglich zu machen.«

Ganz am Ende wird noch hinzugefügt, dass eine Kirche bei einer zukünftigen Stadtplanung berücksichtigt werden müsse: »Wenn das neue Erholungsgebiet kommt, empfehlen wir die alte Anlage als einen ausgezeichneten Platz für eine Kirche.« Und der Gemeinderat kann durchaus damit rechnen, dass LEGO auch einen Kirchenbau unterstützen wird.

Geht es nach Godtfred, setzt der Gemeinderat seine Beschlüsse viel zu langsam um. 1962 verliert er die Geduld und schickt dem Gemeinderat einen weiteren Brief, in dem er den Ton verschärft. LEGO stehe vor einer weiteren großen Fabrikerweiterung, aber bei der Stadtentwicklung habe sich nichts getan. Es muss jetzt etwas passieren, schreibt Godtfred und rasselt mit dem Säbel: »Ich gehe so weit zu sagen, dass, wenn es uns nicht gelingt, die Entwicklungen Hand in Hand laufen zu lassen, es besser ist, wenn LEGO seine Aktivitäten jetzt einstellt und die neue Industrieanlage an einem anderen Ort plant.«

Das sind Sätze, die selbst die reaktionärsten Kräfte im Gemeinderat begreifen. Im Februar 1963 erklärt der Gemeinderatsvorsitzende Hans Jensen den Zeitungen, man habe einen Stadtplaner aus Kopenhagen angeheuert, der einen »Dispositionsplan« für Billunds Zukunft erarbeiten soll, in dem Wohnungen, das Rathaus, ein Einkaufszentrum, ein Hotel und weitere Einrichtungen berücksichtigt werden sollen. Der Gemeinderatsvorsitzende hat erkannt, dass LEGO mit inzwischen siebenhundert Beschäftigten das Rückgrat der neuen Planungen sein muss. Allerdings hat er seine liebe Not damit, den Gemeinderatsmitgliedern begreiflich zu machen, dass die Bevölkerung von Billund umso weniger Steuer bezahlen muss, je mehr Kinder weltweit mit LEGO spielen:

»Wir möchten weiterhin mit beiden Beinen auf dem Boden stehen.

Hier draußen in der alten jütländischen Heide ist man für gewöhnlich nicht größenwahnsinnig, aber dennoch ist es die Pflicht der Gemeinde, in die Zukunft zu blicken, soweit sich das machen lässt. Im eigenen Interesse müssen wir den Weg für eine nachhaltige Entwicklung bahnen, die nicht vom Zufall geprägt ist.«

Den älteren Gemeindemitgliedern, die Ole Kirks bescheidenen, selbstlosen Einsatz im Missionshaus nicht vergessen haben, fällt auf, dass der Sohn die christliche Botschaft wesentlich großzügiger auslegt. Vor allem die Ruhe- und Feiertage hatte der Gründer von LEGO stets in Ehren gehalten und respektiert. Doch Godtfred, der als junger Mann einmal einem Bekannten in einer existenziellen Krise schrieb: »Ich weiß nur einen Weg – den zu Gott«, kennt in den Sechzigerjahren häufig nur den Weg ins Büro, sobald der sonntägliche Gottesdienst und das anschließende Mittagessen überstanden sind. Und auf seinen zahlreichen langen Reisen arbeitet er auch an Feiertagen im Hotelzimmer, vollauf beschäftigt mit Überlegungen und Berechnungen. Wie kann LEGO den Schichtbetrieb und die Spritzgießmaschinen rund um die Uhr, die ganze Woche und auch am Sonntag am Laufen halten?

»Große Worte führen selten zu frommen Taten« hieß es früher, und manch einer in Billund sieht Godtfreds Visionen Anfang der Sechzigerjahre in diesem Licht. Ole Kirks Sohn will nicht nur, dass sämtliche Kinder und Erwachsenen auf der Welt mit LEGO-Steinen spielen, nun gibt es auch Gerüchte, dass er den Landkreis und die umliegenden Gemeinden von der verrückten Idee überzeugen will, der größte Flughafen der Region müsse in Billund liegen.

Das Märchen, das von Hans Christian Andersen stammen könnte, beginnt 1961, als LEGO Miteigentümer eines kleineren Propellerflugzeugs wird. Zu diesem Zeitpunkt gibt es noch keine Möglichkeit, in Billund zu landen oder zu starten, daher muss GKC zum Fliegen häufig nach Esbjerg gebracht werden. Dort hat man eine ausgezeichnete Graslandebahn, der allerdings die elektrische Beleuchtung fehlt – ein Mangel, dem schnell hätte abgeholfen werden können, wenn der verantwortliche Beamte der Gemeinde Esbjerg beim Verhandeln ebenso clever gewesen wäre wie der Inhaber von LEGO.

»Ich habe der Gemeinde Esbjerg angeboten«, so Godtfred, »dass wir die Hälfte der Kosten für die Lichtanlage übernehmen. Wir wollten auf eigene Rechnung auch einen Hangar bauen. Aber das sei unmöglich, bekam ich zu hören. Privatleute könnten auf diese Weise nicht mit der öffentlichen Hand zusammenarbeiten ... und damit war die Diskussion beendet!«

Nachdem ihm die Kommune in Esbjerg die kalte Schulter gezeigt hat, nimmt Godtfred die Sache selbst in die Hand, kauft ein großes Gelände am Rand von Billund und legt dort mithilfe seines ersten Piloten der LEGO Airways, Hans Erik Christensen, auch HEC genannt, eine Graslandebahn an. Die Landebahn wird im Frühjahr 1962 fertig, einige Monate später erwirbt Godtfred eine Piper Aztec, die HEC und sein Cousin im besten Charles-Lindbergh-Stil von der amerikanischen Ostküste nach Hause in die Heide fliegen. Das Flugzeug landet nach einem zwanzigstündigen Flug über Neufundland und Irland in Billund. Eine sehr lange Reise, erinnert sich HEC, auf der die Piloten in Thermoskannen pinkeln mussten, die dann über der irischen Küste ausgeleert wurden.

Einen Monat später wird der kleine Flugplatz durch einen Hangar erweitert und die Landebahn mit farbigen LEGO-Steinen in Mammutgröße markiert, sodass sie von der Luft aus zu erkennen ist. Die Piper wird umgehend zu Geschäftsreisen eingesetzt, und Johannes hat für die notwendige Beleuchtung zu sorgen, damit die Maschine auch in der Dämmerung landen kann. Es gelingt mithilfe von Privatautos einiger LEGO-Mitarbeiter und Johannes' großem Lastwagen, der mit eingeschaltetem Abblendlicht zwischen den großen Klötzen entlang der Landebahn Position bezieht.

Johannes übernimmt auch den Funkkontakt mit den Piloten, wenn sie sich Billund nähern. HEC, der 1964 zum Flughafendirektor befördert wird, erinnert sich an das knisternde Geräusch, das die Antworten von Ole Kirks ältestem Sohn begleitete, wenn die Piloten etwas über die Sicht in Billund erfahren wollten.

»Wie weit kannst du sehen, Johannes?«

Die neu gekaufte Piper Aztec ist gerade nach einem langen Flug über den Atlantik gelandet. Edith und GKC danken den beiden müden Piloten Hans Jørgen Christensen (links) und seinem Vetter Hans Erik Christensen, auch HEC genannt. HEC ist für den Aufbau des Flughafens von Billund verantwortlich und wird der erste Direktor des Flughafens.

»Ein gutes Stück weit, Hans Erik, ganz bis zum Wald!«

»Gut, dann kommen wir jetzt, Johannes!«

Schon bald wird eine stationäre Befeuerung der Landebahn installiert und laufend verbessert, sodass auch andere kleinere Flugzeuge die Anlage in Billund nutzen können. Und irgendwann heißt es, Dänemarks zweitgrößter Flughafen könnte doch durchaus in der Gemeinde Grene liegen. Allerdings haben eine Reihe großer mittel- und westjütländischer Städte längst selbst Interesse an einem Regionalflughafen angemeldet, und die Beamten im Verkehrsministerium in Kopenhagen sehen keine Notwendigkeit für ein derartiges Projekt in einem kleinen Heidestädtchen, das weder über größere Zufahrtsstraßen noch eine Zugverbindung verfügt, da der Bahnverkehr zwischen Vejle und Grindsted bereits 1957 eingestellt wurde.

Godtfred hat den Flughafen jedoch kristallklar vor Augen, und mit seinem unerschütterlichen Glauben an das eigene Urteilsvermögen und seine Tatkraft beginnt er mit einer umfassenden Lobbyarbeit und einer unendlichen Anzahl von Sitzungen mit Lokal- und Landespolitikern, Landräten, Bürgermeistern und Ministern. Im Februar 1964 erfolgt der erste Spatenstich für eine tausendsechshundertsechzig Meter lange asphaltierte Start- und Landebahn auf den Feldern hinter der LEGO-Fabrik, und bereits im November desselben Jahres richtet die Fluggesellschaft SAS eine tägliche Verbindung zwischen Kopenhagen und Billund ein.

Kjeld: »Es gelang Vater, die Unterstützung von Landräten, Gemeinderatsvorsitzenden und Ministern zu bekommen, um den Flughafen zu bauen. Er selbst half bei der Finanzierung, denn er würde sein Geld sicher zurückbekommen, wenn der Flughafen sich gut entwickelte. Aber er war auch bereit, Verluste hinzunehmen. Nach der Eröffnung war es ungeheuer wichtig, den Flughafen mehr als nur für den einen SAS-Flug am Tag zu nutzen. Was lag da näher, als Eilif Krogager, den Pastor in Tjæreborg, zu kontaktieren, der zu diesem Zeitpunkt großen Erfolg mit seinem Reisebüro und Sterling Airways hatte? Pastor Krogager war ausgesprochen interessiert daran, Pauschalreisen nach

Die Einweihung des Flughafens 1964 entwickelt sich zu einem regionalen Volksfest mit Flugzeugen in der Luft, 50000 Menschen am Boden, dem Besuch von Ministern und Bürgermeistern und einem Ochsengespann, auf dem der Gemeinderatsvorsitzende und Billunds Alterspräsident Platz genommen haben.

Mallorca mit Start von einem jütländischen Flughafen aus anzubieten, Vater und er verstanden sich, und so kam es, dass es von Anfang an viele dänische Pauschaltouristen im Flughafen von Billund gab.«

Als der Flughafen Billund unter großen Festlichkeiten am 1. November 1964 von Verkehrsminister Kai Lindberg und einer Reihe von Bürgermeistern und Landespolitikern eröffnet wird, die mit einer SAS-Maschine aus Kopenhagen gekommen sind, ist auch eine Führung bei LEGO vorgesehen, die mit einem Imbiss im Systemhaus endet. Dort wird den mächtigen Männern etwas über Billunds Entwicklung in den kommenden Jahren erzählt und eine ganz neue Idee präsentiert, die noch mehr Menschen in die Region bringen soll: ein Familienpark, der weder wie Disneyland noch der Kopenhagener Tivoli aussehen

Dagny Holm und ihr weibliches Team setzen einen ganz besonderen Akzent in LEGO-LAND. »Dagny weigerte sich, Spezialelemente zu verwenden«, erzählt Kjeld, »alles sollte aus unseren klassischen Systemsteinen sein, denen sie einen ganz besonderen und nie zuvor gesehenen Ausdruck gab. Sie war eher Bildhauerin und Künstlerin als eigentliche Designerin.«

soll, sondern ausschließlich auf die inzwischen weltberühmten LEGO-Steine baut. Eine Idee, die durch den ständig wachsenden Strom von Menschen entstanden ist, die LEGO besuchen und eine Führung durch das Unternehmen buchen – inzwischen sind es 20000 Besucher pro Jahr.

Kjeld: »Jahr für Jahr wurden es immer mehr Menschen, von Grundschul- und Gymnasialklassen bis zu Rentnerclubs und Hausfrauenvereinen, die einen geführten Rundgang durch die Fabrik wünschten und unsere Modellproduktion sehen wollten. Langsam wurde es ein wenig lästig für die Beschäftigten in der Modellabteilung, die mit den Steinen bauten und den Besuchern erzählen sollten, was sie dort taten. 1963 kaufte mein Vater von einem alten Ehepaar einen Bauernhof mit viel Land und kam dann auf die Idee, eine kleine Halle zu bauen, in der die großen LEGO-Modelle, die besonders beliebt waren und die wir auch im Ausland zu zeigen begonnen hatten, dauerhaft ausgestellt werden sollten. Dann könnte der Bauer darauf aufpassen, während seine Frau für die Gäste des Parks Kaffee kochte und Kuchen servierte. Ja, so fing es an.«

Godtfred hat bemerkt, dass für beinahe alle Besucher der Höhepunkt beim Rundgang durch die LEGO-Fabrik die großen Bauten aus Steinen sind, die in der Modelldesignabteilung entstehen. Hierher strömen die Besucher und unterhalten sich begeistert darüber, wie die Fantasie Grenzen verschieben kann. Das liegt vor allem auch an Dagny Holm, Godtfreds kreativer Cousine, die mit dem erfahrenen Christian Lasgaard die Modelle baut. Sie revolutioniert das Design, bei dem es vorher nur um Häuser, Fahrzeuge und Straßen ging, und führt Märchenfiguren, Tiere und Landschaften aus LEGO-Steinen ein.

Kjeld: »Die Modellwerkstatt war ein fantastischer Ort. Als Teenager zu Beginn der Sechzigerjahre ging ich oft nach der Schule zu Dagny und Lasgaard. Dort hatte ich meine eigene Ecke mit einem Tisch und einem Stuhl und Zugriff auf Berge von LEGO-Steinen. Ich saß den ganzen Nachmittag dort, ja, bis zum Feierabend, und baute meine großen Automodelle. Gleichzeitig bekam ich aber auch unglaublich viele Anregungen von den fantastischen Bauwerken der beiden anderen.«

Lasgaard war der Modellbauer und hatte 1961 versucht, Dagny die Grundprinzipien des Bauens mit LEGO-Steinen beizubringen. Doch eine rechtwinkelige, regelgebundene Bauweise gefiel Dagny nicht, die einen großen Teil ihres Lebens mit Ton gearbeitet hatte. Später erzählte sie der Mitarbeiterzeitung: »Es fiel mir schwer, mich an die starren Steine zu gewöhnen, aber je mehr man damit arbeitet, desto mehr Perspektiven eröffnen sich.«

Dagny Holm war in den Dreißigerjahren kurz bei LEGO angestellt, zog dann aber nach Kopenhagen, wo sie beinahe drei Jahrzehnte lebte. In ihrer Freizeit zeichnete sie, formte Büsten und Skulpturen aus Ton und nahm Unterricht bei dem Bildhauer Harald Isenstein. 1961 kehrt Dagny nach Jütland und zu LEGO zurück, und einige Jahre später sollte ihr die entscheidende Rolle bei der Realisierung von Godtfreds Idee eines Familienparks zufallen. Doch zunächst legt sie den Grundstein für eine neue, abstraktere Methode, LEGO zu verwenden:

»Anfangs wollte ich nichts mit Häusern zu tun haben, denn das konnte Lasgaard sehr gut. Ich baute Figuren und Puppen, von denen Godtfred dann begeistert war. Ich bemühte mich sehr darum, ihnen Leben einzuhauchen. Deshalb fing ich immer mit den Augen der Puppen an und später dann mit den Fenstern in den Häusern, weil sie für mich ein Spiegel der Seele sind.«

Dagnys kleine und große Kunstwerke sind zunächst dazu gedacht, auf der ganzen Welt ausgestellt zu werden, doch schon bald bekommt sie den Titel einer »Chefdesignerin« – der erste Titel dieser Art in der Geschichte des Unternehmens. Abgesehen von der Kantinenleiterin ist sie auch die erste Frau bei LEGO mit einem Cheftitel. Unter sich hat Dagny erst eine, dann zwei, dann fünf und schließlich neun Frauen, die sie »meine Mädchen« nennt. Sie helfen bei der Kreation der großen Tiere, Häuser und Figuren, die unter anderem gebraucht werden, um Hans Christian Andersens Märchen zu visualisieren.

Als das LEGOLAND-Projekt 1965 und 1966 Form annimmt und später jedes Jahr mit frischen Bauten und Milieus umgestaltet werden muss, wird Dagny zur reisenden Modellbauerin. Sie besucht Italien, die Niederlande, Großbritannien und Norwegen, um sich Landschaften und Stadtmilieus, Häuser und Gebäude anzusehen, die fotografiert und in Billund nachgebaut werden. Millionen von Steinen gehen fast zwei Jahrzehnte lang durch die Hände von Dagny und ihren »Mädchen«.

»Wir teilten unsere Sorgen und Freuden. Wir waren ja Frauen in einer Männerwelt, und das stärkte den Zusammenhalt. Ehrlich gesagt, habe ich es viele Jahre als Problem empfunden, eine Frau in dieser Welt zu sein, denn man musste doppelt so gut sein wie die Männer, um mit seinen Fähigkeiten akzeptiert zu werden. Aber wir unterstützten einander, und es waren grandiose Jahre.«

Godtfreds Vision von einem Familienpark wäre nicht nur eine praktische Lösung des Problems der zahlreichen Besucher der Fabrik. Er sieht darin auch eine neue und interessante Form des Marketings. In einem Brief an einen guten Bekannten im Einzelhandel beschreibt er später seine Idee mit LEGOLAND als »einen kühnen Schritt, um neue Absatzwege innerhalb der dänischen Spielwarenindustrie zu finden, der allen Händlern zugutekommt«.

In demselben Brief betont GKC die pädagogischen Verdienste der Firma und erklärt, mit dem Park verbinde sich die Idee, »das richtige Spiel und seine Bedeutung für das Kind und die Entwicklung des Kindes zu veranschaulichen, nicht nur für die Kinder selbst, sondern auch für deren Eltern, Pädagogen und andere, die mit Kindern zu tun haben«.

Von Anfang an ist es sowohl ein idealistisches als auch ein kommerzielles Projekt, aber der eloquente Godtfred muss hart kämpfen, um die übrige Führungsriege von seiner Idee »eines Kinderparadieses, wie man es noch nie gesehen hat«, zu überzeugen. Im Spätsommer 1962, als er den Direktoren seine Ideen zu einem LEGO-Familienpark präsentiert, »wo Kinder regieren und wo Kinder vergessen können, dass sie irgendwann erwachsen werden«, stößt er auf erhebliche Skepsis. Übernimmt man sich da nicht finanziell? Und hat man sich nicht ohnehin schon mit Projekten wie »Hobby und Modellbau« und Modulex zu weit vom Kerngeschäft entfernt? Einer der besonders skeptischen leitenden Angestellten weist darauf hin, dass LEGO zwar genau weiß, wie man die Steine produziert und verkauft, aber keine Ahnung hat, wie man einen Vergnügungspark betreibt.

Godtfred bleibt dabei, dass seine Idee nicht nur Teil der Grundidee des LEGO-Systems ist, sondern auch eine neue und bisher unerforschte Möglichkeit für weiteres Wachstum. Er versichert, es gehe nicht um eine mitteljütländische Antwort auf Disneyland, sondern um einen Showroom im Freien, in dem man sich auf »LEGO System im Spiel« konzentriert, so viele Produkte wie möglich zeigt und gleichzeitig bei Kindern und Erwachsenen die Lust weckt, mit LEGO zu spielen und etwas zu erschaffen.

Auch die treuen Unterstützer in der Vejle Bank erkennen das

Im LEGOLAND-Zug sitzend, sehen Arnold Boutrup und GKC 1968 ihre Idee verwirklicht. 13000 Quadratmeter flache Heidelandschaft sind verwandelt in ein hügeliges, spannendes Mini-Land, in dem die Lust von Kindern und Erwachsenen, zu spielen (und noch mehr LEGO zu kaufen), angeregt wird.

Außergewöhnliche an Godtfreds Idee nicht, als er wissen will, ob er mit einer finanziellen Rückendeckung rechnen kann, wenn das Projekt – gegen alle Erwartungen – in Schwierigkeiten geraten sollte. Der Aufsichtsratsvorsitzende der Bank fragt, wie viele Menschen Godtfred in diesen Park locken will? »300000 im Jahr«, lautet GKCs kühne Antwort. Der Aufsichtsratsvorsitzende starrt ihn an und schüttelt den Kopf – dieses Risiko muss GKC allein tragen. Was er auch tut, unbeeindruckt von der negativen Haltung der Bank und der Direktoren von LEGO. Später äußert er sich zu dieser besonderen Fähigkeit: »In vieler Hinsicht ist es ein Vorteil, dass ich nur auf der Dorfschule gewesen bin. Gute Ideen sind oft einfach und schlicht. Ich bin impulsiv, und das führt dazu, dass ich oft quer zu allen Regeln stehe und mich nicht von kühler Logik aufhalten lasse.«

Auf seinen Spritztouren nach Kopenhagen Anfang der Sechzigerjahre, die er zur Klärung von Fragen rund um den Flughafen in Billund unternimmt, übernachtet Godtfred stets im Missionshotel Hebron in der Helgolandsgade im Stadtteil Vesterbro, das die Schwiegereltern seiner jüngeren Schwester Ulla gepachtet haben. Am späten Abend, vor dem Schlafengehen, unternimmt Godtfred gewöhnlich einen Abendspaziergang, und vor dem Haupteingang des Tivoli schlendert er gern über die Straße zum Kaufhaus Anva, dessen thematische Fensterdekorationen eine Touristenattraktion sind.

Eines Tages, als Godtfred wieder einmal in der Stadt ist, hat Anva die Fenster zur Vesterbrogade in ein dänisches Frühlingsparadies mit einer Seen- und Waldlandschaft verwandelt. Es ist reine Magie, findet Godtfred und schickt am nächsten Tag einen großen Strauß Blumen mit einer Dankeskarte an den Chefdekorateur des Kaufhauses – wer immer es auch sein mag. Eine typische GKC-Handlung, spontan, aber nicht ohne Absicht. Allein die Vorstellung, dass all die Fantasie und Kreativität, die hinter den ideenreichen Tableaus in Anvas Fenstern stecken, sich auf den Feldern am Rand von Billund entfalten könnten …

Nach mehreren Telefonaten mit dem Chefdekorateur Arnold Boutrup, der sofort erklärt, er würde niemals nach Jütland ziehen, lädt Godtfred ihn nach Billund ein, um ihm die großen Linien und zahlreichen Möglichkeiten in dem noch nicht existierenden Plan eines Familienparks zu erklären. Diese Reise wird Boutrup nie vergessen. Später berichtet er in einem Artikel über die Gründung von LEGOLAND:

> »Nach dem Treffen mit GKC war ich überzeugt. Er war unglaublich faszinierend, trug ein Paar außergewöhnliche geflochtene Schuhe, die einem sofort ins Auge fielen, und strahlte einen Optimismus aus, der mich von der Idee eines ›Abenteuerparks‹, wie er zu diesem Zeitpunkt noch genannt wurde, überzeugte. Dagny Holm hatte eine Skizze angefertigt, die einen zirkelförmigen Park mit hundert Meter Durchmesser darstellte.«

Es gelang Godtfred, den am meisten umworbenen Dekorateur der Hauptstadt nach Billund zu holen. Allerdings weigert sich Boutrup weiterhin, umzuziehen, und bekommt schließlich seinen Willen: In seinen folgenden fünfundzwanzig Jahren – erst als Berater des Bauprojekts, später als Direktor von LEGOLAND – kommt er mit einem Flugzeug von SAS oder LEGO Airways zur Arbeit.

Godtfred ist eifrig bemüht, den Park im Sommer 1964 oder 1965 zu eröffnen, daher versammelt sich die Projektgruppe alle vierzehn Tage in Billund oder bei Boutrup zu Hause in Bagsværd am Rand von Kopenhagen. Bereits im Oktober 1963 legt der tüchtige Dekorateur einen konkreten Plan mit Ausstellungshalle, Restaurant, Küche und einem LEGO-Zug auf Schienen vor, der die Gäste durch den ganzen Park fahren soll. Doch dann stockt das Projekt. Godtfred ist mit seinem anderen großen Plan für Billunds und LEGOs Zukunft beschäftigt, dem Flughafen, und muss im folgenden Jahr eine Unmenge an Verhandlungen führen – gleichzeitig leitet er ein Unternehmen, das im Ausland ungebremst weiterwächst.

Erst 1965 geht es mit den Bauplänen weiter, und Boutrup wird nun offiziell die kreative Verantwortung für die Entwicklung und den Aufbau des LEGOLAND-Parks übertragen. Sofort holt er seine beiden fähigsten Mitarbeiter von Anva zu LEGO, um Modelle zu bauen und Ideen für die sonstigen Aktivitäten im Park zu entwickeln. Gearbeitet wird im Keller von Boutrups Privathaus, in dem er ein Atelier eingerichtet hat. Dort wird mit LEGO-Steinen gebaut, ausgeschnitten, geklebt und entworfen. Im Herbst 1966 bekommt Boutrup unerwartete Hilfe vom jüngsten Spross des LEGO-Stammbaums.

Kjeld: »Als ich 1966 mit der Schule fertig war, wusste ich nicht, was ich machen sollte, ich hatte überhaupt keinen Plan für meine Zukunft. Musik, Pferde und LEGO waren weiterhin das Einzige, was mich interessierte. Mein Cousin in Kopenhagen studierte an der Polytechnischen Lehranstalt und wollte Chemieingenieur werden, das klang ziemlich spannend, fand ich, also mietete ich im August 1966 ein Zimmer bei meinem Cousin und seiner Frau in Lyngby. Es stellte sich aber heraus, dass meine Noten in Mathematik, Physik und Chemie so schlecht waren, dass ich nur nach einem Vorbereitungssemester, das ich mit einer Prüfung in allen drei Fächern beenden musste, anfangen konnte zu studieren. Das hielt ich nicht aus, ich gab auf und fing stattdessen bei Arnold Boutrup an, der bei sich zu Hause in Bagsværd den LEGOLAND-Park entwarf. Ich ging jeden Tag dorthin, half bei allen anfallenden Arbeiten und durfte mich auch ein wenig an der Konzeptentwicklung beteiligen. Bereits zu diesem Zeitpunkt wurde überlegt, im Park Ponyreiten anzubieten, und ich ritt damals viel, daher stimmte ich sofort für diese Idee. Aber sollte es nicht noch mehr Attraktionen mit Pferden geben, zum Beispiel ein paar von Ponys gezogene Wagen? ›Ja, gute Idee‹, meinte Boutrup, und ich durfte die Pferdewagen entwerfen. Das wurde mein Beitrag zum LEGOLAND.«

In Arnold Boutrups Keller wächst der Park von Dagny Holms ursprünglicher Skizze mit einem Durchmesser von hundert Metern zu einem Gebiet von 4,5 Hektar Land – etwas mehr als die Hälfte des Tivoli in Kopenhagen. Abgesehen von den ständigen Ausstellungen mit den großen LEGO-Modellen plant man ein Puppenmuseum und eine Theaterbühne sowie einen »Bauplatz« mit Riesensteinen und großen Bassins voller kleiner LEGO-Steine zur freien Nutzung. Und zentral im Park stehen Dagny Holms Modelle von Städten, Bauwerken und Milieus aus Dänemark und der übrigen Welt im Miniaturformat.

Mehrere feste Vergnügungseinrichtungen werden geplant, unter anderem eine Fahrschule, in der Kinder in kleinen elektrobetriebenen LEGO-Autos einen LEGO-Führerschein erwerben können. Überlegt werden auch eine Kanalrundfahrt in kleinen Booten und ein paar Oldtimer, mit denen Kinder auf eine Safari zwischen verschiedenen wilden Tieren gehen können, die aus LEGO-Steinen gebaut sind. Auf einem Spielplatz kann man auf einer Riesenschildkröte reiten und zwischen LEGO-Giraffen schaukeln, während die etwas älteren Kinder dem Indianerhäuptling Spielender Adler in sein Lager folgen können, in dem es Wigwams, Totempfähle, Lagerfeuer mit Stockbrot und einen Federschmuck umsonst gibt.

1968 öffnet LEGOLAND seine Tore. Von nah und fern kommen Familien mit ihren Kindern in Privatautos und Touristenbussen, die die Parkplätze auf den umliegenden Feldern bis auf den letzten Platz

Der Eingang zum LEGOLAND 1968.
Nächste Seite: Auch König Frederik IX. schaut vorbei, der an Eisenbahnen interessierte Monarch darf LEGOs ersten Versuch mit Elektronik testen: einen Zug, der mithilfe einer Flöte dirigiert werden kann. Ein Pfiff bedeutet »fahren«, zwei Pfiffe »anhalten« und ein langer Pfiff »rückwärts«. Königin Ingrid, Prinzessin Benedikte und Godtfred sind die Zuschauer beim Spiel des königlichen Lokomotivführers.

füllen. Die neue Touristenattraktion in Mitteljütland ist von Beginn an ein riesiger Erfolg mit 400 000 Besuchern allein in den ersten paar Monaten.

Den ganzen Sommer über sind die Schlangen doppelt so lang wie erwartet, und an manchen Tagen in diesen sehr heißen Monaten ist der Zustrom so groß, dass Godtfred die Direktoren im Systemhaus anruft und sie bittet, gemeinsam mit ihren Ehefrauen zum LEGOLAND zu kommen, um in der unterbesetzten Cafeteria beim Abwasch oder der Entgegennahme von Bestellungen auszuhelfen. Am Ende der Saison haben 625 000 Kinder und Erwachsene den Park besucht, und niemand zweifelt mehr daran, dass LEGOLAND eine geniale Idee war.

Wieder hat Godtfred sich als ein begnadeter Ideenmanager und Impulsgeber erwiesen, immer auf dem Weg zu etwas Neuem, mit einem Monaco-Zigarillo in der einen und einer Kaffeetasse in der anderen Hand.

Aber der ständige Erfolg hat auch seinen Preis. Sogar ein Dynamo und Arbeitstier wie Godtfred, der für LEGO lebt und atmet, kann nicht überall gleichzeitig sein. Wenn er sich in zeitraubende Projekte wie den Flughafen Billund, LEGOLAND oder später das Billund Center stürzt, entsteht im Tagesgeschäft der Firmenleitung eine Leerstelle. In der zweiten Hälfte der Sechzigerjahre kommt es, trotz weiterhin steigender Absatzzahlen, plötzlich zu einer Flaute in der Produktentwicklung, und in der Organisation des Unternehmens wird nach Visionen für die Zukunft gesucht.

Kjeld: »Vater liebte es ja, etwas anzustoßen, und das hat man vor allem in den Sechzigerjahren gesehen. Erst musste LEGO ein Flugzeug haben, dann brauchte Billund einen Flughafen. Und dann gab es noch die LEGOLAND-Idee, die ihn einige Jahre so in Anspruch nahm, dass er darüber die Firma beinahe vergaß. Bis mehrere unserer ausländischen Direktoren anfingen, ihn am Arm zu zupfen. Sie meinten, sie könnten von unserem LEGO-Bausystem noch sehr viel mehr gebrauchen, und wollten weitere Produkte mit dem Namen LEGO vertreiben. Warum also zum Beispiel nicht neben den Steinen auch ein paar kleine Plastikautos produzieren? Vater musste wirklich kämpfen, um standhaft zu bleiben, aber das blieb er glücklicherweise. Erst setzte er den LEGO-Zug auf die Schienen, was insgesamt einen neuen Schub auslöste. Und 1969 kam dann LEGO DUPLO, die großen Steine für kleine Hände. In solchen Sachen war mein Vater gut. Wenn er bei seinen engsten Mitarbeitern auf Widerstand stieß, reagierte er immer damit, etwas Neues zu erfinden.«

1966 kommt es erstmals zu einer solchen Situation, als Godtfred den Mitarbeitern, die eine Erweiterung des Kerngeschäfts wollen, eine Antwort gibt. Er präsentiert ein ganz neues Superprodukt: die erste elektrische LEGO-Eisenbahn! Hübsch verpackt in die Modellschachtel 113, markiert sie mit ihren blauen Schienen für eine ellipsenförmige Bahn, einer blauen Lokomotive, einem blauen Post- und einem blauen Passagierwaggon sowie einem 4,5-Volt-Motor und einer Batteriebox den Beginn der Elektrifizierung von »LEGO System im Spiel«.

Von dem für die verschiedenen Märkte angepassten Bausatz werden eine Million Exemplare verkauft. Auf dem Passagierwaggon in den Schachteln, die für das europäische Festland bestimmt sind, kleben Schilder mit den Zielorten Hamburg, Basel und Genf. In den Sets für Großbritannien, Irland und Australien fährt der Zug nach London, Manchester und Glasgow, und auf dem Schild des Postwaggons steht nun natürlich »Royal Mail«.

Die zweite Hälfte der 1960er-Jahre ist eine bewegte Zeit, in der einerseits der Wohlstand in der westlichen Welt weiterwächst, andererseits aber die geltenden Normen und Werte von einer rebellierenden Jugend infrage gestellt werden. Söhne lassen sich die Haare wachsen, Töchter verzichten auf den BH, und die selbst ernannten Blumenkinder setzen auf freie Liebe, psychedelische Musik und euphorisierende Drogen.

Die kulturellen Schockwellen erreichen schließlich auch Billund, wo der Sohn des Direktors bereits zu Gymnasialzeiten die Haare etwas länger trug; er inszeniert seine eigene kleine Revolte gegen die altmodischen Gymnasiallehrer und einen langweiligen Unterrichtsstoff, den er sich oft genug erst morgens im Bus auf dem Weg nach Grindsted ansieht. Stattdessen nutzt Kjeld seine Freizeit dazu, technisch anspruchsvolle LEGO-Bauten zusammenzubasteln, in Vejle auszureiten und nicht zuletzt Musik von den Beatles, Animals, Red Squares, Van Morrison und Jimi Hendrix zu hören. Der 17-Jährige ist der Ansicht, das kleine verschlafene Städtchen müsse von etwas anderem erschüttert werden als dem Lärm der Fabrik oder des Flughafens. Er bekommt die Erlaubnis, jeden Samstagabend in der alten Kantine der Fabrik einen Jugendtreff zu veranstalten, dort, wo Ole Kirk noch in den Fünfzigerjahren jeden Morgen die Beschäftigten zum Gebet und gemeinsamen Gesang versammelt hat, bevor sie die Arbeit antraten.

Kjeld: »Ich fand, in Billund fehlte ein Ort, wo wir Jugendlichen uns treffen konnten, und schließlich erlaubte mir mein Vater, in einer Ecke der alten Kantine eine Bühne und an der Wand eine Theke einzurichten. Es sollte wie eine richtige Bar in einem Nachtclub aussehen, auch wenn wir keinen Alkohol ausschenken durften. Das Ganze wurde schnell zum Treffpunkt der Jugendlichen. Kleine lokale Bands aus Grindsted traten auf, es wurde getanzt. ›Club-A-Go-Go‹ nannte ich den Club, nach einem Hit der Animals. Allerdings wurde er dann ein bisschen zu populär. Häufig kamen bis zu hundert Jugendliche an einem Samstagabend in das alte Fabrikgebäude, auch viele von außerhalb, die

Im Juni 1966 besteht Kjeld das Abitur, allerdings nur sehr knapp. Als er morgens zur mündlichen Prüfung zum Gymnasium nach Grindsted aufbricht, ist unklar, ob Edith und Godtfred abends ein Fest für den Sohn veranstalten können. Kjeld besteht und kann den Rest des Sommers im Ferienhaus in Hvidbjerg mit Fan-Fotos der Beatles an der Wand ausschlafen.

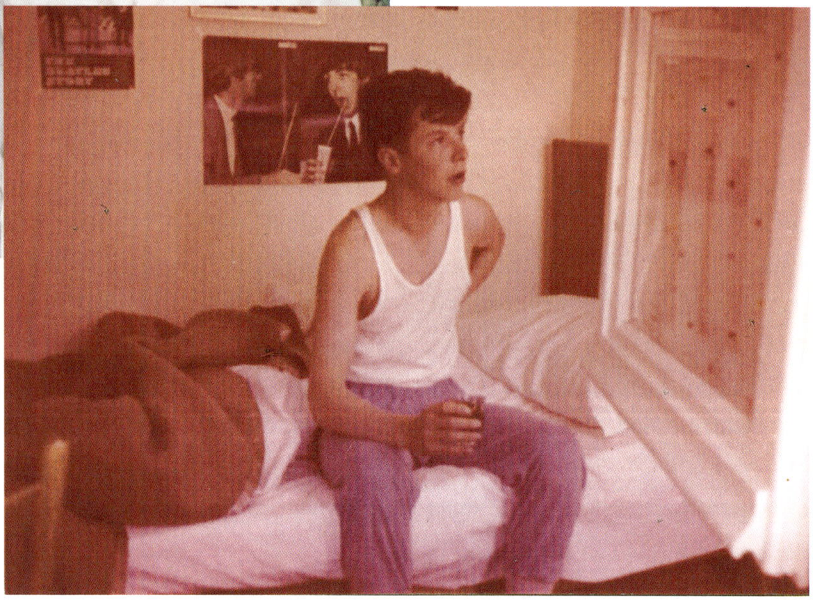

Bier mitbrachten. Da sagte mein Vater irgendwann: ›Jetzt reicht es, Kjeld, da ist zu viel Unruhe in diesem Club.‹ «

Nach dem Gymnasium und einem halben Jahr in Kopenhagen, in dem Kjeld sein Studium aufgibt, um Arnold Boutrup bei der Planung von LEGOLAND zu helfen, schlägt Godtfred dem Sohn vor, etwas ganz anderes auszuprobieren. Was hält er von Wirtschaftswissenschaften auf der Handelshochschule in Aarhus? Ja, warum nicht, denkt Kjeld. Doch Godtfred hat noch einen anderen Vorschlag: Und wie wäre es mit einem halben Jahr als Trainee in der Vertriebsabteilung von LEGO in Hohenwestedt? Warum eigentlich nicht, denkt Kjeld und macht sich auf Richtung Süden.

> **Kjeld**: »Ich war neunzehn Jahre alt, neugierig und absolut bereit, etwas Neues zu lernen. Und es wurden sechs spannende Monate, die eine große Bedeutung für meine Zukunft hatten. Es gab einen Angestellten in Hohenwestedt, der sich meiner besonders annahm und ein Programm für meinen Aufenthalt ausarbeitete. Es sah vor, dass ich alle Abteilungen von LEGO in Deutschland durchlief, und zum ersten Mal erlebte ich ganz auf mich gestellt die Welt außerhalb von Dänemark und sprach ein bisschen Deutsch und Englisch. Außerdem hatte die deutsche Vertriebsgesellschaft eine ganz fantastische IBM-Computeranlage, die ich zu bedienen lernte. Ich fand das wahnsinnig spannend.«

Der Kjeld, der im Sommer 1967 nach Dänemark zurückkehrt, hat mehr Biss und ist voller Lebenshunger. Er freut sich darauf, nach Aarhus zu gehen und mit dem Studium zu beginnen, doch am meisten freut er sich darauf, seine alten Freunde aus Billund und die Klassenkameraden vom Gymnasium in Grindsted wiederzusehen. Es ist der berühmte »Summer of Love«, in dem sich Jugendliche auf der ganzen Welt in den Parks treffen, um Musik zu hören, zu tanzen und die Liebe zu feiern.

So ist es auch in der Parkanlage von Grindsted an einem Sonntag im August, als sich einige Gymnasiasten und Ehemalige an dem See mit dem Springbrunnen treffen, darunter auch der LEGO-Erbe mit bunter Sonnenbrille, breitkrempigem Cowboyhut und kurzer Felljacke. »Sie wollten darauf aufmerksam machen, dass die Welt nicht durch Krieg zu retten ist« steht ein paar Tage später in einer der Lokalzeitungen, die auch vermeldet, dass das Wort »Love« an allen möglichen Stellen auf Kleidung und Körper der Jugendlichen stand. Außerdem waren sämtliche Blumen, die in der Anlage aufzutreiben waren, zu Kränzen für die Haare gebunden oder wurden hinters Ohr

Der DUPLO-Stein, der 1969 eingeführt wird, ist doppelt so hoch, doppelt so lang und doppelt so breit wie ein gewöhnlicher LEGO-Stein und für Kinder zwischen anderthalb und fünf Jahren gedacht. Es ist nicht das erste Mal, dass ein derartiger Baustein auf dem Spielzeugmarkt auftaucht. 1964 verkauft Samsonite »LEGO Jumbo Bricks« auf dem amerikanischen Markt. Sie sind allerdings etwas größer als die späteren DUPLO-Steine.

gesteckt. Der tiefere Sinn hinter all den Reihentänzen zu »der ohrenbetäubenden Musik unserer Zeit« blieb dem Berichterstatter der Zeitung allerdings verborgen:

»Man möchte die Statussymbole abschaffen und will keine Autoritäten. Man will keinen Ärger machen und keine Gewalt anwenden, sondern man will der Jugend zeigen, wie wichtig es ist, ein gutes Mitglied der Gesellschaft zu sein und seine Mitbürger zu lieben. Eine Möglichkeit, dies zu tun, ist, sich Blumen zu schenken.«

Diese Philosophie nimmt Kjeld 1968 mit nach Aarhus. Hier führt er das Leben eines Bohemiens, aber nicht nur. Tagsüber ist er ein fleißiger Student an der Handelshochschule, der sich in wirtschaftswissenschaftliche Problemstellungen vertieft, abends trifft er sich mit Freunden, um lieber über Yin und Yang, Laotse und transzendentale

Meditation zu reden als über Buchführung, Absatzoptimierung und Finanzmanagement.

Kjeld: »Ich habe mich auf der Handelshochschule wirklich zusammengenommen, habe mir gesagt, ich müsse jetzt beweisen, dass ich etwas wollte – und etwas konnte. Und dann habe ich einfach das Studentenleben genossen. Wir waren damals alle mehr oder weniger Hippies. Ich habe mich schon immer zur östlichen Philosophie hingezogen gefühlt, und 1968 habe ich dann angefangen, transzendentale Meditation zu praktizieren; ein Jahr später besuchte ich Maharishi Mahesh Yogi in Aarhus. Er war damals weltberühmt als Lehrer der Beatles. Zusammen mit einer Menge anderer Leute, die ebenfalls meditierten, war ich gekommen, um mein Mantra zu erhalten. Das ist so eine Art Pass in eine andere Welt, man darf niemandem davon erzählen. Ich hatte auch eine Blume für diesen kleinen Inder mitgebracht, der in seinen weißen Kleidern, mit den langen Haaren und dem langen Bart eine eindrucksvolle Erscheinung war. Ich habe wirklich mit viel Begeisterung meditiert. Es war eine faszinierende Art und Weise, mit sich selbst in Kontakt zu kommen und eine innere Stille zu spüren. So war das damals. Man suchte nach Antworten, die einem weder der etablierte Glaube noch die eigenen Eltern oder die materiellen Dinge geben konnten.«

Minifiguren, 1978.

Wandel

Die 1970er-Jahre

Ende Oktober 1969 haben Edith und Godtfred Silberhochzeit und freuen sich auf das große Fest im Restaurant von LEGOLAND. Eine Woche vorher, am Mittwoch, den 22. Oktober, essen sie zu Abend mit Ediths Schwester Ellen und ihrem Mann Einar. Sie besprechen einige Details, die das Menü, das Personal und die Tischdekoration betreffen. Einer der Kellner erkundigt sich nach Gunhild, Godtfreds und Ediths ältester Tochter, die kürzlich einen Unfall auf dem Heimweg von einem Besuch bei ihrem Mann in der Kaserne von Varde hatte und mit dem Kopf an die Frontscheibe ihres Wagens geschlagen war. Glücklicherweise ist ihr Kieferbruch verheilt, es hätte weit schlimmer kommen können, sagen die Eltern und versprechen, ihre Tochter zu grüßen.

In der Villa am Systemvej hat die 18-jährige Hanne, die wie Kjeld in Aarhus studiert, Besuch von ihrem Freund Jørgen, den sie während des Studiums kennengelernt hat. Er stammt aus Esbjerg und hat sich das Auto seiner Eltern geliehen. Hanne und Jørgen fragen Kjeld, ob er mit nach Give ins Kino will, um sich *Der Tod zählt keine Dollar* anzusehen. Selbstverständlich will er, Kjeld liebt Western.

Sie fahren über den Båstlundvej, von dem aus man freie Sicht auf den Flughafen Billund hat, und halten am Ende der Landebahn, um den Blick auf die vielen Lichter des Flughafens zu genießen. Dann fahren sie mit Jørgen am Steuer in Richtung Give.

Kjeld: »Ich habe mich nie an sonderlich viele Details des Unfalls erinnern können, aber es sind eine Menge einzelner Bilder davon in meinem Gedächtnis … ein paar Kilometer hinter dem Flughafen, auf dem schmalen Stück bei Båstlund, war die Straße auf der linken Seite wegen Bauarbeiten gesperrt. Plötzlich kam jemand, der ein Moped schob, direkt auf uns zu. Wir haben ihn viel zu spät gesehen und noch versucht auszuweichen, sind dabei aber zu weit auf den Seitenstreifen geraten, rutschten weg und stießen auf irgendetwas Hartes, dann wurde der Wagen herumgeschleudert und prallte auf einen der großen Bäume an der Straße. Das Dach wurde auf die Vordersitze gedrückt, meine Schwester und ihr Freund waren auf der Stelle tot. Ich selbst saß auf dem Rücksitz und wurde aus dem Auto geschleudert, dabei habe ich mir das Schlüsselbein gebrochen und eine leichte Schädelfraktur zugezogen, sodass ich eine Woche bewusstlos im Krankenhaus von Grindsted lag.«

»Zwei Jugendliche getötet, als ein Auto gegen einen Baum bei Billund prallt« steht in großen Lettern auf der ersten Seite des *Vejle Amts Folkeblad* über schrecklichen Bildern des zerstörten Autowracks. Dass jemand diesen Unfall überhaupt überlebt hat, muss als Wunder bezeichnet werden, schreibt die Zeitung und rekonstruiert den Moment des Unglücks:

»Wenige Meter, bevor der Wagen gegen den Baum prallte, geriet er auf den Grünstreifen am Rand, auf dem sich noch Baumstümpfe als Reste einer Ausdünnungsmaßnahme befanden. Ein Reifen oder der Boden des Wagens blieb an einem Stumpf hängen, sodass das Auto aus der Spur geriet und mit gewaltiger Wucht gegen den Baum prallte. Die Spuren am Baum zeigen, dass der Wagen am Stamm zwei Meter hochgeschleudert wurde.«

Auch die Hauptstadtpresse berichtet von dem Unfall: »LEGO-

SOLKILDE LUXUS

Vejle Amts Folkeblad

BROADLOOM-tæppe
OVER HELE GULVET
DET HYGGER
VÆRDI 58.- PR. KVM.
nu 29.-
RENTEFRI KONTO

105. aargang Nummer 246

Torsdag 23. oktober 1969

To unge dræbt, da bil ramte et træ ved Billund

Føreren blev overrasket af vejarbejde
Den ene af de dræbte er datter af direktør G. Kirk Christiansen, Lego, Billund

En biluiykke nord for Billund kostede i aftes to unge mennesker livet, mens en tredje i dag ligger kvæstet paa amtssygehuset i Grindsted. De dræbte er den 18-aarige Hanne Kirk Christiansen, datter af direktør G. Kirk Christiansen, Lego, Billund, og den 22-aarige Jørgen Thostrup Hansen, Gormsgade 93, Esbjerg — Den kvæstede er den dræbte Hanne Kirk Christiansens bror, den 22-aarige Keld Kirk Christiansen. Dødsulykken skete, da en personbil, de tre unge mennesker var kørende i, væltede og tørnede mod et træ.

bund har grebet fat i en af disse stubbe, og bilen er slaaet helt ud af kurs, saa den med voldsom kraft er slynget mod træet. Mærker paa træet viser, at bilen er kastet to meter op ad stammen. Vognen synes at have tippet over venstre forhjul og derefter at have ramt træet med taget, der blev

(Fortsættes side

Den omkomne

Auf der Vorderseite des *Vejle Amts Folkeblad* wird am Donnerstag, 23. Oktober 1969, der tödliche Verkehrsunfall beschrieben. Abgedruckt sind auch Fotos der 18-jährigen Hanne Kirk Christiansen und des verunglückten Fahrzeugs.
Jysk Fynske Medier.

Direktor G. Kirk Christiansens jüngste Tochter wurde getötet und sein Sohn lebensgefährlich verletzt.« Über Kjeld heißt es: »Er unternimmt derzeit Studienreisen durch ganz Europa, um sich für die Führungsebene der weltweit operierenden Firma LEGO System zu qualifizieren.«

Kjeld: »Ich erinnere mich dunkel, dass ein Oberarzt an meinem Bett saß und sagte, ich hätte keine kleine Schwester mehr. Als ich dann wieder richtig bei Bewusstsein war, kamen meine Eltern und erzählten, Hanne sei beerdigt worden. Ich wurde erst einen Monat nach dem Unfall aus dem Krankenhaus entlassen, und es dauerte lange, bis ich wieder bei Kräften war. Ich musste das ganze letzte Jahr auf der Handelshochschule wiederholen, aber das Schlimmste war der Verlust von Hanne.

Wieder zu Hause gingen wir alle in ihr Zimmer, setzten uns

Den Verlust von Hanne hat Godtfred nie verwunden. In seiner Trauer überlegt er, die Firma zu verkaufen, entscheidet sich dann aber für einen Generationswechsel, der beinahe den größten Teil der 1970er-Jahre in Anspruch nimmt. *Foto: Privatbesitz.*

an ihr Bett und weinten, falteten die Hände und beteten gemeinsam. Ich fuhr häufig zu ihrem Grab. Es war wirklich schwer und ist es noch immer, wenn ich daran denke. Hanne war eine unglaublich nette kleine Schwester. Wir hatten immer Spaß miteinander, obwohl der Altersunterschied zwischen uns drei Jahre betrug. Wir haben viel zusammen unternommen und teilten vor allem die Leidenschaft für Pferde. Ich fing wieder mit dem Reiten an, als sie ein Pferd bekam. Wir hatten einige unvergessliche Jahre zusammen.«

Der Verlust der jüngsten Tochter trifft Godtfred hart. Er wird von Schuldgefühlen überwältigt und betrachtet den Unfall als Urteil und Strafe, die sich gegen ihn und niemanden sonst richten. Es ist der Preis, den er für seinen permanenten Arbeitseinsatz zahlt; als die Kinder klein waren, hatte er nicht genügend Zeit für sie, und so entwickelten sie zu Edith ein engeres Verhältnis als zu ihm. Viele Jahre zuvor hatte er in einem Weihnachtsgruß an einen Freund geschrieben: »Es ist immer interessant, an etwas zu arbeiten, das sich in der Entwicklung befindet, aber dabei vergisst man häufig das, was wirklich wichtig ist.«

> **Kjeld**: »Vater hörte für eine lange Zeit komplett auf zu arbeiten. Er wusste nicht, was er tun sollte, und warf sich selbst alles Mögliche vor, vor allem, dass er sich zu viele Jahre nicht mehr Zeit für die Familie genommen hatte.«

Godtfred ist bis in die Tiefen seiner Seele erschüttert. Er ist bereit, LEGO zu verkaufen, alle Verbindungen zu seinem früheren Leben zu kappen, in die Schweiz zu gehen und mit Edith für immer dort zu bleiben. Er nimmt Kontakt zu der Beratungsfirma Incentive auf, die sich darauf spezialisiert hat, krisengebeutelte Unternehmen zu unterstützen, unter anderem in Verbindung mit einem Generationswechsel. Ob sie LEGO und ihm helfen kann?

> **Kjeld**: »1970 fanden viele Konferenzen statt, manchmal durfte ich teilnehmen. Dabei lernte ich Vagn Holck Andersen kennen, den Direktor von Incentive, und irgendwann kam ich zu dem Punkt, an dem ich zu meinem Vater sagte: ›Wir müssen die Firma nicht verkaufen, wir müssen nur diesen Vagn holen.‹ Dieser Gedanke war meinem Vater wohl auch schon gekommen, es war einer dieser Momente – ja, eigentlich war es das erste Mal –, wo er und ich spürten, dass wir gemeinsam einen Entschluss fassten, bei dem es um die Zukunft ging. Vagn Holck und ich wurden schnell fantastisch gute Freunde. Er baute irgendwann eine Brücke zwischen meinem Vater und mir, als Vater von Zweifeln geplagt wurde: an LEGO, an sich selbst, am Leben – an einfach allem.«

Ein Jahr nach Hannes Tod nehmen Sitzungen einen Großteil ihrer Zeit ein. Incentive unterbreitet Vorschläge für den Zeitraum bis zum Ende des Jahrzehnts, denn Godtfred hat erklärt, er wolle einen Teil seiner Macht abgeben, ohne jedoch ganz von Bord zu gehen. Gleichzeitig ist er unsicher, wie genau der Generationswechsel vollzogen werden soll.

Vagn Holck Andersen hat schnell begriffen, dass er einem Inhaber und geschäftsführenden Direktor gegenübersitzt, der über ein äußerst detailliertes Wissen über die Abläufe in seinem Unternehmen verfügt und es in- und auswendig kennt. Gleichzeitig hat er trotz der Größe der Firma eine ungewöhnlich enge Verbindung zu seinen Angestellten. Holck berichtet später in der Mitarbeiterzeitung von LEGO: »Godtfred hatte seine Finger überall drin, und er hatte so viele Beschäftigte, die direkt an ihn als Chef berichteten, dass jeder andere unter diesem Arbeitsdruck zusammengebrochen wäre.«

Die Gespräche enden damit, dass Godtfred den Incentive-Direktor einstellt, denn nicht nur er, sondern auch Kjeld haben das Gefühl, dass Vagn Holck ein großer Aktivposten bei einer Umstrukturierung von LEGO sein kann. Am 1. Februar 1971 fängt Holck als Direktor bei LEGO an und beginnt sofort mit dem Umbau zu einer durchlässigeren Organisationsform und den Vorbereitungen für den Generationswechsel, von dem Godtfred so häufig spricht.

»Das Unternehmen war stark von Godtfreds persönlichem Führungsstil und seiner direkten Beteiligung an einer langen Reihe von Entscheidungen geprägt«, erzählt Vagn Holck Andersen. »Das führte zu einer Menge Engpässen in der Organisation und machte sie für eine Expansion ungeeignet.«

Zwei wichtige Punkte in Holcks Plan sind die Dezentralisierung und das Delegieren von Verantwortung, aber die alles überragende Hauptaufgabe ist es, einen neuen geschäftsführenden Direktor zu finden, der Godtfred ersetzt – einen Direktor, der alles zusammenhält und dem sowohl der Vater wie der Sohn vertrauen. Vagn Holck Andersen übernimmt 1973 diesen Posten selbst und ist damit der erste geschäftsführende Direktor in der Geschichte von LEGO, der nicht aus der Inhaberfamilie stammt. Und er rauft sich schon bald seine stets ordentlich frisierten Haare, denn in Billund heißt es, dass niemand weiß, wie der Tag endet, bevor GKC ins Bett gegangen ist. Mit Holcks eigenen Worten:

»Godtfred war von früh bis spät überall unterwegs. Als geschäftsführender Direktor hätte ich gern gewusst, was er tat, was er versprach und was er nicht versprach, mit wem er redete und was er beschloss.

Vagn Holck Andersen wird eine Schlüsselfigur für LEGOs Entwicklung in den 1970er-Jahren. Der fähige, durch und durch professionelle Geschäftsmann leitet das Unternehmen in einer schwierigen Phase und schafft ein solides Fundament für Kjelds Leitungsübernahme 1979.

Es war eine herausfordernde Arbeit, denn Godtfred war vollkommen identisch mit LEGO.«

Ein wesentlicher Punkt in Holcks mehrgleisigem Plan des Generationswechsels sind die beratenden Gespräche mit Kjeld. Doch der kann aufgrund des Autounfalls erst 1971 seine Ausbildung an der Handelshochschule beenden und schließt direkt ein Masterstudium an; danach möchte er zunächst in der Wirtschaft Erfahrungen sammeln, bevor er möglicherweise stärker bei LEGO eingebunden wird.

Hannes Tod, die tiefe Trauer seines Vaters und die Begegnung mit dem emphatischen Incentive-Direktor lassen Kjeld allerdings seine Pläne ändern. Holck rät ihm, das Studium abzubrechen und stattdessen in der Schweiz eine einjährige Diplomausbildung am International Institute for Management Development (IMD) zu absolvieren. Es würde ihn nicht nur reifen lassen und motivieren, die Ausbildung wäre Holcks Meinung nach auch hilfreich für den Generationswechsel bei einem Unternehmen in Familienbesitz.

Der 24-jährige Kjeld studiert am International Institute for Management Development in Lausanne und hat das Gefühl, nun zu seinem Weg im Leben gefunden zu haben.

Kjeld: »Ich kam zum IMD in Lausanne, obwohl ich in keinster Weise über die Erfahrung in der Wirtschaft verfügte wie die anderen aus dem Studiengang. Einige waren weit älter als ich, richtig harte Managertypen. Ich war erst vierundzwanzig und konnte lediglich mit einem halben Jahr als Trainee prahlen, das mir allerdings trotzdem einen gewissen Einblick verschafft hatte, wie eine Vertriebsorganisation aufgebaut war und funktionierte. Durch das Studium am IMD in der Schweiz verstand ich erst richtig, was ich konnte und wollte. Plötzlich wurde mir klar, dass ich nicht mehr in einem anderen Unternehmen Erfahrungen sammeln musste. Vagn sagte mir, es sei sehr viel besser, bei LEGO zu sitzen und an LEGO zu denken, als in einer anderen Firma zu sitzen und an LEGO zu denken. Und damit hatte er vollkommen recht.«

Während Kjeld sich mit Führungs- und Organisationsfragen in der Schweiz herumschlägt, wird letzte Hand an ein neues Wahrzeichen in Billund gelegt: ein Center in der Nähe der Stadtmitte, in dem es aber weder einen Supermarkt noch Bekleidungsgeschäfte oder eine Kneipe gibt, sondern eine Reihe von kulturellen Einrichtungen und eine Kirche.

Der Weg zu Dänemarks erstem Kirchen- und Kulturzentrum, das mit 6 Millionen Kronen aus dem Ole Kirk's Fond und mit 3 Millionen Kronen aus der Gemeindekasse finanziert wird, war lang und schwierig. So viele und so unterschiedliche Funktionen unter einem Dach zu bündeln, erfordert den Willen zur Zusammenarbeit zwischen einer ganzen Reihe von Behörden und Ministerien, vom Kirchenvorstand über den Bürgermeister und Bischof bis hin zu den Ministerien für Kirchen, Kultur und Wohnungsbau. Außerdem arbeiteten einige Architektengruppen abwechselnd an dem langwierigen Projekt.

Währenddessen verhalten sich die Einwohner von Billund abwartend; nur wenige reagieren auf den Fragebogen der Gemeinde, der an sämtliche Haushalte ausgeteilt wird, um die örtliche Bevölkerung miteinzubeziehen. Vereinzelt protestieren Kritiker, die nichts von dieser Art der Basisdemokratie halten. Andere frotzeln über die Zusammensetzung des Bauausschusses und stellen das Gebäude an sich infrage, dessen Fertigstellung sich darüber hinaus durch Streiks der Bauarbeiter verzögert.

Im Laufe des sich zehn Jahre dahinschleppenden, schwierigen Prozesses um den Kirchenzentrumsbau unternimmt Godtfred, was in seiner Macht steht, um den Ablauf zu beschleunigen. In der Festschrift zum 25-jährigen Jubiläum des Billund Centers 1998 wird erzählt, dass Godtfred jedes Mal, wenn der Bauausschuss vor einem besonders großen Problem stand, eine unorthodoxe, aber konstruktive Ideen vorbrachte. So organisierte er zum Beispiel eine Reise mit LEGO Airways nach Finnland, damit man sich dort ähnliche Bauten ansehen konnte. Und als es in der Schlussphase nicht genügend Werkstätten für die Lackierarbeiten an den großen Kirchenmöbeln gab, stellte er umgehend Räume in der Fabrik zur Verfügung.

Was 1962 als spontaner Gedanke begann, als Godtfred ein Kirchenzentrum in den USA besuchte, endet als Billunds neues Wahrzeichen. Und für eine Reihe älterer Einwohner von Billund wird die Kirche mitten in der Stadt zur Erinnerung an den Mann, der die

Das 1973 eingeweihte Billund Center ist eine Fusion von Kirche und Kultur im weitesten Sinne, so wie es Godtfred in den USA gesehen hat. Von Anfang an werden sehr viele Veranstaltungen angeboten: Vorträge, Beatkonzerte, Kindertheater und Filme. Nur eine Kunstausstellung mit Fotos von Nackten entspricht nicht dem Geschmack der Gemeinde und führt zu heftigen Debatten. *Foto: Privatbesitz.*

Grundlage für die industrielle Revolution in der Gemeinde gelegt hat. Für die Familie, und insbesondere Godtfred, ist das Gebäude aber auch eine Erinnerung an die jüngste Tochter, und die große Versicherungssumme, die den Geschwistern der Verstorbenen ausgezahlt wird, schenkt die Familie in ganzer Höhe dem Center, das am 15. April 1973 eingeweiht wird.

In seiner Eigenschaft als Bürgermeister nimmt Jens Bach Pedersen das Geschenk an die Stadt mit den Worten entgegen: »Zur Erinnerung an Ole Kirk Christiansen und die kleine Hanne nehme ich das Billund Center dankend entgegen und wünsche mir, dass es immer ihr Andenken bewahren und nie zu einem leblosen Denkmal werden wird.« Auch der Gemeinderatsvorsitzende – Direktor Søren Olsen von LEGO – hält eine Rede, in der er sich mit seinen abschließenden Worten direkt an Godtfred, Edith, Gunhild und Kjeld wendet: »Ihr habt Großes verloren, und Großes habt ihr gegeben!«

Daraufhin öffnet das Billund Center seine Pforten. Es beherbergt einen Gemeindekindergarten, eine Bibliothek mit Lesesaal, ein Sprachlabor und eine Bar zum Hören von Schallplatten, darüber hinaus einen Platz, auf dem man sich treffen und unterhalten kann, mit einem

Planschbecken für Kinder, eine Kirche, einen Gemeindesaal, einen kombinierten Kino-, Vortrags- und Theatersaal mit allen bühnentechnischen Finessen; dazu einen überdachten Gang für Ausstellungen von Skulpturen und Gemälden, einen Hobbyraum für leise wie laute kreative Beschäftigungen sowie eine Cafeteria mit Aussicht auf die Kirche, in der man sich Gedanken über Vergangenheit und Zukunft machen kann. Das tut auch Godtfred in einem Zeitungsinterview, in dem er sich in der bisher schwersten Phase seines Lebens plötzlich nach Hause in ein ganz kleines Dorf mit einer ganz kleinen Fabrik sehnt:

> »Ich denke über all die Unzufriedenheit nach, die bei uns im Land herrscht, obwohl es uns materiell besser geht als je zuvor. Vielleicht kommt sie daher, dass wir uns in den schnell wachsenden Stadtgesellschaften voneinander isolieren und eine Generation die andere misstrauisch beäugt. Wir bauen Vorurteile aufgrund von Unwissenheit auf. In dem Dorf, das Billund mal gewesen ist, kannten wir alle einander. Es herrschte ein angenehmes zwischenmenschliches Klima, jeder sprach den anderen per Du an. Und wir sind noch immer per Du – ich jedenfalls mit allen in der Fabrik. Aber ich empfinde es selbst als unbefriedigend, dass ich dennoch nicht mehr, so wie früher, jeden Einzelnen und seine Familie kenne. Wegen der Fabrik sind wir so viele in der Stadt geworden, dass unser Zusammengehörigkeitsgefühl eine Frischzellenkur braucht. Wir hoffen, dass das Center dabei helfen kann, das Beste unserer dörflichen Traditionen zu bewahren.«

Im Namen der Familie hat Godtfred einige wenige Bedingungen mit dem Geschenk verknüpft. Unter anderem sollen Billunds Bürger selbst bestimmen, wie das Center heißen soll – Hauptsache, der Name enthalte nicht das Wort »Kultur«, denn dann würden manche abgeschreckt, die glauben, das Center sei zu vornehm für sie. Davon abgesehen gibt es nichts, was das Billund Center nicht sein und werden könne. Und dennoch. Als LEGOs Inhaber gefragt wird, ob es im Billund Center auch Platz gibt für »junge Revolutionäre, die Protestsongs singen und Maos kleines rotes Buch als Bibel in der Hand halten«, lautet die Antwort:

»Natürlich ist das möglich. Ich glaube nur nicht, dass es in Billund solche zähnefletschenden Aufrührer gibt. Sicher, inzwischen hat die Stadt an die zweitausendfünfhundert Einwohner, aber zum Glück kennen wir einander trotz allem so gut, dass wir uns direkt anraunzen, ohne es auf die Spitze zu treiben und ausfallend zu werden.«

Auch wenn man in diesen heiteren Sätzen den alten Godtfred klar erkennt, so haben der Verlust von Hanne und die nicht enden wollende Trauer darüber etwas in ihm zerbrochen. Sein unerschütterlicher Wille, die Beharrlichkeit und das Selbstvertrauen scheinen verschwunden zu sein.

Kjeld ist zur Eröffnung des Billund Centers kurz vor Ostern 1973 nach Hause gekommen, doch es ist nur ein kurzer Besuch. Viele Aufgaben warten, und schon bald ist LEGOs Kronprinz wieder unterwegs, um sich ganz der Arbeit für den Konzern zu widmen. Das intensive Jahr am IMD in der Schweiz wird mit einer achtzig Seiten langen Diplomarbeit beendet, die Kjeld zusammen mit dem Dänen Torsten Rasmussen schreibt, der in der Fremde zu einem guten Freund geworden ist. Ihre Abhandlung trägt den Titel »Formulation and Implementation of the Business Policy of LEGO A/S« – es geht um das Unternehmen, in das Kjeld hineingeboren wurde und das er schon bald übernehmen soll.

> **Kjeld**: »Es war ja nicht zu übersehen, dass LEGOs Wachstum bereits Ende der Sechzigerjahre mehr erforderte als den Hintergrund und die Ausbildung, die mein Vater hatte, und ich war überzeugt, dass ich mit meinen neu erworbenen Kompetenzen dieser Aufgabe gewachsen war. Die Arbeit von Torsten und mir, in der sein Blick auf die Firma von außen und meiner von innen zusammenkamen, war ziemlich theoretisch. Wir verwendeten sämtliche Begriffe, von denen wir wussten, dass sie

unserem ausgezeichneten Lehrer, der frisch von der Harvard Business School kam, gefielen. Doch das, was mich am meisten beschäftigte, stand zwischen den Zeilen und handelte von LEGOs Seele, von unserer eigentlichen Ideenbasis und davon, was wir mit dem Unternehmen wollten.«

Die IMD-Diplomarbeit ist eine Analyse der aktuellen Herausforderungen, denen der LEGO-Konzern gegenübersteht, sie basiert auf Gesprächen mit neun Führungskräften, angefangen mit Kjelds Vater und Vagn Holck Andersen bis hin zu den Chefs der Marketing- und der Produktionsabteilung. Die Analyse beginnt mit den Worten:

»Es hat sich gezeigt, dass die informelle und kreative Organisationsstruktur, die in hohem Maße vom Impulsgeber und Chef der Firma geschaffen wurde, unzureichend ist, wenn es um die Steuerung der zukünftigen Ausrichtung des Unternehmens geht. Die Konzernleitung ist daher zu dem Schluss gekommen, dass diese informelle Struktur in einem gewissen Umfang durch eine formellere Struktur ersetzt werden muss, um Planung, Kontrolle und Entscheidungsprozesse zu unterstützen.«

Die Arbeit der beiden jungen MBAs bildet in gewisser Weise den Prozess ab, den Vagn Holck Andersen in Billund angestoßen hat, und ist damit auch eine indirekte Kritik an Godtfreds altmodischem Führungsstil.

Kjeld: »Vater verließ sich stark auf ganz wenige Personen. Er hatte seine kleine Gruppe von ausgewählten Schlüsselpersonen, zu denen er großes Vertrauen hatte, und das mussten nicht notwendigerweise die obersten Direktoren sein. Es konnten auch Leute sein, die in der Hierarchie weiter unten standen, im technischen Bereich zum Beispiel. Für Vagn war es nicht immer leicht, damit umzugehen. Auch für mich nicht, als ich 1973/74 eine neue LEGO-Fabrik in der Schweiz aufbaute. Ich musste ein paar Mal zum Telefon greifen und die ganze Sache wieder in

Ordnung bringen: ›Vater! Hier unten fällt Hans Schiess die Entscheidungen, und nicht diese oder jene Person in Billund!‹ Mir war vollkommen klar, dass ich sehr schnell eine breitere und jüngere Führungsmannschaft bei LEGO einsetzen musste, wenn ich irgendwann nach Hause käme, um die Firma zu übernehmen. Ich glaube, mein Vater hat die Arbeit von Torsten und mir nie gelesen, aber das heißt nicht, dass er mir damals nicht zugehört hätte. Dass der Generationswechsel sich so lange hinzog, zeigt auch, wie sehr mein Vater sich bewusst war, dass ich mich erst richtig einarbeiten musste.«

In den Jahren in der Schweiz entwickelt sich Kjeld zu einer Führungspersönlichkeit. Godtfred hatte seit Längerem Pläne für eine Fabrik und Werkzeugabteilung in der Schweiz; 1973 wird Kjeld zum Direktor auf Probe ernannt und erhält die Aufgabe, die LEGO AG in der Stadt Baar in der Nähe von Zürich aufzubauen und zu leiten. Kjeld ist für den administrativen Teil des Unternehmens zuständig, während Hans Schiess, der seit 1962 für LEGO arbeitet, sich um den technischen Bereich mit der Formgießerei und der Werkzeugabteilung kümmert. Die Produktion arbeitet mit ganz neuen Gussverfahren und soll in absehbarer Zeit mit Lieferungen für den europäischen Markt die Fabrik in Billund ergänzen.

Es ist eine gewaltige Herausforderung für den frischgebackenen MBA, eine neue LEGO-Fabrik mit einer technischen Forschungs- und Entwicklungsabteilung aufzubauen. Dazu gehört das Einstellen von Mitarbeitern ebenso wie der Kauf von Maschinen und Werkzeug. Ein 25-jähriger Grünschnabel sitzt als Direktor plötzlich am Kopfende des Tisches und soll die Konferenz leiten – abwechselnd auf Deutsch und Englisch –, inmitten eines deutlich älteren Führungsstabs mit weitaus größerer Erfahrung.

Kjeld: »Ich war mir meines Alters in dem Sinne bewusst, dass ich genau zuhörte, was die anderen sagten und meinten. Und so zogen sich die Treffen manchmal auch ziemlich lange hin, denn ich wollte, dass über die großen Linien Konsens herrschte.

Das brachte ich aus meiner Zeit am IMD mit, wo wir auch viel und lange diskutiert hatten. Diese Angewohnheit nahm ich dann auch mit nach Billund – zum Verdruss einiger Mitarbeiter, die meinten, dass wir zu viel Zeit in Konferenzen verbrachten. Einer sagte: ›Du möchtest, dass wir uns so einig wie möglich sind, stimmt's?‹ Und ein anderer erklärte, ich sei ›in diesem Punkt viel zu stark von Japan beeinflusst‹. Ein bisschen war da schon dran.«

Abgesehen von der großen Verantwortung für die schnell wachsende Fabrik und die Werkzeugabteilung in der Schweiz wird Kjeld auch in den Aufbau des neuen, selbstständigen Vertriebsbüros in Connecticut in den USA einbezogen. Nachdem die Zusammenarbeit mit Samsonite beendet ist, die zu nichts anderem als Enttäuschungen geführt hat, begibt sich LEGO nun auf eigene Faust in einen Markt von der

Ein junger, langhaariger Direktor am Kopfende des Tisches bei einem Leitungstreffen der neuen Fabrik in der Schweiz 1974. Von links: Laborleiter Werner Pauli, Technischer Direktor Hans Schiess, Produktionschef Walter Schmocker, Finanzdirektor Peter Kilgus und Entwicklungschef Per Randers.

Größe ganz Westeuropas. Das Ziel ist es, innerhalb eines überschaubaren Zeitraums von einigen Jahren eine eigene Produktion von LEGO-Steinen in den USA aufzubauen.

Hin und wieder ist Kjeld auch in Billund, um an den Leitungs- und Ideenkonferenzen der Abteilung teilzunehmen, für die sein Herz am meisten schlägt: die Produktentwicklung mit dem Namen LEGO Futura. Und mitten in dieser turbulenten, aber auch spannenden Phase seines Lebens lernt Kjeld Camilla kennen und verliebt sich in sie.

> **Kjeld**: »Camillas Onkel väterlicherseits war mein Onkel, und ihre Tante war meine Tante mütterlicherseits, und über diese Familienbande lernten wir uns im Sommer 1973 kennen. Sie hatte gerade ihr Jurastudium beendet, und es war uns beiden sehr schnell klar, dass aus uns etwas werden sollte. Wir heirateten im Juli 1974, da war Camilla bereits zu mir in die Schweiz gezogen. Die drei Jahre, die wir dort verbrachten, waren eine schöne Zeit mit vielen Möglichkeiten, das zu tun, was wir wollten und wozu wir Lust hatten. Es gab niemanden, den wir erst fragen mussten. Ich kann gut verstehen, dass Camilla heute manchmal an damals zurückdenkt und sagt: ›Warum haben wir uns nicht mehr Zeit genommen, um in der Schweiz herumzufahren und gemeinsam etwas zu erleben?‹«

Dreißig Millionen Kinder auf der ganzen Welt und 25 000 Spielwarenhändler in Europa können sich nicht irren: LEGO ist das Ding. Auch in den Siebzigerjahren scheint ein Ende des Erfolgs und der Verbreitung der Bausteine nicht in Sicht. Zu Beginn des Jahrzehnts wächst der Umsatz um hundertfünfundfünfzig Prozent, und Vagn Holck Andersen arbeitet ruhig und gelassen weiter an seinem Dezentralisierungs- und Effektivierungsplan. Das bedeutet unter anderem, dass eine Reihe neuer Aktiengesellschaften gegründet wird, die 1976 unter einer leitenden Muttergesellschaft mit dem Namen INTERLEGO A/S zusammengefasst wird.

Zunächst steht Vagn Holck selbst bei INTERLEGO an der Spitze, doch der Platz ist eigentlich Kjeld zugedacht, wenn er mit Camilla nach Billund zurückkehrt. Godtfred hat schon vor längerer Zeit ein großes Eigenheim im Skovparken für das Paar reserviert, dem vornehmen und teuren Teil von Billund, wo die Direktoren und leitenden Angestellten von LEGO wohnen. Und obwohl Godtfred selten den bevorstehenden Generationswechsel anspricht, wenn er mit Kjeld zusammen ist, fehlt es doch nicht an Signalen.

Kjeld: »Ich erinnere mich nicht, dass Vater mich jemals direkt gefragt hat: ›Willst du LEGO übernehmen, Kjeld?‹ Aber an seiner Haltung gab es keinen Zweifel. Anfang der Siebzigerjahre, als ich noch in der Schweiz war, vollzogen wir einen Generationswechsel bei den Aktienanteilen, das heißt, ich bekam nominell die Majorität in der Firma, während bei Vater ein

1973 lernt Kjeld die drei Jahre jüngere Jurastudentin Camilla Borg kennen, die schon bald zu ihm in die Schweiz zieht. *Foto: Privatbesitz.*

1974 heiraten Kjeld und Camilla in der Kirche von Nørre Nebel in Westjütland. Von links: Nora und Kaj Borg, Camilla und Kjeld, Edith und Godtfred.

kleinerer Aktienposten blieb. Dafür erhielt er aber ein größeres Stimmrecht. Auf diese Weise sorgte er dafür, dass ich eines Tages kommen und die Firma übernehmen konnte. Die ganze Art und Weise der Aktienübertragung haben wir natürlich gemeinsam besprochen: ›Ist es okay für dich, Kjeld, wenn wir es so machen?‹ Wir waren uns vollkommen einig in dieser Sache.«

Obwohl die Jahresbilanzen in den Siebzigerjahren positiv sind, scheint es, als habe die Firma etwas von ihrem alten Geist und Schwung verloren. Natürlich spielen die Ölkrise 1973 und die rezessive Weltwirtschaft eine gewisse Rolle. Auf dem Spielzeugmarkt sinkt die Kauflust, und das Warenlager der Firma wird immer voller. Doch nicht nur LEGOs Umsatz stagniert, auch die Produktentwicklung. GKCs ansteckendes »Auf geht's! Los!« schallt nicht länger durch die Abteilungen der Firma, in denen entwickelt, gegossen oder verpackt wird.

Kjeld: »Der Geist meines Vaters war dahin. Aus dem Mann, der in den Fünfzigern und Sechzigern wirklich etwas bewegte und beinahe nicht aufzuhalten war, wurde in den Siebzigerjahren plötzlich jemand, der innehielt und nicht mehr viel wollte.«

Der ehemals so dynamische und risikobereite GKC mahnt plötzlich zu besonders großer Vorsicht. In der Mitarbeiterzeitung erklärt er, man sei in einer Phase der Stagnation versucht, sich in eine gefährliche Vielstimmigkeit mit viel zu vielen, nicht sorgfältig genug durchdachten Produkten zu begeben:

> »Im Laufe der Jahre stand ich immer wieder unter Druck, der auch von Teilen des Unternehmens ausging. Man schlug vor, dass wir unsere Produktpalette erweitern sollten. Das war eine ganz natürliche Denkweise für diejenigen, die LEGO nicht von Grund auf kannten. Es ist meine persönliche Überzeugung – und auch die Überzeugung Kjelds als Mitinhaber der Firma –, dass wir uns auch weiterhin auf die LEGO-Idee und die LEGO-Philosophie konzentrieren sollten.«

Es fehlt an wirklich großen LEGO-Neuheiten, die seit Ende der Fünfzigerjahre nicht nur Händler, Kunden und Millionen von Kindern begeistert haben, sondern auch die Angestellten der Firma, und durch die in der Fabrik in Billund ein Pioniergeist und ein Wir-Gefühl entstanden sind. Zum ersten Mal seit über zwanzig Jahren kommt 1976 nicht ein einziges neues LEGO-Element auf den Markt, und der Versuch, den LEGOLAND-Erfolg in Deutschland mit einem Familienpark in Sierksdorf nördlich von Lübeck zu kopieren, muss in diesem Jahr aufgegeben werden. Nach drei Jahren mit Verlusten wird der deutsche Freizeitpark geschlossen.

Der Enthusiasmus und der außerordentliche Wille, sich auf neues, unbekanntes Terrain vorzuwagen, bestimmen nicht länger die Geschäfte, und immer mehr Mitarbeiter sind der Ansicht, dass die derzeitige Leitung zu konservativ und passiv ist. Ist es nicht Zeit, den LEGO-Geist gründlich auf den Prüfstand zu stellen? Dieser Meinung ist die Mitarbeiterzeitung, die nun nach einer Märchenfigur von Hans Christian Andersen *Klodshans* heißt und 1975 eine Art Suchmeldung bringt: »Sagt uns, gibt es einen LEGO-Geist, und könnt ihr ihn beschreiben?«

Auf diese Frage haben viele Mitarbeiter eine Antwort. Die Älteren werfen einen nostalgischen Blick zurück in die Fünfzigerjahre, und irgendwann wird es Torsten Rasmussen, der inzwischen in der Logistikabteilung von LEGO arbeitet, zu viel. Im März 1976 geht Kjelds Freund und Mitverfasser der IMD-Diplomarbeit auf den heiligen LEGO-Geist los, der für ihn ein von Motten zerfressenes Gespenst ist, das die Zukunft überschattet. In ebenjener Mitarbeiterzeitung zerpflückt der junge Rasmussen den Geist in einem Artikel, der auch als Versuch gelesen werden kann, seinem Freund und kommenden Chef den Weg zu ebnen:

> »Ich finde es unglücklich, dass wir uns inzwischen an einer überspannten Sehnsucht nach LEGOs Vergangenheit hochziehen. Dass wir Ole Kirk und GKC zu Genies und unfehlbaren Personen machen. Dass wir meinen, der Geist von damals müsse in jedem Raum zu finden sein. Dass wir LEGOs Geschichte zu einem strahlenden Märchen machen, vor dem sich alle auf den Bauch werfen müssen. Es ist eine gute Geschichte, keine Frage, aber auf Dauer können wir uns dafür nichts kaufen. Deshalb müssen wir so schnell wie möglich diesen ›LEGO-Geist‹ verbannen, sodass er nicht wiederkommt!«

Mitte der Siebzigerjahre hält die Firma gleichsam den Atem an und wartet auf das Signal eines großen Macht- und Wachwechsels, der ganz oben auf Vagn Holck Andersens Plan steht. Was soll mit LEGO auf lange Sicht passieren? Oder wie der Redakteur der engagierten Mitarbeiterzeitung Holck Andersen im Februar 1976 fragt: »In der Schweiz sitzt ein junger Direktor, der Kjeld Kirk Kristiansen heißt. Wer ist er, und was hat er vor?«

Holck antwortet, dass Kjeld im Oktober 1975 die volle Verantwortung für die Schweizer Produktion übernommen hat, wo er »alle Facetten der Verantwortung einer Führungspersönlichkeit für Personal und Herstellung kennenlernt«.

1973 gründet LEGO eine eigene Vertriebsgesellschaft in den USA. Zwei Jahre später wird der erste Spatenstich für eine neue Packerei in Enfield, Connecticut, von Direktor Jack Sullivan (links) gesetzt. Mit dabei sind GKC, Vagn Holck, Kjeld und die Gouverneurin Elsa T. Grasso (Mitte), die in ihrer Rede zur Grundsteinlegung erklärt: »Die Zukunft unseres Staats, unserer Nation und der ganzen Welt hängt davon ab, wie gut wir die Fähigkeiten unserer Kinder entwickeln. Für Erwachsene ist Spielzeug etwas, womit man spielt. Aber für Kinder ist es ein Hilfsmittel in ihrer Entwicklung.«

Wird Kjeld in der Schweiz bleiben?

»Nein, der Plan ist, dass Kjeld in einigen Jahren nach Billund kommt, um hier für die LEGO-Gruppe zu arbeiten und nach und nach seinen Vater von dessen Aufgaben zu entlasten«, lautet die Antwort.

Die Fabrik in der Schweiz entwickelt sich in rasendem Tempo. Von vierzig bis fünfzig Mitarbeitern 1974 ist die »LEGO Aktiengesellschaft« in Baar drei Jahre später auf fünfhundert bis sechshundert Angestellte gewachsen. Wenn Godtfred und Edith zu Besuch im Alpenland sind, spürt Kjeld die Anerkennung seines Vaters. Vor allem, wenn Godtfred selbst durch die große Fabrik geht, ein bisschen mit Hans

Schiess plaudert oder technische Lösungen mit Manfred Müller diskutiert, der in der Gießerei zeigt, wie man Werkzeug mit einer Genauigkeit von einem Tausendstel Millimeter produziert.

Während dieser Besuche bemerkt Godtfred auch den großen Computer, der auf dem Schreibtisch des Sohnes steht. Kjeld erzählt, dass der Honeywell-Rechner mit einer Datenbank gekoppelt ist, die in Houston steht. Dass so die Zukunft jedes größeren Unternehmens aussieht, versteht Godtfred, obwohl er es persönlich vorzieht, die Finanzen der Firma mithilfe von Orla Jørgensens täglicher Bilanz auf Papier im Griff zu behalten.

Auf der Handelshochschule in Aarhus hat Kjeld gelernt zu programmieren und macht es mit Begeisterung, weil es so ähnlich ist wie mit LEGO-Steinen zu bauen. Er hat seine IT-Fertigkeiten am IMD weiterentwickelt, wo die angehenden MBAs an ihren Computern sitzen und die verschiedenen Entscheidungen berechnen, die man in einer Firma treffen kann. Er hat gelernt, die richtigen Beschlüsse zum richtigen Zeitpunkt zu fassen.

Kjeld: »Eine meiner ersten Anschaffungen, als ich mein neues Büro in der Fabrik in Baar bekam, war ein Honeywell. Ich brauchte den Computer für meine tägliche Arbeit in der Schweiz, begann aber nebenher, mit einem langfristigen, strategischen Plan für LEGO zu experimentieren. Wie viele Kunden können wir auf einem bestimmten Markt pro Jahr erwarten? Wie beeinflusst das unser Marketing? Was können wir verdienen? Und so weiter. All das wurde mit Modulen in einem strategischen Planungssystem durchgespielt, bei dem mir ein junger Kerl aus Billund behilflich war. Das Ganze lief eigentlich nur nebenher, neben meinen täglichen Aufgaben in der Fabrik. Es machte mir Spaß. Nicht aber unserem Schweizer Wirtschaftsprüfer. Er war ein Kassenbuch gewohnt, in das man mit der Hand schrieb, und fühlte sich nicht wohl damit, dass unsere Buchhaltung nun plötzlich in einer Datenbank in Houston lag. Er musste erst noch lernen, damit zu leben.«

Es läuft gut für Kjeld, nicht nur in der Schweiz, sondern auch bei den dänischen und den anderen ausländischen LEGO-Projekten, in die er einbezogen wird. Die Konturen einer neuen Zeit mit Kirk Kristiansen am Ruder der Firma in Billund nehmen schneller Gestalt an, als selbst Vagn Holck Andersen vermutet hätte. Bereits im Sommer 1977 ziehen Kjeld und Camilla aus dem Alpenland in die flache, kahle Landschaft von Billund. Mit ihnen kommt die sieben Monate alte Sofie, die in der Schweiz geboren ist. Aus der Juristin Camilla Kirk Kristiansen in Baar wird nun die Hausfrau und Mutter in Billund, wo von Anfang an große Erwartungen mit dem jungen Paar verbunden sind.

> **Kjeld**: »Natürlich war es ein abrupter Übergang für uns, am meisten jedoch für Camilla, die in Virum nördlich von Kopenhagen geboren und aufgewachsen war. Nun sollten wir plötzlich einen Alltag in Billund bewältigen, erst mit einem und schon bald mit zwei kleinen Kindern. Eine Menge Menschen um uns herum kannten mich und meine Familie, aber nicht Camilla, daher war es, glaube ich, nicht immer leicht für sie, in den Supermarkt zu gehen und dort Leuten zu begegnen, die sich mit ihr über irgendetwas unterhalten wollten, weil sie ›Kjelds Frau‹ und ›Godtfreds und Ediths Schwiegertochter‹ war. Auf ihre eigene, ruhige Weise meisterte sie die Situation aber ausgezeichnet.
>
> Ich hingegen war nun ›wieder zu Hause‹, wie man so sagt, und hatte nicht im Geringsten Angst vor der Aufgabe, die vor mir lag. Im Gegenteil. Wir waren damals noch kein derart großes, globales Unternehmen, es war eine übersichtliche Organisation, in die ich da kam. Viele der Kollegen, mit denen ich zusammenarbeiten sollte, kannte ich bereits, und ich traf auf eine große Akzeptanz meiner Rolle. Mit der Zeit auch bei den älteren leitenden Angestellten, mit denen ich ab und an ein paar Kämpfe austragen musste, weil sie mehr auf meinen Vater als auf mich hörten.«

Vagn Holck Andersen erlebt nun eine weitaus direktere Form des Generationswechsels. Mit Kjeld in der Schweiz und GKC an einer ver-

Godtfred freut sich, dass Sohn und Schwiegertochter nach Billund ziehen, und sorgt für ein Haus mit Garten in Skovparken, das er persönlich für den Einzug vorbereitet. *Foto: Privatbesitz.*

hältnismäßig kurzen Leine in Billund war Holck in der Lage gewesen, seine Entscheidungen zu treffen und in dem kabbeligen Fahrwasser zwischen Vater und Sohn zu navigieren. Nun erlebt er beide hautnah und wird unwillkürlich in alle Meinungsverschiedenheiten einbezogen, die zwischen ihnen entstehen:

> »An einem Tag musste ich mit Godtfred diskutieren, ob ich der Ansicht sei, dass Kjeld das Richtige tat, und am nächsten Tag musste ich Kjeld zuhören und mit ihm diskutieren, der meine Meinung zu den neuen Projekten seines Vaters hören wollte. Über eines war ich mir im Klaren: Am Wochenende konnte ich nicht zwischen ihnen vermitteln, denn dann war ich nicht da, und sie hatten die Möglichkeit, sowohl am Samstag als auch am Sonntag oder bei privaten Treffen ihre Sachen auszudiskutieren.«

Kjeld: »Als ich 1977 nach Hause kam und die Verantwortung für Marketing und Produktentwicklung übernahm, hatte ich schon einige klare Vorstellungen darüber, wie man das Unternehmen weiterentwickeln konnte. 1976 war nicht so gut gelaufen, wie man es erwartet hatte. Vor allem der Verkauf in den USA, in den große Erwartungen gesetzt worden waren, kam nur schwer in Gang, tatsächlich musste man von einem Umsatzrückgang sprechen. Ähnliches passierte aus unterschiedlichen Gründen in Westdeutschland, und abgesehen von den spannenden Minifiguren herrschte beinahe Stillstand in der Produktentwicklung von LEGO. Ich spürte, dass ich genau wusste, was zu tun war, denn wir konnten doch sehr viel mehr mit der Firma erreichen, wenn wir die Entwicklung von LEGO-Produkten vorantrieben, die den Bedürfnissen der verschiedenen Altersgruppen von Kindern entgegenkamen. Das würde auch unsere Entwickler stärker herausfordern. Im Großen und Ganzen unterstützte Vater meine Ideen, aber er meinte auch, dass ich viel zu viel wollte. Und so kam es zu heftigen Konfrontationen zwischen uns, bei denen sich Vagn manchmal fühlte, als säße er zwischen den Stühlen.«

1978 ist Holck Andersen der Ansicht, dass er seine Mission, die Firma im Familienbesitz zu halten und für die nächste Generation zu bewahren, erfüllt hat. Juristisch gesehen ist der Weg geebnet, die wirtschaftliche Situation einigermaßen stabilisiert und die Firma so aufgestellt, dass Kjeld seinen Platz übernehmen und in den kommenden Jahren eine neue Generation von leitenden Angestellten um sich versammeln kann.

Als Holck beschließt, LEGO zu verlassen, lautet seine offizielle Begründung, er habe ein Jobangebot von der landesweit operierenden Supermarktkette IRMA erhalten und dankend angenommen. Er informiert Godtfred und Kjeld in einem langen, emotionalen Brief, in dem der beliebte geschäftsführende Direktor unter anderem die familiäre Belastung betont, die in den acht Jahren seiner Tätigkeit durch das Pendeln von Kopenhagen nach Billund entstanden ist. Der Brief wendet sich auch an die Frauen von Godtfred und Kjeld, ja, an die gesamte Familie, die Holck schätzen gelernt hat und als deren Teil er sich empfindet.

Der Brief wird diskret in den Briefkästen der Familien am Systemvej und im Skovparken deponiert. Dort lesen ihn die Frauen gemeinsam mit ihren Männern und verstehen weit besser als sie, worin die

Keine andere Person in Kjelds erstem Jahr als geschäftsführender Direktor hat größere Bedeutung als Vagn Holck Andersen, der eine Art Vaterfigur und nicht zuletzt ein Vorbild als Führungspersönlichkeit ist.

eigentlichen Beweggründe von Holck bestehen. Godtfred ist vollkommen still, Kjeld tief enttäuscht. Der Verlust des vorbildlichen Vagn – einer modernen Führungspersönlichkeit, die zuhören, motivieren, wertschätzen und handeln kann – ist nur schwer zu ertragen.

> **Kjeld**: »Er war ja in mancher Hinsicht wie ein Vater für mich, und darüber hinaus eine hervorragende Führungskraft. Er konnte fantastisch mit Menschen umgehen, konnte ausgezeichnet organisieren und motivieren und war immer positiv. Ich glaube, ich habe nie eine Situation erlebt, in der er sagte: ›Mein Gott, was sollen wir jetzt nur machen?‹ Ruhe war seine ganz große Stärke.«

Von einer Scheidung zwischen Vagn Holck Andersen und LEGO kann allerdings keine Rede sein, eher von einer Trennung, denn der zukünftige IRMA-Direktor bekommt von seinem neuen Arbeitgeber die Erlaubnis, im Aufsichtsrat von INTERLEGO A/S und LEGO System A/S zu bleiben. Diese Entscheidung wird für die kommenden Jahre von großer Bedeutung, denn auf diese Weise kann Vagn Kjeld nicht nur mit all seiner Erfahrung unterstützen, sondern auch seine Bemühungen fortsetzen, Godtfred davon zu überzeugen, dass nun der Sohn die Entscheidungen trifft.

Formal übernimmt Kjeld die Position seines Mentors als geschäftsführender Direktor 1979, tatsächlich tritt er aber bereits ein Jahr früher als LEGOs neue Speerspitze auf, ungefähr zum gleichen Zeitpunkt, als die erste Generation der LEGO-Minifiguren auf dem Spielzeugmarkt Einzug hält – verkleidet als Helden des Alltags: Polizisten, Feuerwehrleute, Ärzte und Krankenschwestern.

Im Laufe des Jahres wird Kjeld nach und nach in Holcks Aufgaben eingeführt, bis Holck definitiv die Direktion verlässt. Auch zwischen Vater und Sohn sind die Dinge einigermaßen geregelt. Godtfred erklärt gegenüber einer Zeitung, dass er nicht mehr zu hundert Prozent aktiv sein will. Er will sich im Hintergrund halten, Ad-hoc-Aufgaben übernehmen und Kjeld unterstützen. Und Kjeld möchte so viel Zeit wie möglich bei LEGO Futura verbringen, der Abteilung für Produktentwicklung, deren Arbeit jetzt höchste Priorität hat. Hier liegt der Schlüssel für weiteres Wachstum – dynamische Produktentwicklung! Diese Ansicht findet auch Godtfreds Unterstützung, allerdings nur, wenn es bedeutet, dass nicht zu viele neue Produkte auf den Markt kommen. Das kann der Sohn nicht versprechen, und der Vater kann sich davon am Dienstag, den 7. März 1978, überzeugen, als Kjeld das Podium des Auditoriums am Aastvej erklimmt und vor hundert LEGO-Direktoren seine erste längere Rede als Firmenchef hält. Es geht um Marktsegmentierung. Im Bewusstsein der Kunden soll LEGO nicht länger nur ein Konstruktionsspielzeug sein, sondern ein »qualitativ hochwertiges Spielzeug, das die kreative Entwicklung fördert« und sich auf einen breiten Fächer von Produkten stützt, angepasst an die verschiedenen Altersgruppen und deren unterschiedliche Spielbedürfnisse. Godtfreds ursprüngliche Idee und sein Konzept – »LEGO System im Spiel« – sei nach zwei Jahrzehnten verwässert durch viel zu viele identisch aussehende Schachteln, meint Kjeld.

> **Kjeld**: »Auf der Konferenz im März, als die Direktoren von sämtlichen europäischen Vertriebsgesellschaften von LEGO zusammenkamen und zunächst eine etwas missmutige Stimmung herrschte, stellte ich mich hin und erklärte das zukünftige Entwicklungsmodell des Unternehmens. Ein Modell, das ich seit mehreren Jahren im Kopf hatte. Es bedeutete, dass die Verbraucher mehr als je zuvor die Möglichkeit bekommen sollten, LEGO zu kaufen, das zu dem Alter ihrer Kinder passte. Das waren die neue Strategie und Vision von LEGO.«

Der Name LEGO soll künftig als großer Schirm über einer Reihe kleinerer Schirme von Spieluniversen wie DUPLO, FABULAND, LEGOLAND Stadt, Burg, Raumfahrt, LEGO Technic und einer Schmuckserie für Mädchen – LEGO Scala – stehen. Diese klare Trennung zwischen den Produktlinien soll den Kunden einen Überblick über die Möglichkeiten des LEGO-Sortiments verschaffen. Kjeld beendet seine Rede mit Worten, die die Augen der Zuhörer zum Leuchten bringen:

»Wir *müssen* vorankommen, wir brauchen Wachstum, wir müssen im Fokus sein, sowohl bei den Konsumenten als auch im Handel, und wir *können* es, denn wir haben nicht nur das beste Spielzeug der Welt, sondern wir sind alle zusammen auch die beste Spielzeugfirma der Welt.«

Die Rede wird zum Wendepunkt. Niemand zweifelt noch daran, dass die dritte Generation der LEGO-Familie die Erneuerung will. Gleichzeitig scheint es, als ob der 30-jährige Kjeld etwas Entscheidendes geerbt hätte: die Intuition und das Gespür seines Vaters dafür, was für das Unternehmen auf lange Sicht am besten ist, sowie den unerschütterlichen Glauben seines Großvaters an die Bedeutung von Qualität, bei den Produkten wie den Mitarbeitern. Dennoch ist der

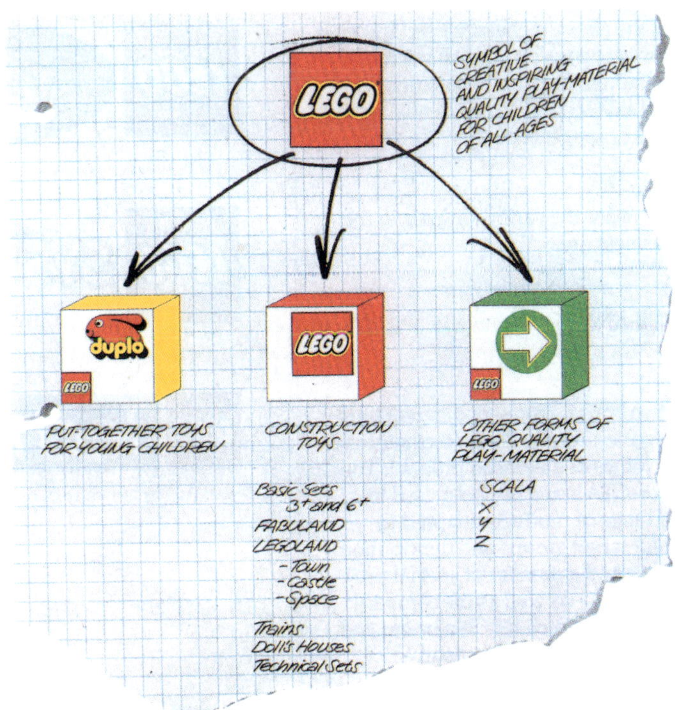

Kjeld führt im März 1978 ein neues LEGO-Entwicklungsmodell ein, das mit seiner Aufteilung in altersangepasste Produktlinien ein System im »System« schafft. Eine der wichtigsten Neuheiten ist, dass die großen Steine nun vom LEGO-Programm getrennt und zu einer selbstständigen Produktlinie werden. DUPLO-Steine sind für die Ein- bis Fünfjährigen gedacht und sollen künftig an ihrem roten Kaninchenlogo erkannt werden.

Junior sein eigener Herr, er schreibt den Nachnamen der Familie mit »K« und verbittet sich, »KKK« genannt zu werden. Kjeld will Kjeld sein.

Im Gegensatz zu seiner Diplomarbeit am IMD ist Kjelds große Rede nur eine indirekte Kritik an der Art und Weise, wie GKC das Unternehmen geführt hat, und an den Maßnahmen, die er ergriff, wenn sich eine Krise abzeichnete. Sicherlich kann ein wesentlicher Teil der Probleme LEGOs in den 1970er-Jahren mit zwei Ölkrisen, einer stagnierenden Weltökonomie, sinkenden Geburtsraten in Dänemark und einem kleiner werdenden Spielzeugmarkt im Ausland erklärt werden. Kjeld hat verstanden, dass es LEGO nicht genützt hat, als sein Vater infolge verschiedener Krisen in den letzten Jahren die Produktentwicklung heruntergefahren und beinahe ausgebremst hat. Er will auch deshalb unbedingt den entgegengesetzten Weg gehen und lässt seinen Worten sofort Taten folgen, indem er so viele neue Produkte präsentiert, dass 1979 das Jahr mit der größten Anzahl von Neuheiten überhaupt wird. Es gibt ein wahres Feuerwerk an neuen LEGO-Sets – insgesamt dreiundfünfzig –, alle in Übereinstimmung mit den Produktlinien in Kjelds Entwicklungsprogramm.

Und was sagt der Vater zu dem kraftvollen Auftreten des Sohnes am ersten Tag der Konferenz? Godtfred ist stolz, wenngleich er es tagsüber verbirgt, doch noch am Abend schickt er ihm einen schriftlichen Gruß:

»Lieber Kjeld,

ich verspüre den Drang, Dir meine innere Freude mitzuteilen! Durch kluge Gedanken, Deinen felsenfesten Glauben, Fleiß und Deine Fähigkeit, Dich auszudrücken, hast Du auf dieser Konferenz etwas unendlich Wichtiges erreicht – für die Zukunft. Du hast Dir den Respekt innerhalb und außerhalb des Unternehmens gesichert und weiter ausgebaut, und was noch wichtiger ist für LEGO und uns – gerade jetzt –, Du verdienst meinen aufrichtigen Dank, den ich normalerweise nicht so schnell vergebe.

Dein Alter«

Kjelds Gedanken wurden nicht zuletzt von der neuen LEGO-Minifigur inspiriert, die über beinahe zehn Jahre entwickelt wurde. Durch die »Evolution« der Figur wurde ihm klar, dass LEGO bisher immer nur ein Konstruktionsspielzeug war, nun aber auch Möglichkeiten zu einem grenzenlosen Rollenspiel bietet. Eine revolutionäre Perspektive für LEGO, die längst hätte realisiert werden sollen, meint Kjeld. Stattdessen hat man durch Zögern, Unsicherheit und allzu passive Führung Playmobils etwas größeren Plastikfiguren das Feld überlassen, die in den Siebzigerjahren den Markt erobert haben. Doch nun wird nach vorn geblickt, und LEGOs Gegenzug – die kleinen, wendigen Figuren mit den beweglichen Armen, Beinen und Händen, die Sachen greifen können – wird das Spiel mit LEGO in ganz neue Dimensionen führen.

> **Kjeld**: »Die Idee der Minifiguren hatte ursprünglich mein Vater, und sie geht in gewisser Weise auf das 25-jährige Jubiläum 1957 zurück, für das die Zeichnung eines sogenannten ›Legomannes‹ entwickelt wurde, eines kleinen dicken Arbeiters in Overall und mit Kappe. Sie zierte damals als Vignette das LEGO-Informationsmaterial für Händler und war Ende der Fünfziger so etwas wie eine Ikone. Das brachte meinen Vater auf den Gedanken, glaube ich. ›Wäre solch eine Figur als Element im LEGO-System vorstellbar?‹ Der Gedanke wurde allerdings erst um 1970 realisiert, als der Designer Jens Nygaard – der auch LEGO Raumfahrt und die LEGO Burg erfand – mit ein paar großen Figuren, sogenannten Baufiguren, experimentierte. Davon gab es tatsächlich eine ganze Familie und ein Set, das sich 1974 ziemlich gut verkaufte. Ein Jahr später entwickelte Nygaard dann die 3,5 Zentimeter große Minifigur – vier Steine hoch –, die zum Maßstab der LEGO-Steine passte, aber diese Version konnte weder die Arme noch die Beine bewegen und wurde daher ›Salzsäule‹ genannt. Das war nicht gut genug, und Nygaard, mein Vater und ich diskutierten lange darüber. Mit den Figuren musste etwas passieren. Sie sollten zumindest bewegliche Arme und Beine haben. Ich war mir damals absolut sicher, dass wir mit

einer Figur dieser Größe sehr schnell unglaublich viel Erfolg haben würden. Der kam dann 1978.«

In der Analyseabteilung von LEGO, in der unter anderem die Spielgewohnheiten von Kindern und die Reaktion auf die LEGO-Produkte untersucht wurden, gab es Ende der Sechzigerjahre einige wichtige Grundsatzdiskussionen, die auch etwas mit der Entwicklung der Minifiguren zu tun hatten. Es ging um eine ständige Herausforderung für das Unternehmen: die Mädchen. Sie hatten LEGO nie im gleichen Maß ins Herz geschlossen wie die Jungen, obwohl LEGO seit 1953 mit seiner Werbung auch sie anzusprechen versuchte. Nach außen hin wurde LEGO-System als Spielzeug für beide Geschlechter verkauft, innerhalb der Firma wusste man jedoch seit mehr als zehn Jahren ganz genau, dass es einen fundamentalen Unterschied zwischen Jungen und Mädchen gab, wenn es um ihre Begeisterung für »LEGO System im Spiel« ging.

In einer längeren Notiz aus dem Jahr 1969 erklärte Olaf Thygesen Damm aus der Analyseabteilung, dass er es für notwendig hielt, schon bald einige menschenähnliche Figuren in LEGOs Spieluniversum aufzunehmen. Mädchen könnten keine Spielwelt akzeptieren, die nur aus Dingen besteht, seien es nun Möbel, Häuser oder Autos, heißt es in der Notiz. Für Mädchen existierten diese Dinge nur im Zusammenhang mit menschlichen Situationen und Aktivitäten und hätten einen Zweck. Jungen hingegen begnügten sich damit, Häuser zu bauen und Autos und Züge fahren zu lassen.

Der Analyst wies auch darauf hin, dass LEGO in all den Jahren versucht habe, in bestimmte Produktlinien ein paar auf Mädchen zugeschnittene Themen einzustreuen, doch nun – mitten in einer Zeit der Rebellion, bei der es nicht nur um die Auseinandersetzung der Jugend mit den Autoritäten geht, sondern auch um die Emanzipation der Frau und alte Geschlechterrollen infrage gestellt werden – funktioniere LEGOs maskulin ausgerichtete Produktentwicklung nicht länger. Die von Männern dominierte Führung des Unternehmens müsse erkennen, dass es an der Zeit sei, die Spiel- und Fantasiewelt beider Geschlechter ernst zu nehmen. Weniger aus edlen, geschlechtspolitischen Motiven, sondern aus wirtschaftlichen, erklärt Thygesen Damm: »Wenn wir nicht die Konsequenzen daraus ziehen, dass Mädchen anders sind und anders spielen als Jungen, können wir das große Potenzial nicht nutzen, das auf dem Spielzeugmarkt für Mädchen auf uns wartet.«

Bei einer Sitzung, an der GKC und vier andere männliche Direktoren teilnahmen, betonte Thygesen Damm, dass »LEGO System im Spiel« einfach besser mit maskulinen als mit femininen Charakterzügen harmoniere. Dies gelte nicht nur für das Material an sich – die harten, viereckigen Steine –, sondern auch für den eigentlichen Bau-

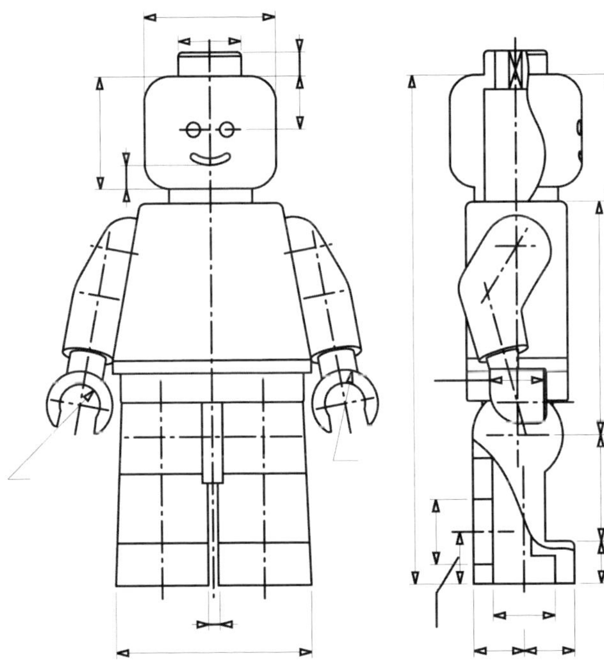

Jens Nygaard Knudsen ist der Designer der revolutionären Minifigur. Mehr als fünfzig Skizzen und Prototypen bilden die Grundlage für die endgültige Form der Figur, die zu allen Standards des LEGO-Systems passt. Anlässlich des Todes von Jens Nygaard 2020 schreibt ein erklärter LEGO-Fan auf Twitter, die Designerlegende hinterlasse »eine Frau, drei Kinder, zwei Enkel und acht Milliarden Minifiguren voller Leben aus der Fantasie der Kinder«.

Als LEGOs 1978er-Sortiment im Mitarbeiterblatt vorgestellt wird, heißt es, »Mädchen seien immer ein besonderes Problem bei LEGO gewesen«. Dem sollen fünf Neuheiten abhelfen, darunter ein Puppenhaus mit Fenstern, die sich öffnen lassen, das zur Basis für das Rollenspiel der Mädchen werden soll.

prozess und die Dinge, die im Spiel entstehen: Züge, Schiffe, Autos und Häuser.

Gerade die Häuser spiegelten die ganze Problematik und LEGOs Dilemma. Denn Häuser aus LEGO-Steinen richteten sich »nach außen«, erklärte Thygesen Damm. Schließlich wird nur die Außenhülle gebaut, während das Innere des Hauses verschlossen bleibt, ein leerer Raum mit ein paar Fenstern und Türen, die sich nicht öffnen lassen. Deshalb können Kinder ihr Spiel mit LEGO nur außerhalb der Häuser gestalten, nicht aber innen. Das wiederum bedeute, dass ein Spiel, bei dem Lebendiges, Persönliches, Menschliches, Gefühlsbetontes und Romantisches einbezogen wird, mit LEGO nur sehr begrenzt möglich ist.

»In Zukunft werden Mädchen nicht akzeptieren, dass ihre Spielwelt nur aus Dingen besteht, sie wollen Leben. Mädchen verlangen, dass Dinge vermenschlicht werden, und brauchen naturalistische Symbole für Menschen, die in ihr Spiel eingehen können. Solche Figuren oder Puppen dürfen nicht steif oder viereckig sein. Sie müssen sitzen und stehen können und brauchen ein angemessenes Größenverhältnis. Die erwähnte Familie kann nach und nach um Großeltern und weitere Kinder ergänzt werden.«

Im Laufe der Siebzigerjahre werden diese Forderungen umgesetzt. Zunächst 1971 mit einigen Puppenmöbeln und einem Puppenhaus; drei Jahre später kommen die Baufiguren dazu, die ersten menschenähnlichen Figuren in der Geschichte von LEGO, wenn man von den kleinen, statischen Plastikfiguren auf Fahrrädern, Mopeds, Rollern und Motorrädern absieht, die in den Fünfzigerjahren über den LEGO-Stadtplan fuhren. Doch im Jahr 1974 sind die Mitglieder der Baufiguren-Familie – so gut sie auch angenommen und verkauft werden – viel zu groß für die Dinge, die man mit LEGO bauen kann. Und so werden sie in zwei Schritten auf die Größe der endgültigen Minifigur aus dem Jahr 1978 verkleinert. Ein LEGO-Produkt, das in den folgenden Jahrzehnten Kultstatus bekommt. Heute gibt es davon weltweit neun Milliarden Exemplare.

In Billund hat man große Erwartungen, nicht nur an LEGOs Minifiguren, sondern auch an den kommenden Direktor. Ein etwas verlegen wirkender, aber stets lächelnder junger Mann, gekleidet und frisiert nach der Mode der Zeit – Schuhe mit kräftigen Absätzen, Schlaghose, enges Leinenhemd, gepflegte halblange Haare, breite Koteletten. Es heißt, er hätte nicht vor, den Führungsstil seines Vaters zu kopieren, und würde also nicht tagsüber durch die Firma schlendern, um zu plaudern und sich hier und da einzumischen. Er wolle auch nicht nach Feierabend herumschnüffeln, um sich anzusehen, was gerade auf dem Tisch oder im Regal des einen oder anderen Modellschreiners liegt.

Stattdessen will Kjeld in Vagn Holck Andersens professionelle Fußstapfen treten und LEGO künftig gemeinsam mit einer Reihe neuer junger und ambitionierter Führungspersönlichkeiten leiten, die Verantwortung für ihr jeweiliges Fachgebiet zu tragen haben. Kjeld als Person und seine Sichtbarkeit rücken an die zweite Stelle, auch im Verhältnis zu den Mitarbeitern. In der Mitarbeiterzeitung spricht der

Nach Dänemark zurückgekehrt, kauft Kjeld zusammen mit drei Freunden eine Zehn-Meter-Yacht und nimmt in den folgenden Jahren häufig an der Regatta »Rund Fünen« statt. Bereits als Kind hatte er auf dem Vejle Fjord sein eigenes Boot und lernte zunächst zu rudern, dann mit Segeln und Motor umzugehen. *Foto: Privatbesitz.*

junge geschäftsführende Direktor Ende 1978 über sich, seinen Führungsstil und die kommenden Aufgaben:

> »Ich bin im Großen und Ganzen ein offener und demokratischer Chef, obwohl es durchaus schwer sein kann, mich von etwas anderem zu überzeugen, wenn ich erst einmal an eine Sache glaube. Ich verstehe mich vor allem als denjenigen, der die langfristigen Ziele des Unternehmens absteckt und Strategien vorlegt, wie wir diese Ziele erreichen können. Ich werde sehr viel Zeit in unsere Produktions- und die Marketingstrategie investieren. Daher ist es wichtig, dass ich von der Leitung des Tagesgeschäfts so weit wie möglich befreit werde.«

Auch zu Hause gibt es neue Entwicklungen. Camilla erwartet ihr zweites Kind. In der Mitarbeiterzeitung heißt es, das Ehepaar habe zu Hause die Rollen in der »guten alten Art und Weise« verteilt. Die Erziehung der zweijährigen Sofie sowie den Haushalt überlässt LEGOs kommender oberster Chef seiner Ehefrau: »Ach, es war noch nie mein

Hobby, zu kochen, vom Abwasch gar nicht zu reden. Ich muss sagen, ich bin relativ gut darin, mich davor zu drücken.«

LEGOs neuer geschäftsführender Direktor steht öffentlich im Rampenlicht. Ein paar Monate später – im Februar 1979 – erscheint Kjeld plötzlich in der Illustrierten *Billed-Bladet*, Seite an Seite mit einem anderen Kronprinzen der dänischen Wirtschaft. Peter Zobel repräsentiert wie Kjeld die dritte Generation einer Familie, die ein großes Unternehmen aufgebaut hat; er soll geschäftsführender Direktor der Versicherungsgesellschaft Codan werden. »Beide sind typische Vätersöhne, geboren, um das Ruder zu übernehmen«, schreibt das Wochenblatt und fügt hinzu: »Sie haben eines gemeinsam – ihre Tüchtigkeit, die sie für ihre Aufgaben wie geschaffen werden lässt.«

Über den privaten Kjeld, der danach viele Jahre so gut wie alles tut, um nicht in den Medien aufzutauchen, heißt es dort, er sei früher ein passionierter Reiter gewesen, der sich nun aber dem Segelsport widme und im letzten Jahr eine Zehn-Meter-Jacht gekauft habe, die im Hafen von Vejle liege. Außerdem spiele er ein bisschen Golf, nur das Spielen mit LEGO, seine größte Leidenschaft in der Kindheit und Jugend, habe er viel zu lange vernachlässigt. Weiterhin interessiere sich Kjeld für Autos, während seiner Zeit in der Schweiz habe er sich einen grünmetallic-farbenen Porsche 911 Carrera Coupé gekauft, der nun mit einem dänischen Nummernschild versehen sei.

Billed-Bladet kann auch berichten, dass LEGOs neuer Steuermann nicht verwöhnt ist, sondern am liebsten gekochten Dorsch und Brotsuppe isst. Besonders große Füße habe er nicht, gerade einmal Schuhgröße 41. Freunde beschreiben ihn als »wirtschaftlich, ohne geizig zu sein«. Nur für eine Sache sei er – abgesehen von Autos – bereit, Geld auszugeben: Whisky. Am liebsten für einen trockenen, gern den fünfundzwanzig Jahre alten Chivas Regal. Außerdem liebe Kjeld noch immer Pop- und Rockmusik und höre gern Bruce Springsteen:

I come from down in the valley
Where, mister, when you're young
They bring you up to do
Like your daddy done.

Piraten, 1989.

Spiel

Die 1980er-Jahre

Als die größte Restaurantkette der Welt im Frühjahr 1981 ihre erste Filiale in Dänemark eröffnet, hat man im LEGO-Konzern eine gute Idee. Der Gedanke entsteht in der amerikanischen Vertriebsabteilung in Enfield, Connecticut, wird aber blitzschnell von Kjeld in Billund aufgegriffen, der auf seinen zahlreichen USA-Reisen in den Siebzigerjahren seinen Hunger häufig in einem McDonald's-Restaurant gestillt hat. Bei einem Big Mac und einem großen Becher Cola wurde ihm klar, dass das Erfolgsgeheimnis der Fast-Food-Kette nicht allein in der richtigen Mischung von guter Mayonnaise, Senf, Weinessig, Knoblauch, Zwiebeln, Paprika und Relish liegt. Der Erfolg liegt ebenso sehr an dem Spielzeug, das jedem Happy Meal beigefügt ist.

Kjeld: »McDonald's war zu diesem Zeitpunkt in Europa noch nicht so riesig, meist waren es Restaurants, in denen Jugendliche herumhingen, während in den USA überwiegend Familien mit Kindern dorthin gingen. Ich hatte das selbst auf meinen USA-Reisen erlebt, und daher hatte ich auch nichts gegen die Burger-Kette, die viele Leute in Europa für ganz entsetzlich hielten. Es gab also auch kritische Stimmen, als wir ein Co-Promotion-Abkommen mit McDonald's schlossen. Wie konnten wir so etwas nur tun! Meiner Direktion gefiel der Vorstoß auch nicht besonders.«

Co-Promotion ist eine neue Form des LEGO-Marketings, das im Laufe der Achtzigerjahre ausgebaut wird und zur Zusammenarbeit mit anderen bekannten Marken wie Kellogg's, Colgate und Pampers führt. Es ist eine Entwicklung, bei der die älteren, erfahrenen Mitarbeiter in Billund die Augenbrauen hochziehen. Was denn, glauben wir nicht mehr daran, dass sich der gute alte LEGO-Stein von allein verkauft?

Oh doch, die junge Leitung, die Kjeld um sich versammelt hat, glaubt auch weiterhin fest an den Stein. Die neuen Führungskräfte sind alle Anfang dreißig: Torsten Rasmussen, Niels Christian Jensen, Stig Christensen und Christian Majgaard, ergänzt durch ältere, routinierte Mitarbeiter wie den kaufmännischen Direktor Arne Johansen. Es sind Leute, die LEGO in der Welt noch bekannter machen wollen und die wissen, dass man etwas Besonders tun muss, am besten etwas ganz Neues, um den Verkauf ständig zu optimieren – man muss denen mehr verkaufen, die bereits etwas haben, und denen, die noch nichts haben, etwas zum ersten Mal verkaufen.

Die Vereinbarung mit McDonald's wird im Herbst 1983 in den USA unterzeichnet und besagt, dass die Amerikaner für die Anzeigen, die Werbung in den Filialen und die Fernsehspots der monatelangen Kampagne im Herbst des darauffolgenden Jahres verantwortlich sind. Sechstausendfünfhundert McDonald's-Restaurants in den Vereinigten Staaten und Kanada sollen den Rahmen schaffen für die Begegnung von Millionen nordamerikanischer Familien und ihrer Kinder mit dem neuen, bunten Konstruktionsspielzeug. LEGO verpflichtet sich, nicht weniger als fünfundzwanzig Millionen kleiner, durchsichtiger Tüten mit Steinen zu produzieren und zu liefern, und darüber hinaus sechstausendfünfhundert ausgewachsene, aus LEGO-Steinen gebaute Exemplare des Clowns Ronald McDonald, die in sämtlichen Filialen der Burger-Kette aufgestellt werden. Dazu eine entsprechende Anzahl geklebter Modelle, die auf der Theke stehen und demonstrie-

LEGO wagt in den 1980er-Jahren zu behaupten, dass fünfunddreißig Millionen nordamerikanischer Kinder McDonald's hungrig verlassen – hungrig nach mehr LEGO-Spielzeug! Drei geglückte Co-Promotion-Kampagnen mit der amerikanischen Burger-Kette werden zum Einfallstor in den größten Spielzeugmarkt der Welt.

ren sollen, was die Kinder mit dem Inhalt der Tüte aus LEGO- oder DUPLO-Steinen bauen können, während die Eltern sich unterhalten oder die Reste der Burger und Pommes frites ihrer Kinder aufessen.

Die Kampagne wird 1986 und 1988 wiederholt, und im Laufe des Jahrzehnts werden in Billund annähernd hundert Millionen Tüten mit LEGO-Steinen für McDonald's produziert. Endlich scheint man die schnelle und effektive Abkürzung zu dem lukrativen amerikanischen Markt gefunden zu haben, nach der LEGO gesucht hat, seit die Zusammenarbeit mit Samsonite gescheitert ist. Nun wird LEGOs Markenname überall in den USA und Kanada durch die Stammkunden der Burger-Kette verbreitet, Familien mit Kindern, den besten LEGO-Botschaftern, die man sich vorstellen kann. Der Chef der amerikanischen Produktion Kerry Phelan erklärt später:

»Mit einem Arrangement dieser Größenordnung haben wir alle

wichtigen Ziele der Co-Promotion erreicht. Es hat die Präsenz unseres Produkts und unseres Markennamens im Bewusstsein der Menschen verstärkt und die Kauf- und Sammellust bei den vorhandenen wie den neuen LEGO-Kunden angekurbelt.«

Die Zusammenarbeit mit McDonald's ist ein Beispiel dafür, wie man sich aufstellen musste, um in den 1980er-Jahren auf dem weltgrößten Spielzeugmarkt erfolgreich zu sein, auf dem große Firmen wie Mattel, Hasbro und Tyco mit Fremden nicht gerade zimperlich umgingen. Vor allem Tyco lässt LEGO gegenüber die Muskeln spielen, als die Amerikaner herausfinden, dass LEGOs Patent abgelaufen ist. Tyco lanciert ein System von Steinen, »Super Blocks«, die aus dem gleichen Plastikmaterial bestehen und eine direkte Kopie von LEGO, in den Geschäften aber ein Drittel billiger zu haben sind.

In großen, aggressiven Anzeigen lässt Tyco die amerikanischen Konsumenten wissen, dass die Super Blocks kompatibel mit LEGO sind; 1985 geht die Firma noch weiter, als sie LEGO im Namen der Kunden den Krieg erklärt. Dies geschieht mithilfe einer Anzeige, auf der ein furchteinflößender Panzer, gebaut aus Super Blocks, zu sehen ist, der seine Kanone auf den Feind aus dem winzigen Land auf der anderen Seite des Erdballs richtet: »TYCO DECLARES WAR ON LEGO – and you're going to win!« Mit anderen Worten, der Kunde ist der Gewinner dieses Krieges.

Die Firma Tyco glaubt, diese Form des Marketings sei ihr gutes Recht. Zum einen, weil LEGOs amerikanisches Patent abgelaufen ist, zum anderen, weil die dänische Spielzeugfabrik 1948/49 ihre Produktidee selbst von einer anderen Firma übernommen hat, argumentiert Tyco. Aufs Neue spukt der Name Kiddicraft in den Fluren der Direktion von Billund herum, und LEGOs Juristen bereiten sich auf den bis dahin größten internationalen Prozess vor, der sich über mehrere Jahre hinziehen wird.

Die erste Runde des Rechtsstreits geht für LEGO positiv aus. Sie findet 1986 in Hongkong statt, wo Godtfred unter Eid zum ersten Mal detailliert die Geschichte der Entwicklung von Hilary F. Pages »Self-Locking Building Bricks« durch LEGO erzählt und einräumt, dass man die englischen Bausteine »ziemlich genau« kopiert habe, wie es

Der Spielzeuggigant Tyco richtet das Geschütz auf LEGO und klagt den »Feind« in Europa an, die Plastikbausteine selbst kopiert zu haben.

im Protokoll heißt. Es ist eine schwere Stunde für Godtfred, der sich juristisch gesehen nie etwas Unrechtmäßiges gegenüber Page und Kiddicraft hat zu Schulden kommen lassen, aber immer ein schlechtes Gewissen hatte.

Bei der Anhörung in Hongkong legt Tycos Anwalt Godtfred die Daumenschrauben an, der berichtet, dass er vor nicht allzu langer Zeit mit seinem Sohn in Dänemark im LEGOLAND war und es ihn überrascht hätte, dass LEGO nirgendwo in der Erfolgsgeschichte der LEGO-Steine den Namen Hilary F. Page erwähnt:

»Die Menschen bekommen den Eindruck, dass die ganze Idee und das Design der zusammensetzbaren Steine von LEGO stammt … ist das nicht etwas unangemessen?«

Godtfred antwortet: »Vielleicht findet es jemand unangemessen, der davon weiß. Ich persönlich habe nicht darüber nachgedacht.«

Bevor es so weit ist und GKC und seine Entourage von Juristen und Beratern 1986 Tickets für einen dreiwöchigen Aufenthalt in Hongkong lösen, wo man zehn Zimmer im Hilton Hotel belegt, geschehen zu Hause in Billund eine ganze Reihe anderer großer und wichtiger Dinge. Als Kjeld und seine junge Führungsmannschaft um 1980 die Direktionsräume beziehen, wird der vorsichtige Kurs der Siebzigerjahre sofort radikal geändert, und es werden die Weichen für die Zukunft gestellt. Wieder verbreiten sich Enthusiasmus, Neugierde und der Mut, in der Produktentwicklung kreativ und innovativ zu denken.

Innerhalb weniger Jahre kommt es zu einer kleineren Explosion des Sortiments, und die Anzahl der lieferbaren LEGO-Sets, die in den Siebzigerjahren stabil bei hundertfünfundvierzig pro Jahr gelegen hat, wächst 1983 auf zweihundertsechsundvierzig an. In den ersten fünf Jahren mit Kjeld als geschäftsführendem Direktor verdreifacht sich der Umsatz auf 2 Milliarden Kronen. Die Zahl der Mitarbeiter erhöht sich von zweitausendfünfhundert auf dreitausenddreihundert Beschäftigte, es werden neue Fabriken in der Schweiz, Korea und Brasilien geplant. In allen Bereichen des Unternehmens ist der Erfolg spürbar.

Die Expansion liegt aber nicht nur an dem frischen Blut in der Führung und dem beginnenden Erfolg in den USA, sondern auch an den flexiblen, wandelbaren LEGO-Minifiguren, die sich für alle erdenklichen realistischen und abenteuerlichen Spielsituationen eignen: als Krankenschwester, Polizist, Astronaut, Ritter mit Schild, Seeräuber mit Holzbein, leuchtendes Gespenst und viele andere Gestalten. In Rekordzeit erfindet LEGO neue Minifiguren, die man in den USA rasch in *minifigs* umbenennt und die für Chaos im besten Sinne in dem klassischen, menschenleeren »LEGO System im Spiel« sorgen.

Kjeld: »Uns fehlte Leben in unserem LEGO-Universum, und das kam mit den Minifiguren. Die Kombination von Konstruktionsspiel und Rollenspiel trieb maßgeblich die Entwicklung an und legte den Grundstein für das goldene Wachstum in den Achtzigerjahren und zu Beginn der Neunzigerjahre. Mit unse-

> ren Spielwelten Stadt, Burg, Raumfahrt und Piraten gewannen wir damals das Interesse von unglaublich vielen Kindern.«

Mehr als je zuvor muss man als Spielwarenproduzent wach und aufmerksam sein. Anfang der Achtzigerjahre sieht sich die gesamte Branche mit einer bisher unbekannten Herausforderung konfrontiert. Es sind die sogenannten »Piep-Piep-Spiele«, die sich plötzlich unter das traditionelle Kinderspielzeug mischen und viele Wunschzettel zu Weihnachten verändern. In Billund begegnet man der Situation zunächst gelassen. Als eine Zeitung anfragt, ob auch LEGO im nächsten Jahr etwas Elektronisches auf den Markt bringen wird, antwortet der Informationschef Peter Ambeck-Madsen: »Wir haben unsere Produktionsentwicklungspläne nicht geändert, weil diese irritierenden elektronischen Wespenstiche auf dem Spielzeugmarkt aufgetaucht sind. Aber das explosionsartige Wachstum bei den elektronischen Spielen beobachten wir wachsamen Auges.«

> **Kjeld**: »Ich persönlich war fasziniert von den ersten Spielen, die man in der Hand halten konnte, und später auch von den großen Spielkonsolen mit Joysticks. Ich will nicht sagen, dass wir als Spielzeugfirma diese neue Konkurrenz fürchteten, jedenfalls nicht zu Beginn. Selbstverständlich sprachen wir darüber, wie wir etwas Digitales in das Spiel mit LEGO einbringen könnten, und ich, der ich die Neugierde meines Vaters geerbt habe, wenn es um Maschinen und Technologie geht, dachte durchaus intensiv darüber nach.«

Schon bald stellt sich heraus, dass man die elektronischen Spiele nicht ignorieren kann. An jeder dänischen Schule Anfang der Achtzigerjahre verbringen Kinder die Pausen damit, umgeben von einer Mauer aus synthetischen Geräuscheffekten, konzentriert auf ein kleines Ding in ihren Händen zu starren, während ihre Daumen blitzschnell auf Tasten mit verschiedenen Kommandos drücken. Auf den kleinen Maschinen, die im Fernen Osten erfunden und entwickelt wurden, werden Donkey Kong, Octopus, Mario Bros. und andere Spiele gespielt.

Leben und Freude kommt ins LEGO-System, und auf dem Neuheitenkatalog des Jahres 1981 macht eine ganze Horde kleiner Figuren aus den unterschiedlichen Produktlinien auf die unendlichen Möglichkeiten von Rollenspielen aufmerksam.

Die elektronischen Spiele werden in Rekordzeit zu einer zivilisatorischen Herausforderung. Ihre Geräusche treiben manche Eltern und Pädagogen geradezu in den Wahnsinn, und so weigern sich zunächst einige Spielwarengeschäfte in Dänemark, sie zu verkaufen, da sie noch dazu laut Kritikern die gute, gesunde Form des Spielens unterminieren. Der Leiter der Einkaufsabteilung des Kopenhagener Kaufhauses Magasin nennt die Spiele »reines Piep-Piep« und ist wie LEGOs Geschäftsleitung der Ansicht, dabei handele es sich um eine Eintagsfliege. In vielen dänischen Kindertagesstätten hat man ebenfalls Vorbehalte gegenüber dieser »asozialen« Spielaktivität, und in der Nachmittagsbetreuung werden elektronische Spiele vielfach verboten. Der Leiter einer Einrichtung aus Kolding erklärt im Frühjahr 1983:

»Wir hatten einfach genug! Vor Weihnachten setzte ein regelrechter Boom mit elektronischen Spielen ein, und am allerschlimmsten war es vor Ostern. Diese Spiele machen die Kinder ungeheuer passiv. Sie sitzen allein mit ihrem Gerät da und haben einfach keinen Grund, sich auf das gemeinsame Spiel mit anderen Kindern einzulassen. Es führt höchstens zu Aggressionen, wenn jemand dasteht und einem Spieler Licht vom Bildschirm nimmt.«

Heute gehören solche heftigen Reaktionen von Erwachsenen in die Abteilung der kuriosen historischen Fakten, denn tatsächlich war die Welle der elektronischen Spiele, denen schon bald Spielkonsolen wie Commodore 64 und Nintendos revolutionärer Game Boy folgten, lediglich ein Vorgeschmack auf den Tsunami von digitalen Gerätschaften, der um die Jahrtausendwende die Kinder- und Teenagerzimmer der westlichen Welt überschwemmen sollte. Im Laufe eines Jahrzehnts wurden ganz neue Rahmen abgesteckt darüber, wie Kinder spielen, entweder allein oder gemeinsam, und nicht zuletzt, womit sie spielen.

Zunächst verhält sich LEGO abwartend, äußert sich skeptisch gegenüber den elektronischen Spielen und meint, es handele sich um eine Modeerscheinung. Als die auf Wirtschaftsmeldungen spezialisierte Tageszeitung *Børsen* im Frühjahr 1983 in einer Sonderbeilage den Fokus auf das international anerkannte Spielzeugunternehmen legt, wiederholen sowohl der ehemalige wie der amtierende geschäftsführende Direktor, dass man die elektronischen Spiele nicht als Bedrohung des anhaltenden Wachstums von LEGO betrachte. In diesem Punkt sind Vater und Sohn offensichtlich einer Meinung: »In der Spielwarenbranche gehören wir zu den erfolgreichsten Unternehmen der Welt, und wir sind in keiner Weise schockiert wegen der Popularität der elektronischen Spiele.«

Der *Børsen*-Journalist spürt jedoch den Riss zwischen den beiden Generationen und fragt daher den Sohn, ob LEGO nicht selbst beginnen wolle, elektronisches Spielzeug zu produzieren. Das sei doch denkbar, erklärt der Journalist, zumal LEGO erst kürzlich bekannt gegeben habe, dass man im Zusammenhang mit Dänemarks größtem Verlag plane, eine Reihe von Büchern mit Geschichten aus dem FABULAND-Spieluniversum herauszugeben. Zudem gibt es Gerüchte über LEGOs Beteiligung an einem Film – will LEGO sich also noch weiter von seinem Kerngeschäft entfernen? Kjeld streitet dies ab, fügt aber hinzu:

> »Das bedeutet natürlich nicht, dass wir nicht jede neue Technik nutzen wollen, die wir relevant finden. Aber es muss so sein, dass die neue Technik unseren Zielen dient. Wir werden keine neuen Techniken um der neuen Technik willen in unsere Produktion aufnehmen. Machen wir von Elektronik Gebrauch, muss sie sich auf eine natürliche Weise einfügen – genauso wie wir seit vielen Jahren mit Motoren arbeiten und auch andere Techniken ein natürlicher Teil unseres Sortiments sind.«

Die Spannungen zwischen Vater und Sohn sind 1984 in einem Zeitungsinterview zu ahnen, in dem Godtfred sich als sturer, beharrlicher Jütländer präsentiert: »Ich höre nicht auf, bevor mein Sohn mich hinauswirft, und das kann er erst, wenn ich siebzig bin. Aber wir arbeiten wunderbar zusammen, ebenso gut wie ich mit meinem Vater.« Kjeld kommentiert die Äußerung nicht. *Foto: Flemming Adelson.*

Der Computernerd Kjeld hat bereits vor Augen, dass LEGO an der Schnittstelle zwischen Spiel und Ausbildung, also im Schulbereich, seinen besonderen Zugang zu der neuen Technologie finden könnte. In den Jahren 1980/81 arbeitet die Entwicklungsabteilung von LEGO bereits mit Pädagogen und Experten aus verschiedenen Fachbereichen und Unterrichtsformen zusammen, und in einer Werbung für DUPLO heißt es: »So macht Lernen auch kleinen Händen Spaß.«

Der Bildungsaspekt wird in den folgenden Jahren wichtiger. LEGO erarbeitet eine Reihe von Vorschlägen für technologische Bauprojekte für Lehrer, Schüler und kleinere Kinder ab achtzehn Monaten; die neue Produktlinie bekommt den Namen LEGO Education. 1985 wird LEGO Technic eingeführt, ein paar Jahre später LEGO DUPLO Mosaik. Gleichzeitig wird ein Bildungsportal eingerichtet, von dem Lehrer gratis Anleitungen zu verschiedenen Lernaktivitäten herunterladen können.

1982 benutzt Kjeld in LEGOs offizieller Festschrift zum 50-jährigen Jubiläum zum ersten Mal den Satz »Man lernt, während man spielt«, ungefähr zur gleichen Zeit erklärt er einer Zeitung: »Anstatt etwas über technische Dinge in Büchern zu lesen, können die Schüler sie selbst bauen. Wir glauben fest an diesen Markt.« Diesen Glauben teilen allerdings nicht alle in der Konzernleitung, wenn Kjeld zu erklären versucht, dass nicht nur Schulen und Betreuungseinrichtungen für Kinder, sondern auch die weiteren Ausbildungsbereiche in der Zukunft ein großer und wichtiger Markt für LEGO werden.

Kjeld: »Ich erinnere mich noch deutlich, dass manche in der Geschäftsleitung sagten: ›Nein, das wird nicht funktionieren. Wenn die Kinder in der Schule etwas mit den Steinen machen, haben sie genug von LEGO und wollen nicht mehr damit spielen, wenn sie nach Hause kommen.‹

›Also wirklich, jetzt hört aber auf!‹, habe ich gesagt.«

Seymour Papert behauptet, Kinder würden durch Experimente lernen und es gäbe eine Synergie zwischen Technologie und der kindlichen Kreativität. Kjelds Gedanken gehen in die gleiche Richtung, es ist der Beginn einer Zusammenarbeit zwischen LEGO und dem MIT Media Lab, die ihren Höhepunkt in der Einführung von LEGO Mindstorms 1998 hat.

Eines Abends Ende Februar 1984, nach einem weiteren langen Tag in der Firmenzentrale, bei dem eine Konferenz die nächste ablöste, sitzen Kjeld und Camilla im Wohnzimmer ihres Hauses im Skovparken und entspannen sich. Der Fernseher ist eingeschaltet, auf dem Bildschirm erscheinen ein paar Schulkinder, die mithilfe eines Computers einen kleinen schildkrötenähnlichen Roboter Befehle ausführen lassen. Die Szene wechselt, und ein graubärtiger Mann taucht auf und erzählt, dass er eine besondere Programmiersprache entwickelt hat, die so einfach und intuitiv ist, dass Kinder damit überhaupt kein Problem haben. Der Mann heißt Seymour Papert und beschreibt Computer als kreative Werkzeuge in einer neuen Form des Unterrichts, angepasst an das digitale Zeitalter, das unweigerlich kommen wird: »Ausbildung hat sehr wenig mit Erklärung zu tun. Es geht vielmehr um Engagement – darum, sich in den Stoff zu verlieben.«

Kjeld ist sofort überzeugt. Oder wie es einige Jahre später im *Wall Street Journal* heißt: »Das war süße Musik in den Ohren eines Unternehmens und eines geschäftsführenden Direktors, der ein Vermögen damit verdient hatte, den Drang der Kinder zu befriedigen, ihre Finger zu gebrauchen, und der Antwort auf die Frage suchte, wie der einfache kleine Stein einen Platz im Computerzeitalter finden konnte.«

> **Kjeld**: »Ich war vollkommen fasziniert von Seymour Paperts Idee, dass Kinder durch Spielen mit dem Computer lernen – und auch von dieser Programmiersprache ›Logo‹, die er erfunden hatte. Am Tag nach der Fernsehsendung bat ich einige Mitarbeiter, Papert zu kontaktieren, und wir bekamen rasch Antwort. Witzigerweise hatte er seit Langem vorgehabt, uns zu schreiben, weil er bei einigen seiner Versuche im Media Lab des MIT (Massachusetts Institute of Technology) in Boston LEGO-Steine benutzt hatte. Das Media Lab war damals eine interdisziplinäre, technologische Hochburg aus allen möglichen Fachbereichen mit ganz unterschiedlichen Herangehensweisen an Programmierung und Digitalisierung. Kurz darauf bin ich nach Boston gefahren, um mich mit dem Mann zu unterhalten.«

Kjeld trifft auf einen enthusiastischen Mann, der sich seinen kindlichen Spieltrieb erhalten hat und dazu mit vielen verschiedenen Kompetenzen und Talenten gesegnet ist. Ein ausgebildeter Mathematiker, Informatiker und Pädagoge, geprägt von dem weltberühmten Schweizer Psychologen Jean Piaget, der zu verstehen versuchte, wie Kinder Wissen erwerben. Piaget war der Ansicht, dass Kinder sich durch Herausforderungen entwickeln und von sich aus die Verantwortung für ihr eigenes Lernen übernehmen wollen. Papert stützt sich auf Piagets Theorien und meint, dass Kinder, die etwas mit den Händen aufbauen, gleichzeitig Wissen aufbauen. Und diese Form des Lernens sei wichtig, behauptet Papert, weil sie sich tiefer im Gehirn des Kindes verankere als die Erklärungen eines Lehrers, wie etwas zusammenhängt und funktioniert.

Die Begegnung mit Papert und seinen Ideen für eine Schule der Zukunft, in der die Natur des Spielens auch die Natur des Lernens ist und der Computer gleichberechtigt mit Bleistift und Büchern eingesetzt wird, stellt für Kjeld einen Wendepunkt dar. Er ist nie wirklich gern in die Schule gegangen und erkennt in Paperts Idee die Perspektive eines Unterrichts, in dem Kinder – genau wie er sagt – die Kontrolle über ihr Lernen übernehmen und die Materialien nutzen, die sie vorfinden, um die Welt zu erforschen und sich selbst auf eine neue Weise zu verstehen.

> **Kjeld:** »Seymour präsentierte mir die Idee eines intelligenten Steins, den man selbst programmieren kann; durch ihn kam ich auf den Gedanken, dass dieser intelligente Stein zur dritten großen technischen Erneuerung in der Geschichte von LEGO werden könnte. Nach dem bahnbrechenden Bausystem von 1955 hatten wir 1962 das Rad erfunden, womit die Steine sich bewegen ließen. 1966 kam der Elektromotor dazu, der dazu führte, dass man seine Steine noch lebendiger und beweglicher machen konnte. Als nächste Stufe hatten Seymour und ich nun die Vision, bestimmte Verhaltensweisen in unsere Modelle einzubauen, damit man seine LEGO-Roboter selbst programmieren konnte.«

Im Mai 1985 besucht Seymour Papert Dänemark. Bevor er nach Billund reist, um mit Kjeld zu sprechen, hält er einen Vortrag auf Schloss Christiansborg vor dreihundert Grundschullehrern über das Lernen von Kindern in der zukünftigen technologischen Gesellschaft. Der Computer sei ein ausgezeichnetes Werkzeug, so Paperts Botschaft, um die Kreativität der Schüler zu unterdrücken, wenn dies das Ziel sein sollte. Aber er könne auch dazu genutzt werden, um die Kreativität des Kindes freizusetzen und dessen Selbstständigkeit zu fördern.

Nach dem Vortrag erwähnt Seymour Papert vor den anwesenden Journalisten, dass das Media Lab am MIT in Boston eine Zusammenarbeit mit LEGO vereinbart habe. Sie planten, Steine mit eingebauten Sensoren in Form von Infrarot-Fotozellen zu entwickeln, um Roboter so programmieren zu können, dass sie auf den Kontakt mit einer Wand oder anderen Gegenständen reagieren. Papert berichtet auch, dass das Projekt innerhalb von wenigen Jahren dem amerikanischen Bildungsmarkt zur Verfügung stehen soll. Man will die neuen, hochtechnologischen Steine Schulen anbieten, damit Kinder Roboter, Kräne und Fahrzeuge aus LEGO-Elementen bauen können, die durch das Logo-Programm per Computer gesteuert werden.

Kjeld: »Wir richteten einen Vorposten für LEGO-Entwicklung in Boston ein, der eng mit dem Media Lab zusammenarbeiten sollte. Ich fühlte mich Seymour wirklich geistesverwandt, auch wenn das übertrieben klingt, aber wir kommunizierten unglaublich gut, wenn wir uns trafen, und das taten wir in den folgenden Jahren sehr oft. Wir brauchten keine großen, geschraubten Worte oder lange, formvollendete Sätze. Wir saßen einfach zusammen und philosophierten ein bisschen vor uns hin. Er war kein Mann vieler Worte, aber wenn er etwas sagte, dann war es so gut wie immer von Bedeutung.«

Mit LEGO TC-1 lassen sich 1986 roboterartige Geräte bauen, die durch Computer gesteuert werden. Der Journalist und IT-Experte Ole Grünbaum ist begeistert, weist aber auch auf die Begrenzungen hin: »Es ist erforderlich, dass man bereits einen Computer besitzt, und es kostet mehrere tausend Kronen, wenn er erst angeschafft werden muss. Daher wird sich diese Roboteridee nur langsam durchsetzen, und es werden im Großen und Ganzen nur Schulen damit beginnen.«

Kjelds Überzeugung, dass man lernt, wenn man spielt, wird sozusagen in die Zukunft gehoben, als LEGO und MIT Media Lab Ende der 1980er-Jahre Software für die Modelle der LEGO-Technic-Linie entwickeln. Das erste materielle Resultat der transatlantischen Zusammenarbeit wird 1986/87 präsentiert und bekommt den Namen LEGO TC, wobei »TC« für »Technic Control« steht. Schüler können nun mit verschiedenen LEGO-Steinen, einer Kontrollbox und Software einen Roboter bauen, der von Apple- und IBM-Computern gesteuert wird.

Die Sets finden bereits 1990 ihren Weg ins amerikanische Schulwesen, in dem der Einsatz und die Demonstration moderner Technologie fester Bestandteil des Lehrplans sind. Kinder, so das pädagogische Ziel, sollen sich zu Problemlösern und Erfindern entwickeln. Papert drückt es gegenüber dem *Wall Street Journal* folgendermaßen aus: »Computer geben uns zum ersten Mal in der Geschichte die Möglichkeit zu entscheiden, ob wir Menschen zu disziplinierten, routinierten Mitarbeitern ausbilden wollen, die bloß Anordnungen befolgen, oder ob wir sic stattdessen zu kritischen, kreativen Köpfen heranbilden wollen.«

Seymour Papert ist allerdings nicht der Einzige, von dem sich Kjeld in den Achtzigerjahren inspirieren lässt. Hinter den dunkelbraunen Backsteinwänden der Firmenzentrale in Billund, die von einem Wirtschaftsjournalisten als etwas beschrieben wird, das an »ein Pflegeheim in einer Tannenschonung« erinnere, treibt sich ein besonderes Original herum. Sein Name ist Per Sørensen, und in Anbetracht der Tatsache, dass er ein hoch bezahlter Direktor in Zeiten von Time-Management und den Yuppie-Achtzigern ist, äußert er sich ausgesprochen überraschend, wenn es um Führungsstil und LEGO geht:

»Als Kolumbus seine Reise über den Atlantik antrat, wusste er nicht, wohin er segelte. Als er auf der anderen Seite an Land ging, wusste er nicht, wo er war, und als er wieder nach Hause kam, wusste er nicht, wo er gewesen war. Bei LEGO ging es uns nicht anders, als wir anfingen, über die Entwicklung des Managements zu sprechen.«

Der Personalchef Per Sørensen (links) hat einen durchaus ungewöhnlichen Blick auf Führungsqualitäten – gegenüber der Presse äußert er sich so: »Wenn Kunden meinen, die Produkte seien richtig teuer, wenn die Mitarbeiter meinen, sie bekämen nicht genügend Gehalt, wenn die Lieferanten sagen, mit uns sei ja nicht zu verhandeln, und wenn unsere Aktionäre sagen, sie bekommen zu wenig Dividenden, dann haben wir eine gute Geschäftsleitung. Alle Interessengruppen müssen ausreichend unzufrieden sein, könnte man sagen.« *Foto: Erik Jepsen.*

Kjeld hat Per Sørensen 1979 zum Direktor von LEGO berufen, er ist unter anderem verantwortlich für Personalwesen, Organisation, Ausbildung und das Arbeitsklima. In diesem durchaus fließenden Verantwortungsbereich tummelt sich Sørensen zwei Jahrzehnte auf der Führungsetage in Billund und hilft dem geschäftsführenden Direktor, den Blick auf sich selbst und seine Rolle zu weiten.

Kjeld: »Ich hatte Per auf der Handelshochschule in Aarhus als einen sehr inspirierenden und höchst unkonventionellen Lehrer erlebt, der EDV und Unternehmensentwicklung unterrichtete. Als wir einen Personaldirektor suchten, schickte Per uns seine Bewerbung, und ich arrangierte ein Vorstellungsgespräch, an dem mein Vater allerdings nicht teilnehmen wollte. Um Himmels willen, einen Mann von der Handelshochschule könne man bei LEGO nicht brauchen, meinte er. Trotzdem schlich er während des Gesprächs in mein Büro, setzte sich dazu und lauschte fasziniert Pers Ausführungen. Er war, wie soll ich es ausdrücken, yin- und yangartig und stellte die Dinge gern auf den Kopf: ›Gut, aber warum betrachten wir es nicht auf diese oder auf jene Weise?‹ Andersdenkende, unorthodoxe Führungspersönlichkeiten, die darüber hinaus noch nie ihren Fuß in die Spielzeugbranche gesetzt hatten, fand Vater ja richtig gut.«

Mit seiner Bildung, seinem jütländischen Witz und dem Verständnis für den Geist und die Werte von LEGO wird Per Sørensen für das Unternehmen in den Achtzigerjahren zu einem wichtigen Kulturbotschafter, so wie es Søren Olsen in den Sechzigerjahren gewesen war. Gleichzeitig ist er ein wertvoller Sparringspartner für Kjeld und andere in der Firmenleitung. Der belesene Per Sørensen liebt es, Weisheiten zu zitieren, von Laotse, Mao und dem dänischen Karikaturisten Storm P. bis hin zu Kierkegaard, Grundtvig und Jens Christian Hostrup, einem dänischen Schriftsteller, dessen altes Lied vom »Hohen Norden, Heimat der Freiheit« drei Zeilen enthält, die er stets zitiert, wenn er die Mitarbeiter an die Notwendigkeit des Gesprächs und des neuen Denkens im Konzern erinnern möchte:

Lasst uns aufbrechen, lasst es gären,
Hemmt nicht den Strom, ertragt den Schlag!
Denn der Ertrag, der kommt an einem Sommertag.

Diese überschwänglichen Zeilen sollen zeigen, dass man bei LEGO sehr gern verschiedener Meinung sein darf – vor allem, wenn man sie auch äußert –, solange man direkt miteinander kommuniziert und nicht eine bloße »Rolle« spielt. Damit wird Kjelds alter Lehrer zum Inspirator und Ideengeber für viele Fortbildungsprojekte, die der junge Direktor anstößt, bei denen LEGOs junge Geschäftsleitung lernt, an sich selbst und ihrer Rolle in einem Unternehmen zu arbeiten, das vorwärtsstürmt und dabei bisweilen die Führung vermissen lässt.

Kjeld: »In den Achtzigern begann ich mir ernsthaft Gedanken über eine Führungsphilosophie zu machen. Das war notwendig, fand ich, weil wir immer größer wurden. Es gab einige Seminare mit externen Kommunikationsexperten, die uns halfen, uns zu organisieren und manches neu zu denken, nicht zuletzt, was unsere völlig unterschiedlichen Führungsmethoden anging. Ich habe sehr an Zusammenarbeit geglaubt, und daher hatten wir damals recht viele Konferenzen. Ich wollte meine engen Mitarbeiter und diejenigen, die an meinen Ideen weiterarbeiten sollten, unbedingt überzeugen, dass es nicht nur meine, sondern auch ihre Ideen waren, damit sie in die Organisation getragen wurden und sich überall im Unternehmen durchsetzten. Und das gelang auch bis zu einem gewissen Grad.«

Dass es überhaupt gelang, lag nicht zuletzt an Per Sørensen, der Führung immer so verstand, dass jede Aufgabe dialektischer Natur ist und daher von zwei Seiten betrachtet werden muss. Auf der Grundlage seiner taoistischen Führungsphilosophie formuliert Per Sørensen damals bei LEGO eine Reihe von Glaubenssätzen, die den Titel »The 11 Paradoxes of Management« bekommen. Diese Art Hausregeln werden unter einem großen Yin-und-Yang-Zeichen auf Plakate gedruckt und an sämtliche Führungskräfte von LEGO ausgegeben. Die einzelnen Paradoxa sind als paarweise Aussagen formuliert, die sich unmittelbar widersprechen, durch den Widerspruch ergeben sich jedoch neue, tiefere Einsichten. Zum Beispiel:

Eine Führungskraft muss vorangehen können – und sich im Hintergrund halten.
Eine Führungskraft muss dynamisch sein – und nachdenklich.
Eine Führungskraft muss visionär sein – und mit beiden Beinen auf dem Boden stehen.
Eine Führungskraft muss selbstsicher sein – und demütig.

Kjeld: »Obwohl diese Paradoxa dreißig Jahre alt sind, gefällt mir noch immer die Haltung, die sich in ihnen ausdrückt. Wir hatten damals wirklich viel Spaß damit und haben viel darüber geredet. Sie entstanden eigentlich bei einer Sitzung der Leitungsgruppe, als wir begannen, über die Anforderungen zu sprechen, die man an einen guten LEGO-Chef stellen muss. Es kamen all die üblichen Floskeln auf den Tisch, und plötzlich schlug Per Sørensen vor, das alles in einer Reihe von Paradoxa zu versammeln. Dieses Manöver war unglaublich inspirierend, und einer meiner guten Direktoren zu diesem Zeitpunkt trug zu der angeregten Stimmung mit den unvergesslichen Worten bei: ›Führungskräfte mit hochfliegenden Visionen und beiden Beinen auf dem Boden wachsen nicht auf Bäumen!‹«

Für Kjeld werden die Paradoxa nicht nur zum Ausgangspunkt einer neuen Führungsphilosophie bei LEGO, sondern auch zu einer eher persönlichen Mahnung. Zum einen an eine großzügigere, offenere Lebenseinstellung, im Einklang mit dem Geist und der Kultur des Unternehmens. Zum anderen an seine Überzeugung, dass das meiste im Leben sich nur durch sein Gegenteil erklären lässt und seine Bedeutung erhält. Es ist eine Grundhaltung und eine Form, seinem Umfeld zu begegnen, die nicht unproblematisch ist für den obersten Chef eines Unternehmens mit fünftausend Beschäftigten, die erwarten, dass ihr geschäftsführender Direktor ein Mann der Tat ist, der durchgreifen kann und einen klaren Kurs vorgibt.

Kjeld: »Ich habe immer gewusst, dass es in dieser Welt mehr ›sowohl – als auch‹ als ›entweder – oder‹ gibt. Das hatte ich bereits als junger Chef in der Schweiz im Hinterkopf. Aber wie Per Sørensen und ich immer aus Spaß sagten, brauchten wir in der Unternehmensführung von LEGO von allem noch mehr: noch mehr ›entweder‹ und noch mehr ›oder‹ – und beides auf einmal. Wir hatten einige spannende Seminare, aber nicht alle waren gleichermaßen begeistert und inspiriert.

Manch einer meinte: ›Wir reden viel zu viel über diese Dinge, meinst du nicht, Kjeld?‹ Und das taten wir wirklich, aber damals hatte ich das Gefühl, es war so wichtig, dass wir bei den

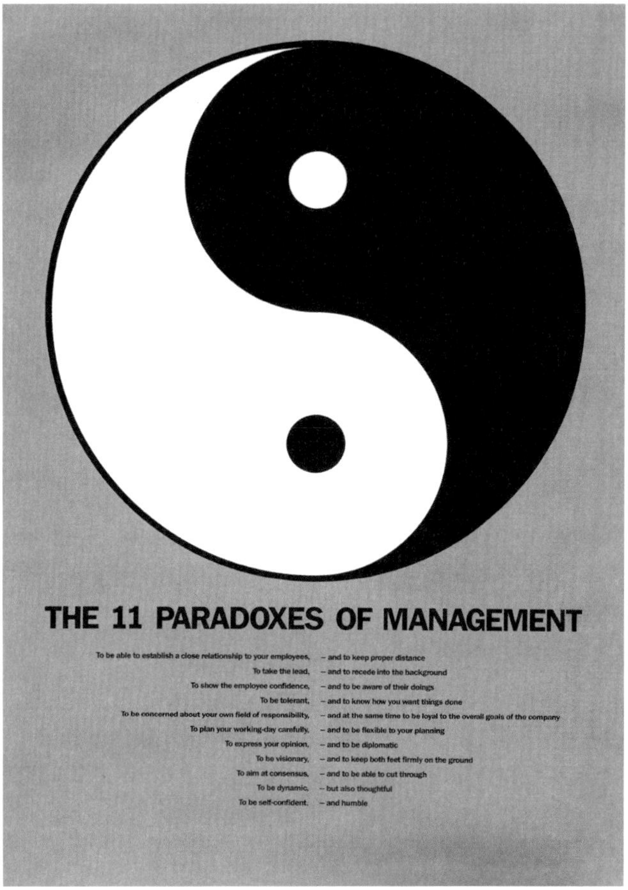

»The 11 Paradoxes of Management«, die Per Sørensen 1986 verfasst, werden als großes Plakat mit dem Yin- und Yang-Zeichen gedruckt und an das gesamte Management LEGOs im In- und Ausland verschickt. Das Ziel ist das Verständnis, dass jede Form der Führung voller Gegensätze ist.

Entscheidungsprozessen zusammenstanden und alle dieses Gemeinschaftsgefühl spürten. Das war in etwa meine Führungsphilosophie in den Achtzigern – und im Grunde ist sie es immer gewesen.«

Als Per Sørensen nach beinahe zwei Jahrzehnten den LEGO-Konzern verlässt, überreicht ihm sein alter Schüler von der Handelshochschule eine goldene Taschenuhr. Die Mitarbeiterzeitung ist bei der Feier auch dabei und fragt, wofür Per am liebsten in Erinnerung bleiben möchte.

»Schreibt einfach, dass ich einige Jahre mitgeholfen habe, dafür zu sorgen, dass die Dinge nicht zu formalisiert wurden, dass es nicht zu sehr nach Symphonieorchester mit Dirigent und Noten aussah und zu wenig nach Jamsession mit Ensemblespiel und Raum für Improvisationen. Auf diese Weise haben wir die LEGO-Kultur – oder den LEGO-Geist bewahrt, wenn man so will.«

Liest man die unglaublichen Jahresbilanzen der 1980er-Jahre, in denen LEGOs Umsatz und Gewinn sich vervielfachten, versteht man gut, dass die Geschäftsleitung am Ende des Jahrzehnts das Gefühl hat, auf dem Wasser gehen zu können. Aus demselben Grund verlangt Godtfred in seiner Eigenschaft als Aufsichtsratsvorsitzender der LEGO A/S auf einer Generalversammlung, dass in den Protokollen festgehalten wird, die junge Führung müsse aufpassen, »durch den Erfolg nicht hochnäsig zu werden«.

Es scheint nur einen Weg für das Unternehmen zu geben: nach vorn. 1988 bekommt LEGO zum ersten Mal den angesehenen Imagepreis, den *Børsen* auf der Basis der Stimmen dänischer Unternehmer vergibt – im Laufe der Neunzigerjahre wird LEGO dieser Preis weitere fünf Mal verliehen. Im Vordergrund – obwohl er lieber im Hintergrund bliebe, wenn er es selbst entscheiden könnte – steht der jetzt 40-jährige Kjeld Kirk Kristiansen, der von *Jyllands-Posten* 1989 zu einem der jüngeren dänischen Unternehmer ausgerufen wird, die die Neunzigerjahre prägen werden. Eine neue Generation ist auf dem Weg, die Führung der dänischen Wirtschaft zu übernehmen – Jess Søderberg bei der Reederei A. P. Møller, Mads Øvlisen bei dem Pharmaunternehmen Novo Nordisk, Mogens Granborg bei der Technologiefirma Danisco und Kjeld Kirk Kristiansen bei LEGO. Sie alle brechen mit der Tradition, dass alte Männer in Dänemarks größten Firmen an der Macht sind und Millionen verwalten.

Über Kjeld heißt es, er sei ein ebenso atypischer Unternehmenschef wie Mærsk Mc-Kinney Møller. Eine ihrer Gemeinsamkeiten ist die persönliche, auf der Familie basierende Inhaberschaft eines gigantischen internationalen Unternehmens. Eine andere ist ein Führungsstil, bei dem allen im Unternehmen eingebläut wird, dass man es nur durch die gemeinsame Anstrengung zu etwas bringt und der Einsatz eines jeden Einzelnen zählt. Eine dritte Gemeinsamkeit zwischen dem

Die Meinungsverschiedenheiten zwischen Vater und Sohn nehmen in den 1980er-Jahren zu, und Kjeld muss sich häufig die Frage stellen, die auch in einem seiner Lieblingssongs von Bob Dylan gestellt wird: *How many roads must a man walk down / before you can call him a man? Foto: Flemming Adelson.*

älteren Schiffsreeder und dem jungen Spielwarenproduzenten besteht darin, sich selbst nach außen hin keine große Bedeutung beizumessen. Eine Zeitung schreibt über den LEGO-Chef:

> »In den üblichen wirtschaftspolitischen Debatten meldet er sich so gut wie nie zu Wort. Aber hinter den Kulissen ist sein Einfluss unbestreitbar – nicht nur in der Gemeinde Billund, in der das Budget jeden Jahres zunächst in der Direktion von LEGO besprochen wird, bevor es der Gemeinderat beschließt. LEGO hat auch gute Kontakte zu Regierung und Parlament. Kjeld Kirk Kristiansen sitzt im Hauptausschuss des Industrierats und trifft als Mitglied des Aufsichtsrats von Den Danske Bank häufig mit einer Reihe von Schlüsselpersonen des wirtschaftlichen Lebens zusammen, unter anderem mit A. P. Møller, Jess Søderberg und einem von Dänemarks mächtigsten Unternehmern, dem Aufsichtsratsvorsitzenden von Den Danske Bank und Direktor der Carlsberg-Brauerei Poul J. Svanholm.«

Doch obwohl der geschäftsführende Direktor von LEGO Ende der Achtzigerjahre als einer der einflussreichsten Unternehmer des Landes gilt und beschrieben wird als »offensichtlich unbeeindruckt von dem Umstand, dass er die Verantwortung für fünftausendachthundert Angestellte und eine Industrie trägt, die ständig mit neuen großen Fabrikarealen in Billund erweitert wird«, hat Kjeld persönlich mit weit größeren Problemen zu kämpfen, als die meisten ahnen. In dieser Zeit befallen ihn immer wieder Zweifel an seiner Ausstrahlung und seinem Durchsetzungsvermögen als Führungskraft. Seine Unsicherheit wird dadurch nicht geringer, dass sein Vater noch immer hinter den Kulissen rumort und in regelmäßigen Abständen die Führungsqualitäten des Sohnes infrage stellt. All dies zehrt an der Psyche und dem Selbstwertgefühl des jungen Direktors.

Kjeld: »Es begann eigentlich, als ich 1977 aus der Schweiz zurückkam, und endete erst mit Vaters Tod 1995, aber am schlimmsten war es in den Achtzigern. Auf der einen Seite war Vater stolz auf mich und erkannte die Notwendigkeit einiger Dinge, die ich initiiert hatte. Aber er forderte, dass ich Zeit für Sitzungen mit ihm allein fand. Zum Beispiel wollte er mit mir einmal in der Woche in seine Jagdhütte in der Utoft Plantage zwischen Billund und Grindsted fahren, um über alles Mögliche zu reden, was den laufenden Betrieb betraf. Das Resultat war, dass ich viel zu viel Zeit mit den Dingen verbrachte, über die mein Vater redete, außerdem verlangte er, dass ich ihn häufiger um Rat fragte. Gleichzeitig dachte ich permanent darüber nach, wie ich ihn für die Entwicklung begeistern konnte, die LEGO mit mir als Chef nahm. In den Achtzigerjahren hatten wir ständig Streit, und ich war gezwungen, ganz deutlich zu werden: ›Jetzt bin ich es, der hier die Entscheidungen trifft, und du, lieber Vater, hörst auf herumzulaufen und mich hinter meinem Rücken schlecht zu machen!‹

Das bedeutete leider auch, dass wir uns privat kaum noch sahen, weil wir immer zu streiten begannen, und das war natürlich etwas, was auch Camilla und meine Mutter beeinflusste. Abgesehen davon, dass es natürlich auch die Kinder mitbekamen. Mein Vater und ich landeten beinahe unweigerlich in irgendeiner dummen Diskussion, keiner von uns konnte aufhören. Da waren wir beide gleich dickköpfig. Tief in seinem Inneren wollte er ja das Beste, und das wollte ich auch, aber wir waren einfach zwei unterschiedliche Generationen.«

In einem Doppelinterview mit Vater und Sohn in dem Magazin *Management* erzählt Godtfred 1981, er sei nun in sein zweites »Leben als Unternehmer« eingetreten und würde für Ideen und Projekte arbeiten, die Billund und der Region zugutekämen. Das wolle er mit der Holdinggesellschaft KIRKBI A/S erreichen.

Aber was ist mit dem Posten als Aufsichtsratsvorsitzender der Muttergesellschaft LEGO A/S, wo Godtfred den Sohn kontrollieren soll?, will der Journalist wissen.

Godtfred antwortet: »Ich würde es lieber so ausdrücken: Wenn es Dinge gibt, über die wir nicht einer Meinung sind, erfordert es in jedem Fall eine gründliche Untersuchung der gesamten Problematik, um mich zu überzeugen.«

Aber würde er sich als Aufsichtsratsvorsitzender mit Detailfragen befassen?, hakt der Interviewer nach.

»Das weiß man nie! Man soll einer neuen Leitung natürlich nicht im Weg stehen, aber man muss trotz allem eine qualifizierte andere Sichtweise liefern. Es sind Dinge gemacht worden, die ich anders angefasst hätte, aber ich kann dennoch sagen, dass keine großen Entscheidungen getroffen wurden, mit denen ich nicht einverstanden war.«

Daraufhin fragt der Journalist noch expliziter nach der Zusammenarbeit zwischen Vater und Sohn in Bezug auf LEGOs Zukunftspläne.

Kjeld antwortet: »Wir sind einer Meinung, dass in Zukunft ein gesundes Wachstum erforderlich ist, aber wir sind unterschiedlicher Ansicht darüber, was gesund ist. Wir dürfen nicht allein in neue Märkte expandieren, sondern müssen uns ein gesundes Wachstum auf den bereits existierenden Märkten sichern.«

Aber worauf basiert die Zukunftsstrategie?

Nun ergreift wieder Godtfred das Wort und betont, das Wichtigste sei kontrolliertes Wachstum: »Wir müssen das Unternehmen leiten und nicht umgekehrt!«

Kjeld hört zu und ergänzt: »Dem kann ich mich nur anschließen.«

Kjeld: »Ich hatte großen Respekt vor meinem Vater, und ich habe ihn immer noch. Es gab glücklicherweise auch viele gute Stunden, in denen wir uns nahe waren. Anlass für unsere Auseinandersetzungen war fast immer etwas mit der Führung des Unternehmens, aber die Firma war ja auch sein Lebenswerk. LEGO war wirklich sein Leben, sein Ein und Alles, und daher war es schwierig für ihn, beiseitegeschoben zu werden. Das verstehe ich durchaus, aber es bedeutete auch, dass ich meinen Vater häufig eher von einer negativen Seite erlebte. Die Leute sagten oft zu mir, mein Vater sei sichtlich stolz auf mich, wenn er über mich oder das, was ich für LEGO tat, sprach, aber so erlebte ich ihn ganz und gar nicht, wenn wir zusammen waren. Da gab es selten Lob, auch wenn es noch so fantastisch lief.«

Im August 1982 feiert LEGO sein 50-jähriges Jubiläum, und das Fest wird im höchsten Maß zu Godtfreds Show. Er erscheint in den Zeitungen und im Fernsehen, und am eigentlichen Jubiläumstag hält er die Festrede auf dem Rasen vor der Firmenzentrale, wo mehrere Stuhlreihen und ein Rednerpult aufgestellt sind. Allerdings meint es der Wettergott nicht gut mit LEGO. Unter schweren Regenwolken kreisen die Flugzeuge von LEGO Airways, eine Cessna und zwei King-Air-Maschinen, teilweise übertönt von der LEGOLAND-Garde, die auf dem feuchten Boden aufgezogen ist, während Godtfred sich auf seine Rede zur Begrüßung der hundertfünfzig geladenen Gäste, Journalisten und Fotografen vorbereitet.

Es regnet in Strömen, aber in der vordersten Reihe sitzt die gesamte Familie Kirk Kristiansen unter Regenschirmen. In der Mitte die 85-jährige Sofie, umgeben von ihren und Oles fünf erwachsenen Kindern mit Ehepartnern, die zum ersten Mal seit zwei Jahrzehnten zu-

Anlässlich des 50-jährigen Jubiläums von LEGO im August 1982 spricht Godtfred zur Familie und den Mitarbeitern. Den Regenschirm hält der Informationschef Peter Ambeck-Madsen. *Foto: Privatbesitz.*

sammenkommen. An sie richtet Godtfred gleich zu Beginn einen herzlichen Dank:

> »Ich bin froh, dass die ganze Familie zusammenkommen konnte. Ein besonderer Dank geht an dich, Mutter. Du hast einen großen Anteil daran, dass Vater in all den schweren Anfangsjahren durchhielt. 1932 fragten sich viele bei Vaters Spielzeugproduktion: Kann das überhaupt funktionieren? Auch heute leben wir in einer Zeit der Krise, und es wäre ganz natürlich, eine ähnliche Frage zu stellen: Kann es auch weiterhin funktionieren?«

Welche Gedanken den beiden Brüdern Gerhardt und Karl Georg dabei durch den Kopf gehen, die sich zwanzig Jahre zuvor aus LEGO haben herauskaufen lassen, kann man nur vermuten. Der 56-jährige Gerhardt hat mit BILOfix nie den weltweiten Erfolg erreicht, der dem Spielzeug prophezeit wurde. Irgendwann verkaufte er seine Erfindung und steckte seine gesamte Energie in den Aufbau einer Spielzeugladenkette, GK Spielzeug, die auch viele Jahre gut lief. Zum Jubiläum der Läden kam Godtfred, um zu gratulieren, und die Zeitung *Jyske Tidende* nutzte die Gelegenheit, um nach dem Verhältnis der beiden Brüder zu fragen.

Gerhardt antwortete: »Wir haben einen guten Zusammenhalt in der Familie, aber die Geschäfte führen wir, als wären wir Fremde. Die beiden Dinge werden getrennt behandelt.«

Der 63-jährige Karl Georg kehrt 1982 zu LEGO zurück und wird Leiter der Produktion von Millionen von Rädern für die Autos und Züge, die in Kolding angesiedelt ist, wo Karl Georg einmal eine eigene Plastikfabrik mit über fünfzig Angestellten hatte. In den Siebzigerjahren musste er die Fabrik jedoch schließen und betrieb ein Handelsunternehmen, bis er das Angebot annahm, wieder für LEGO zu arbeiten.

Godtfred beendet seine Jubiläumsrede unter dem Regenschirm mit einem optimistischen Ausblick für das Unternehmen: »Wir haben eine zielgerichtete und dynamische Leitung, der du vorstehst, Kjeld!« Dieses seltene Lob wiederholt er am selben Tag gegenüber einem Journalisten:

»Es ist mehr Schwung in das Ganze gekommen, nachdem Kjeld die Leitung übernommen hat. Er ist wagemutiger in seinen Entscheidungen, als ich es bin, aber wenn ich ganz ehrlich sein soll, wäre es mir am liebsten gewesen, wenn das Unternehmen nie größer geworden wäre und ich noch die Vornamen aller Mitarbeiter kennen würde.«

Und gegenüber einem anderen Journalisten erklärt Godtfred, dass mit Kjeld eine neue Dynamik im Unternehmen Einzug gehalten habe, allerdings würde er auch Dinge tun, die Godtfred selbst nie getan hätte und mit denen er bisweilen auch überhaupt nicht einverstanden sei:

»Ich muss ja lernen, mich nicht mehr einzumischen! Allerdings muss ich auch sagen, dass es in meinen ersten Jahren mit der Firma eine Menge roter Zahlen in den Bilanzen gab. Mit Kjeld hat es die nie gegeben. Das schafft natürlich einen anderen Hintergrund für Entscheidungen.«

Im Gegensatz zu seinem Sohn hatte Godtfred nie etwas am Rampenlicht auszusetzen, und er nutzt das Jubiläum, um ein wirtschaftspolitisches Statement unterzubringen, das im Königreich Dänemark widerhallt und unterstreicht, dass mit LEGOs ehemaligem Direktor noch immer zu rechnen ist. Auf der Vorderseite der Wirtschaftsbeilage von *Jyllands-Posten* erklärt Godtfred, LEGO sei durchaus eine dänische Firma, aber nicht um jeden Preis:

> »Das Wirtschaftsklima in Dänemark kann sich so angespannt entwickeln, dass wir gezwungen sind, unsere Situation zu überdenken, um LEGOs Überleben zu sichern. Zum einen ist es durchaus schwierig, LEGO in die dritte Generation zu überführen, und zum anderen ist die Vermögenssteuer eine große Belastung. Wenn jemandem wie mir nur 17 Øre von jeder verdienten Krone bleiben, kann niemand behaupten, dass in Dänemark ein freundliches Wirtschaftsklima herrscht.«

Dass ihm nur lumpige 17 Øre bleiben, soll im Jubiläumsjahr jedoch nicht zulasten der Mitarbeiter gehen. Die Inhaberfamilie hat für die Feiern im August einen Millionenbetrag zur Seite gelegt. Die Angestellten freuen sich auf das mit Spannung erwartete Jubiläumsgeschenk, und bereits vor dem Sommerurlaub gibt es Gerüchte und Wetten, ob die viertausend Beschäftigten ein VHS- oder Betamax-Videogerät bekommen, die begehrtesten Konsumgüter der damaligen Zeit.

Das Geschenk entpuppt sich als ein Bonus von 6000 Kronen für jeden Mitarbeiter. Das Geld wird rasch ausgegeben und sorgt für einen beträchtlichen Schub im lokalen Wirtschaftsleben – für »Leben im Business«, wie eine Lokalzeitung in jütländischem Dialekt schreibt. Einer der beiden Elektrohändler von Billund berichtet, dass so gut wie alle Farbfernseher, Stereoanlagen und Videogeräte ausverkauft seien, und »die Leute bezahlen bar!«. Auch der Konkurrent an der Hauptstraße, »Lautsprecher-Kaj«, ist außerordentlich zufrieden mit seinem Umsatz, und Schlachter Nissen erklärt, in den ersten Tagen nach dem Jubiläum hätte man beinahe glauben können, dass es auf Silvester zugehe: »Die Leute kauften Steaks und teuren Wein wie nie zuvor!«

Kjeld schenkt sich, Camilla und den Kindern zum Jubiläum das Gut Schelenborg auf Fünen. Es liegt nördlich von Kerteminde und hat eine

Geschichte, die bis ins 13. Jahrhundert zurückgeht. Damals gehörte das Gut Marsk Stig, auch bekannt als Stig Andersen Hvide, der wegen Königsmords in Finderup Lade verurteilt, seines Vermögens beraubt und für vogelfrei erklärt wurde. 1982 umfasst Schelenborg neben dem Hauptgebäude Stallungen und weitere kleine Häuser sowie zweihundertfünfundzwanzig Hektar Land, von denen hundertfünfundneunzig bewirtschaftet werden.

Die schöne Umgebung des Gutshofs hat die LEGO-Familie im Sommer 1982 auf einer Urlaubsreise mit Godtfreds und Ediths Campingbus nach Fyns Hoved entdeckt. Einen Tag nach Urlaubsende sieht Kjeld zufällig, dass das Gut zum Verkauf steht. Aus Anlass des aufsehenerregenden Kaufs druckt das *Vejle Amts Folkeblad* ein spöttisches Gedicht mit einer Karikatur ab, die den frischgebackenen Gutsherrn und LEGO-Direktor zeigt, der mit zwei enttäuschten kleinen Jungs

Von der Familie Juel-Brockdorff kaufen Kjeld und Camilla das Gut Schelenborg nördlich von Kerteminde auf Fünen als ihr Rückzugsgebiet. Hier haben sie mit ihren drei Kindern Abstand zum täglichen Leben in Billund, wo man ständig von LEGO umgeben ist. *Foto: Privatbesitz.*

vor Schelenborg steht – die historischen Gebäude sind ja nicht mal aus LEGO-Steinen gebaut!

Der LEGO-Direktor K. K. Kristiansen
Ist einer, der Macht hat über Finanzen
Und allein mit dem Heben einer Augenbrau
Herr auf Fünen geworden ist von einem Bau.
Wie leicht ist doch ein Schloss geangelt,
Wenn's in der Brieftasche an nichts mangelt,
Und obwohl es witzig ist, der Boss von LEGO zu sein,
Ist auf dem Gut nicht verbaut ein einziger LEGO-Stein!

Kjeld: »Sehr schnell wurde Schelenborg zu unserem Wochenend- und Urlaubssitz. Es tat den Familien gut, vor allem aber mir, denn ich brauchte physischen Abstand zu LEGO und Billund. Ich kopierte vollkommen die Lebensweise meines Vaters. An den meisten Abenden kam ich gerade noch rechtzeitig zum Essen nach Hause, dachte aber permanent an LEGO und arbeitete häufig bis in die Nacht hinein. Sehr oft enttäuschte ich Camilla und die Kinder, die erwarteten, dass wir irgendetwas gemeinsam unternahmen. Dazu kamen die vielen langen Reisen! Ich hatte damals das Gefühl, es sei unbedingt nötig, unsere wichtigsten Märkte zu besuchen, Guten Tag zu sagen und zu zeigen, wer ich war, und wer wir waren, wir alle in Billund. Als geschäftsführender Direktor und Mitinhaber behauptete ich auch weiterhin, dass LEGO ein Wir-Unternehmen sei, aber so wurde das von unseren ausländischen Mitarbeitern nicht immer empfunden. Daher schickte ich auch meine Direktoren hinaus in die Welt. Ich selbst war in Afrika, Nord- und Südamerika, Australien und Neuseeland, Südostasien und Japan. Heute bereue ich manchmal, dass ich all die Jahre, in denen die Kinder aufwuchsen, genauso abwesend war wie mein Vater, als ich in ihrem Alter war.«

Anfang Januar 1988 richten Kjeld und Camilla das alljährliche Neujahrsfest für die Führungsriege in Billund aus. Fünfundzwanzig bis dreißig Direktoren, stellvertretende Direktoren und Aufsichtsratsmitglieder, alle mit ihren Ehefrauen, sowie Godtfred und Edith, Kjelds Schwester Gunhild und ihr Mann Mogens sind zu einem Fest im LEGOLAND-Hotel eingeladen.

Kjeld hat wie üblich eine Neujahrsrede vorbereitet, die diesmal jedoch etwas länger ist als gewöhnlich. Nach einer einleitenden Begrüßung und der Vorstellung der neuen Gesichter in der Führungsmannschaft berichtet er vom vergangenen Jahr. Ein plötzlicher und unerwarteter Rückgang bei den Verkaufszahlen im Frühjahr 1987 wurde rasch und effizient ausgeglichen durch den gemeinsamen starken Einsatz der Geschäftsleitung, und Kjeld philosophiert über die Gründe für dieses außergewöhnliche Engagement:

> »Es liegt daran, dass wir in der LEGO-Gruppe mit Kindern arbeiten, denn das macht die Firma zu etwas ganz Besonderem. Unsere Produktidee beruht auf der grenzenlosen Fantasie und Kreativität von Kindern, und das ist es, was die Leitung und die Mitarbeiter dazu inspiriert, an bestimmten kindlichen Eigenschaften festzuhalten: offen zu sein für neue Möglichkeiten, immer bereit zu sein, etwas Neues zu lernen, und vorhandene Grenzen nicht ohne Weiteres zu akzeptieren. Wir Erwachsenen vergessen, unsere Fantasie zu gebrauchen, und geben häufig zu früh auf, weil ›man das nicht kann‹ oder weil ›wir das schon einmal ausprobiert haben‹! Wir sollten immer daran denken, das Kind in uns zu bewahren.«

Nach diesem Lobgesang auf das Kind in uns allen liefert Kjeld einen Ausblick auf ein spannendes Jahr 1988. Wohin führt der Weg von LEGO? Das soll auf der jährlichen internationalen LEGO-Konferenz diskutiert werden, erklärt er, einer Konferenz, in der es um Visionen geht, um Konzepte, Ziele und Strategien bis zum Jahr 2000.

Acht Monate später, in der letzten Augustwoche, präsentiert die Konzernleitung dann ihr komplettes Strategiepapier hundert Direktoren aus mehr als zwanzig Ländern im Hotel Hvide Hus in Ebeltoft. Auf der Basis des Wachstums der letzten zehn Jahre und der globalen Entwicklung insgesamt will man in den kommenden vier Tagen die Strategie bis zum Jahrtausendwechsel diskutieren.

Wie in seiner Neujahrsansprache beginnt Kjeld mit den positiven Eigenschaften, die im Allgemeinen mit der Kindheit verbunden werden: Offenheit, Neugierde, die Fähigkeit, anders zu denken und die Möglichkeiten in den Dingen zu erkennen. Sein eigentlicher Beitrag ist ein zehnminütiger Film mit dem Titel *Visionen*, in dessen erster Hälfte sich der geschäftsführende Direktor als Privatmensch präsentiert, der bei sich zu Hause im Wohnzimmer sitzt und darüber nachdenkt, wofür LEGO im kommenden Jahrzehnt stehen soll:

»In meiner Vision – in meinem Traum – ist der Name LEGO nicht nur verbunden mit unseren Produkten und unserem Unternehmen, und er ist nicht begrenzt durch spezifische Zielsetzungen und Strategien. Der Name LEGO ist zu einem universellen Begriff geworden, der sich mit folgenden Worten beschreiben lässt: Idee, Begeisterung und Werte.«

Im zweiten Teil des Films ändert sich die Szenerie. Anstelle von Kjeld tritt ein weiß geschminkter Pantomime mit weißen Handschuhen auf, der die verschiedenen Bedeutungen durchspielt, die sich mit den drei Schlagworten verbinden. Die wortlose Präsentation wird begleitet von ausgewählten Ausschnitten aus dem Dokumentarfilm *Der spielende Mensch*, den der Dichter und Filmemacher Jørgen Leth einige Jahre zuvor für LEGO gedreht hat. Der Film ist eine Collage, in der in einundsechzig Sequenzen, die an verschiedenen Orten überall auf der Welt aufgenommen wurden, auf poetische Weise das Wesen des Spiels untersucht wird: Warum spielen wir? Worauf zielt unser Spiel ab? Was ist seine Antriebskraft? Der Film bietet keine Erklärungen oder Interpretationen, sondern nur Bilder und wenige Worte, die andeuten, dass das Spiel an sich eine Erforschung der Wirklichkeit ist. Spielen ist Lernen:

Ich spiele, ich kann alles machen,
Nichts ist verboten,

These are the blocks, red, yellow, and blue, that build whatever he wants them to.
Big, bright blocks for girls and boys to make the fun called DUPLO™ Toys.
Preschoolers learn by doing, and DUPLO™ Toys give them the perfect opportunity. From Pull Toys they can pull apart – to Basic Building Sets – to sets that build a farm or school.
There are 16 DUPLO Sets in all. Look for them in the preschool section of your toy store.
Ages 1-5
LEGO
DUPLO Toys...the toys with the accent on "do."
duplo

Mutti, meine Giraffe kann Rollschuh laufen.
Kinder haben ihre eigene Welt. Eine Welt, in der die Fantasie wirklich alles möglich macht.
Damit diese originellen und neuen Ideen auch in die Tat umgesetzt werden können, bedarf es eines Spielzeugs, das mit seinen vielen Spiel- und Variationsmöglichkeiten der Fantasie der Kinder in nichts nachsteht.
LEGO® Grundkästen regen die Vorstellungskraft an und geben Kindern die Möglichkeit, jede fantastische Idee zu verwirklichen. Weil die Grundkästen LEGO Elemente enthalten, die das Spiel zum grenzenlosen Spaß werden lassen.
Alle Grundkästen sind den verschiedenen Entwicklungsstufen der Kinder angepaßt.
366
LEGO
Es gibt LEGO Grundkästen für Kinder ab 3, 5 und 7 Jahre.
Der Aufziehmotor 890 bringt Schwung in die LEGO Sammlung. Jedes Modell kann in Bewegung gesetzt werden, ohne Batterien.
LEGO®- jeden Tag ein neues Spielzeug.
LEGO

Jeu sans frontières... avec les boîtes universelles Lego
Les enfants veulent toujours quelque chose de nouveau et surtout de la variété, dont ils n'ont jamais assez.
Ce problème est résolu d'avance par le jeu Lego. Les boîtes Lego universelles sont la base du jeu Lego, car le contenu de chaque carton se compose d'éléments de base pour nombre de constructions diverses. Toutes les boîtes ultérieures sont conçues de façon spécifique pour permettre aux enfants de maîtriser les différents degrés de difficultés qui se posent d'une année à l'autre. Elles forment donc le complément idéal du jeu Lego. En même temps, elles favorisent et développent la faculté de penser logiquement chez l'enfant. Plus la collection Lego sera grande, d'autant plus intéressant sera le jeu avec Lego.
LEGO System

1.2.4
A whole bucketful of new ideas.
re they are: The new, big DUPLO buckets. With lots of blocks and room to store even more.
From 0-5 years
DUPLO toys make it fun for little fingers to learn.
duplo
From the LEGO Group
LEGO
921102

In den 1980er-Jahren werden Kinder bei LEGO zu Vorbildern. In den Werbekampagnen werden die kreativen Kräfte des Kindes thematisiert.

Ich schaffe meine eigene Welt,
Systematisiere das Chaos,
Ich behalte ein Gleichgewicht bei,
Solange ich es haltbar finde;
Ich spiele, dass diese Welt existiert,
Das ist das Spiel, das ich spiele.

Kjeld: »Ich habe immer gern über unsere Werte philosophiert, und nicht zuletzt den Wert, der darin besteht, das Kind in sich zu bewahren. In all den Jahren habe ich versucht, das Unternehmen dahingehend zu prägen.

Ich erinnere mich, dass Vater einmal sagte: ›Also gut, aber ist das wirklich nötig, Kjeld?‹

Meine Antwort lautete, dass die Leute darauf nicht von selbst kommen, selbst dann nicht, wenn sie ein starkes Empfinden dafür haben. Es ist etwas, das einem bewusst werden muss, etwas, das man wollen muss. Für mich war ganz zentral, dass LEGO weit mehr ist als ein Spielwarenunternehmen. Wir hatten einen Platz in den Herzen der Eltern und Kinder erobert, der weit größer war, als die tatsächliche Größe des Unternehmens vermuten ließ. Wenn wir auf unseren größten Märkten Untersuchungen darüber durchführten – damals vor allem in Deutschland –, sahen wir, dass wir meilenweit vor allen anderen Spielzeugmarken lagen. Und so begann ich, geradezu davon zu predigen, dass wir uns auf unser Markenzeichen fokussieren sollten.

Es gab Stimmen, die meinten: ›Aber die Steine sind doch das Zentrale‹, und das waren sie ja auch, doch in meinen Augen ging es nicht – und damit sind wir wieder bei den Paradoxa – um ein ›Entweder-oder‹, sondern um ein ›Sowohl-als auch‹. Um das Paradoxon, dass wir eine Produktidee hatten, die sich physisch in dem Stein manifestierte, aber dass der Name LEGO gleichzeitig für weit mehr stand. Es war nicht so leicht, den Leuten um mich herum das begreiflich zu machen.«

Doch es gibt auch noch andere Dinge, die für die LEGO-Mitarbeiter nur schwer zu verstehen sind, nicht zuletzt die plötzlichen Entlassungen in den Jahren 1983 und 1985. So etwas ist man in Billund nicht gewohnt, und schon gar nicht, wenn die Bilanz einen Gewinn ausweist – der allerdings etwas kleiner ausgefallen ist als sonst. Es ist eine Entwicklung, die von den dänischen Zeitungen sehr genau verfolgt wird.

Die Tageszeitung *Land og Folk*, die noch immer von der Dänischen Kommunistischen Partei herausgegeben wird, aber so gut wie pleite ist, veröffentlicht im Sommer 1985 einen größeren, rückblickenden Artikel mit der Überschrift »Onkel LEGO – ein knallharter multinationaler Bauernjunge«. Die journalistische Zielrichtung ist eindeutig: Ein globaler dänischer Konzern manipuliert die öffentliche Meinung, die glauben soll, es gehe dem Unternehmen schlecht, obwohl seine Gewinne ständig wüchsen. Oder wie *Land og Folk* schreibt: »Die Familie aus der Heide versucht, ihr Holzschuh-Image zu pflegen, und hat im zweiten Jahr in Folge das Kunststück vollbracht, die Mitarbeiterzahl zu reduzieren und gleichzeitig die Gewinne mit Rekordtempo in die Höhe steigen zu lassen.«

Dass an dieser Einschätzung etwas dran ist, haben die Lokalzeitungen in Mitteljütland bereits ein paar Jahre zuvor beschrieben, als die ersten zweihundertdreißig Entlassungen in Billund anstanden. Direktor Stig Christensen widerspricht im Namen der Geschäftsführung, dass der Grund für die Entlassungen die Einführung neuer Technologien sei: »Es kann unter gar keinen Umständen davon die Rede sein, dass wir Maschinen gekauft haben, um Menschen aus der Produktion herauszunehmen. Der Grund für die Entlassungen steht vielmehr damit in Zusammenhang, dass wir 1982 eine geringere Steigerung der Verkaufszahlen hatten als die fünfzehn Prozent, mit denen wir gerechnet und geplant hatten.«

Das nimmt ihm die gewerkschaftliche Vertrauensfrau Tove Christensen nicht ab. Sie geht in ihrer eigenen diplomatischen Art auf die Barrikaden, indem sie die Angelegenheit sowohl von der Seite der Beschäftigten als auch aus einer größeren Perspektive betrachtet und erklärt, hierbei handele es sich um einen Kulturkampf:

»Wir befinden uns als Arbeiter in einer sehr ungleichen Konkurrenz zu den Maschinen. Wenn das Wachstum nicht mehr so stark ist, dass die ständig steigende Produktionskapazität voll ausgeschöpft werden kann, dann sind wir es, die ihre Arbeit verlieren. Die technologische Entwicklung wird unweigerlich fortschreiten, und jedes Mal, wenn eine neue Maschine ins Unternehmen kommt, kostet es uns Arbeitsstunden.«

Tove Christensen berichtet auch, dass die Entlassungen die Lokalbevölkerung hart treffen, weil viele unter ihnen in der Nähe keine neue Arbeit finden. Es geht vor allem um die Frauen, die achtzig Prozent der Entlassenen stellen.

Und wie passt der berühmte LEGO-Geist zu dieser Rationalisierungsgeschichte? Dafür ist der Personalchef Per Sørensen zuständig.

Schockwellen gehen durch Billund, als LEGO 1983 über zweihundert Angestellte entlässt, von denen die meisten im Ort wohnen. Die Vertrauensfrau Tove Christensen entscheidet sich, die Angelegenheit von zwei Seiten zu betrachten: »Ich will das Unternehmen nicht kritisieren, denn es kann die allgemeinen Entwicklungen nicht ignorieren, aber es ist ein gesellschaftliches Problem, dass es nicht genügend Arbeit für alle gibt. Ich meine, dagegen muss man etwas tun, zum Beispiel durch kürzere Arbeitszeiten.«

Nachdem er in der Wirtschaftszeitung *Børsen* die Stimmung in der Fabrik dargestellt hat, erklärt er, es gebe unter den Angestellten ein breites Verständnis für die Notwendigkeit von Entlassungen, obwohl LEGO kurz darauf eine Jahresbilanz veröffentlichen wird, die wirtschaftlich zufriedenstellend ist: »Die Mitarbeiter wissen ganz genau, dass man nicht weiterhin Steine produzieren kann, wenn es nicht genügend Käufer gibt. Und man braucht auch nicht ein paar hundert Menschen in einer Firma, die nichts zu tun haben.«

Mitarbeiter kommen, Mitarbeiter gehen – und kommen wieder. LEGO überwindet die Probleme und die weniger erfolgreichen Jahre, das Jahrzehnt wird beendet mit der spannenden Markteinführung der LEGO Piraten 1989. Die Frage ist, ob es mit dem neuen Thema einen Schatz zu heben gibt. Die Erwartungen in Billund sind groß, doch bei der Präsentation der jährlichen Produktneuheiten in der Mitarbeiterzeitung ist auch eine gewisse Nervosität zu spüren. Was werden die Konsumenten zu diesen bis an die Zähne bewaffneten Seeräubern sagen, die anstelle der sonst so friedlich lächelnden Minifiguren als finstere Raufbolde daherkommen:

> »Obwohl die LEGO-Gruppe kein zeitgenössisches Kriegsspielzeug herstellt und schon gar nicht zu Gewalt und aggressivem Spiel animieren will, stellen die Piraten mit all ihren Kanonen, Gewehren und Säbeln einen Grenzfall dar. Zumindest für all jene ›friedlichen‹ (selbstgerechten?) Erwachsenen, die mit Zähnen und Klauen den Standpunkt verteidigen, es sei schädlich, ja vielleicht sogar gefährlich, Kinder mit etwas spielen zu lassen, das an Krieg erinnert.«

Aber LEGO kann erleichtert aufatmen. Mit dem »weichen Mann« ist es vorbei, und die puritanische skandinavische Pädagogik der 1970er-Jahre, bei der Kinderschutzverbände landesweit Kampagnen gegen Kriegsspielzeug führten und Schweden nach dem Ersten Weltkrieg sogar die Produktion von Spielzeugwaffen aller Art verbot, ist aus der Mode gekommen. Das Piratenthema verkauft sich in Dänemark, den anderen skandinavischen Ländern und weltweit deutlich besser als erwartet, und die elf verschiedenen Sets werden LEGOs bis dahin größter Einzelerfolg. Es ist ein weiterer Sieg von Kjelds alter Idee aus dem Jahre 1978, die einzelnen Produkte mit Themen zu verbinden und dem Konstruktionsspielzeug neues Leben durch Rollenspiel einzuhauchen.

Innerhalb von zehn Jahren ist es Kjeld gelungen, LEGO zu modernisieren und die Grenzen für das Spiel mit den Steinen weiter zu stecken. Noch nie haben so viele Kinder so unterschiedlicher Altersstufen und Kulturen mit den Produkten von LEGO gespielt, die jetzt auch als Unterrichts- und Lehrmaterialien in dänischen, englischen und amerikanischen Schulen eingesetzt werden. Und durch die fruchtbare Zusammenarbeit mit Seymour Papert und dem MIT Media Lab ist das klassische LEGO-Bauerlebnis auf dem Weg ins Zeitalter der Computer und Roboter. Kjeld erklärt bei der Preisverleihung des *Børsens* Imagepris 1988: »Ich glaube mehr an die Evolution als an die Revolution und wünsche mir, dass LEGO auf unserer Grundidee basierend organisch und natürlich wächst.«

Im darauffolgenden Jahr wird Seymour Papert zum »LEGO Professor of Learning Research« ernannt; er und sein Forschungsteam am MIT erhalten eine Sponsorensumme von 2 Millionen Dollar, die nicht nur die Zusammenarbeit der kommenden Jahre mit ihrer Forschungs- und Entwicklungsarbeit sichert, sondern LEGO auch die Möglichkeit gibt, Professoren am MIT zu benennen. LEGOs Informationschef erklärt im Zusammenhang mit der Ernennung Paperts, es sei typisch amerikanisch, dass ein Unternehmen eine Professur auf eine Weise sponsert, die beiden Partnern nützt, und fügt hinzu: »Es ist eine Schande, dass die höheren Lehranstalten in Dänemark diesen Vorteil nicht erkennen.«

LEGO geht es bei der Professur nicht allein darum, Seymour Papert und sein Institut mit einer großen Summe zu unterstützen, die Ernennung muss auch im Zusammenhang mit LEGOs neuer Branding-Strategie gesehen werden. Kjeld möchte einen noch größeren

Die LEGO Piraten werden zum bisher größten Einzelerfolg in der Geschichte LEGOs. Die ausdrucksstarken Minifiguren, die auch gern ein bisschen böse aussehen dürfen, markieren eine Kursänderung in der Haltung des Unternehmens zum »bewaffneten« Spiel.

Fokus auf den Markennamen legen, und so ruft er einen LEGO-Preis ins Leben, der 1985 zum ersten Mal verliehen und mit den Worten begründet wird: »Die Kindheit und die Lebens- und Entwicklungsbedingungen des Kindes sind so wichtig, dass immer wieder neue Ideen und neue Initiativen notwendig sind. LEGO möchte Arbeiten und Initiativen unterstützen, die dazu beitragen, die Bedingungen von Kindern überall auf der Welt zu verbessern.« Der Preis ist mit 750 000 Kronen und einem LEGO-Modell von Yggdrasil dotiert, dem Lebensbaum der nordischen Mythologie. Yggdrasil hat seine Wurzeln im Inneren der Erde, während die Krone bis in den Himmel reicht.

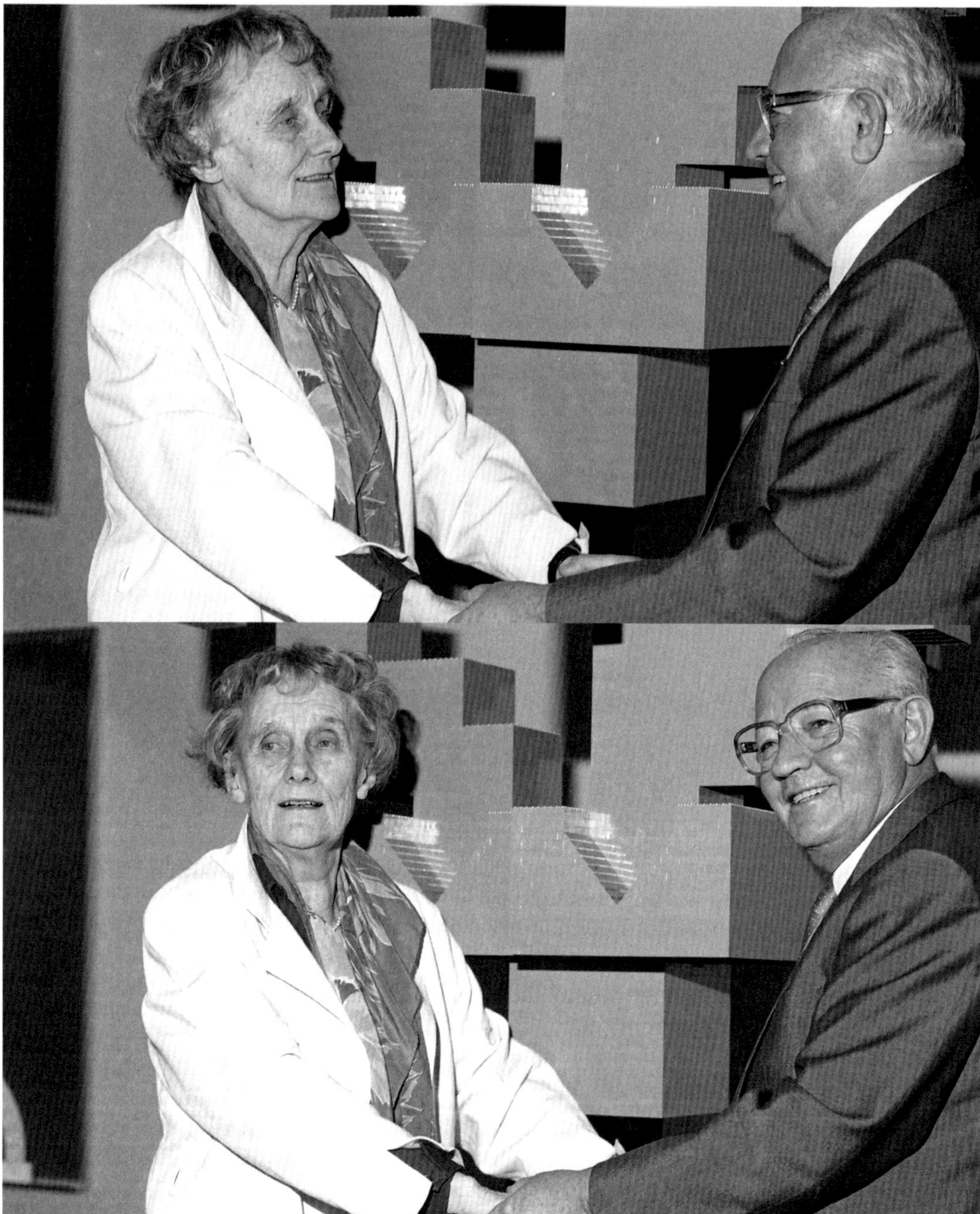

Zwei große Persönlichkeiten der skandinavischen Kinderkultur begegnen sich 1986, als Astrid Lindgren den LEGO-Preis entgegennimmt. Während des Festessens sitzen Pippi Langstrumpfs »Mutter« und der »Vater« des LEGO-Systems nebeneinander, und Lindgren dankt Godtfred für den Preis mit den Worten: »Ihr Dänen seid sehr großzügig, wenn ihr so viel Geld weggebt – und dann noch an eine Schwedin, obwohl wir euch so oft beim Fußball besiegt haben!« *Fotos: Benny Nielsen, Vejle Stadsarkiv.*

Kjeld: »Die LEGO-Professur und der LEGO-Preis waren meine Idee und sollten zeigen, dass das LEGO-Brand etwas anderes und mehr als nur ein Spielzeug war. Ja, im Grunde war das der erste Schritt zu dem Ziel, das ich später formulierte und für das ich heftig kritisiert wurde, dass LEGO 2005 die weltweit bedeutendste Marke für Familien mit Kindern sein sollte.«

Zu Beginn der Neunzigerjahre beobachtet LEGO – wie die gesamte Spielwarenbranche – ausgesprochen neugierig die Veränderungen, die in den Kinder- und Jugendzimmern Einzug halten, in denen Computer, Tastatur, Joystick und Fernseher mit Fernbedienung zunehmend zur Einrichtung gehören und Computerspiele und Filme in der Kindheit eine immer größere Rolle spielen.

Nicht alle sind wie Seymour Papert so begeistert davon, wie scheinbar natürlich und ungezwungen Kinder mit den neuen elektronischen Medien umgehen, aber mit einer Annahme hat der »Computerfreak par excellence«, wie Papert in einer dänischen Zeitung genannt wird, zweifellos recht: Während die Erwachsenen diskutieren, was die neue Medienkultur mit den Kindern und der Kindheit macht, nutzen Kinder und Jugendliche die Technologie für ihre eigenen Zwecke. Und zu ihren eigenen Bedingungen. Die Mauern stehen kurz vor dem Einsturz …

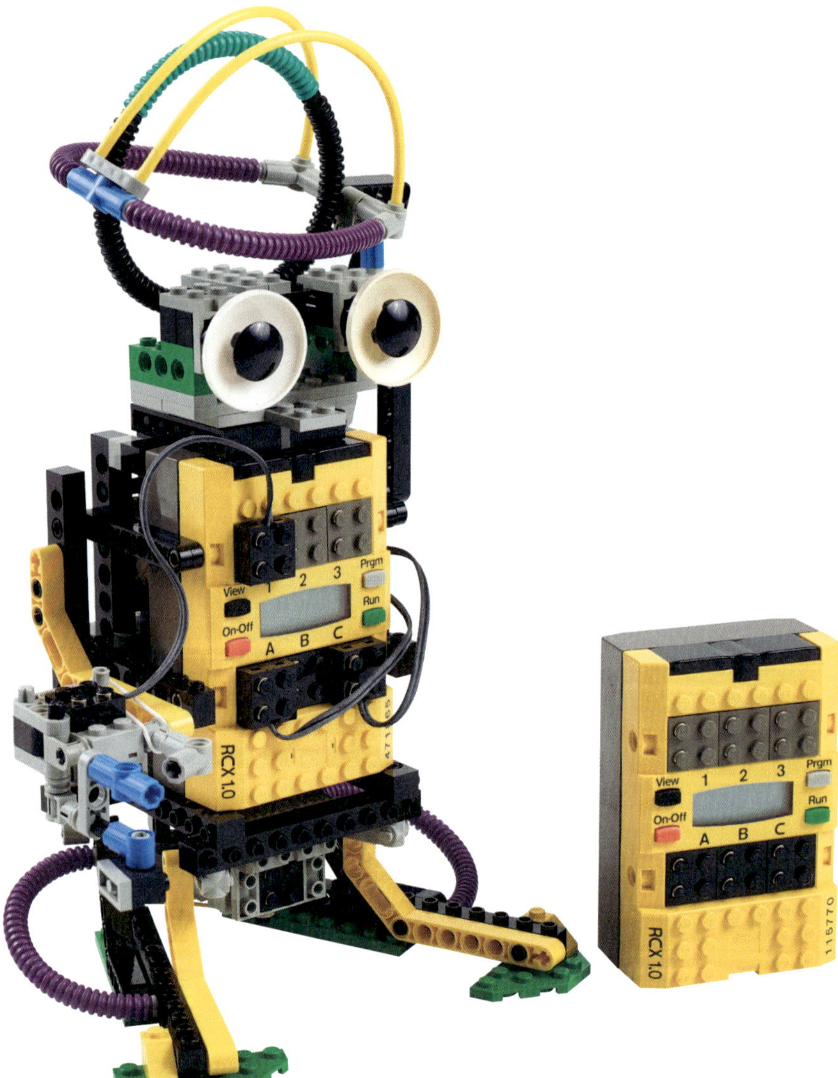

Mindstorms, 1998.

Trägheit

Die 1990er-Jahre

Es wird Weltgeschichte geschrieben. Am 9. November 1989 fällt die Berliner Mauer, und eine britische Zeitung verhilft LEGO zu unerwarteter Berühmtheit: »Die ersten drei beim Wettlauf um die beste Reaktion auf das gewaltige Ereignis in Berlin waren Bundeskanzler Kohl, Premierministerin Margaret Thatcher und LEGO.« *The Evening Standard* bezieht sich dabei auf eine ganz besondere Anzeige, die LEGO kurz nach dem Mauerfall geschaltet hat und die genau die Spontaneität und das Engagement versprüht, die der geschäftsführende Direktor von LEGO zunehmend vermisst.

Am Freitag, den 10. November, wird LEGOs britisches Vertriebsbüro nachmittags von seiner Werbeagentur WCRS angerufen. Der Kreativdirektor Mathews Marcantonio ist am Apparat. Er hat gerade per Telefax die Idee zu einer Anzeige geschickt, in der es um das Thema geht, über das die ganze Welt spricht. Er bittet Clive Nicholls, LEGOs britischen Marketingdirektor, so schnell wie möglich dazu Stellung zu nehmen.

Wie Milliarden andere Menschen weltweit hat Nicholls die Ereignisse in Berlin verfolgt und am Morgen im Fernsehen die bewegenden

Bilder euphorisch jubelnder Ostdeutscher gesehen, die die Mauer mit Hammer und Meißel bearbeiten oder in einem endlosen Strom die Grenze nach Westberlin überqueren.

Als ihn das Telefax der Werbeagentur erreicht, bricht er umgehend in Begeisterung aus. Die Idee ist genial: eine bunte Menschenmenge aus Minifiguren an der Berliner Mauer auf dem Weg über die aus LEGO-Steinen gebaute Grenze. Oben auf der Mauer stehen Minifiguren und hämmern auf das verhasste Bauwerk ein, im Hintergrund ist das Brandenburger Tor mit der Aufschrift »The perfect Christmas gift« auf den charakteristischen, von dorischen Säulen getragenen Querbalken zu sehen. Alles gebaut aus LEGO-Steinen. Eine solche Chance gibt es nur einmal im Leben. Clive Nicholls weiß, dass er und LEGO kaum jemals wieder eine vergleichbare Gelegenheit haben werden, eine so markante Werbebotschaft auszusenden, die der Freiheit und Demokratie huldigt und gleichzeitig Millionen und Abermillionen Kunden daran erinnert, dass LEGO für das kommende Weihnachtsgeschäft gerüstet ist.

WCRS kann die Anzeige in den Montagsausgaben der Zeitungen schalten, wenn LEGO mit der Idee einverstanden ist. Clive Nicholls antwortet, sie müsse in die Sonntagszeitungen, solange der Freudentaumel noch auf dem Höhepunkt ist. Koste es, was es wolle. Es stellt sich heraus, dass nur zwei Zeitungen noch eine ganzseitige Anzeige bis zur Deadline Samstagmorgen, 9.30 Uhr, einbauen können. Aber *Sunday Telegraph* und *Sunday Correspondent* haben zusammen eine Auflage von über einer Million Exemplare, und das wird zu einem deutlich spürbaren Effekt führen, meint die Agentur.

Achtzehn Stunden Zeit bis zur Deadline ist das eine, der Anzeigenpreis das andere; 30 000 Pfund sind ein gewaltiger Betrag, für den in LEGOs Werbebudget eigentlich kein Platz ist. Zum ersten Mal an diesem Freitagnachmittag zögert Nicholls. Soll er es wagen, die Verantwortung für eine Anzeige zu übernehmen, die nicht nur viel Geld kostet, sondern auch ein politisches Statement enthält, das mit den Richtlinien des Konzerns bricht, sich politisch nicht zu äußern? Nicholls greift zum Telefon und ruft seinen Chef Gordon Carpenter an. Niemand nimmt ab. Der Chef sei bereits im Wochenende und, wie es heißt, nicht zu erreichen.

Nicholls atmet tief durch und gibt den Startschuss. Jetzt haben eine Menge Mitarbeiter plötzlich viel zu tun. Die ganze LEGO-Szenerie mit Grenzübergang, Berliner Mauer und Brandenburger Tor muss gebaut, mit mehreren hundert Minifiguren bevölkert und dann fotografiert werden. Die größte Herausforderung sind die Baumaterialien. Wie gesagt, es ist Freitag und bald 17 Uhr. Vier Mitarbeiter der Werbeagentur fahren in einem Taxi zum Spielwarengeschäft Hamleys in der Regent Street und räumen die Regale mit LEGO-Steinen, Minifiguren, Schildern, Bäumen, rot-weißen Eisenbahnschranken und allem anderen ab, was für die Szenerie mit einer jubelnden Menschenmenge auf dem Weg zur Freiheit erforderlich ist. In den nächsten sechs Stunden wird das Modell aufgebaut und fotografiert und die Anzeige gestaltet.

Clive Nicholls verschläft den größten Teil des Samstags. Als er am Sonntag aufsteht, kommen zeitgleich die ersten Reaktionen herein: LEGOs Werbebotschaft hat ebenso viel Aufsehen erregt wie die offiziellen Statements von Helmut Kohl und Margaret Thatcher zum Fall der Mauer.

In den Tagen darauf erhält LEGO viel Lob für die Anzeige, die in aller Munde ist und auch von anderen Medien übernommen wird. Beifall kommt sowohl von den Menschen auf der Straße als auch von Werbefachleuten, und sogar die Konkurrenten in der Spielwarenbranche nicken anerkennend. Von Brisbane und Bangkok bis Berlin und Boston herrscht kein Zweifel darüber, dass LEGO das perfekte Weihnachtsgeschenk ist.

In den folgenden Jahren, als die Grenzen in Osteuropa eine nach der anderen fallen, steigen die Verkaufszahlen von LEGO-Produkten hinter dem ehemaligen Eisernen Vorhang schlagartig, und ein steter Strom von Bussen mit vor allem polnischen, aber auch ungarischen und ostdeutschen Touristen besucht jeden Sommer LEGOLAND und verstopft die schmalen Zufahrtsstraßen nach Billund.

Kjeld: »Bereits vor dem Mauerfall konnte man ja im Ostblock LEGO kaufen. Uns gab es sogar in dem großen Kaufhaus GUM auf dem Roten Platz in Moskau. Ich selbst war Mitte der Achtziger in Russland, um mir anzusehen, was wir dort aufgebaut hatten. Es war nicht unbedeutend, aber auch nicht gerade atemberaubend, denn wir verkauften nicht an die breite Bevölkerung. Unsere Produkte waren viel zu teuer im Verhältnis zum Lohn eines durchschnittlichen Russen. Wir hatten dort einen Handelsvertreter, und so war es auch in Polen, der Tschechoslowakei und Ungarn. Aber das Ganze blieb in einem eher kleinen Rahmen und spielte sich lediglich in den sogenannten Dollarläden ab.

Mit dem Fall der Mauer öffnete sich ein riesiger osteuropäischer Markt, und das war auch für LEGO von großer Bedeutung. Wir haben schnell reagiert, und ein Handelsvertreter, der in Moskau und Warschau wohnte und in ganz Osteuropa sehr aktiv war, brachte einige Dinge auf den Weg, und hatte das auch schon vor dem Fall der Mauer getan, worauf ich allerdings nicht immer stolz war. Wenn man damals auf dem geschlossenen osteuropäischen Markt wachsen wollte, funktionierte das oft durch einen sogenannten ›Gegenkauf‹. LEGO sollte zum Beispiel eine größere Partie Regenmäntel, Gürtel oder so etwas abnehmen und versuchen, sie in Dänemark zu verkaufen. Wir gründeten daher eine kleine Gesellschaft, Almo A/S, die mit ihren vier Buchstaben im Namen ein bisschen an LEGO erinnern sollte. Es war die Abkürzung von ›Alt i Modkøb‹ (Alles im Gegenkauf). Doch leider blieben wir auf einem Großteil der Sachen sitzen, die wir im Tausch erhielten. Das änderte sich alles in den Neunzigern. Heute ist Russland unser sechst- oder siebtgrößter Markt auf der Welt.«

Auch in den USA steigt der Verkauf von LEGO explosionsartig an – 1989 um nicht weniger als achtunddreißig Prozent. Trotz der Niederlagen bei mehreren internationalen Gerichtsverfahren in den Achtzigerjahren scheint LEGOs lange Kraftprobe mit Tyco zugunsten des

The Sunday Telegraph, Sonntag, 12. November 1989.

The perfect Christmas gift.
POLIZEI
POLIZEI

Der oberste Chef verbirgt seine Freude und seinen Stolz beim Neujahrsgruß an die Mitarbeiter im Januar 1990 nicht: »Der Umsatz der LEGO-Gruppe hat sich im Laufe der Achtzigerjahre mehr als vervierfacht. Mengenmäßig wurde das Dreifache abgesetzt. Dies ist eine positivere Entwicklung als im Spielzeugmarkt insgesamt, daher haben wir auch Marktanteile hinzugewonnen.«

dänischen Unternehmens auszufallen, denn kein Konkurrent kann auf lange Sicht mit der LEGO-Qualität Schritt halten. Kjeld erklärt in einem Interview: »Wir haben vor einiger Zeit den Prozess gegen einen amerikanischen Plagiator verloren, und das hat mich wirklich sehr geärgert, aber wir sagen uns: Unsere Produkte sind die besten, also schlagen wir die Plagiate in den Läden statt in den Gerichtssälen.«

Die Auswirkungen der drei großen Co-Promotions-Vereinbarungen mit McDonald's, bei denen beim letzten Mal siebenunddreißig Millionen Steine mit dem klassischen Kindermenü der Burger-Kette verteilt werden, sind jetzt ernsthaft zu spüren. Untersuchungen über das Konsumentenverhalten zeigen, dass fünfundneunzig Prozent der Amerikaner die dänische Spielzeugmarke kennen, und in einer großen amerikanischen Untersuchung zum Markenimage kommt LEGO auf den achten Platz nach Giganten wie Mercedes-Benz, Levi's, Disney, Coca-Cola, Apple und IBM. In LEGOs Mitarbeiterzeitung heißt es im November 1989: »Steine und Pommes sind ein gutes Gespann.«

Ja, es gab eine Menge Gründe für Kjelds Begeisterung bei seiner langen Neujahrsansprache vor den Beschäftigten, bei der er auf ein stürmisches Jahrzehnt zurückblickt und gleichzeitig einen beinahe rührseligen Blick auf die Weltlage wirft:

»Wir sehen Diktaturen fallen, Freiheit und Frieden sind in greifbarer Nähe. Es wird ein schwieriger Prozess, aber er gibt uns die Hoffnung auf eine friedlichere Welt, in der militärische Macht und Unterdrückung abgelöst werden von Demokratie, Achtung der Menschenrechte und dem Zusammenspiel der freien Kräfte. Möge die Erkenntnis der gegenseitigen Abhängigkeit und der notwendigen Zusammenarbeit uns alle zu der Einsicht bringen, dass die Welt ein kleiner Erdball ist, für den wir alle Verantwortung tragen, um ihn nicht zu zerstören. Wir sind als Weltbürger enger zusammengerückt. Das ist eine gute Perspektive für die Neunzigerjahre, finde ich.«

Die Neujahrsgrüße des Direktors tragen die Überschrift »Dynamische Kontinuität«. Nach so vielen Jahren des konstanten Wachstums und nur wenigen, unbedeutenden Ausrutschern gibt es umso mehr Grund, allen Mitarbeitern für ihren entschiedenen Einsatz zu danken. Anschließend kommt Kjeld mit einer Aufforderung, über die sich viele der Anwesenden wundern: »Bewahrt das Kind in euch!«

Kjeld erklärt, dass diese Aufforderung auch die Grundlage der Strategie »LEGO-Vision« ist, die auf der großen Leitungskonferenz 1988 in Ebeltoft diskutiert wurde, von der – abgesehen von der obersten Führungsebene – allerdings noch niemand gehört hat. »Aber ihr werdet schon bald davon hören«, verspricht Kjeld, denn künftig soll das Kind das Vorbild für sämtliche LEGO-Mitarbeiter sein:

»Kinder sind neugierig, sie haben ständig Fragen: Warum? Warum nicht? Kinder sehen Möglichkeiten, wir Erwachsenen sehen Probleme. Kinder haben keine Angst, etwas auszuprobieren und damit auch Fehler zu machen, denn dadurch lernt man. Es stimmt schon, dass wir Erwachsenen aus Erfahrungen lernen, aber wir dürfen keine Angst haben, etwas zu tun und damit auch zu riskieren, einen Fehler zu machen. Wir müssen uns daran erinnern, dass wir unser ganzes Leben lang lernen. Und unser ganzes Leben lang spielen. Dass wir gemeinsam Spaß haben und gleichzeitig etwas zustande bringen. Selbstverständlich müssen wir auch erwachsen sein, aber lasst uns alle das Kind in uns bewahren.«

Kjeld: »Abgesehen davon, dass ich daran erinnern wollte, wie viele gute Dinge wir als Erwachsene vergessen, die zur Kindheit gehören, hatte ich lange den Traum gehabt, dass meine engsten Mitarbeiter einen mehr spielerischen Zugang zu ihrer Arbeit finden. Dass sie zu Chefs werden, die nicht nur sagen: ›Das hier ist meine Aufgabe, die ich erledige, und es ist mir egal, was die anderen machen!‹ Ich fand es immer gut, wenn man das, womit man arbeitet, verbessern und weiterentwickeln will, sowohl allein als auch zusammen mit den Kollegen. Ich glaube, auf diese Art und Weise kann man noch mehr Dynamik innerhalb eines Unternehmens entwickeln.«

Im Sommer 1990 wird Godtfred siebzig Jahre alt, und über der Geburtstagsfeier liegt ein mystischer Glanz. Die überregionalen Zeitungen übertreffen sich mit Superlativen wie »Erbauer eines Imperiums« und »LEGO-König«, und wie so oft genießt die lächelnde, ständig Zigarillos oder Zigarren rauchende Hauptperson die Möglichkeit, im Rampenlicht ein wenig den Clown zu spielen. Was wäre das Leben ohne ein bisschen Spaß?

Kjeld wirkt als LEGO-Direktor häufig introvertiert und beinahe verlegen, sein Vater hingegen ist eine extrovertierte Führungspersönlichkeit, die ungeniert auf die Menschen zugeht. Das Erbe des Firmengründers lässt sich nicht verleugnen, wenn es um einen guten Scherz geht, und das zeigt sich auch, als Godtfred an seinem Geburtstag, dem 8. Juli, zum Ehrenbürger der Gemeinde Billund ernannt wird – als Erster überhaupt. Die Menschen warten gespannt im Saal des Gemeinderats, als plötzlich die Tür aufgeht und ein älterer Herr mit Stock, Strohhut und einer Maske den Raum betritt, der aussieht wie einer der beiden mürrischen Alten aus der Muppet Show.

Es ist Godtfred, der sich verkleidet hat und dem zwanzig Jahre jüngeren Bürgermeister Tychsen erklärt: »Diese Ernennung bedeutet ja wohl, dass ich alt bin. Und so habe ich mir diese Maske aufgesetzt, damit Sie mich auch später noch wiedererkennen.«

Anschließend erscheint ein Team des Fernsehsenders TV Syd. Der Reporter hat seine Fragen auf einem Block notiert, und GKC nimmt den Zigarillo aus dem Mund.

Ist es immer noch Ihr guter Geist, GKC, der die Firma vorantreibt?, wird er gefragt.

»Nein, vielleicht sagen wir besser, dass es der Geist meines Vaters ist, der immer noch unter uns wandelt?«

Welche Bedeutung hat das Christentum für Sie?

»Es bedeutet alles für mich. Ich komme aus einem christlichen Zuhause, und ich pflege zu sagen, dass ich eine direkte Verbindung nach oben habe.«

Warum, meinen Sie, hat sich eigentlich alles so gut entwickelt?

»Wissen Sie was? Ich habe die ganze Zeit versucht dagegenzuhalten, weil ich kleine Fabriken lieber mag, in denen man die Menschen kennt. Ich kann mich erinnern, dass wir hier in Billund in einem ganz bestimmten Maßstab bauten, und zwar mit Absicht, damit die Fabrik nicht darüber hinauswuchs.«

Und abschließend noch die Frage: Wie ist es Ihnen gelungen, König dieses Reiches und gleichzeitig ein verhältnismäßig bescheidener Mann zu bleiben?

»Auf die gleiche Weise, wie wir jetzt hier stehen und uns unterhalten.«

In einem längeren Geburtstagsinterview kommentiert Godtfred die neue Unternehmenskultur und die Beschäftigung von Beraterfirmen – etwas, das in den Sechzigerjahren unvorstellbar gewesen wäre, als GKC noch an der Spitze stand. Doch obwohl er jetzt »an die Luft gesetzt worden sei«, wie er es ausdrückt, ist sein Engagement ungebrochen:

GKC liebt Masken, sich zu verkleiden und andere zu überraschen. Als er an seinem siebzigsten Geburtstag zum Ehrenbürger von Billund ernannt wird, erscheint er zu den Feierlichkeiten im Rathaus als einer der mürrischen alten Männer aus der Muppet Show. *Foto: John Randeris.*

»Ich kann nicht denken, ohne in LEGO-Bahnen zu denken. Es ist ein sehr, sehr schwerer Prozess, die Zügel abzugeben und anderen zu überlassen. Aber vergesst nicht: Obwohl Kjeld und seine Mitdirektoren und andere gute Mitarbeiter im Laufe der letzten zehn, zwölf Jahre so hervorragend die meisten Bereiche übernommen haben, habe ich doch das Gefühl, dass auch ich weiterhin eine große Verantwortung trage, da ich von Anfang an dabei gewesen bin. Das kann ich nicht ablegen. Ich bin daher auch weiterhin im Büro – jeden Tag. Edith hat mir im Frühjahr eines Tages vorgeschlagen, in Billund spazieren zu gehen, aber das kann ich nicht. Was würden die Leute dazu sagen – mitten in der Arbeitszeit!«

Kjeld: »Als Vater siebzig wurde, übernahm ich, wie mit der Familie vereinbart, die Majorität der stimmberechtigten Aktien, damit hatte er nichts mehr zu sagen. Vater hatte ja für die Firma gelebt und geatmet und spürte, dass er nun endgültig den Kontakt dazu verlor. Und so hatte er nicht das gute Leben in den letzten paar Jahren, das er sich erhofft hatte – und das ich mir für ihn erhofft hatte, und auch für meine Mutter. Sie glaubte ja, sie könnten ein bisschen mehr reisen, wenn er nun weniger zu tun hatte, aber Vater fiel es schwer, sich von der Fabrik zu lösen. Heute verstehe ich ihn besser als damals. Ich merke, dass es mir jetzt ähnlich geht.«

Im Frühjahr 1993 stirbt Sofie Kirk Christiansen, Ole Kirks Ehefrau, Ullas Mutter, die Stiefmutter der Brüder und LEGOs Inhaberin während der zehn schweren ersten Jahre. Gleichzeitig zieht sich GKC vereinbarungsgemäß von seinem Posten als Aufsichtsratsvorsitzender der LEGO A/S zurück und überlässt den Stuhl Vagn Holck Andersen.

Kurz darauf wird Kjeld plötzlich krank. Daher sieht und hört man auch nicht viel von ihm in der »Gold-Ausgabe« des *Børsens Nyhedsmagasin* im Mai, als LEGO zum dritten Mal innerhalb von fünf Jahren der Imagepreis der Wirtschaftszeitung verliehen wird. Stattdessen bedanken sich andere führende LEGO-Mitarbeiter und berichten über die Arbeit mit der Marke LEGO, über die der krankgeschriebene oberste Chef seit einigen Jahren eindringlich spricht: »Kjeld sagt, wir müssen visionär mit unserem Markennamen umgehen, denn es gibt unter diesem Markennamen – den die Menschen als LEGO kennen – Platz für wesentlich mehr.«

Kjelds große Pläne, den Markennamen weiter zu verbreiten, betreffen unter anderem LEGO World – eine Reihe von Familienparks nach dem LEGOLAND-Konzept, die in den nächsten Jahrzehnten an vier, fünf Orten weltweit angelegt werden sollen. Der Plan wird 1991 durch eine eigene Aktiengesellschaft abgesichert, und um nicht zu riskieren, dass Godtfred plötzlich anfängt, Kjelds Entscheidung zu torpedieren, bekommt die Gesellschaft den Tarnnamen LEGO World A/S. Kurz nach Godtfreds Tod wird der Name in LEGOLAND Development A/S geändert.

Kjeld: »Wir sprachen von ihnen immer nur als ›Parks‹ und taten so, als wüssten wir nicht so genau, ob es sich um etwas handelte, das drinnen oder draußen stattfinden sollte. Wir vermieden den Begriff LEGOLAND, denn das war Vaters Domäne. Aber für uns lag es natürlich auf der Hand, dass wir nach dem konstanten Erfolg mit dem Park in Billund, der sich seit fünfundzwanzig Jahren so positiv auf unseren Markennamen auswirkte, eine Reihe ähnlicher Parks überall auf der Welt eröffnen wollten. LEGOLAND Windsor direkt außerhalb von London war der erste. Erst ganz zum Schluss – 1994, glaube ich –, als es sich nicht länger hinauszögern ließ und die Bauarbeiten in England in vollem Gang waren, wagte ich Vater zu erzählen, dass wir den Park nun doch LEGOLAND nennen würden. Er nahm es ziemlich gelassen. Vielleicht hat er ja doch erkannt, dass es keine ganz blöde Idee war.«

Das Foto eines ruhigen, selbstsicheren und scheinbar ausgeglichenen Kjeld Kirk Kristiansen auf der Titelseite des *Børsens Nyhedsmagasin* im Mai 1993 trügt. Die vollen Wangen und der gut aufgelegte Gesichtsausdruck stimmen nicht mit der Realität überein. Kjeld fühlt sich seit Längerem unwohl, er ist über Gebühr müde, hat Magenprobleme und verliert ständig an Gewicht. Was im ersten Moment eine Salmonellenvergiftung zu sein scheint, erweist sich als *Colitis ulcerosa* – eine blutende Darmentzündung, die eine langwierige medizinische Behandlung erfordert, möglicherweise sogar eine Operation. Die Medizin hält die Krankheit für unheilbar.

Nach mehreren gründlichen Untersuchungen und Gesprächen mit Spezialisten meldet sich Kjeld auf unbestimmte Zeit krank. Damit die Bevölkerung in Billund sich nicht allzu sehr über seinen Zustand und eine Krankheit wundert, bei der man nicht bettlägerig ist, zieht Kjeld nach Schelenborg um. Hier findet er die Ruhe, die er braucht, sowie einen befreienden Abstand zu den Blicken der Leute, den Pflichten und der Verantwortung.

Kjeld: »Ein tüchtiger Oberarzt im Krankenhaus von Vejle untersuchte mich und sagte: ›Sie müssen damit rechnen, dass das hier lange dauern wird!‹

Darauf antwortete ich in etwa: ›Dann bin ich also erst nach den Sommerferien wieder gesund?‹

›Nein, das ist eine chronische Krankheit, Sie müssen sich darauf einstellen, dass Sie sich richtig lange damit herumärgern werden.‹

Er war wirklich gut, dieser Oberarzt, er hielt mich von den Chirurgen fern, die mich gern in die Finger bekommen hätten. Ganz allmählich halfen die starken Medikamente, Prednisolon,

Das Foto eines starken, selbstsicheren LEGO-Direktors mit einem gewissen Schalk in den Augen auf dem Cover des *Børsens Nyhedsmagasin* im Mai 1993 lügt. Als das Magazin erscheint, bekommt Kjeld den Bescheid, dass er an einer unheilbaren Krankheit leidet. *Foto:* Børsen.

das ist ein Nebennierenrindenhormon, von dem man schon ein bisschen merkwürdig im Kopf werden kann. Den ganzen Sommer und den Herbst 1993 verbrachte ich auf Schelenborg. Ich kam erst an Weihnachten zurück nach Billund und hatte daher richtig viel Zeit, um über einiges in meinem Leben nachzudenken. Zunächst natürlich über die düstere Aussicht, dass die Darmkrankheit mich den Rest meines Lebens verfolgen würde. Und es war ja auch fraglich, ob ich überhaupt in meinen alten Job zurückkehren könnte.«

Auf dem Gut in Fünen wird ein anfangs müder und niedergeschlagener Kjeld von Camilla und ihrer Mutter versorgt, die sehr besorgt über seinen Zustand und den anhaltenden, erheblichen Gewichtsverlust sind. Ebenso wie sein zutiefst unglücklicher Vater, der trotz seiner Herzprobleme und der Schwierigkeiten beim Laufen von Billund nach Fünen reist. Es schmerzt Godtfred, den Sohn so krank zu sehen. »Es tut mir so leid, dass es dir so schlecht geht, Kjeld!«, sagt er zu seinem Sohn, der seinen Vater nie zuvor mit Tränen in den Augen gesehen hat.

Neben all den physischen Symptomen, die an seinen Kräften und seiner Stimmung zehren, spürt Kjeld auch verschiedene Dinge, die er verdrängt hat und die nun ins Bewusstsein zurückkehren: das Ungleichgewicht zwischen Arbeits- und Privatleben, die große Führungsverantwortung und nicht zuletzt das Verhältnis zu seinem Vater. Es handelt sich nicht um eine Depression mit Symptomen wie Angstanfällen und Handlungsunfähigkeit, aber dass die Krankheit auch eine persönliche Krise auslöst, berichtet Kjelds Schwager, der Arzt Mogens Johansen, später: »Kjeld bemerkte, dass er nicht unverwundbar war. Die Krankheit brachte ihn an einen Punkt, an dem er überlegte, ob er weiterhin so arbeiten wollte wie bisher. Ob das Ganze es wert war.«

Der physische Abstand zu LEGO gibt Kjeld die Möglichkeit, nachzudenken und klarer und nüchterner auf das Unternehmen zu blicken, das in den 1980er-Jahren so erfolgreich gewesen ist. Er hat das Gefühl, dass es beginnt, Schwächen zu zeigen, da sie einfach so weitermachen, wie sie es immer getan haben: von oben nach unten lenken, sich auf Details versteifen und ständig neue Leute einstellen.

Kjeld: »Ich hatte ja bereits in den Jahren zuvor gewisse Gefahrensignale wahrgenommen, die nichts mit meiner Krankheit zu tun hatten. Es gab Anzeichen von Trägheit und Phlegma im Unternehmen, und auf einigen Märkten draußen in der Welt sahen wir eine gewisse Erschöpfung, die allerdings dadurch übertüncht wurde, dass es andere Märkte gab – zum Beispiel die USA –, auf denen es weiterhin richtig gut lief. Das war schon etwas besorgniserregend, fand ich, im Großen und Ganzen aber lief alles ja weiterhin wie geschmiert.«

Hin und wieder taucht eine LEGO-Delegation in Schelenborg auf, bestehend aus drei Mitgliedern der Direktion: Niels Christian Jensen, Christian Majgaard und Torsten Rasmussen. Rasmussen, Kjelds alter Freund aus der Schweiz, gilt als sein Stellvertreter und ist daher bei den Besuchen der Wortführer. Natürlich kommen sie, um Kjeld zu sehen und sich nach seinem Gesundheitszustand zu erkundigen, aber auch, um Bericht zu erstatten und ihn in großen und kleinen Dingen um Rat zu fragen.

Kjeld: »Wenn sie vor mir saßen und mir erzählten, wie es in der Firma lief, dachte ich: ›Hört doch auf, euch in all den Details zu verlieren! Können wir uns nicht einfach an die großen Linien halten?‹ Mir wurde mehr und mehr klar, dass diese massive, äußerst strenge Steuerung, die zu diesem Zeitpunkt bei LEGO herrschte – mit all den Diagrammen und Tabellen mit senkrechten und waagerechten Kolonnen und Zeilen –, das Unternehmen allmählich lähmte. Im Grunde handelte es sich um das Gesetz der Trägheit, mit dem viele Firmen zu kämpfen haben, die jahrelang erfolgreich sind. Man macht einfach immer so weiter, vielleicht manchmal auch ein bisschen mehr, anstatt neu und anders zu denken. Und so hatte ich dann immer irgendwann genug davon, meinen drei Direktoren zuzuhören, also stand ich auf und fragte, ob wir nicht nach den Pferden sehen wollten.«

Das siebenmonatige Exil auf Gut Schelenborg 1993 steht im Zeichen der Natur und der Pferde. Anfangs ist Kjeld entkräftet und gezeichnet von den starken Medikamenten, aber allmählich gewinnt er so viel Kraft zurück, dass er auf einem Pferd sitzen kann. *Fotos: Privatbesitz.*

Im Laufe des Herbstes auf Schelenborg wurde Kjeld klar, dass die Ursache seiner existenziellen Krise sein Widerwille war, weiterhin geschäftsführender Direktor zu sein. »Es hat keinen Spaß mehr gemacht«, erklärt er in einem Interview und wiederholt es auch später immer wieder, wenn er gefragt wird, was bei LEGO Ende der Neunzigerjahre nicht in Ordnung war.

»Spaß« zählt zu den Begriffen, die Kjeld im Laufe seines Lebens am meisten benutzt. Als Erwachsener war es für ihn das Wort, das seine Vorstellung von einem idealen Leben am besten beschrieb. Wenn Kjeld im Zusammenhang mit der aufziehenden Führungskrise in den Neunzigerjahren und zu Beginn der Zweitausenderjahre erklären soll, was er für das Wichtigste und Wertvollste im Job des geschäftsführenden Direktors hält, verwendet er so gut wie immer diesen Ausdruck: »Es muss Spaß machen!« Und auch in einem Interview im Februar 2000 in der Zeitung *Jydske Vestkysten*, in dem er einen stellvertretenden geschäftsführenden Direktor benennt, um selbst von einer Reihe von Aufgaben und Verpflichtungen als Chef entlastet zu werden, taucht der Begriff auf: »In der täglichen Leitung bin ich weder am besten, noch macht es mir am meisten Spaß.«

Das Wort »Spaß« zieht sich wie ein roter Faden durch Kjelds Ideen für die Zukunft von LEGO, seit er 1988 seinen Direktoren die LEGO-Vision präsentiert hat. »Spaß« ist auch die unsichtbare Kraft zwischen den Zeilen in der bereits erwähnten Neujahrsansprache. Und »Spaß« ist der starke Klebstoff, der die fünf zentralen Werte der LEGO-Vision zusammenhält: Kreativität – Fantasie – Begeisterung – Spontaneität – Neugierde.

Bisweilen ist der Aufenthalt auf Schelenborg für Kjeld vor allem produktive Freizeit, in der er einfach vor sich hin leben, spielen und irrational denken kann. Anzug und Krawatte sind zu Hause in der Villa im Skovparken geblieben, der Bart darf wachsen. Kjeld hört Rock- und Jazzmusik aus der Zeit um 1968. Er unternimmt lange Spaziergänge, spricht mit den Pferden und tut Dinge, zu denen er einfach Lust hat.

Kjeld: »Ich habe viel Musik gehört – John Lennon, Jimi Hendrix, Bob Dylan, Charles Mingus und andere aus meiner Jugend in den Sechzigern. Und ich hatte einen Pferdetrainer auf dem Gestüt eingestellt, dessen Mutter viel mit dem Pferdewagen herumfuhr. Sie nahm mich mit an einen Ort, wo ich einen alten, schönen Pferdewagen kaufte. In Grenå und Fredericia fand ich auch zwei gute Zugpferde mit jeder Menge ›Pferdestärken‹. Sie hießen Simon und Lada, aber ich taufte sie rasch um in Simon Skoda und Laura Lada. Und ich fing an, mit dem Pferdewagen zu fahren, was ich nicht mehr getan hatte, seit ich in den Sechzigern auf einem Reiterhof gewesen war.

Zeitweise hatte mein Zustand etwas Tranceartiges. Auf der einen Seite war ich wahnsinnig müde, auf der anderen Seite high von den Medikamenten, und in diesem Auf und Ab machte ich ein paar lustige Sachen. Unter anderem begann ich ein größeres Kellerprojekt, wo ich mir eine richtige Männerhöhle voller Dinge einrichtete, die ich im Laufe der Jahre gesammelt hatte: eine alte Rüstung, einen Engel von Raffael an der Decke und eine uralte Hobelbank als Theke mit einer Fassbieranlage, die aussah, als hätte Storm P. sie gezeichnet. Und in der Mitte ein Poolbillardtisch. Wie beim Pferdewagenprojekt ging es vor allem darum, etwas zu tun, wozu ich wirklich Lust hatte. Etwas, das Spaß machte.«

Irgendwann nimmt Kjeld Kontakt zu dem Coach Lasse Zäll auf, den er von einigen früheren LEGO-Seminaren kennt. Zäll hat in den Achtzigerjahren großen Erfolg damit, seine Erfahrungen in Teambildung und mentalem Coaching von Spitzensportlern auf die Führungsetagen von Unternehmen wie PFA Pension, Jyske Bank, Novo Nordisk, Novozymes und LEGO anzuwenden.

Kjeld mag Lasses leisen, etwas schrägen Stil und seine alternativen Führungsideen, die sich aus den unterschiedlichsten Quellen wie Hirnforschung, indianischer Lebensanschauung, Hochschulpädagogik, Sportpsychologie und dem Training von Elitesoldaten speisen. Allerdings bringt er weder Kanuruderer oder Elitesoldaten noch das

Schulgesangbuch oder einen Medizinmann aus Montana mit, wenn er Kjeld auf Schelenborg besucht. Dafür hat er seine eigene persönliche Krise im Gepäck, denn der Coach, der Vater von fünf Kindern ist, lässt sich gerade zum zweiten Mal scheiden und steht vor einer ebenso großen existenziellen Herausforderung wie LEGOs krankgeschriebener geschäftsführender Direktor. In dem Buch *Stifinderen* (Pfadfinder), in dem es um Lasse Zäll und die Idee hinter der Firma Pathfinder geht, die Lasse und Kjeld später gründen, berichtet Kjeld:

> »Als ich darüber nachdachte, mit wem ich über mich reden konnte, fiel mir schnell Lasse ein. Es hat unseren Gesprächen bestimmt nicht geschadet, dass auch er vor großen Veränderungen in seinem Leben stand. Wir hatten einige tiefgehende Gespräche über das Dasein, darüber, wie man weiterkommt und wie man sich sein Leben vorstellt. Vielleicht konnte er mich besser verstehen, weil er selbst mit Problemen zu kämpfen hatte.«

Aus den Gesprächen der beiden Männer auf Schelenborg geht Kjeld »proaktiv« gestärkt hervor, um es mit einem von Lasse Zälls Coaching-Begriffen auszudrücken. Sie unterstützen ihn dabei, mit der Krankheit zurechtzukommen, das Gleichgewicht zwischen Arbeits- und Familienleben und seine Rolle und Position im LEGO-Konzern zu finden.

> **Kjeld**: »Man konnte gut mit Lasse reden. Er half mir, mehr über die Firma und den Weg nachzudenken, den wir einschlagen sollten, wenn ich zurückkehrte – also, falls ich zurückkehrte. Denn es ging ja um meine fehlende Lust, Teil der Bürokratie zu sein, die wir entwickelt hatten. Ich spürte, dass zuerst daran etwas geändert werden musste, wenn ich überhaupt zurück in die alte Rolle wollte. Ich wusste auch, dass es nicht sicher war, ob ich wieder in ausreichendem Maß zu Kräften kommen würde, um einen so fordernden Job auszufüllen, selbst wenn es mir langsam besser ging.«

In Billund breiten sich im Laufe der Herbstmonate Unruhe und Ratlosigkeit aus. Wie krank ist Kjeld eigentlich? Ist es Stress? Eine Depression? Und wann kehrt er zurück? Der Informationschef Peter Ambeck-Madsen fasst die Sorgen in einem humorvollen Brief an Kjeld zusammen: »Wir vermissen Sie und Ihre Anwesenheit, nicht weil die Dinge ins Stocken geraten sind, sondern weil die etwas hektische, dynamische Atmosphäre lediglich bei zwei bis drei Amplituden auf der Richterskala liegt. Und das sind wir schließlich nicht gewohnt …«

Doch Kjeld hat es nicht eilig. Tatsächlich hat er eine Idee zu einer groß angelegten Kur für die Führungsebene gegen das, was sein Personalchef Per Sørensen einmal die »Rhinofizierung« genannt hat. Inspiriert von Eugène Ionescos Theaterstück *Die Nashörner*, das von den Einwohnern einer kleinen französischen Stadt handelt, die sich nach und nach in dickhäutige Nashörner verwandeln, weist Per Sørensen auf das nicht ungewöhnliche Phänomen hin, dass die Leiter eines Unternehmens sich mit der Zeit in steife, behäbige Geschöpfe verwandeln, die außerhalb der Gruppe nichts mehr wagen und einfach immer weiterpreschen.

Kjelds Idee, die er auch mit Lasse Zäll und anderen aus der Direktion diskutiert, läuft auf einen neuen, proaktiven Führungsstil hinaus, der einige der vielen gebundenen Kräfte wieder freisetzen soll, die es inzwischen in der Firma gibt.

Kjeld: »Ich beschloss, es das ›Compass Management‹ zu nennen. Nachdem ich aus Schelenborg zurückgekehrt und im Laufe des Frühjahrs 1994 sehr langsam wieder zu Kräfen gekommen war, nahm das Projekt mit der Hilfe von Lasse und dann auch der anderen Direktoren Gestalt an. Wir trafen uns mehrmals und diskutierten in gemütlicher, entspannter Atmosphäre. Ich sagte ihnen, dass wir unsere Art und Weise, LEGO zu leiten, verändern sollten. Unsere Unternehmensführung müsse vereinfacht und die alten Werte – der ›Unternehmergeist‹ – wieder stärker in den Mittelpunkt gerückt werden. Das würde gelingen, indem wir den einzelnen Mitarbeitern mehr Spielraum gaben. Man sollte nicht länger darauf warten müssen, dass wir in lan-

Ein bärtiger, stiller Kjeld kehrt nach Billund zu LEGO zurück. Zu Hause und im Büro ist zu spüren, dass er Zeit hatte, über sein Leben nachzudenken. *Foto: Privatbesitz.*

gen Sitzungen zu einer Einigung kämen. Die ganze Organisation müsse in Zukunft agiler und schneller reagieren auf das, was in einer immer schneller werdenden, sich verändernden Welt wichtig war.«

Als Kjeld in den Weihnachtsferien nach Billund zurückkehrt und im Januar 1994 langsam wieder anfängt zu arbeiten – einige wenige Stunden am Tag –, macht LEGO immer noch den Eindruck eines Unternehmens, das sich auf dem Höhepunkt des Erfolgs befindet. In seiner Ansprache an die gesamte Führungsgruppe, die zum üblichen Neujahrsfest eingeladen ist, muss Kjeld von einem Film erzählen, den er gerade gesehen hat. Es ist *BIG* mit Tom Hanks in der Hauptrolle des zwölfjährigen Jungen Josh, der erwachsen sein will. Auf wundersame Weise wird dem Jungen sein Wunsch erfüllt, und im Körper eines jungen Mannes wird Josh in einem Spielwarenladen beschäftigt, in dem die Erwachsenen nicht verstehen, wovon Kinder träumen. Er jedoch versteht sie. Ebenso wie Kjeld, der den festlich gekleideten Erwachsenen im Hotel LEGOLAND versichert: »Kinder sind einzigartige Wesen. Wir sollten versuchen, sie nachzuahmen, und nicht umgekehrt.«

1994 ist LEGO Europas unangefochten größter Spielwarenproduzent und liefert sich mit Giganten wie Mattel, Hasbro, Sega und Nintendo einen Wettlauf um die Spitzenposition auf dem Weltmarkt. LEGO beherrscht jetzt mit achtzig Prozent den Markt für Konstruktionsspielzeug in den USA, verkauft seine Produkte in 60 000 Geschäften und mehr als hundertdreißig Ländern, hat einen Mitarbeiterstab, der in vier Jahren von sechstausend auf über achttausend Beschäftigte gestiegen ist, und setzt knapp 9 Milliarden Kronen um. Von außen gesehen, läuft es richtig gut.

Im Spätsommer, als die Phasen mit Krankheitssymptomen immer seltener werden, reduziert Kjeld die Medikamente und fängt in den Augen vieler wieder an, wie ein Chef auszusehen, der voller Energie und Lust an der Spitze eines Familienunternehmens steht. Aber tief in dem geschäftsführenden Direktor gibt es einen Kjeld, der sich nach einer Zeit sehnt, in der sich ein anderer um das Tagesgeschäft kümmert und er sich auf die Dinge konzentrieren kann, die ihm Spaß machen: sich mit den Visionen, den Werten und der Weiterentwicklung des Markennamens LEGO zu beschäftigen.

Kjeld: »Ich hatte nicht das Gefühl, dass es damals in den Neunzigern jemanden in meiner Führungsriege gab, der wirklich verstand, was ich mit der Firma wollte. Einer kam eines Tages zu mir und sagte: ›Ich weiß, was du möchtest, Kjeld. Du sagst, wir haben hier diesen Riesenbaum, und der muss beschnitten werden, damit alles einfacher wird. Aber das, was viele von uns getan haben und noch immer tun, ist doch, neue Bäume daneben zu pflanzen, aber darum geht es dir nicht, oder?‹ Das war so weit durchaus richtig.

Im August 1994 versammelt sich die neue Direktion in einem Konferenzzentrum am Horsens Fjord zu Diskussionen über Kjelds neue Führungsidee »Compass Management«. Abends amüsiert man sich am Lagerfeuer mit einem kalten Bier. Stehend von links: Kjeld, Christian Majgaard, Niels Christian Jensen, Kjeld Møller Pedersen und Coach Lasse Zäll. Sitzend: John Bøndergaard und Torsten Rasmussen. *Foto: Privatbesitz.*

Aber es war wirklich schwer für mich, den Leuten begreiflich zu machen, dass die Veränderung von innen kommen muss.«

Ein Unternehmen lebt nicht davon, über sich selbst und seine Strategien und Führungsprinzipien zu diskutieren. Es müssen auch Waren produziert und ständig neue Produkte entwickelt werden, nicht zuletzt auf einem Spielwarenmarkt, der in den Neunzigerjahren immer mehr zum Schauplatz einer schärferen und intensiveren Konkurrenz zwischen den weltweit größten Anbietern der Spielwarenbranche und der Unterhaltungsindustrie wird. Klassisches Spielzeug wie die LEGO-Steine, Mattels Puppen und Hasbros Brettspiele geraten in kurzer Zeit ernsthaft unter Druck und werden nicht nur von Segas und Nintendos PC- und CD-ROM-Spielen herausgefordert, deren Umsätze fünfunddreißig bis vierzig Prozent des Gesamtmarkts ausmachen, sondern auch von einer Film- und Softwareindustrie, deren Akteure Disney, Warner Bros. und Apple heißen.

Alle sind dabei, einen Markt zu formen und zu verändern, der sich innerhalb weniger Jahre von traditionellem Spielzeug zu elektronischer Unterhaltung für Kinder, Jugendliche und Familien verschoben hat. Die Schlacht findet in einem erheblich erweiterten Konkurrenzfeld statt, und es sind die Zeit der Mädchen und Jungen, die Aufmerksamkeit und das Geld der Familien mit Kindern, um die LEGO und alle anderen kämpfen. Die modernen Spielkonzepte verwischen die Grenzen, wenn es darum geht, Kind, Teenager und junger Mensch zu sein. Kinder sind die am schnellsten wachsende Konsumentengruppe – *Kids are getting older younger*, wie es heißt.

Inmitten dieses Paradigmenwechsels, mit der Aussicht auf ein neues Jahrtausend und einen sich radikal verändernden Spielwarenmarkt, ist LEGO gezwungen, sich nach neuen Einnahmequellen umzusehen. Hier verschafft nicht nur der Markenname, sondern auch die Digitalisierung LEGO neue Möglichkeiten. Das ist Kjeld klar, seit er Seymour Papert und sein Talking-Turtle-Programm im Fernsehen gesehen hat.

LEGO hat bereits große Summen in Versuche investiert, die Steine zu digitalisieren, und in den Neunzigerjahren ist der seit seiner Jugend computer- und IT-affine Kjeld bereit, das analoge LEGO-System noch weiter in den Cyberspace zu überführen. Doch das Krankheitsjahr und eine passive Führung in Billund, die darauf gewartet hat, dass der Chef wieder gesund wird, wirft LEGO in der Zeit zurück, und die Zeit ist in der Spielwarenbranche nie schneller vergangen.

Kjeld: »Ich war ja fast ein Jahr aus dem Rennen, und als ich endgültig zurückkam, hätte ich in meiner Führungsriege mehr Leute auswechseln sollen. Wir hatten in den Achtzigerjahren gemeinsam gute Ergebnisse erwirtschaftet, uns aber zu sehr auf uns selbst konzentriert. Es lief bereits weniger gut. Wir befanden uns in einer Periode, wo Kinder sehr viel mehr Zeit mit all diesen elektronischen Dingen verbrachten, und gleichzeitig hatten wir keine aufsehenerregenden Produktneuheiten, sodass sich ein Gefühl der Stagnation breitmachte. Als Unternehmen brauchten wir unbedingt etwas Neues, an das wir glauben konnten.«

Eines Tages im Herbst 1994 steht plötzlich ein kleiner Mann mit schulterlangem Haar und Vollbart, Wanderstiefeln, altertümlichen Knickerbockern und Hut am Empfang von LEGOs Hauptsitz. Er trägt einen Koffer und besteht darauf, mit Mr. Kjeld Kirk Kristiansen zu sprechen. Der Mann spricht fließend Englisch, stellt sich als Mr. Dent-de-Lion du Midi vor und erklärt der Empfangsdame, sein französisch klingender Name bedeute »Löwenzahn der Mitte«. Er sagt auch, er würde ein ganz besonderes Video mitbringen, das er dem LEGO-Direktor zeigen wolle. Es würde ihn bestimmt interessieren.

Zunächst muss sich der Fremde damit begnügen, vom Informationschef und einem Softwareentwickler von LEGO Technic begrüßt zu werden. »Nennt mich ruhig Dandi«, sagt er und zeigt ihnen ein Video mit einigen computeranimierten, leuchtenden LEGO-Raumfahrtmodellen, die im äußeren Weltraum umhersausen. Die beiden Männer von LEGO sind beeindruckt, nicken anerkennend und versprechen, sich bei ihm zu melden, sobald Kjeld sich das Video angesehen hat.

Dent-de-Lion du Midi ist ein in der Schweiz lebender Amerikaner, so etwas wie ein Bohemien und Tausendsassa: Musiker, bildender Künstler, Erfinder, Pionier der 3-D-Grafik und der Computeranimation. Ein halbes Jahr später kehrt er nach Billund zurück, um sich mit Kjeld zu treffen. Dabei legt er einen Plan vor, wie man sämtliche Elemente des LEGO-Systems digitalisieren und in 3-D wiedergeben könnte, von den traditionellen Steinen und Rädern bis zu den Minifiguren und den allerkleinsten Stangen und Zahnrädern. Kurz gesagt, Dandi hat eine Idee und einen klaren Plan, wie in Zukunft mit LEGO im Cyberspace gebaut werden und wie man Kindern kreative LEGO-Spielerlebnisse am Bildschirm anbieten und Spielfilme, Comics, Bauinstruktionen und Werbung für LEGO in 3-D erstellen kann.

Kjeld: »Dandi hatte ein paar ziemlich verrückte Ideen, wie wir uns digital entwickeln sollten. Ich erkannte tatsächlich die Zukunftsperspektiven in seinen Vorschlägen. Dass wir unsere eigene Datenbasis mit sämtlichen LEGO-Elementen in 3-D haben würden und dass das ganze Unternehmen damit arbeiten

Dent-de-Lion du Midi (links) erscheint 1994 in Billund mit einem Koffer voller 3-D-Effekte. Es wird der Start des Darwin-Projekts, das LEGO in ein neues Zeitalter bringen soll, bei dem im Cyberspace gespielt wird. Kjeld verfolgt neugierig die zahlreichen verrückten Experimente mit und ohne VR-Brille und sagt dem Team irgendwann: »Ihr Burschen seid die Zukunft des Unternehmens.«

und Nutzen aus dem Programm ziehen könnte. Aber das würde viel mehr zusätzliche Computerkapazität erfordern.

Wir machten es. Ich glaube, irgendwann hatten wir hier in Billund mehr Computer von Silicon Graphics, speziell designt, um anspruchsvolle grafische Aufgaben zu lösen, als irgendwo sonst auf der Welt. Wir investierten viele 100 Millionen Kronen in das Projekt, das den Namen ›Darwin‹ bekam, und Dandi stand an der Spitze dieses jahrelangen Experiments. Er stellte sofort zehn, fünfzehn hippiemäßige Kerle ein, tolle Typen, die mit Virtual Reality und Computeranimation arbeiteten. Ich erinnere mich, dass irgendwann ein Fernsehbeitrag aufgenommen wurde, in dem ich mit einer Virtual-Reality-Brille in einer interaktiven Welt von LEGO-Bauten umhergehe, die Dandi und seine Leute geschaffen hatten. ›Darwin‹ war damals wirklich ein hippieartiges Projekt, und einige in der Führungsspitze meinten, es sei vollkommen verrückt, so viel Geld darein zu investieren. Aber ich war mir sicher, dass irgendetwas Gutes dabei herauskommen würde.«

Darwin, der Name des Projekts, soll an Evolution, Entdeckung und Entwicklung erinnern, und vonseiten Kjelds gibt es keinerlei Beschränkungen. Die Abteilung wird ständig mit weiteren ausländischen Spezialisten erweitert, darunter einige der talentiertesten 3-D-Animateure der Welt und Leute, die für Apple in Kalifornien gearbeitet haben.

Das Darwin-Team wird in Billund rasch als »Die Wilden« bekannt. Sie haben ihre eigene Abteilung in LEGOs gepflegter Bürolandschaft, die sich zusehends in ein unglaubliches Chaos an hochtechnologischen Gerätschaften und unrasierten Männern in T-Shirts inmitten von leeren Cola-Flaschen und Stapeln von Pizzakartons verwandelt. Und es wird weiter in Computerkapazität investiert, unter anderem in einen Onyx-Supercomputer, dessen Aussehen, so berichtet die Mitarbeiterzeitung, »am besten als eine kleine Hotelminibar auf Steroiden beschrieben werden kann, aber mit einer grafischen Leistungsfähigkeit, bei der die Unterkiefer der meisten Leute herunterklappen«.

Kjeld: »Mithilfe von Darwin erfanden wir unseren ersten LEGO-Bausatz mit CD-ROM. Es war ein Unterseeboot, das man programmieren und steuern konnte, und die CD-ROM bekam den Spitznamen ›Rubber Duck‹. Darwin legte die Saat für die weitere Entwicklung und wirkte nicht zuletzt daran mit, dass es die Steine heute digital gibt und man an einem PC mit LEGO-Steinen bauen kann. In gewisser Weise waren Dandi und all seine Leute – ich glaube, irgendwann hatte die Abteilung beinahe hundert Mitarbeiter – ihrer Zeit weit voraus. Damals gab es ja nicht viele Menschen mit einem Heimcomputer, aber wir hatten viel erreicht und bekamen eine Menge guter Inspirationen – und Spaß hat es auch gemacht!«

Im selben Jahr, in dem Dandi in Billund auftaucht, gibt der kanadische Schriftsteller Douglas Coupland den Roman *Microsklaven* heraus. Er handelt von ein paar Computerfreaks und guten Freunden, die bei Microsoft angestellt sind, aber eines Tages kündigen und zusammen ins Silicon Valley ziehen, um ihr eigenes 3-D-Computer-LEGO-System zu entwickeln. Sie haben alle als Kinder mit den Plastiksteinen gespielt und bewegen sich also im gleichen technologischen Grenzland zwischen Spiel und IT wie Seymour Papert und seine Leute im MIT Media Lab und Dandis Darwin-Team in Billund.

Der 33-jährige Coupland, der 1991 mit dem Roman *Generation X* weltberühmt geworden war, kommt mit seiner neuen Fiktion der Wirklichkeit deutlich näher, als er möglicherweise selbst ahnt. Einige Monate, bevor Dandi mit seinen Wanderstiefeln die Firmenzentrale betritt, besucht Coupland zum ersten Mal Dänemark und unternimmt sofort eine Wallfahrt nach LEGOLAND. In einem längeren Essay über den Familienpark in der Zeitschrift *The New Republic* erzählt Coupland von seiner Ankunft in Billund. Er kam nahezu direkt aus dem Silicon Valley, wo er mit hochbegabten, erfolgreichen Hardware- und Softwareentwicklern zusammen gewesen war, die abgesehen von Computern und Hightech eines gemeinsam hatten: Als Kinder waren sie vollkommen von LEGO fasziniert gewesen. Genau wie die Protagonisten in *Microsklaven*, die lieber mit LEGO spielen als mit den Erfindungen von Bill Gates:

»Ich glaube, man kann sagen, dass Lego ein starkes dreidimensionales Modellierwerkzeug ist und gleichzeitig eine Sprache an sich. Und wenn ein Kind längere Zeit mit einer Sprache, sei sie visuell oder verbal, in Kontakt ist, verändert das zweifelsohne die Art, wie es seine Umgebung wahrnimmt. Es ist naiv zu glauben, dass ein kleiner Plastikstein die Welt nicht verändern kann. Er hat es bereits auf die gleiche Art und Weise getan wie die neunundzwanzig Buchstaben des Alphabets.«

Nachdem Kjeld aus seinem Exil auf Fünen zurückgekehrt ist und es im Herbst 1994 so aussieht, als hätte er seine Krankheit überwunden, wird das neue Führungskonzept Compass Management vorbereitet. Den sympathischen Gedanken, dass einzelne Abteilungsleiter, die weiter unten in der Hierarchie stehen, künftig mehr selbst bestimmen dürfen, halten einige in der Direktion für einen riskanten Weg, weil es in einem so großen und unüberschaubaren Unternehmen wie LEGO nicht leicht ist, die Befehlskette zu durchschauen, und schnell Unsicherheiten darüber entstehen können, wer eigentlich entscheidet.

Alle stellen sich jedoch zu einem gemeinsamen Foto auf, als Kjeld die witzige Idee hat, auf der internationalen LEGO-Konferenz im Oktober 1994 seine neue – erweiterte – Direktion als außerordentlich gut angezogene Jazzband zu präsentieren. Zu den Tönen von Duke

Die Direktion bei dunkler Beleuchtung als Jazzmusiker verkleidet. Von links: Kjeld, Jon Bøndergaard am Bass, Christian Majgaard an der Klarinette, Niels Christian Jensen am Schlagzeug, Torsten Rasmussen an der Trompete und Kjeld Møller Pedersen am Saxofon.

Ellingtons Klassiker »Take the A-Train« wird der neue synchrone Rhythmus im Konzern angestimmt.

An seinem bevorzugten Platz im Hintergrund sitzt der 47-jährige Bandleader Kjeld am Klavier, das er als Kind beim Organisten der Kirche von Grindsted spielen gelernt hat. An der Trompete der 50-jährige Torsten Rasmussen, der als Leiter der Produktion von allen nach wie vor als LEGOs Kronprinz angesehen wird. Am Schlagzeug sitzt der ebenfalls 50-jährige Niels Christian Jensen, der Chef der Verkaufs- und Produktentwicklung. An der Klarinette der 46-jährige Christian Majgaard, der an der Spitze von LEGO Education steht und der Koordinator des ambitionierten Plans ist, überall auf der Welt LEGO-Parks zu eröffnen. Der 50-jährige Finanzdirektor John Bøndergaard zupft den Bass, während der 46-jährige Kjeld Møller Pedersen, der für die EDV und das Personalwesen zuständig ist und früher sowohl Universitätsprofessor wie leitender Angestellter im Gesundheitswesen war, das Saxofon spielt.

Die sechs ausgeprägten Individualisten folgen alle den jazzigen Ideen des Bandleaders – bis auf einen, der das Gefühl hat, bei Kjelds Noten aus dem Takt zu geraten. Es ist Torsten Rasmussen, der den geschäftsführenden Direktor auf seiner langen Reise hierher begleitet hat: von den Anfängen in den Siebzigerjahren in Lausanne über die Machtübernahme in Billund, dem »Goldenen Zeitalter« der Achtzigerjahre, bis hin zu den nach Torstens Ansicht wenig fokussierten Neunzigerjahren. Unterwegs hat er in nahezu allen Abteilungen der LEGO-Gruppe gearbeitet und ist lange Zeit Kjelds engster und vertrautester Sparringspartner gewesen.

Aber etwas hat sich verändert. Sie sind grundsätzlich verschiedener Meinung darüber, wie LEGO weiterentwickelt und geführt werden soll, dazu kommt, dass fundamentale Unterschiede in ihrem Naturell mit den Jahren immer deutlicher geworden sind. Kjeld meint, Torsten Rasmussens militärischer Hintergrund lasse sich nicht verleugnen, er glaube zu stark an eine hierarchische Führung, während Torsten wiederum das Gefühl hat, dass die bisweilen unklaren, widersprüchlichen Äußerungen des Freundes seit der langen krankheitsbedingten Abwesenheit immer mehr zu Parolen geworden sind. Obwohl er an der Aus-

Kjeld und Torsten, in deren Freundschaft es in den Neunzigerjahren zu knirschen beginnt, sind hier 1983 bei einem Schachspiel zu sehen, als die Chemie noch stimmt. Der Finanzdirektor Arne Johansen passt auf, dass die Figuren auf den richtigen Feldern stehen.

arbeitung des Compass Managements selbst beteiligt war, ist Torsten Rasmussen seit Langem unzufrieden mit dem Kurs und glaubt, dass Kjeld nicht mehr die volle Kontrolle über die Entwicklung von LEGO hat. Später sagt er über die Jahre, in denen das neue Führungskonzept in der Firma verbreitet wird, aber nicht wie beabsichtigt funktioniert:

> »Uns wurden Pläne, Budgets und Strategien präsentiert, die unrealistisch waren und ganz offensichtlich Probleme schaffen würden. Es war ein Aufwand, den Godtfred niemals zugelassen hätte. Nun sollte die LEGO-Führung alles auf einmal umsetzen. Ich sagte zu Kjeld, dass ich mit der Strategie nicht einverstanden sei, und einen Monat später waren wir uns einig, die Verbindung aufzulösen.«

Sehr rasch wird damit nicht nur eine zwanzigjährige kollegiale Zusammenarbeit, sondern auch eine Freundschaft beendet; im Januar 1997 verlässt Torsten Rasmussen LEGOs Führungsriege.

Kjeld: »Torsten hatte in den Achtzigerjahren und zu Beginn der Neunzigerjahre eine große Rolle gespielt. Es war insbesondere er, der die Entwicklung vorantrieb, indem er dafür sorgte, dass wir immer genug produzierten. Deshalb konnte er auch nicht verstehen, warum es notwendig war, etwas zu ändern. Dies war vermutlich meine größte Herausforderung bei der Umsetzung des Compass Managements. Ich wollte, dass wir schneller in der Lage waren, uns auf wechselnde Marktsituationen einzustellen – und es ging ja auch rasend schnell damals –, doch Torsten meinte, wir sollten *in due time* agieren, also wenn es notwendig würde, und die Dinge nicht überstürzen.

Möglicherweise hatte er damit recht, aber ich spürte auch, dass er vollkommen anderer Meinung war als ich und sich auf die entgegengesetzte Seite dessen begeben hatte, wofür ich stand. Es waren sicherlich unsere Naturen, die da aufeinanderprallten. Wir hatten eine herzliche und lange Freundschaft, und viele Jahre war ich mit Torstens Arbeit in der Führungsmannschaft sehr zufrieden, aber jetzt war seine Form der Leitung für das Unternehmen nicht mehr produktiv. Das wurde mir klar, als die drei aus der Direktion mich auf Schelenborg besuchten. Vagn Holck Andersen, damals der Vorsitzende des Aufsichtsrats der LEGO A/S, hatte zu mir gesagt: ›Kjeld, wenn du nicht in der Lage bist, als geschäftsführender Direktor in die Firma zurückzukehren, dann kann dich nur Torsten ersetzen.‹ Ich hielt das für keine gute Lösung, und natürlich war auch das einer der Gründe, die zu dem Konflikt führten.«

Godtfreds fünfundsiebzigster Geburtstag im Sommer 1995 wird nicht gefeiert. Er liegt krank und entkräftet im Bett und zeigt sich in den letzten Monaten seines Lebens nur hin und wieder kurz auf der Terrasse. Seine Beine können ihn nicht länger tragen, er hat schwere Herzprobleme. Am Donnerstag, den 13. Juli 1995, findet der Mann, der LEGO industrialisierte und Billund von einem Dorf in einen ge-

Eines der letzten Male, dass GKC bei einer größeren Veranstaltung auftritt, ist die Feier zum 25-jährigen Jubiläum von LEGOLAND im Sommer 1993. Er und Edith stehen zusammen mit Camilla und Kjeld (rechts) sowie Gunhild und dem Schwiegersohn Mogens an der Festtagstorte.

schäftigen Knotenpunkt der Wirtschaft, der Spielwarenindustrie und der Luftfahrt verwandelte, seinen Frieden.

Abgesehen von Ole Kirk ist niemand je von derart großer Bedeutung für Billund und die Region gewesen, und als GKC zur Trauermusik der LEGOLAND-Garde zum Kirchenzentrum getragen wird, zu dessen Bau er selbst die Initiative ergriffen hatte, versammeln sich ganze Menschentrauben auf dem Bürgersteig gegenüber der Kirche.

Alte wie junge Einwohner Billunds stehen am Straßenrand, als der Leichenwagen seinen Weg durch die Stadt macht, um einen Blick auf den Sarg zu werfen, bevor er in Richtung der Familiengrabstätte auf dem Friedhof von Grene verschwindet. Eine Lokalzeitung schreibt, viele der Bürger hätten sich in diesem Augenblick an die Anekdote von dem kleinen Jungen erinnert, der einem Fremden erklären soll,

nen Firmeninhaber der dritten Generation vermissen sie klare Ansagen und einen festen Standpunkt. Während des konstanten Wachstums in den Achtzigern konnte man in der Firma mit Kjelds Konsensstil, Yin und Yang, den elf Paradoxa und dem idealistischen Gerede vom Kind als Vorbild leben. Jetzt aber, da LEGO auf dem Spielzeugmarkt extrem unter Druck steht, wird in den Augen einiger Mitarbeiter ein bisschen viel Zeit mit Gesprächskursen und Diskussionsseminaren, Erwachsenenspielen und Zitaten aus alten Kinderbüchern verbracht.

> **Kjeld**: »Ich hatte ja immer die langfristige Perspektive im Blick und die Tendenz, in meinen Gedanken weiter zu sein, als es gut war. Es fiel anderen manchmal schwer, mir zu folgen und mich zu verstehen, und das bedeutete auch, dass ich in den Neunzigerjahren das Alltagsgeschäft wohl nicht besonders gut hinbekam. Compass Management hatte ja auch keinen Erfolg, obwohl wir für alle Mitarbeiter Broschüren erstellten und für die leitenden Angestellten Kurse und Seminare arrangierten, die von zwei Professoren des IMD aus der Schweiz geleitet wurden. Ich erinnere mich, dass man auf einem dieser Seminare die Aufgabe bekam, seine Vision vom LEGO der Zukunft mithilfe der Steine zu bauen, um auf diese Weise – spielerisch – seine Strategiegedanken auszudrücken. Da merkte ich, dass viele der Führungsleute ausstiegen und einige anfingen, mich als alten Hippie zu sehen, der langsam abdrehte.«

Im Mai 1996 verrät Kjeld LEGOs neueste Zielsetzung seinem Lieblingsjournalisten Eigil Evert. Dem fällt der Unterkiefer herunter, und er stellt sofort die rhetorische Frage: »Wie bitte? Was ist das, völlig verrückter, unrealistischer Größenwahn?«

Es handelt sich um einen vollkommen neuen Strategieplan, in dem beschlossen wird, dass LEGO bis 2005 die bekannteste Marke der Welt bei Familien mit Kindern werden soll. Nichts weniger als das. Doch erst 1997 präsentieren Kjeld und die übrige Unternehmensleitung das gesamte strategische Vorhaben in einem Folder mit dem Titel »Vorwärts ins Jahr 2005«, der an alle Mitarbeiter verteilt wird. Darin werden die große, schillernde Zielsetzung und ein Wachstumsgedanke wiederholt, den Kjeld in den nächsten fünf, sechs Jahren immer wieder verteidigen muss – auch intern –, weil er Godtfreds alten Lehrsatz »Wir wollen nicht die Größten sein, sondern die Besten« vollständig umzuwälzen scheint.

Kjeld: »Ich denke, die Zielsetzung für 2005 wurde ein wenig missverstanden und so interpretiert, als hätte ich ungehemmtes Wachstum gewollt. Mein Wunsch war es vor allem, dass wir das weltweit stärkste Brand bei Familien mit Kindern werden. Eine Aussage, die ich eigentlich bereits Ende der Achtzigerjahre getroffen hatte, als wir auf einem Level mit Marken wie Raleigh, Rolex, Disney und Coca-Cola waren. Wir lagen bei allen internationalen Umfragen ganz vorn, weil Familien mit Kindern in allen möglichen Ländern erklärten, wie viel ihnen die Produkte von LEGO bedeuten. Daher hatte ich nicht das Gefühl, mit meinen Überlegungen völlig danebenzuliegen, und auch nicht, dass meine Ambitionen mit dem alten LEGO-Lehrsatz unvereinbar seien, nicht die Größten, sondern die Besten zu sein.

Viele sagten: ›Oh je, da müssen wir aber gewaltig wachsen, Kjeld, wenn wir das schaffen wollen.‹

Dann antwortete ich: ›Selbstverständlich müssen wir wachsen, aber noch wichtiger ist es, unsere Marke auf Kinder und die Entwicklung von Kindern auszurichten. Und es muss sich in allem widerspiegeln, was wir tun.‹ Das war die Vision hinter der Zielsetzung. In den Ohren vieler klang das beinahe größenwahnsinnig, aber in meinen ganz und gar nicht. Ich war überzeugt, dass wir es schaffen konnten. Es war lediglich eine Frage der Zeit.«

Als Kjeld die neue Zielsetzung im Sommer 1997 in der Mitarbeiterzeitung präsentieren soll, schlägt er vor, einige Sätze aus *Alice im Wunderland* abzudrucken und grafisch deutlich hervorzuheben. Das Zitat sei sehr passend, meint Kjeld, da es wie ein Leuchtturm für das gemeinsame Verständnis der LEGO-Mitarbeiter steht, die das Unternehmen

Kjeld mit dem Segway auf dem Weg zur Pressekonferenz des Konzerns. Das Foto stammt aus dem Jahr 2001, symbolisiert aber das Tempo und den Fortschritt in den Überlegungen und Entscheidungen von LEGOs Inhaber in der zweiten Hälfte der Neunzigerjahre.

zum Ziel führen und LEGO zur weltweit stärksten Marke bei Familien mit Kindern machen sollen:

»Würdest du mir bitte sagen, wie ich von hier aus weitergehen soll?«

»Das hängt zum großen Teil davon ab, wohin du möchtest«, sagte die Katze.

»Ach, wohin ist eigentlich gleich –«, sagte Alice.

»Dann ist es auch egal, wie du weitergehst«, sagte die Katze.

Kjeld: »Ja, das war schon ein bisschen verzwickt, dieses Zitat, aber bei dem, was die Katze sagt, geht es doch gerade darum, seinem inneren Kompass zu folgen, und das passte genau zu meinen Überlegungen mit dem Compass Management. Ich mag *Alice im Wunderland* sehr, und genauso liebe ich *Pu der Bär*. Beide Bücher haben so eine wunderbar einfache Philosophie und enthalten etwas, wovon wir Erwachsenen viel lernen können. Genauso lehrreich ist es, Kindern zuzuhören und zu lernen, bei den Dingen, die wir tun, nach dem Einfachen zu streben.

Wenn ich das Zitat jetzt wieder lese, denke ich: ›Gott allein weiß, wie viele den Sinn wirklich begriffen haben.‹ Allerdings muss man sagen, dass die solide Basis meiner Präsentation das Geschäftliche war. Alice und die Katze verliehen dem Ganzen nur etwas Würze.«

Der geschäftsführende Direktor kommuniziert nicht zum ersten Mal in dieser subtilen Form und lässt seine Mitarbeiter mit einem Gefühl von Zweifel und Ratlosigkeit zurück. Ein anderes markantes Beispiel ist der bereits erwähnte Neujahrsgruß 1990, bei dem Kjeld für das Kind in seinen Mitarbeitern wirbt – in der Hoffnung, dass sie ihre Arbeit so wahrnehmen würden, »als spielten Kinder mit einem unserer Sets«, wie er es später ausdrückt. Bei Weitem nicht alle verstehen die Botschaft, aber welcher oberste Chef eines multinationalen Konzerns wagt es schon Ende der Achtziger, dem Yuppie-Jahrzehnt, als man Broker wie Gordon Gekko in dem Film *Wall Street* verehrt, so unverhüllt und naiv der Natur des Kindes zu huldigen?

Kjeld: »Wenn ich das Kind zum Vorbild nahm und daran die ganzen Neunzigerjahre über festhielt, dann ging es nicht allein um abstrakte Überlegungen zum Produkt und der Marke, sondern auch um die konkrete, tägliche Unternehmensführung. Ich stellte mir tatsächlich vor, ja, ich wünschte mir brennend eine spielerischere Führungsphilosophie, bei der man das ganze Potenzial ausnutzt, das wir als Menschen haben.

Die Professoren vom IMD in der Schweiz, die uns beim Compass Management halfen, waren vollkommen begeistert und sagten zu mir: ›Normalerweise zielen Visionen darauf ab, wie groß wollen wir in zehn Jahren sein und wie stark soll das Unternehmen wachsen, aber deine Visionen sind so nicht, Kjeld. Bei dir geht es auch darum, welche Art von Unternehmen ihr seid und wie ihr euch gegenüber der Umwelt und euren Mitarbeitern verhalten wollt.«

Doch Kjelds Führungsphilosophie findet kein Gehör, und in den Jahren 1996 und 1997 kämpft er an mehreren Fronten einsamer als je zuvor. Godtfred ist tot, die Vaterfigur Vagn Holck Andersen ist als Aufsichtsratsvorsitzender der LEGO A/S in Rente gegangen, und der Freund Torsten Rasmussen verlässt die Firma, die er einst gemeinsam mit Kjeld analysiert und dann modernisiert hat. Auch zu Hause in der Familie deutet nichts darauf hin, dass die drei Kinder – die 22-jährige Sofie, der 18-jährige Thomas und die 14-jährige Agnete – Interesse haben, in die Fußstapfen ihres Vaters zu treten.

LEGO und Billund hängen den Kindern zum Hals heraus. Alle drei hatten es schwer in der Schule der kleinen Stadt, in der jeder wusste, wer sie waren. Viele der Eltern ihrer Schulkameraden arbeiteten bei LEGO, und wenn es zu Entlassungen kam, wagten die Kinder kaum, in die Schule zu gehen. Jetzt wollen alle drei fort aus Billund, sie wollen die Freiheit anderer Schulen erleben, studieren, reisen. Kjeld und Camilla spüren natürlich, was in ihren Kindern vorgeht – und verstehen sie. Besonders für den Vater ist es schmerzhaft, der selbst unproblematisch aufgewachsen ist, doch damals waren die Zeiten anders und die Stadt und die Fabrik eine große Familie.

1997 ist Kjeld Gast in der Fernsehsendung *Dänemarks reichste Männer* und wird am Ende nach seinen Kindern gefragt, der nächsten Generation von LEGO-Inhabern. Werden sie ihm nachfolgen? Kjeld antwortet, es sei zu früh, darüber etwas zu sagen, es gehe vor allem darum, dass jedes seiner Kinder ein glücklicher und freier Mensch wird.

Als Vagn Holck Andersen 1996 in Rente geht, wird ein neuer Mann Aufsichtsratsvorsitzender der LEGO A/S. Es ist Mads Øvlisen, Direktor des Pharmaunternehmens Novo Nordisk, der in die Inhaberfamilie eingeheiratet hat und so die nötigen Voraussetzungen mitbringt, die Herausforderungen eines Unternehmens wie LEGO zu verstehen. Øvlisen ist eine der am meisten respektierten Führungskräfte in der dänischen Wirtschaft der Neunziger und soll nun nach mehreren Jahren als gewöhnliches Aufsichtsratsmitglied der LEGO A/S Kjeld helfen, den Konzern auf einen sichereren Wachstumskurs zu bringen – nach ein paar Jahren mit sinkenden Verkaufszahlen und einer Bilanz 1995, die den bisher niedrigsten Gewinn des Jahrzehnts ausweist. Bei der Übergabe im Frühjahr 1996 gibt Vagn Holck seinem Nachfolger einen guten Rat:

»Man muss auch Nein sagen können, wenn es erforderlich ist! Das Ziel ist, dass die LEGO-Gruppe als gesundes und wirtschaftlich unabhängiges Unternehmen bestehen bleibt. Kjeld muss man hin und wieder an die Kandare nehmen, er ist sehr dynamisch, aber er hat großen Respekt vor den übergeordneten Aufgaben des Aufsichtsrats. Darin unterscheidet er sich deutlich von seinem Vater.«

Als eine seiner ersten Taten setzt Øvlisen die Beratungsfirma McKinsey & Company auf die LEGO-Gruppe an. Das Ergebnis der Untersuchungen wird bereits im September desselben Jahres sichtbar, als plötzlich Entlassungen und Einsparungen von zehn bis zwölf Prozent angekündigt werden. Da die Einwohner von Billund in den fünfzig Jahren, die LEGO nun schon den großen Arbeitgeber der Stadt stellt, kaum je Kündigungen erlebt haben, lotet die Lokalpresse die Stimmung auf der Straße aus:

> »Ganz Billund hält den Atem an, während LEGOs Leitung die Zahl von bis zu zweihundert Entlassungen in der ersten Runde der historischen Verschlankung des Unternehmens ankündigt. Einige tausend der viertausendfünfhundert Beschäftigten in Billund wohnen innerhalb der Stadtgrenzen. In vielen Haushalten arbeiten beide Elternteile bei LEGO, und alle haben mindestens ein oder zwei LEGO-Mitarbeiter in der Familie oder im Bekanntenkreis.«

In der Fabrik herrscht ein Gefühl der Verunsicherung, denn es sollen nicht nur Leute entlassen werden, die Rede ist auch von einer größeren Umstrukturierung. Die Gerüchteküche kocht, und ältere Mitarbeiter hört man sagen: »Zu GKCs Zeiten wäre so etwas nicht passiert!«

Bevor die McKinsey-Berater wieder nach Kopenhagen zurückkehren, stellen sie auch fest, dass man auf der Leitungsebene von LEGO offensichtlich nicht auf Veränderungen eingestellt ist. In vielen anderen Unternehmen hätte eine solche Analyse unmittelbare Konsequenzen, bei LEGO passiert jedoch nichts. Als Kjeld irgendwann gefragt wird, ob er sich nicht eigentlich aufgrund der enttäuschenden Ergebnisse der letzten Jahre selbst entlassen müsste, antwortet er: »Ich habe daran gedacht. Aber ich glaube, wir haben einfach zu viel auf den Weg gebracht, und nun müssen wir sehr sorgfältig in unserer Priorisierung sein. Daher bleibt der Direktor noch ein bisschen!«

»Panik auf der LEGO-Insel« heißt die dänische Ausgabe des Abenteuerspiels LEGO Island, das in Zusammenarbeit mit Mindscape Inc. für den PC entwickelt und 1998 ein großer Erfolg wird. Weniger von Abenteuer und Erfolg gekrönt ist allerdings das Compass Management, das nach drei Jahren der versuchten Umsetzung und verschiedenen Kickstarts einen stillen Tod erleidet. Die Lehre aus diesem Fiasko ist, dass sich eine Organisation nicht verändern lässt, wenn sie nicht das Gefühl hat, es bestehe ein Bedarf nach Veränderungen. Die Trägheit und die allgemeine Selbstzufriedenheit, der Kjeld zu Leibe rücken wollte, scheinen sich nur umso stärker verfestigt zu haben.

Global gesehen stehen traditionelle Spielwarenunternehmen in einer harten Auseinandersetzung mit der ungleichen Konkurrenz einer Spiele- und Filmindustrie, die inzwischen den größten Teil der Freizeit von westlichen Kindern besetzt. Innerhalb von zwei Generationen hat sich das Alter, in dem sich Mädchen und Jungen mit klassischem Spielzeug beschäftigen, um vier Jahre reduziert, und Untersuchungen zeigen, dass sich Kinder in den Neunzigerjahren schon als Zehnjährige von traditionellen Kinderspielen abwenden.

Aus genau diesem Grund, so erklärt Kjeld im Januar 1998, besteht die größte Herausforderung für LEGO in den kommenden Jahren nicht darin, sich gegen die übliche Konkurrenz auf dem Markt zu behaupten, sondern »der veränderten Art und Weise entgegenzukommen, wie Kinder mit ihrer Zeit umgehen«. Es muss eine Brücke geschlagen werde zwischen dem alten LEGO und der digitalen, computergesteuerten Unterhaltung, nach der Kinder in steigendem Maß verlangen. LEGO ist daher bereit, 10 Milliarden Kronen in Spielzeug der Zukunft zu investieren, wobei die traditionellen Steine weiterhin

Kjeld im Dezember 1997 in Weihnachtsstimmung mit einem Barcode Truck mit drahtloser Fernsteuerung, einer der großen LEGO-Technic-Neuheiten des Jahres.

das Fundament des Konzerns bleiben sollen: »Die neuen Medien liefern einige interessante Möglichkeiten, um das Spiel mit den physischen Produkten noch spannender zu machen.«

Nirgendwo wird diese Strategie so deutlich und letztendlich auch so erfolgreich wie in der Zusammenarbeit mit Seymour Papert und dem MIT Media Lab in Boston. 1998, nach dreizehn Jahren gemeinsamer Entwicklungsarbeit, lanciert man LEGO Mindstorms und LEGO Technic CyberMaster. Zunächst geht es darum, bei bestimmten Gruppen von Kindern des Informationszeitalters Gehör zu finden. LEGO CyberMaster ist eine computergesteuerte Erweiterung des LEGO-Technic-Bausystems, das bedeutet, dass sich zum Beispiel ein Gladiatoren-Roboter konstruieren lässt, den man mit verschiedenen Persönlichkeitsmerkmalen programmieren kann und der mit dem spielenden Kind spricht.

LEGO Mindstorms wird zweifellos das meistbesprochene LEGO-Produkt Ende der Neunzigerjahre. Es ist anspruchsvoller als LEGO CyberMaster, denn damit können ältere Kinder und Jugendliche Modelle bauen und über Infrarotstrahlen Motoren und elektronische Sensoren steuern. Die Kinder, die LEGO Mindstorms in den firmeneigenen Laboren bereits getestet haben, haben vollkommen unterschiedliche, fantasievolle Roboter gebaut. Ein Mädchen hat beispielsweise aus LEGO ein Futterbrett für Vögel zusammengesetzt und eine Digitalkamera darauf montiert, die Fotos der Vögel macht, die auf dem Brett landen. Kjeld erklärt in seiner internationalen Präsentation der beiden bahnbrechenden LEGO-Sets mit den intelligenten Steinen:

> »Diese Produkte sind für die neue Generation von Kindern entwickelt worden, die gewohnt ist, den Computer zu nutzen. Unser Ziel ist und war es immer, Produkte für Kinder zu schaffen, die der Zeit entsprechen. Produkte, die Spaß machen und die die Fantasie und Kreativität von Kindern anregen. Nun bekommen Kinder die Möglichkeit, den Computer zum kreativen Spielen zu nutzen – nicht in einer isolierten PC-Welt, sondern in der wirklichen, menschlichen Welt außerhalb des Computers.«

Und das Wichtigste überhaupt, so der LEGO-Direktor, LEGO Mindstorms basiere auf den universellen Werten des Unternehmens, dass Kreativität und Fantasie gefördert werden sollen: »Häufig werden Kinder erleben, dass die Roboter nicht das tun, was sie von ihnen erwartet haben. Dann müssen sie daran arbeiten und herausfinden, ist es die Programmierung oder der Roboter, der verändert werden muss? Es ist ein unglaublich schöpferischer Prozess.«

LEGO Mindstorms wird trotz seines hohen Ladenpreises ein gewaltiger Erfolg. Und es stellt sich heraus, dass vierzig Prozent der Käufer und Konsumenten Väter und andere erwachsene Männer sind, die in ihrer Kindheit mit LEGO-Steinen gespielt haben, als man mit LEGO noch nicht viel mehr machen konnte, als Steine zusammenzusetzen und wieder auseinanderzunehmen. Aber war das nicht auch gut? Das möchte ein Journalist bei der Präsentation von LEGO Mindstorms in London wissen. Warum muss der gute alte LEGO-Stein unbedingt digitalisiert werden?

Kjeld antwortet, es sei die natürliche Entwicklung des LEGO-Sys-

Die Einführung von LEGO Mindstorms wird ein internationales Ereignis, zu dem Journalisten aus der ganzen Welt zur Pressekonferenz nach London fliegen. Kjeld präsentiert die epochemachende Erfindung, die auch ein Spielzeug für Erwachsene ist.

tems: »Es ist die vierte Phase in unserer Produktentwicklung. Sie begann mit den reinen Steinen in den Fünfzigerjahren, ging über das Rad und den Motor in den Sechzigern weiter, wodurch Bewegung in die LEGO-Produkte kam; dann kamen in den Siebzigerjahren die Minifiguren, die Leben und Atmosphäre in die Bauten brachten. Und nun erlebt man die Steine im Zusammenspiel mit dem Computer. In beinahe fünfzig Jahren haben wir immer eine neue Dimension hinzugefügt.«

1998 hat LEGO neben Mindstorms und CyberMaster so viele innovative Zukunftsideen entwickelt – Software und Familienparks, Computerspiele, Kinderbekleidung, Schuhe, Uhren und vieles mehr –, dass selbst Kjeld beinahe den Überblick verliert. In der Mitarbeiterzeitung gesteht er, es werde momentan an derart vielen Projekten gearbeitet, dass »wir uns selbst fragen, ob wir nicht stärker Prioritäten setzen müssen«.

Auf der anderen Seite weiß Kjeld auch, dass all das die Marke LEGO stärkt und dem Konzern in einer Zeit, in der jeder in der Branche gezwungen ist, mit Schrot zu schießen, viele neue, interessante Möglichkeiten eröffnet. »Es ist schwer, sich vorzustellen, wohin es gehen wird«, erklärt der geschäftsführende Direktor einer Zeitung und betont, dass LEGO bereitwillig die derzeit hohen Unkosten trage, um langfristig die Einnahmen zu sichern. Die Kasse steht mit anderen Worten nach wie vor offen, und der Direktor berichtet auch, dass LEGO große finanzielle Mittel investieren wird, um im Bereich *edutainment* konkurrenzfähig zu sein, einem rasch wachsenden Markt für Produkte, die Spielen und Lernen kombinieren. Und nicht zuletzt hält LEGO mehr denn je Ausschau nach neuen digitalen Partnern und würde ein Lizenzgeschäft mit einer oder mehreren Filmgesellschaften in Hollywood nicht ablehnen.

Kjeld: »Für viele Dinge, die ich auf den Weg gebracht habe, war es einfach zu früh. Das führte zu Verunsicherung, auch weil es

Als Poul Plougmann das Angebot bekommt, LEGO zu leiten, lebt er in Paris und überlegt, in Rente zu gehen. Aber bei LEGO kann er nicht Nein sagen.

in den Jahren geschah, in denen sich unsere Kernprodukte nicht sonderlich gut verkauften. Wir mussten uns gleichzeitig um Medien- und Lizenzprodukte, Kinderbekleidung, Uhren und was weiß ich nicht alles kümmern. Das ist heute noch immer so, nur produzieren es heute andere für uns. Die Fehler, die Ende der Neunzigerjahre gemacht wurden, habe ich zu verantworten. Wir waren an viel zu vielen Projekten beteiligt. Es war nie meine Absicht, dass selbstständige Geschäftsbereiche entstanden oder wir in die Modebranche einsteigen sollten, aber so wurde es aufgefasst, auch intern. Wenn wir unsere Seminare veranstalteten, waren die Leute verwirrt, weil sie nicht wussten, was ich wollte:

›Sind die Steine immer noch das Wichtigste, Kjeld?‹

›Ja, selbstverständlich‹, antwortete ich und versuchte zu erklären, dass es ganz viele Kinder, junge Menschen und Eltern gibt, die ihre Liebe zu unserer Marke ausdrücken wollten, und man die ganzen anderen Sachen deshalb als Fanartikel betrachten sollte.«

Kjeld zweifelt in diesen Jahren niemals an der Kraft des LEGO-Steins. Als *Jyllands-Posten* ihn fragt, ob der Umsatz mit dem neuen computergesteuerten Spielzeug, mit Lizenzvereinbarungen und anderen nichttraditionellen LEGO-Produkten nicht irgendwann sehr viel größer sein wird als der Umsatz mit den Steinen, lautet seine Antwort:

»Nein, auch in zehn Jahren werden die LEGO-Steine unser Kernprodukt sein. Wir glauben immer noch daran, mit unserem Konzept – einem Familienprodukt – dazu beizutragen, dass Kinder ihre eigene Fantasie entwickeln können, ohne dass ihnen eine Fantasiewelt von außen übergestülpt wird.«

Doch die zahlreichen neuen Projekte, der Kampf gegen die großen Medien- und Unterhaltungskonzerne sowie die vielen neuen LEGO-Sets mit viel zu vielen speziellen Elementen sind kostspielig. Die Entwicklung ist aus der Spur geraten, LEGO verliert Geld.

Kjeld und der Aufsichtsratsvorsitzende Mads Øvlisen reagieren erst Anfang 1998. Aufgrund der anhaltenden, begründeten Sorge über die Entwicklung der Bilanzen in den kommenden Jahren haben sie begonnen, sich nach einem Finanz- und Wirtschaftsdirektor umzusehen – einem CFO (Chief Financiel Officer), wie er nun auch in der dänischen Geschäftswelt heißt –, der helfen soll, den Konzern aus seinem Tief zu führen. Gleichzeitig soll er für das Erreichen des ehrgeizigen Ziels sorgen, bis 2005 als Marke populärer zu werden als Disney.

Nachdem Headhunter das Feld der CFO-Kandidaten auf zwei eingegrenzt haben, fällt die endgültige Wahl auf den 49-jährigen Poul Plougmann. Er gilt als »Unternehmensdoktor«, der es versteht, krisengeschüttelte Firmen zu retten. Bekannt geworden ist Plougmann vor allem durch seine Mitwirkung an der Sanierung des Unterhaltungselektronikherstellers Bang & Olufsen Anfang der Neunzigerjahre.

Kjeld: »Ich erkannte, dass wir so schnell wie möglich neue Kräfte brauchten. Wir schafften das hier nicht allein, und so suchten wir nach einer starken, tatkräftigen Führungspersönlichkeit. Ich hatte den Aufsichtsrat und Øvlisen auf meiner Seite, als wir uns für Poul Plougmann entschieden. Er hatte einen guten Ruf aus seiner Zeit bei B&O, allerdings wurde er auch ›The Smiling Killer‹ genannt, daher geschah es mit einem mulmigen Gefühl von meiner Seite, dass wir ihn einstellten.«

Auch ein Interview mit dem neuen Finanzdirektor in *Jyllands-Posten*, das Kjeld kurz nach Plougmanns Eintritt in die Firma liest, trägt nicht gerade zu seiner Beruhigung bei. Darin erklärt Plougmann über sich und seine Methode: Wenn »erst einmal ein Beschluss gefasst und eine Strategie angenommen ist, dann geht der Blick nur noch nach vorn! Ich schaue niemals zurück.«

Es ist ein äußerst selbstbewusster neuer Direktor, der 1988 bei LEGO anfängt, wo Demut immer eine geschätzte Tugend war. Auf der anderen Seite hat Plougmann den Job nur angenommen, weil es sich um LEGO handelt. Er hat viel übrig für die Marke und familiengeführte Unternehmen und möchte – so erzählt er es später – beweisen, dass eine Firma in Familienbesitz hundertmal besser ist, als wenn sie einer börsennotierten Aktiengesellschaft gehört. Allerdings fragen sich viele Akteure der dänischen Wirtschaft, wie Plougmanns alles andere als konfliktscheue Art mit Kjelds zurückhaltendem Führungsstil zusammengehen soll.

Doch die Skeptiker machen die Rechnung ohne den Wirt. In der östlichen Philosophie, für die sich der Inhaber von LEGO immer begeistert hat, geht es um die Begegnung von Gegensätzen und eine allen Dingen innewohnende Dualität, und es stellt sich heraus, dass das neue Führungsduo – der hartgesottene Poul und der sanfte, konsenssuchende Kjeld – tatsächlich funktioniert. Auch als LEGO ein halbes Jahr nach Plougmanns Einstellung auf eine erschreckende Bilanz reagieren muss. Zum ersten Mal in LEGOs 66-jähriger Geschichte muss die Firma dunkelrote Zahlen präsentieren, und es geht dabei nicht gerade um wenig. Der Verlust beläuft sich auf 282 Millionen Kronen. Im Jahresbericht hält Kjeld fest, das sei »nicht zufriedenstellend und inakzeptabel«.

Akute Hilfe ist nötig, und der Unternehmensdoktor greift ein. Auf der Grundlage der Beobachtungen und Analyse der Strukturen bei LEGO, die Plougmann seit seiner Ankunft vorgenommen hat, schätzt er, dass im darauffolgenden Jahr nicht weniger als eine Milliarde Kronen eingespart werden muss. Zusammen mit Kjeld entwirft er einen Plan zur Straffung und Verkleinerung des gesamten Unternehmens, der einen eigenen Namen bekommt, wie die großen Schlachten der Kriegsgeschichte: »Fitness«. Eine vielleicht etwas zu kecke Bezeichnung, die Kjeld jedoch im Radio verteidigt:

»Also, wenn wir die Bezeichnung ›Fitness-Programm‹ benutzen, dann ja deshalb, weil wir eigentlich sagen, dass wir als Unternehmen nicht nur ein paar überflüssige Kilo loswerden wollen, sondern vor allem eine bessere Kondition bekommen, um unsere langfristigen Ziele zu erreichen. Und deshalb halte ich es für ein ziemlich gutes Bild.«

Es stellt sich heraus, dass es eher um einen Aderlass geht. Tausend Mitarbeiter – ungefähr jeder Zehnte in der LEGO-Gruppe – müssen sich schon bald nach einem neuen Job umsehen. Zunächst setzt Plougmann jedoch in der gut gepolsterten Führungsetage das Messer an. Es ist Schluss mit der »Überverwaltung« und der jahrzehntelangen »Inzucht« in Form von interner Besetzung der Leitungsposten, entscheidet Plougmann, der auch der Ansicht ist, diese »Behandlung« würde ein gesundes Signal aussenden, dass die guten alten Zeiten bei LEGO endgültig vorbei sind.

Auf mehreren Vollversammlungen bei LEGO erklärt er den Beschäftigten, man könne zum Pessimisten werden, wenn man das ganze Gerede in der Presse über die schlechten Ergebnisse, die nachlässige Führung und die vielen Einsparungen liest. »Das Selbstvertrauen muss zurückgewonnen werden«, verkündet Plougmann, der abgesehen von den tausend Stellen einen weiteren symbolisch wichtigen Posten zum Sparen gefunden hat:

»Wir haben im vergangenen Jahr 225 Millionen Kronen für externe Berater ausgegeben. Es sieht aus, als hätten wir jedes größere Problem an einen Berater weitergegeben. Das ist ein vollkommen sinnloses Zeichen von mangelndem Selbstvertrauen. Wir haben keine Probleme, die wir nicht selbst lösen könnten.«

Plougmanns energischer und optimistischer Ansatz, mit der schlechtesten LEGO-Bilanz aller Zeiten umzugehen, ist der Beginn einer dramatischen und turbulenten fünfjährigen Periode in der Geschichte des Unternehmens, in der es mal aufwärts- und dann wieder abwärtsgeht – meistens jedoch abwärts.

Kjeld: »Was Poul tat, war notwendig, aber ich sah natürlich, dass es eine bittere Pille für das Unternehmen war. Wir trennten uns von richtig vielen Leuten aus unserer alten Leitung. Poul sagte im Zusammenhang mit den Entlassungen in der Führungsebene: ›Treppen putzt man am besten von oben.‹

Ja, er war eloquent und hatte eine fantastisch lebendige und dynamische Art, zu führen, aber er war auch brutal, und das passte nicht richtig zu unserer Kultur. Später machte es mich traurig, dass wir so viele gute Mitarbeiter gefeuert hatten, die uns durch die Achtziger- und Neunzigerjahre begleitet hatten. Das entzog der Firma ja auch Leitungsressourcen. Stattdessen stellten wir neue Führungskräfte ein, die ihre eigenen Ideen hatten und bei der Produktentwicklung und beim Marketing in ganz andere Richtungen gehen wollten.«

Zunächst unterstützt Kjeld den vorgeschlagenen Sparkurs seines Finanz- und Wirtschaftsdirektors, aber er weist immer wieder die Behauptung zurück, beim Fitness-Plan ginge es um die Bewältigung einer Krise. Die beiden Direktoren wechseln sich am Freitag, den 16. April 1999, am Rednerpult ab, als die neue Strategie und Unternehmensstruktur den insgesamt tausendsechshundert Beschäftigten auf sechs über den Tag verteilten Orientierungsversammlungen präsentiert werden.

Ein gut aufgelegtes Chefduo und die übrigen anwesenden Direktionsmitglieder betonen, dass es nicht um eine »nervöse«, panische Sparrunde gehe. Laut Kjeld handelt es sich um »einen sorgsam ausgearbeiteten und ambitionierten Plan, der als Sprungbrett dienen soll,

LEGO Star Wars wird 1999 auf den Markt gebracht. Der große Verkaufserfolg der ersten Welle von Star-Wars-Schachteln ist Luke Skywalkers legendärer X-Wing Fighter.

unser Ziel zu erreichen: die stärkste Marke für Familien mit Kindern zu werden. Wir müssen uns *fit for the future* machen.«

Die Botschaften werden zur Kenntnis genommen. Ebenso die Mitteilung, dass ein Datum der angekündigten Entlassungen noch nicht feststehe. Alle Angestellten müssen sich in Geduld üben und noch einige Monate warten, bevor bekannt wird, wer bleiben darf und wer gehen muss. »Es ist keine angenehme Situation. Sie schafft Unsicherheit, weil alle darüber spekulieren, ob sie selbst oder einige ihrer engen Kollegen in der Gefahrenzone sind«, erklärt der Vertrauensmann der gewerkschaftlich organisierten Mitarbeiter.

Doch es stellt sich heraus – wie schon häufiger in der Geschichte von LEGO –, dass viele Angestellte sich solidarisch zeigen mit ihrem Arbeitsplatz und der Familie, die seit fast siebzig Jahren das Unternehmen besitzt und führt. Niemand legt die Arbeit nieder, der Mehrzahl der Arbeiter in der Fabrik in Billund geht es so wie dem jüngeren Mann, der nach der Informationsveranstaltung der Mitarbeiterzeitung gegenüber erklärt: »Der ganze Prozess wird sehr viel menschlicher, wenn man es von Kjeld persönlich hört.«

Poul Plougmann schafft das Unmögliche. Mitten in der lang anhaltenden Unruhe, die Entlassungen, Veränderungen und massive Einsparungen verursacht, gelingt es ihm, den Rekordverlust in einen Gewinn von einer halben Milliarde Kronen zu verwandeln. Alle Beobachter sind sich einig, dass dem Unternehmensdoktor die Ehre für eine weitere erfolgreiche »Blitzkur« in der dänischen Wirtschaft gebührt. Eine anonyme Quelle äußert sich im Wirtschaftsfachblatt *Økonomisk Ugebrev*: »Plougmann hat eine resolute Art, eine analytische Fähigkeit und eine Durchschlagskraft wie niemand sonst bisher bei LEGO.«

Ein erheblicher Teil der Erklärung für diese aufsehenerregende Wende liegt jedoch in den besonders lukrativen Vereinbarungen, die bereits im Frühjahr 1998 getroffen wurden – also mehrere Monate bevor Poul Plougmann nach Billund kommt. Es handelt sich um den Vertrag zwischen LEGO und der Lucasfilm Ltd., der sich als eine Goldader für LEGO erweisen soll. LEGO sichert sich darin eine mehrjährige exklusive Lizenz, LEGO-Produkte rund um das Star-Wars-Universum zu entwickeln, zu produzieren und zu vermarkten.

Der vierte Film der Science-Fiction- und Abenteuersaga kommt im Mai 1999 in die amerikanischen Kinos, zu einem Zeitpunkt, als in Billund alle mit »Fitness« beschäftigt sind. Aber die beiden neuen Produktserien von LEGO Star Wars liegen in den amerikanischen Geschäften bereit, und sämtliche Sets, darunter der legendäre X-Wing Starfighter, werden den Händlern geradezu aus den Händen gerissen. Am Tag der Premiere von *Die dunkle Bedrohung* werden allein in den Toys-»R«-Us–Geschäften 50 000 LEGO Star-Wars-Sets verkauft, der Gesamtumsatz des Jahres auf dem amerikanischen Markt beläuft sich auf 130 Millionen Dollar. Auch in anderen Ländern, in denen der Film anläuft, explodieren die Verkaufszahlen.

Einer der Vorteile der mit den Filmen verbundenen Lizenzen, die LEGO auch mit Disney und Warner Bros. eingehen wird, ist, dass

Im Herbst 2000 wird dic Operation Desert Storm angekündigt. LEGO setzt auf weniger, aber größere und globalere Produkteinführungen pro Jahr. »Wenn eine Produkteinführung früher 40 Millionen Kronen gekostet hat, werden wir nun 120 Millionen Kronen aufwenden«, erklärt Poul Plougmann. Wirtschaftsjournalisten schütteln den Kopf und schreiben, der Wüstensturm klinge wie ein Luftschloss. *Foto: Per Morten Abrahamsen.*

LEGOs Produkte nun das gesamte Jahr über breit verkauft werden können – und nicht nur zu Weihnachten. Und der Star-Wars-Erfolg war wichtig für Kjeld, weil er den Traditionalisten in LEGOs Führung, die sich in den Jahren davor gegen Lizenzvereinbarungen ausgesprochen haben, zeigt, dass die Zeit reif ist, einen Kompromiss mit der alten LEGO-Philosophie einzugehen. Bisher wollte man nicht mit irgendeinem Partner auf dem Spielwarenmarkt kooperieren, sondern die Produkte vollständig allein herstellen, um die volle Qualitätskontrolle von Anfang bis Ende zu haben.

> **Kjeld**: »Es war unsere amerikanische Abteilung, von der die Idee einer Zusammenarbeit mit Lucasfilm kam, und in unserer Direktion in Billund gab es zunächst alles andere als breite Zustimmung. Das seien doch Filme, in denen es jede Menge Krieg gibt, meinten einige.
>
> Dann sagte ich: ›Jetzt hört aber auf, geht einfach nach Hause und guckt euch die Filme an!‹
>
> Star Wars ist ein modernes Märchen, das in einer Fantasiewelt spielt und von dem ewigen Kampf zwischen Gut und Böse handelt. Und es ist keineswegs schädlich für Kinder, sich damit auseinanderzusetzen und damit zu spielen. Das war durchaus mit unserem LEGO-Brand vereinbar, fand ich und gab grünes Licht für den Vertrag mit Lucasfilm.«

Star Wars erweist sich als wahre Gelddruckmaschine, und obwohl der Film in einigen Ländern für Kinder nicht freigegeben ist, finden die kleinen Fans zu dem Abenteuer über Luke Skywalker und Darth Vader durch Spielkonsolen und DVDs. Kjeld erklärt in einer Zeitung:

»Kinder sind heutzutage unglaublich von den Massenmedien beeinflusst. Früher, als ich Kind war, mussten wir viel mehr unsere eigene Fantasiewelt erschaffen. Wir kannten nur Cowboys und Indianer, und das spielten wir dann. Aber heute werden Kinder zu einem sehr frühen Zeitpunkt mit ganz anderen Eindrücken geradezu bombardiert. Guten wie schlechten, ich meine aber, überwiegend mit guten. Im Alter von fünf, sechs Jahren wissen sie bereits unglaublich gut Bescheid über die angesagten Modetrends. Und so ist das auch mit Star Wars.«

So endet das Jahrzehnt – und das Jahrhundert. Es werden Nachrufe geschrieben auf die Kindheit früherer Zeiten, auf das Kinderbuch und alle vergessenen Spiele. Im Dezember 1999 werden die LEGO-Steine im amerikanischen *Fortune Magazine* zum »Spielzeug des Jahrhunderts« gekürt, so auch in Großbritannien, wo die Spielwarenhändler LEGO noch vor internationale Ikonen wie Barbie, Action Man und den guten alten Teddybären platzieren.

In Billund freut man sich auf die zu erwartende fantastische Jahresbilanz. Im Aufsichtsrat stellt ein erleichterter und äußerst zufriedener Mads Øvlisen fest, dass Plougmann und Kjeld mehr zu verbinden scheint als nur der gemeinsame Pfeifendunst, in dem sie während der Sitzungen und auf längeren Flugreisen förmlich verschwinden. Plougmann hat den anstrengenden Part der Fitness-Strategie erledigt und für eine bedeutend straffere Organisation des Tagesgeschäfts gesorgt, sodass Kjeld sich wieder mehr auf die Visionen konzentrieren kann.

Mit dem sicheren Wissen, dass nach mehreren enttäuschenden Jahren eine ausgezeichnete Jahresbilanz zu erwarten ist, überlässt Kjeld die Verantwortung für das Tagesgeschäft nun ganz offiziell Poul Plougmann, der im November 1999 zum stellvertretenden geschäftsführenden Direktor befördert wird – zum COO (Chief Operating Officer). Ein sichtlich gut gelaunter LEGO-Inhaber stellt ein paar Monate nach Beginn des neuen Jahrtausends fest: »Jetzt mache ich das, was ich seit vielen Jahren machen will. Ich beschäftige mich mit der Zukunft, den Werten, der Weiterentwicklung – all dem, was Spaß macht. Jetzt habe ich andere, die den Betrieb leiten.«

Star Wars Millenium Falcon, 2008.

Wende

Die 2000er-Jahre

Alles ist vorbereitet, als LEGO am Morgen des 8. Januar 2004 die Einladung zu einer Pressekonferenz in Billund um 13 Uhr am selben Tag verschickt und mitteilt, dass ein startbereites Flugzeug auf dem Kopenhagener Flughafen wartet, um die Wirtschaftsjournalisten und Fotografen nach Jütland zu transportieren. Mehrere Tage haben die Direktion und der Aufsichtsrat versucht, sich zu einigen, was man den Journalisten sagen und in die Pressemitteilung schreiben soll – abgesehen von der Nachricht über einen Verlust in Rekordhöhe, dem sofortigen Rücktritt von Poul Plougmann und Kjeld Kirk Kristiansens Entscheidung, wieder die volle Leitungsverantwortung zu übernehmen.

Kjeld: »Poul hatte das Unternehmen mehrere Jahre geleitet, doch das funktionierte nicht mehr. Bereits 2002 hatte ich Jørgen Vig Knudstorp in den Blick genommen, und im Jahr darauf holten wir Jesper Ovesen für die Finanzen. Die beiden waren die Zukunft, das sah ich, und über Weihnachten 2003 erarbeiteten wir einen endgültigen Plan, wie die neue Leitung sich zusammensetzen und vorgehen sollte. Die Vereinbarung war, dass ich noch eine Zeit lang geschäftsführender Direktor blieb und die beiden anderen den Laden führen und die notwendigen Schritte zu seiner Regeneration einleiten sollten. Am ersten Arbeitstag des neuen Jahres redete ich mit Poul, es war nicht gerade ein leises Gespräch. Er räumte sofort sein Büro, anschließend informierte ich unsere Direktoren über die Situation, und am nächsten Tag beriefen wir die Pressekonferenz ein.«

Der 46-jährige Jesper Ovesen kommt aus angesehenen Positionen als wirtschaftlicher Direktor bei Novo Nordisk und als Finanzdirektor der Danske Bank. Im Herbst 2003 verschafft er sich einen Überblick über LEGOs finanzielle Situation und ist als Zahlenmensch erschüttert über die miserable Situation des Unternehmens. Als neuer Mann in der Firma will er nicht zur Zielscheibe für die Fehler anderer werden und meint daher, dass alles – auch die »schmutzige Wäsche« – bei der Pressekonferenz ins Licht der Öffentlichkeit gehört.

Dieser Ansicht ist der Aufsichtsratsvorsitzende Mads Øvlisen nicht. Als populäre und respektierte Führungspersönlichkeit im dänischen Wirtschaftsleben hat der 64-jährige Øvlisen an sein Renommee zu denken. Er war vierzehn Jahre lang Mitglied im Aufsichtsrat von LEGO, die meisten davon als Vorsitzender, und er möchte nicht vor dem versammelten Korps der dänischen Wirtschaftsjournalisten die Hosen herunterlassen müssen.

Zwischen diesen beiden sehr entschlossenen Männern stehen ein paar etwas kleinere Egos: der 56-jährige Kjeld Kirk Kristiansen und der 34-jährige Jørgen Vig Knudstorp, der seit 2001 bei LEGO arbeitet. Er hat als sogenannter »Geschäftsentwickler« unter Plougmann begonnen und sich rasch emporgearbeitet. Es ist der analytisch und schnell denkende Knudstorp, der im Sommer 2003 Plougmann, Øvlisen und Kjeld darauf aufmerksam macht, dass die Rücklagen von LEGO so ausgehöhlt sind, dass das Unternehmen Kurs auf die Zahlungsunfähigkeit genommen hat.

Um das Problem der unterschiedlichen Ansichten über die Pressekonferenz zu lösen und überhaupt die Abläufe rund um die Pressekonferenz in den Griff zu bekommen, heuert LEGO den erfahrenen Kommunikationsberater Jess Myrthu an, der wie wenige andere im Land

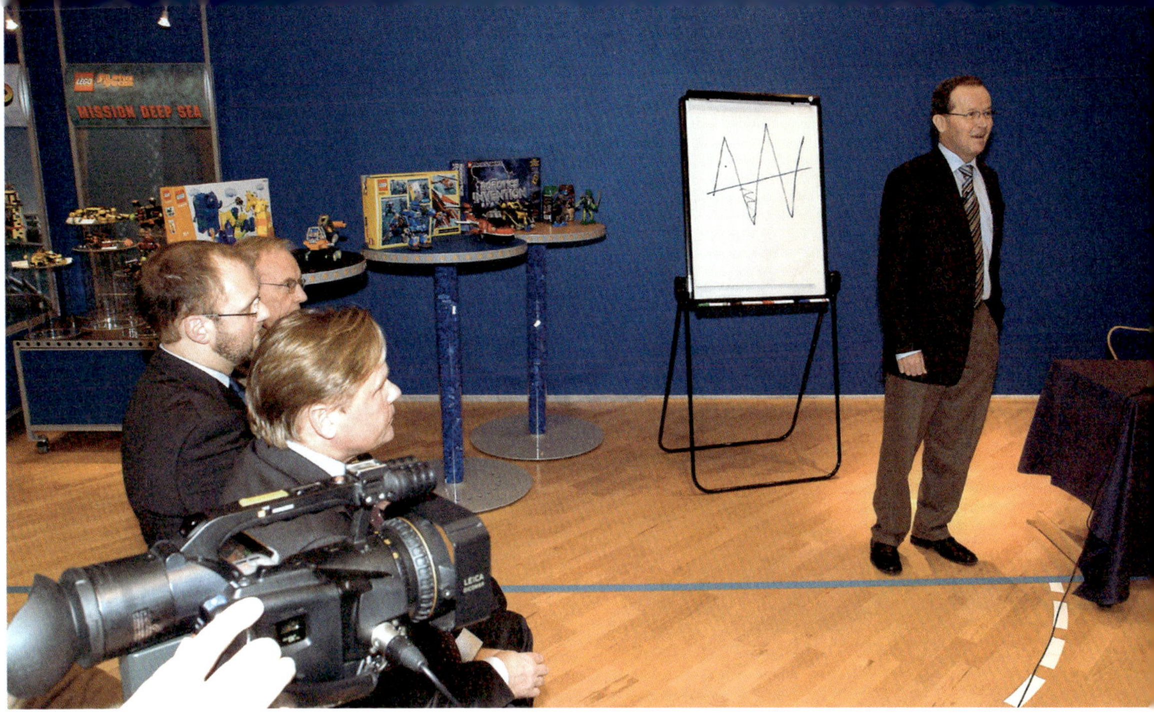

2004 erklärt Kjeld, nach Plougmann würde er nun wieder die tägliche Leitung übernehmen: »Wir müssen zurück zu den guten alten Werten und dem kaufmännischen Verhalten, bei dem man sich fragt, ob es sich bezahlen lässt.«

in der Lage ist, ein solches Ereignis zu orchestrieren und eine richtig üble Geschichte in eine deutlich weniger dramatische Angelegenheit zu verwandeln. Myrthu schlägt einen Kompromiss zwischen Ovesen und Øvlisen vor, der unter anderem darauf hinausläuft, in der Pressemitteilung Formulierungen zu verwenden wie »wenn es Diskrepanzen zwischen der Landkarte und dem Gelände gibt, muss man dem Gelände folgen«. Während der eigentlichen Pressekonferenz soll man sich dann an Formulierungen halten wie »nun drehen wir das Ruder« oder »nun reffen wir die Segel«. Der Kommunikationsberater hat auch einige Ideen für ein Board und eine Zeichnung, die Kjeld »spontan« auf einem Flipchart anfertigen soll, damit der Rekordverlust etwas weniger nach Weltuntergang aussieht.

Trotz Nebel und Verspätung in Kopenhagen kommen alle Journalisten pünktlich in Billund an. Als Kjeld Kirk Kristiansen den Raum betritt, gefolgt von dem sehr ernst dreinblickenden Kleeblatt Øvlisen, Ovesen und Knudstorp, ist jedem im Saal klar, dass die Gerüchte stimmen. Der Unternehmensdoktor Poul Plougmann ist Vergangenheit. Wen die Journalisten auf der Pressekonferenz erleben, ist ein Firmeninhaber und geschäftsführender Direktor ohne sein übliches Lächeln auf den Lippen. Es ist ein diskret gekleideter Kjeld Kirk, der auch die übliche LEGO-Krawatte in schreiend bunten Farben im Schrank gelassen hat. Er begrüßt nicht nur die Journalisten und Fotografen, sondern auch mehrere hundert leitende Angestellte und Vertrauensleute, die die Pressekonferenz auf einem Großbildschirm im nahe gelegenen Auditorium verfolgen.

Kjeld berichtet, die Direktion habe im vergangenen halben Jahr kein Geheimnis daraus gemacht, dass das Ergebnis 2003 negativ ausfallen würde, weshalb die Umsätze des Weihnachtsgeschäfts auch von außerordentlich großem Interesse seien. Leider haben sie die Bilanz nicht erfreulicher aussehen lassen:

> »Ich muss feststellen, dass der Verlust nicht nur groß ist. Es ist ein Rekordverlust. Der Verlust vor Steuern beträgt ungefähr 1,4 Milliarden Kronen, der Umsatz ist um circa fünfundzwanzig Prozent zurückgegangen. Dies ist natürlich absolut inakzeptabel und zeigt, dass wir nicht nur ein unglückliches Jahr mit einer Reihe negativer Einflüsse von außen hatten. Wir müssen auch feststellen, dass wir eine falsche Strategie verfolgt haben. Als Konsequenz dieser Umstände bin ich mit dem stellvertretenden geschäftsführenden Direktor Poul Plougmann einer Meinung, dass sich unsere Wege trennen. Es wird daher meine Aufgabe sein, die notwendigen Veränderungen im Unternehmen und seiner Strategie vorzunehmen.«

Aus der Ferne sind plötzlich Hurrarufe und Beifallsstürme zu hören. Sie kommen aus dem Auditorium, wo die Nachricht bejubelt wird. Kjeld registriert die Geräusche und lächelt innerlich, konzentriert sich aber auf den weiteren Bericht und die ganz zentrale Frage: Warum sind die Dinge so falsch gelaufen? Damit ist er bei dem einstudierten Break in der Darlegung angelangt, wo er an das Board treten und LEGOs Krisenverlauf der letzten fünf Jahre illustrieren soll.

Kjeld steht auf, greift nach einem blauen Filzstift und beginnt, am Flipchart zu zeichnen, dann tritt er einen Schritt zurück, sodass alle sehen können, dass die Zeichnung einer tödlich aussehenden Bergetappe bei der Tour de France ähnelt. »Wir hatten einen Zickzackkurs«, sagt er, während er auf die Spitzen zeigt und erklärt, dass ein Verlust 1998 zu einem hübschen Gewinn 1999 wurde, dann folgten eher bescheidene Gewinne in den Jahren 2000 und 2001, ein großer Verlust 2002 und nun dieser Rekordverlust 2003.

Die Ursache dieser instabilen Entwicklung, erklärt Kjeld, liegt bei einem Spielwarenmarkt, der in diesen fünf Jahren stark von trendigen Einzelprodukten beeinflusst wurde, wovon LEGO nur zum Teil profitiert hat. Die Konzentration auf neue Star-Wars- und Harry-Potter-Filme hat einige Jahre ihre Mission erfüllt und ein kolossales Wachstum geschaffen, aber leider nicht dazu geführt, ein Interesse und einen erhöhten Verkauf für die übrigen Basisprodukte von LEGO zu generieren:

> »Unsere Wachstumsstrategie ist schlichtweg gescheitert. Daher sind wir nun dabei, eine Strategie zu entwickeln, die sich auf die grundlegende Produktidee des Unternehmens konzentriert, repräsentiert durch die LEGO-Steine und die Werte, die um die Marke LEGO entstanden sind. Es sind zeitlose und universelle Werte. Unser Ziel für 2004 ist ein ausgeglichenes Ergebnis. Das wird schwer, aber zu schaffen angesichts der Maßnahmen, die bereits ergriffen wurden. Wir wollen raus auf den Markt und unsere Anteile zurückerobern!«

Nun gut, aber könnt ihr das?, denken die meisten Journalisten im Saal. Einige sind bereits dabei, an der kritischen, verzwickten Geschichte von der dritten Generation der LEGO-Familie zu stricken, die versagt hat – bis hin zu der großen, in die Zukunft gerichteten Frage, die auch jeder Leser sich stellen wird: Ist Kjeld Kirk Kristiansen der Richtige, um das Unternehmen zu retten?

Trotz der fantastischen Ergebnisse, die er an der Spitze von LEGO erzielt hat, vor allem in den Jahren 1978 bis 1993, ist es doch gerade Kjeld, der die Verantwortung für LEGOs Schlingerkurs und die zunehmenden Probleme in den letzten zehn Jahren trägt. Hat man nicht zu viele organisatorische Veränderungen vorgenommen, zu viele Auswechslungen bei leitenden Angestellten und einen zu großen Verlust von Know-how, zu viele teure Investitionen in digitale Trends und nicht zuletzt viel zu ehrgeizige Wachstumsziele ausgegeben? Außerdem wurden eindeutig falsche Entscheidungen getroffen, wie zuletzt, den Namen LEGO DUPLO aufzugeben – diesen gut entwickelten und bestens funktionierenden Markennamen, den man, um dem amerikanischen Markt zu gefallen, plötzlich gegen LEGO Explore eingetauscht hat. Eine Entscheidung, die ganz unmittelbar Konsequenzen hatte und über zehn Prozent des Umsatzes kostete.

Ein Journalist fragt, wie Godtfred wohl an einem Tag wie diesem reagiert hätte.

Kjeld antwortet wahrheitsgemäß: »Vater wäre an einem Tag wie diesem enttäuscht.« Mehr sagt er nicht.

Ein anderer Journalist möchte wissen, ob Mads Øvlisen nicht den geschäftsführenden Direktor hätte entlassen müssen.

Kjeld unterbricht ihn, bevor der Aufsichtsratsvorsitzende antworten kann: »Lasst uns bitte nicht vergessen, dass das hier meine Firma ist!«

Der diplomatische Øvlisen sagt später, er hätte sich durch Kjelds Unterbrechung weder zurückgesetzt noch gedemütigt gefühlt. Im Gegenteil, er hätte es als durchaus natürlich empfunden, schließlich sei Kjeld mit LEGO im Blut geboren worden. Daher sei es auch normal und vollkommen richtig, dass er nun wieder die Leitung übernehme, um LEGO mit einer gewissen Glaubwürdigkeit wieder zu seinem Markenkern zurückzuführen: »Er steht für LEGO. Er genießt kolossalen Respekt im Konzern. Den Leuten fehlt nur ein fester Kurs, nach dem sie arbeiten können, und den wird Kjeld ihnen vorgeben.«

Ein paar Tage nach der Pressekonferenz gibt Mads Øvlisen *Jyllands-Posten* ein längeres Interview, in dem er verspricht, dass es weder zu Entlassungen noch zu Fabrikschließungen kommen wird, was sich allerdings nicht einhalten lässt. Und er betont, dass der Aufsichtsrat der neuen Troika in der Konzerndirektion aus Kjeld, Knudstorp und Ove-

Nach der Entlassung von Plougmann und vor der Beförderung von Jørgen Vig Knudstorp entscheidet Kjeld über die Führungsmannschaft, die LEGO erneuern soll. Hinter dem Inhaber sind von links zu sehen: Tommy Gundelund, Jesper Ovesen, Arthur Yoshinami, Henrik Poulsen, Mads Nipper, Søren Torp Laursen, Dominic Galvin und Jørgen Vig Knudstorp.

sen seine volle Unterstützung gewährt, die LEGO zurück zum Kerngeschäft bringen soll – den auf LEGO-Steinen basierten Produkten.

Auf die Frage der Zeitung, ob Jesper Ovesen – LEGOs neuer Kassenwart und jemand, der wie Plougmann Erfahrung darin hat, bei krisengeschüttelten Firmen aufzuräumen und sie wieder auf Kurs zu bringen – als kommender oberster Chef in Stellung gebracht wird, antwortet Øvlisen kurz und entschieden: »Wir haben keine Kronprinzen bei LEGO.«

Das stimmt allerdings nicht. Kjeld beobachtet seit Langem den jungen Jørgen Vig Knudstorp. Bei einer Aufsichtsratssitzung im Juni 2002, die im neu eröffneten LEGOLAND im süddeutschen Günzburg stattfindet, wird Kjeld zum ersten Mal klar, dass der junge Mann ein außerordentlicher Analytiker und Kommunikator ist. Knudstorp ist zu diesem Zeitpunkt erst zwölf Monate bei LEGO, berichtet weiterhin an Plougmann und kümmert sich um die »Geschäftsentwicklung«, das heißt, er hat Probleme strategischer Art im Unternehmen zu lösen. Zum Beispiel das Problem, das ganz oben auf der Tagesordnung der

Aufsichtsratssitzung steht: Wie erweitern wir unsere LEGO Brand Retail Store-Kette?

LEGO betreibt bereits eine Handvoll Läden unter seinem Markennamen, will in diesem Bereich aber in den kommenden Jahren kräftig expandieren. Es ist ein groß angelegter Plan, und Knudstorp wird gebeten, ihn wirtschaftlich und strategisch zu beurteilen. Brand Retail Stores sind ein Steckenpferd von Plougmann, das er aus seiner Zeit bei Bang & Olufsen mitgenommen hat, aber die LEGO-Geschäfte sind auch zentral in Kjelds Ziel, LEGO zur weltweit bekanntesten Marke bei Familien mit Kindern zu entwickeln.

Die Analyse macht, wie sich herausstellt, den Plänen der beiden Seniorchefs einen Strich durch die Rechnung. Knudstorps Meinung nach funktioniert das Konzept wirtschaftlich nicht, ja, zum derzeitigen Zeitpunkt könnte die Idee einer Ladenkette LEGO sogar teuer zu stehen kommen. Statt des zu erwartenden PowerPoint-Vortrags mit Kommentaren, Abkürzungen und Fremdworten erklärt es Knudstorp so einfach, dass sein eigener Vater es verstanden hätte – worum geht es hier eigentlich, wie riskant ist es, und wie viel Geld kann LEGO dabei verlieren?

Für einen kurzen Moment erinnert Knudstorps Analyse an »Des Kaisers neue Kleider« mit ihm in der Rolle des kleinen Kindes, das die Vorstellungen der Erwachsenen von sich selbst demaskiert. Am Konferenztisch herrscht lärmendes Schweigen. Plougmann ist wütend, Kjeld eher überrascht. Er betrachtet Knudstorp, dem es gerade gelungen ist, all das grundsätzlich infrage zu stellen, was LEGOs Firmenleitung unbedingt anstoßen wollte. Sie hatten damit gerechnet, dass er – der Emporkömmling – ihnen den Weg bahnen würde, die Eroberung der ganzen Welt voranzutreiben.

Auf dem Rückflug wendet sich Plougmann an seinen jungen Mitarbeiter, als Kjeld gerade auf der Toilette ist: »Du musst ein paar gewaltig große Eier haben!«

Und kurz darauf, als die beiden Chefs mit ihren Pfeifen beschäftigt sind, blickt Kjeld hoch und sagt: »Das war fantastisch, wie du das erklärt hast, Jørgen! Eine so klare Erläuterung habe ich noch nie erlebt.«

Im Oktober 2004 wird der 35-jährige Jørgen Vig Knudstorp zum geschäftsführenden Direktor von LEGO ernannt.

Kjeld: »Ich bewunderte ihn schon damals. Die Berechnungen, die er präsentierte, waren messerscharf, und dann wagte er es auch noch, auf seine eigene, stille Art und Weise zu sprechen, ohne ein Blatt vor den Mund zu nehmen. Das hinterließ einen starken Eindruck. Ich hatte ja bereits schlaflose Nächte, in denen ich darüber nachdachte, wer mein Nachfolger sein könnte. Ich wusste, dass Poul es nicht sein könnte, denn er und ich waren ungefähr gleich alt, und außerdem wurde mir allmählich klar, dass er nicht richtig zu unserer Kultur und unserer Art, die Dinge anzugehen, passte.«

Zwei Jahre später, im Oktober 2004, wird Jørgen Vig Knudstorp als neuer geschäftsführender Direktor von LEGO vorgestellt, und noch am selben Tag räumt Kjeld sein Büro in der LEGO-Firmenzentrale. Niemand, und schon gar nicht der neue CEO, soll das Gefühl haben, der ehemalige geschäftsführende Direktor würde sich in das Tagesgeschäft einmischen, so wie es Kjeld anderthalb Jahrzehnte zuvor mit seinem Vater erlebt hat.

In dänischen Wirtschaftskreisen wundert man sich sehr über die Ernennung, und einige Branchenkenner äußern ganz direkt ihre Vorbehalte: Knudstorp ist viel zu grün hinter den Ohren, als dass ihm eine wirkliche Wende bei LEGO gelingen kann. Ein Partner von der amerikanischen Headhunter-Firma Russell Reynolds Associates erklärt, wenn sie dem Aufsichtsrat von LEGO einen Kandidaten mit Jørgen Vig Knudstorps Qualifikationen vorgeschlagen hätten, wäre er sofort abgelehnt worden.

Kjeld: »Ich wusste genau, dass viele Leute den Kopf schütteln würden, wenn wir Jørgen beförderten. Deshalb wartete ich auch fast ein Jahr damit. Er und Jesper Ovesen sollten erst einmal ihre Spuren hinterlassen, was sie auch fleißig taten, aber ich hatte die ganze Zeit im Sinn, Jørgen zu meinem Nachfolger zu machen. Formal gesehen hat ihn der Aufsichtsrat ernannt, und im Vorfeld hatten einige Aufsichtsratsmitglieder auch Zweifel und fragten sich, ob er nicht zu jung und unerfahren sei. Wäre es nicht besser zu warten? Aber ich drängelte, es sollte jetzt passieren, und Jørgen war der Richtige, das spürte ich. Nicht nur aufgrund seiner Begabung, sondern auch, weil er ganz und gar mit dem Herzen dabei war und wirklich verstand, worum es bei LEGO ging.«

Aber wer ist eigentlich dieser hochgewachsene, freundlich lächelnde Mann mit dem gepflegten Bart und der intellektuellen Brille? Sein Lebenslauf zeigt einen fleißigen und neugierigen Menschen, der sein Studium mit Bravour abschloss und über Betriebswirtschaft an der Universität Aarhus promovierte, wo er dann auch Forschung betrieb und lehrte. Für besonders inspirierende Vorlesungen wurde ihm der »Goldene Zeigestock« verliehen. 1998 begann er bei McKinsey & Co., war drei Jahre in Paris tätig und kehrte im Herbst 2001 nach Dänemark zurück, um bei LEGO anzufangen. In den darauffolgenden zwei Jahren wurde der Vater von vier Kindern fünfmal befördert.

Gleich zu Beginn seiner Arbeit besucht Jørgen Vig Knudstorp die verschiedenen Abteilungen, um die Arbeitsabläufe und Mitarbeitergruppen kennenzulernen und die Worte in Taten umzusetzen, die Kjeld einige Jahre zuvor in einem Interview geäußert hat: »Der LEGO-Geist wird weiterleben mithilfe eines offenen und sehr engen Dialogs mit den Mitarbeitern, die spüren müssen, dass sie ernst genommen werden und die Leitung handelt, wenn gute Ideen und Initiativen von den Mitarbeitern kommen.«

Anlässlich seiner Ernennung erzählt Knudstorp den Journalisten, eine seiner ganz großen Herausforderungen bei LEGO bestünde darin, seine Energie gleichmäßig auf die achttausend Angestellten zu verteilen: »Ich werde absolut ehrlich sein und auf sämtliche Anfragen und Bitten reagieren. Im Moment beginne ich zu realisieren, dass ich Rücksicht auf viele Menschen nehmen muss.«

Aus diesem Grund richtet Knudstorp direkt nach seiner Ernennung einen internen Online-Chat ein, in dem jeder LEGO-Mitarbeiter weltweit Fragen stellen oder sich mit Kommentaren oder Vorschlägen an den neuen CEO wenden kann. Es wird Knudstorps Vorsatz für das neue Jahr, diese Form des Austauschs mit den Mitarbeitern aufrechtzuerhalten, sodass alle das Gefühl haben, die neue Leitung ist bei den gewaltigen Herausforderungen, vor denen LEGO steht, sichtbar und spürbar zur Stelle.

»Ich bekomme drei, vier Mails am Tag, und dieser Dialog hat bei mir eine hohe Priorität. Da ist dieses ständige Bedürfnis, dass ich eine Richtung für LEGO vorgebe, und wir sind auf dem Weg zu einem Kultur- und Führungswandel. Ich kann schließlich nicht einfach in meinem Büro sitzen und zusehen, was passiert.«

Einigen Journalisten, für die es nun auch leichter ist, Kontakt zu LEGOs oberstem Chef aufzunehmen, fällt auf, dass in Knudstorps Büro in Billund eine neonfarbene Schwimmweste hängt. Nicht gerade das, was man hier draußen in der Heide am ehesten benötigt. Es ist ein Geschenk von einigen Angestellten nach einer großen Versammlung, auf der Knudstorp versucht hat, seine neue Leitungsaufgabe mit der Geschichte eines Schiffes zu illustrieren, das einen großen Eisberg rammt. Die Aufgabe des Kapitäns, so hatte er erklärt, bestünde nun darin, das Schiff von dem Eisberg wegzumanövrieren, und gelingt ihm das nicht, sei es seine Pflicht, dafür zu sorgen, dass so viele Passagiere und Seeleute wie möglich in die Rettungsboote gebracht würden.

Knudstorps erstes Jahr als geschäftsführender Direktor wird zu einem unaufhörlichen Ausweichmanöver zwischen Eisbergen. Wie erwartet weist 2004 einen weiteren großen Verlust auf, während Knudstorp und Ovesen Werte abschreiben, Maschinen verschrotten, die Kosten senken, begrenzen, versetzen, entlassen und verkaufen nach der Devise: »Nichts ist heilig, niemand hat einen Freifahrtschein.«

Es ist der schmutzige Teil dessen, was Journalisten später die »Knudstorp-Kur« nennen werden, obwohl es eigentlich »Knudstorp & Ovesen-Kur« heißen müsste, denn Jesper Ovesen ist der eigentliche Motor dieser brutalen Seite des Überlebenskampfes. Die Methode, so Knudstorp, habe er sich bei dem legendären Chef von General Electric, Jack Welch abgeschaut, der guten Führungspersönlichkeiten immer riet: »Sieh die Welt so, wie sie wirklich ist, und nicht so, wie sie mal war oder man sie sich wünscht.« Dazu gehöre auch, *brutally honest* zu sein, was die Situation eines Unternehmens anbelangt, wenn es mal weniger gut läuft.

Knudstorp und Ovesen gehen so weit in ihrem »brutal ehrlichen«

Ausverkauf von Flugzeugen, Fabrikhallen und Grund und Boden, dass Kjelds alte Mutter – die eigentlich so sanfte und ruhige Edith – auf den Tisch haut, als sie hört, dass man nun auch das Löwenhaus zum Verkauf anbieten will.

»Nie im Leben!«, erklärt sie und droht, selbst das sagenumwobene Gebäude an der Hovedgaden zu kaufen. Es ist ja nicht nur das Elternhaus ihres verstorbenen Mannes – es ist auch das reine, unverfälschte Fundament der LEGO-Geschichte.

Edith bekommt ihren Willen, im Gegensatz zu den vielen von Entlassung bedrohten Beschäftigten in Billund, als die Direktion und der Aufsichtsrat am 7. April 2005 einen weiteren erklecklichen Verlust von beinahe 2 Milliarden Kronen präsentieren. Knudstorp und Ovesen kündigen Outsourcing an. Man will die Produktion in Niedriglohnländer in der Nähe der großen Märkte USA und Deutschland verlagern, bis zu tausend Mitarbeiter in Billund würden damit überflüssig.

Ein unsentimentaler Konzernchef, der sich LEGOs sozialer Verantwortung gegenüber der Stadt und der Region vollkommen bewusst ist, aber auch weiß, dass er es sich nicht länger leisten kann, besondere Rücksichten zu nehmen, antwortet brutal ehrlich auf ein paar kurze Fragen von Journalisten, und seine Antworten finden sich am darauffolgenden Tag auf der Titelseite von Westjütlands größter Zeitung.

Können Sie den LEGO-Angestellten in Billund irgendwelche Zusagen machen?

»Nein.«

Können Sie Billund irgendwelche Zusagen machen?

»Nein.«

Wird es in Billund immer LEGO-Jobs geben?

»Wie es jetzt aussieht, ja. Aber ein Billund ohne LEGO ist vorstellbar. Wir sind in Billund, solange es Sinn macht. Es gibt keine Garantien.«

Für viele Beobachter sieht es so aus, als sei es bereits zu spät. Die Zeit des LEGO-Steins ist vorbei, sowohl als Spielzeug wie als Exportartikel. Infolge der vielen schlechten Nachrichten über LEGO herrscht in den Kommentaren der dänischen Presse eine Totenstimmung, wenn von dem einst so stolzen Flaggschiff der dänischen Spielwarenbranche die Rede ist. Der Direktor einer großen Werbeagentur schreibt in der Tageszeitung *Berlingske*: »Ich liebe die LEGO-Marke, aber meine Liebe dazu ist größer als die meiner Kinder. Ein Produkt kann sterben, und die Frage ist, ob das LEGO-Spielzeug nicht ganz einfach tot ist, auch wenn es wehtut, so etwas als Däne zu sagen.«

Ein paar Tage zuvor wird Mads Øvlisen, der fleißig pendelnde Aufsichtsratsvorsitzende, der nun mehr als je zuvor in Billund anzutreffen ist, ebenfalls mit einer ernsten Aussage in der Presse zitiert: »Wir haben nur noch einen einzigen Schuss im Gewehr.« Damit meint er, dass man überlegen müsse, LEGO zu verkaufen, sollte der Rettungsplan von Knudstorp und Ovesen misslingen und 2005 kein kleines Plus erwirtschaftet werden, gefolgt von einem deutlichen Überschuss 2006. Und Øvlisen fügt seiner Botschaft ein paar Worte hinzu, die in den nächsten Monaten häufig zitiert werden: »Es wird die Marke LEGO immer geben, die Frage ist nur, wem sie gehört.«

Einige der größten Spielzeugunternehmen auf dem amerikanischen Markt haben bereits ihre Fühler ausgestreckt, und schon zu einem früheren Zeitpunkt waren die Chefs der internationalen Investmentbank Morgan Stanley nach Billund gereist, um mit Kjeld über einen möglichen Verkauf von LEGO zu verhandeln. Das Treffen im Jahr 2004 fand in der Jagdhütte der Utoft Plantage statt, und Kjeld war eigentlich nur aus Höflichkeit und Neugierde gekommen, denn längst hatte er seine Position und die der Familie deutlich gemacht. Die amerikanischen Investitionsberater hingegen hatten Wochen mit der Vorbereitung verbracht, kannten sämtliche Probleme und Kennziffern der Branche und erklärten, dass LEGO beim Verkauf einen Preis von ungefähr 2 Milliarden Dollar erzielen könnte.

Kjeld: »Ich habe das nie auch nur eine Sekunde in Betracht gezogen – niemals! –, und das sagte ich mit Nachdruck. Ich war bereit, alles, was ich besaß, für LEGO herzugeben. Wir hatten ja nebenher auch KIRKBI, unsere Investitionsgesellschaft, aber die Möglichkeit einer Kapitalzufuhr von dort kam mit Rücksicht auf meine Schwester Gunhild und ihren Zweig der Familie, dem zu diesem Zeitpunkt die Hälfte von KIRKBI gehörte, nie infrage. Im Notfall wäre es vielleicht klug gewesen, sich dort Geld zu leihen statt bei einer normalen Bank, aber das hier war etwas, das ich und meine Familie selbst regeln mussten. Das Treffen mit den Morgan-Stanley-Leuten dauerte ein paar Stunden, in denen sie mich zu überzeugen versuchten: ›Verkaufen Sie das Unternehmen, solange es noch ein paar Milliarden wert ist!‹ Auf Dauer hatte ich nicht die Geduld, ihnen zuzuhören, also trennten wir uns.«

Die LEGOLAND-Parks sind allerdings nicht zu retten. Knudstorp und Ovesen haben Kjeld klargemacht, dass man sich von allen vier Freizeitparks – in Dänemark, Deutschland, den USA und Großbritannien – trennen muss, um die Firma wieder auf wirtschaftlich sichere Füße zu stellen. Das geschieht im Juli 2005, als der amerikanische Investitionsfonds Blackstone und die Merlin Entertainments Group die Parks für die hübsche Summe von 2,8 Milliarden Kronen kaufen. Die Vereinbarung beinhaltet aber auch, dass LEGO weiterhin zum Kreis der Eigentümer gehört. Kjeld behält über KIRKBI A/S knapp ein Drittel der Aktien und verspricht sich davon, dass LEGO eines Tages wieder die Kontrolle über die populären Parks bekommt, die so viel für das Unternehmen, die Familie und die Marke LEGO bedeutet haben. Wäre es nach Knudstorp und Ovesen gegangen, hätte man die LEGOLAND-Parks mit allem Drum und Dran verkauft.

Kjeld: »Die Haltung der beiden war, dass wir nun ein für alle Mal die Parks aufgeben sollten.

›Ein vollständiger Verkauf kommt nicht infrage‹, habe ich gesagt. ›Ich will ein Drittel behalten.‹

›Aber Kjeld, dann bekommen wir nicht so viel Geld dafür!‹

Das stimmte, aber ich bin froh, dass ich darauf bestand. Die Parks waren immer unser Herzblut gewesen, und LEGOLAND hatte meinem Vater viel bedeutet. Der erste Park in Billund, den wir 1968 realisierten, wurde ein fantastisches Schaufenster für die LEGO-Produkte und ein ultimatives Markenerlebnis für

Mitten in LEGOs Überlebenskampf in den Jahren 2004 und 2005 wird Kjelds Kindheitsglaube zu einer wichtigen Stütze. Heute sagt er: »Zu Hause habe ich gelernt, vor jeder Mahlzeit ein Tischgebet zu sprechen, und ich bete noch immer abends und auch sonst in den Situationen zum Herrgott, in denen ich das Gefühl habe, dass ich jetzt wirklich Hilfe von oben brauche.« *Foto: Casper Dalhoff / Ritzau Scanpix.*

die Besucher. Und genau das hatte ich mit der Anlage weiterer Parks in den Neunzigerjahren ausbauen wollen. Mein Vater war nicht dafür gewesen, aber ich hatte es einfach gemacht.«

Doch wer meint, dass LEGO mit Knudstorp und Ovesen an der Spitze zurück zu seinen Wurzeln geführt werden soll – und dieser Ansicht hätte man angesichts der Meldungen aus der Firmenzentrale in Billund in den Jahren 2004 und 2005 sein können –, irrt sich gewaltig. Tatsächlich gibt es zu LEGOs Engagement in der Medien-, Film- und Spielkultur dieser Jahre keine Alternative. Ein Bereich, der unter Kjelds und Plougmanns Leitung erschlossen wurde. Mehrere dänische Wissenschaftler, die sich mit Spielzeug, dem Spielverhalten und Kulturkonsum von Kindern beschäftigt haben – unter anderem Professor Stig Hjarvard –, weisen darauf hin, dass all das, was nun als traditionelles Spielzeug begriffen wird, von der modernen Medienkultur stark beeinflusst ist:

»Viele LEGO-Produkte sind um Lizenzfiguren von Harry Potter und Star Wars herum aufgebaut, und das hat den Produkten ganz eindeutig genutzt. LEGO hat den Ehrgeiz, die bekannteste Marke für Kinder zu werden. Ich glaube kaum, dass sich eine so expansive Strategie realisieren lässt, wenn man sich allein auf die traditionellen Steine konzentriert.«

Daher ist es für LEGO eine gute Nachricht, dass im Frühjahr 2005 die Weltpremiere von *Die Rache der Sith* stattfindet, eines weiteren Star-Wars-Films, der den Verkauf der LEGO-Produkte ankurbeln wird. Und nicht nur den Verkauf einer Reihe neuer LEGO-Sets wie das Raumfahrzeug Clone Turbo Tank und das Raumschiff ARC-170 Starfighter, sondern auch von »LEGO Star Wars: Das Videospiel«, bei dem LEGO-Minifiguren die Hauptdarsteller der Filmsaga verkörpern: von Anakin Skywalker und Boba Fett bis Obi-Wan Kenobi und Prinzessin Leia. Es ist ein Videospiel für alle Altersgruppen, auch für die Kleinen, die die Star-Wars-Filme noch nicht sehen dürfen, und es kann sowohl auf der PlayStation 2 und der Xbox als auch dem PC oder dem Game Boy Advance sowie dem GameCube gespielt werden. Wird es ein Erfolg, stehen die LEGO-Gruppe und der Mitproduzent TT Games für einen Nachfolger bereit.

Das Durchschnittsalter der achtköpfigen Führungsgruppe, die 2004 ernannt wurde, liegt bei vierzig Jahren. Es sind junge, aber erfahrene Manager, die genau wissen, dass kein Weg um die Lizenzvereinbarungen mit der amerikanischen Film- und Medienindustrie herumführt, auch wenn von höchster Stelle in Billund immer wieder betont wird, dass man nun auf die »guten alten Werte und gutes unternehmerisches Gespür« setzen wolle. Die Rettung von LEGO liegt nicht in einem vollständigen Rückzug auf das Kernprodukt. Eine dänische Zeitung formuliert es in der Überschrift zu einem Artikel über den zu erwartenden LEGO-Profit aus dem kommenden Star-Wars-Film folgendermaßen: »Mögen die Milliarden mit dir sein!«

Allerdings darf man nicht vergessen, dass eine von LEGOs eigenen Erfindungen – Toa Mata und all die anderen Kriegerfiguren aus dem Bionicle-Universum – die Verkaufsliste 2004 anführt. Und auch 2005 ist sie die wichtigste Produktserie des Jahres, erklärt Mads Nipper aus der LEGO-Unternehmensleitung. In dem neuen Sortiment findet sich auch Harry Potter, von dem viele schon meinten, er ließe sich nicht mehr verkaufen, aber die Helden und Schurken aus Hogwarts leben noch und bekleiden 2004 Rang 6 der am besten verkauften LEGO-Produkte.

Im Zusammenhang mit der bevorstehenden Premiere von *Harry Potter und der Feuerkelch* im November wird eine neue LEGO-Serie auf den Markt gebracht, in der es um das dramatische Trimagische Turnier des Films geht, in dem Harry und die anderen Teilnehmer eine Reihe von schwierigen Aufgaben zu lösen haben. Unter anderem ist das goldene Ei eines gewaltigen Drachens zu beschaffen, das in LEGOs Version magnetisch ist, sodass es zu Harry Potter »emporschweben« kann, wenn er über das Ei fliegt. Man kann auch das düstere Durmstrang-Schiff bauen, mit dem eine der Zaubererschulen zum Turnier nach Hogwarts kommt. Außerdem gibt es zum ersten Mal in der Geschichte des Unternehmens einen »gruseligen« Friedhof voller kleiner unheimlicher Überraschungen, auf dem die große Schlacht des Films zwischen den Guten und den Bösen ausgetragen werden kann.

Einem älteren LEGO-Kunden, der einen Blick auf das Sortiment Mitte der 2000er-Jahre wirft, muss es seltsam vorkommen, dass das erklärte Ziel der neuen LEGO-Führung – »die Konzentration auf die klassischen Kernprodukte des Konzerns und die Werte, die im Laufe der Zeit um die Marke LEGO aufgebaut wurden« – bei den aktuellen

Produkten nicht zu erkennen ist, wo doch LEGO-Sets, in denen Gewalt keine Rolle spielt, einmal die vielleicht wesentlichste Tugend des Unternehmens waren.

Mit den muskelbepackten und kriegerisch anmutenden LEGO Bionicles, den schwer bewaffneten LEGO Star Wars-Fluggeräten und nicht zuletzt den neuen Macho-Kampfmaschinen LEGO Exo-Force, die von dem Filmklassiker *Der Terminator* inspiriert wurden, ist die Faszination von Krieg und Kampf noch nie ein so sichtbares und beherrschendes Element des LEGO-Spielzeugs gewesen. Doch darin spiegelt sich auch der Spielwarenmarkt des neuen Jahrtausends wider. Wenn man nicht riskieren will, als Nischenprodukt in der Retroabteilung zu enden, muss man akzeptieren, dass das Reich der Kindheit ein ungemütlich erwachsener Ort geworden ist.

Darauf weist unter anderem der amerikanische Professor David Elkind hin, der über Entwicklung und Lebensbedingungen von Kindern forscht. Bei seinem Vortrag auf einer Konferenz in Dänemark, bei der LEGO Mitveranstalter ist, führt er aus, dass man Kindern weit mehr Raum geben solle, Kind zu sein, anstatt sie zu kleinen Erwachsenen zu erziehen, wie es in der westlichen Welt zu sehen ist. Und Elkind macht auch kein Geheimnis daraus, dass er gerade aus diesem Grund das klassische Spielzeugkonzept von LEGO bevorzugt:

> »Damit konnten Kinder noch frei bauen, und die Produkte stimulierten ihre Entwicklung. Jetzt läuft es vielfach darauf hinaus, dass man den Kindern erzählt, was sie bauen sollen. Auf dem Weg hierher las ich im Flugzeug, dass LEGO jetzt eine Serie mit NBA-Stars wir Shaquille O'Neal und anderen herausbringen will. Durch diese Art von Spielzeug wird das Spiel der Kinder mit Anleitungen versehen, und das ist sehr schade.«

Inmitten der großen Aufmerksamkeit, die LEGO in den Krisenjahren zu Beginn des neuen Jahrtausends erzeugt, entwickelt sich in Dänemark eine Diskussion um Kinderkultur, Spiel und Spielzeug. Viele Beiträge, vor allem von erwachsenen Männern und Väter, die in ihrer Kindheit fleißig mit LEGO-Steinen gespielt und abstrakt gebaut

Mit Bionicle tritt LEGO in der ersten Hälfte der 2000er-Jahre in die Welt der Actionfiguren ein. Es ist eine *biological chronicle*, die Technologie mit Mythologie vermischt und auf der Fantasieinsel Mata Nui ein Universum voller Helden und Schurken erschafft, das mit LEGO-Steinen und in Comics, Büchern, Filmen und Onlinespielen erzählt werden kann. Hier ist Tahu Nuva mit seinem Magma-Schwert zu sehen, das sich in ein Lava-Surfbrett verwandeln kann.

haben, kritisieren wie Professor Elkind das moderne LEGO-Spielzeug, das nichts mehr mit Kreativität zu tun habe, sondern bei dem man nur noch lerne, einer Bauanleitung zu folgen. Einer der zahlreichen Teilnehmer an dieser Debatte schreibt, der chaotische Haufen alter LEGO-Steine habe eine Generation von Designern und Ingenieuren geschaffen, während die derzeitigen netten Modellsets mit dicken Handbüchern und Steinen in nummerierten Tüten Fließbandarbeiter hervorbrächten. Unter der Überschrift »Was wurde aus dem guten alten Stein?« erklärt ein Journalist in der Tageszeitung *Politiken*: »Wenn man will, kann man die Geschichte von LEGO als eine Art Sündenfall der Kreativität sehen.« Die Frage ist, ob LEGO überhaupt noch LEGO *ist*, heißt es in dem Artikel, stand der Markenname doch bisher für einige kulturelle und soziale Werte in Form von unbegrenzten Spielmöglichkeiten, und nicht zuletzt für eine klare, ablehnende Haltung gegenüber kriegsähnlichen Waffen.

Kjeld: »Ich konnte die Diskussion über die Kreativität und zum Teil auch die Kritik immer nachvollziehen. Unsere Tendenz, Modellsets mit Bauanleitungen zu produzieren, wurde in den Neunzigerjahren immer stärker und stärker. Plötzlich schlug

Das Harry-Potter-Set »Duell auf dem Friedhof« wird weltweit im Herbst 2006 herausgebracht. Auf der Schachtel werden die Eltern gewarnt, dass der Inhalt nicht für Kinder unter drei Jahren geeignet ist. Nicht, weil es so unheimlich ist, sondern aufgrund der vielen kleinen Teile.

das einfach um, denn nun sollten wir noch mehr Spielthemen umsetzen, die sich darüber hinaus auch noch ähnelten. Selbstverständlich mussten wir bei LEGO Technic eine Bauanleitung beilegen, denn sonst kann man die komplexen Modelle einfach nicht zusammensetzen. Allerdings gibt es auch eine Menge junger und alter Fans, die die tollsten Sachen aus der Fantasie heraus bauen und dazu LEGO-Technic-Elemente benutzen.

Man kann behaupten, dass die Anleitungen die kreativen LEGO-Baumöglichkeiten nicht hinreichend stimulieren. Auf der anderen Seite können wir mit ihnen auch eine Menge guten Lernstoff für Kinder generieren. Ich finde, dass unsere Entwickler im Laufe der Jahre unglaublich genaue Bauanleitungen formuliert haben, sodass Kinder denken: ›Ah, so kann man also die Elemente auch verwenden!‹ Was das betrifft, hat es eine gute Entwicklung gegeben.

Die Bauanleitungen sind ein wichtiger Teil des LEGO-Systems, aber sie dürfen nie das freie, kreative Bauerlebnis ersetzen, dieses Spiel, bei dem du baust, was du willst. Tief im Inneren hoffe auch ich, dass es viele Kinder und Erwachsene gibt, die sich das, was sie gebaut haben, nicht als reine Dekoration hinstellen, sondern es ständig verändern und die Welt auf ihre Weise neu zusammenbauen. Das ist es, was wir immer mit LEGO erreichen wollten.«

Es ist für niemanden eine große Überraschung, als LEGOs neuer oberster Chef im März 2005 verneint, dass Kinder insgesamt weniger spielen und dass das Interesse an LEGO-Steinen im Besonderen nachlässt. Jørgen Vig Knudstorp erklärt einer Zeitung, er glaube nicht einen Moment daran, dass Kinder mit neun Jahren aufhören zu spielen, wie manche meinen: »Man muss sich doch nur ansehen, wie viele 35-jährige Männer begeistert an der PlayStation spielen!«

Knudstorp weiß, wovon er spricht. Er hat bereits bei mehreren Gelegenheiten Bekanntschaft mit der am schnellsten wachsenden Gruppe

Kjeld nimmt seinen jungen Nachfolger mit zu LEGO-Festivals ins Ausland, damit er die vielen erklärten und hochengagierten erwachsenen Fans kennenlernt. Hier sind die beiden 2006 im »1000steine-Land« in Berlin. *Foto: Anja Sander.*

von LEGO-Nutzern und -Konsumenten gemacht – den sogenannten »AFOLs« (Adult Fans Of LEGO), eine Gruppe von vornehmlich erwachsenen Männern aus der ganzen Welt, die sich seit Mitte der Neunzigerjahre zusammengefunden und über das Internet verschiedene Communities gegründet hat. Etwa zur selben Zeit wird www.lego.com als LEGOs offizielle Website eingerichtet, deren erklärtes Ziel es ist, ein virtuelles Universum zu schaffen, in dem Kinder, Eltern und Fans von LEGO sich treffen, um zu spielen und ihre Aktivitäten zu teilen. Aber die neuen »erwachsenen« LEGO-Communities treffen sich lieber in eigenen Zirkeln oder bei Fan-Events in den USA und Europa, wo sie sich leibhaftig begegnen und Tipps und Erlebnisse austauschen.

> **Kjeld**: »Im Laufe der Neunziger dachten wir mehrfach daran, mehr für die erwachsenen ›Hobbybauer‹ zu tun, wie wir sie damals nannten. Die meisten in der Leitungsgruppe meinten, wir sollten uns lieber auf die Kinder konzentrieren, während ich die Ansicht vertrat, dass man in jedem Alter das Kind in sich finden könnte. Allerdings konnten wir kein gesondertes LEGO-Sorti-

ment für sie anbieten, und wir wussten damals auch nicht, wie wir sie erreichen sollten, weil sie in ihren kleinen Kellerräumen saßen und dachten, sie wären die einzigen Erwachsenen auf der Welt, die noch immer gern mit LEGO spielten.

Doch dann nahm Mitte der Neunziger das Internet Fahrt auf, und schon bald ploppten kleine Seiten auf, und nach und nach auch größere Foren, in denen sich die erwachsenen Fans trafen und über ihre LEGO-Pläne und -Projekte diskutierten. Es war eine Community, die immer größer wurde und eine Menge nützliches Wissen und gute Inspirationen weitergab. Und in den 2000er-Jahren entwickelten sich daraus Festivals überall auf der Welt, ohne dass der LEGO-Konzern direkt daran beteiligt gewesen wäre. In einem Sommer reisten Jørgen und ich zum BrickFest nach Washington, wo sich die Hardcorefans trafen, um ihre Kreationen vorzuführen; LEGO-Nerds, die Vorträge über Bautechniken und alte, seltene Sets und so etwas hielten. Durch die Begegnung mit diesen erklärten Fans wurden Jørgen wirklich die Augen geöffnet. Er begann über ein Erwachsenensegment nachzudenken, das man mehr pflegen und einbeziehen sollte, als es bis dahin der Fall war.«

»Kel und Jorgen« sind die absolute Attraktion auf dem BrickFest 2005. Während der junge CEO in verschiedenen Miniseminaren und Diskussionsrunden sitzt, geht der ehemalige CEO zwischen den Ausstellern herum und freut sich über die zahlreichen Fans, die wie immer jede Menge gute Vorschläge für Verbesserungen und künftige Produkte haben. Kjeld bewundert und kommentiert ihre Bauten, gibt Autogramme und stellt sich wie ein Rockstar für Selfies zur Verfügung.

Mitten in der mental anstrengenden Arbeit, LEGO zurück auf den Wachstumskurs zu bringen, wird das BrickFest 2005 zu einer belebenden Pause für Knudstorp, dessen Begegnung mit begeisterten Fans seine eigene Begeisterung für die zeitlosen Produkte neu entfacht. Das Star-Wars-Fieber wütet noch immer, und während einer großen Veranstaltung, bei der Kjeld und Jørgen auf der Bühne sitzen und sich den Fragen des unersättlichen, neugierigen Publikums stellen, werden

In den 2000er-Jahren baut LEGO eine neue Brücke zu den Endkunden, und das amerikanische IT-Magazin *WIRED* erzählt 2006 die Geschichte von »besessenen Fans«, die für LEGO durchs Feuer gehen und dem Unternehmen geholfen haben, das neue LEGO Mindstorms NXT zu entwickeln.

Fotos der beiden LEGO-Stars in den sozialen Medien geteilt. Eines davon mit folgendem Text: »The Young Padawan and his Master«, was in der Star-Wars-Sprache bedeutet: der Lehrling und sein Meister.

Zurück vom BrickFest formuliert ein äußerst inspirierter Knudstorp einige Gedanken, in denen es um LEGOs Selbstverständnis und die Art und Weise geht, in der das Unternehmen früher Innovationen und Werte geschaffen hat. Auch zukünftig wird LEGO Produkte auf den Markt bringen, notiert Knudstorp, aber im Gegensatz zu früher ist durchaus denkbar, dass viele neue LEGO-Produkte in direkter Zusammenarbeit mit den Konsumenten aller Altersstufen und Geschlechter entwickelt werden.

Knudstorp lüftet den Schleier über seinen Gedanken Anfang 2006 in *Jyllands-Posten*, wo er unter der Überschrift »Alle Macht den Nerds!« berichtet, große Kinder und erwachsene Fans sollten LEGO in Zukunft dabei helfen, Verkaufsschlager zu entwickeln – ausgehend von der Logik, dass die Produkte, die »LEGO-Nerds« begeistern, in der Regel auch anderen LEGO-Kunden gefallen. Knudstorp betont, dass er nie den bei Journalisten üblichen Ausdruck »Nerds« benutzen würde, da er sich anhöre, als seien diese Fans ein wenig sonderbar: »In

Wahrheit sind es unsere besten Kunden. Ich würde sie lieber ›Enthusiasten‹ nennen. Es sind große Kinder, es sind Erwachsene, die es noch immer lustig und cool finden, mit LEGO zu spielen.«

Er erklärt auch, dass diese jungen und älteren Fans ihre LEGO-Produkte nie in einem Spielwarengeschäft oder Kaufhaus kauften, weil dort die Auswahl nicht groß genug sei. Stattdessen gingen sie in LEGOs eigene Läden, kauften übers Internet oder bestellten per Post. Außerdem veranstalteten sie Treffen und Konferenzen, gründeten Vereine, chatteten zusammen im Netz oder schrieben Bücher und vor allem E-Mails.

Knudstorp und LEGO haben den Nutzen dieser neuen Form der Zusammenarbeit mit den Konsumenten erkannt. Knudstorp schreibt wöchentliche Blogs, und seine Mailbox ist offen für alle – auch wenn sie keine LEGO-Mitarbeiter sind –, die etwas auf dem Herzen haben, das mit dem Unternehmen und seinen Produkten zu tun hat. LEGO beginnt den Dialog mit den erwachsenen Fans um die Jahrtausendwende, als man beschließt, das glühende Interesse an LEGO Mindstorms mit einzubeziehen und das Engagement der erwachsenen Konsumenten als eine Innovation zu betrachten, die letzten Endes dem Konzern zugutekommt.

Don Tapscott schreibt in seinem Buch *Wikinomics*, dass Ende der 1990er-Jahre eine neue Form der globalen Ökonomie entsteht, geschaffen durch die »kollektive Zusammenarbeit« zwischen Produzenten und Konsumenten. Und auf diesem Gebiet ist LEGO – laut Tapscott – ein Pionier, als man dort beschließt, die Mindstorms-Fans zu Wort kommen zu lassen und sie zu einer Art Mitproduzenten zu machen. »Wenn LEGO die kollektive Intelligenz seiner Konsumenten nutzt, macht es sich für die Verbraucher möglicherweise nicht direkt bezahlt, aber sie bekommen als Konsumenten ein besseres Produkt«, fügt Tapscott hinzu.

Für Knudstorp haben die wiederholten Begegnungen mit AFOLs auf der ganzen Welt deutliche Auswirkungen auf das Selbstverständnis von LEGO. Innovationen entstehen nicht länger ausschließlich innerhalb von LEGOs eigenen vier Wänden. Gerade diese Erkenntnis ist eines von mehreren Erfolgskriterien, die Knudstorp aufstellt und die

Durch LEGO Mindstorms entsteht eine enorme Gemeinschaft zwischen jüngeren und älteren Nutzern. Unter anderem nehmen 85 000 Kinder und Jugendliche im Alter von zehn bis sechzehn Jahren aus fünfunddreißig Ländern 2008 an der FIRST LEGO League teil. Die Finale finden in Atlanta statt, und der begeisterte LEGO-Inhaber ist natürlich Teil der Gemeinschaft. *Foto: Joe Meno / Brick Journal.*

erfüllt sein müssen, bevor man sagen kann, dass LEGO sich aus seiner Krise befreit hat und auf dem Weg zu erneutem Wachstum und erneuter Stärke ist. Im Januar 2007 erklärt er einer Zeitung: »Produkte können gemeinsam mit Kunden entwickelt werden. Wir müssen daran glauben, dass die kollektive Weisheit größer ist als das, was das Unternehmen jemals allein schaffen kann. Für einen Konzern, der gewohnt ist, seine selbst erworbenen Rechte nach außen hin zu verteidigen, ist das ein großer Schritt.«

Die Zusammenarbeit mit den Endverbrauchern besteht ihre Prüfung bei der Einführung der neuen Generation »LEGO Mindstorms NXT« 2006. Ein wesentlicher Teil der Erzählung über die Entstehung dieses neuen Produkts handelt von der jahrelangen Zusammenarbeit mit ausgewählten Konsumenten. Zunächst ist die Rede von vier »Superkunden«, später erweitert man die Gruppe auf hundert Personen, die aus neunundsiebzig verschiedenen Ländern kommen. Sie finden nicht nur jede Menge Fehler am Produkt, sondern kommen auch mit Vorschlägen für neue Spiel- und Baumöglichkeiten, an die LEGOs eigene Leute nicht gedacht haben. In der zweijährigen Entwicklungszeit erhält der Projektleiter Flemming Bundgaard um die siebentausendfünfhundert E-Mails von den hundertundvier beteiligten Fans, und bei der Markteinführung lautet seine Schlussfolgerung: »Wir haben ein besseres Produkt bekommen. Sowohl für uns als auch für die Kunden.«

Die Bilanz des Jahres 2005, bei der man lange mit einem negativen Ergebnis gerechnet hatte, weist Anfang 2006 einen Überschuss von einer halben Milliarde Kronen aus. Das beste Ergebnis seit fünf Jahren! Die Zeitungen schreiben, LEGO würde nun endlich seine Freiheit zurückbekommen, was darauf schließen lässt, dass das Unternehmen im Grunde genommen bislang – und trotz einer Kapitalspritze von 800 Millionen Kronen aus Kjelds Privatvermögen – unter der Verwaltung seiner Banken stand. Mit dem Verkauf der LEGOLAND-Parks und einer Reihe von Gebäuden und Grundstücken konnte der Großteil der Schulden beglichen werden, und die Einnahmen würden in den kommenden Jahren weiter steigen, so Knudstorp.

Mit der verjüngten, tatkräftigen Führungsriege bekommt die Produktentwicklung rasch eine klare Ausrichtung und mehr Realismus. Ein altes Thema, das für die Firma schon seit 1955 eine gewisse Herausforderung darstellt, steht weiterhin im Mittelpunkt: Wie bringt man Mädchen dazu, mit LEGO zu spielen? Im Laufe der Jahrzehnte hatte LEGO immer wieder versucht, Mädchen für das Konstruktionsspielzeug zu interessieren, aber es ist nie wirklich gelungen. Vertraut man auf Knudstorps Einschätzung, so ist es am besten, sich nicht länger darum zu bemühen, sondern zu akzeptieren, dass LEGO am besten für Jungen im Alter zwischen vier und neun Jahren geeignet ist und auch bleibt:

»Wenn ich etwas skeptisch bin, auf den Markt für Mädchen zu setzen, dann liegt es daran, dass es ein Markt ist, den andere, sehr große globale Spieler tonnenschwer besetzt haben. Da ist wirklich eine sehr intensive Konkurrenz. Wenn wir rufen würden: ›Hey, seht mal! Eine neue LEGO-Prinzessin!‹ … es wäre nicht erfolgreich.«

Auch wenn es für die LEGO-Fans, die Produkte für Mädchen ver-

Im August 2006 sieht man zum ersten Mal eine Frau in LEGOs Direktion, doch das Spielzeug auf dem Tisch ist weiterhin eher für Jungen gedacht. Knudstorp erklärt: »Ich freue mich, dass wir eine Frau in der Direktion haben, aber ich freue mich noch mehr, dass wir jetzt auch einen Nicht-Dänen in der Führung haben.« Von links: der Brite Bali Padda und die vier Dänen Mads Nipper, Jørgen Vig Knudstorp, Christian Iversen und Lisbeth Valther Pallesen.

missen, schlecht aussieht, gibt es, was die Gleichberechtigung in der Realität angeht, endlich Licht am Ende des Direktionsflurs in Billund, wo Frauen bisher nur als Sekretärinnen oder Korrespondentinnen vorkamen. 2006 wird zum ersten Mal in der siebzig Jahre langen Geschichte von LEGO eine Frau zur Konzerndirektorin ernannt. Die 39-jährige Lisbeth Valther Pallesen soll künftig an der Spitze der neuen Abteilung »Community, Education & Direct« stehen. Es ist ihre Aufgabe, neue digitale Geschäftsfelder aufzubauen, unter anderem im Segment der erwachsenen LEGO-Fans und deren Konsumentengruppen. Außerdem hat sie das Onlinespiel »LEGO Universe« zu betreuen, die große zukünftige Innovation. Pallesen hat siebenhundert Mitarbeiter in Dänemark, den USA und Großbritannien unter sich. Sie entwickeln neue Spiele fürs Internet, kümmern sich um die 2,3 Millionen Mitglieder der LEGO-Clubs bei lego.com und betreuen die mehr als 40 000 Fans weltweit.

Als erstes weibliches Direktionsmitglied in einem Unternehmen, dessen Erbfolge und Leitung immer patriarchalisch bestimmt waren, verspürt Pallesen natürlich eine gewisse Verantwortung für ihr Geschlecht und erklärt aus Anlass der historischen Beförderung: »Ich hoffe, ich kann als Frau in der Führung zu einem anderen Diskussionsstil beitragen als dem, den sie gewohnt sind.«

2006 wird die fehlende Gleichstellung an der Spitze der dänischen Wirtschaft in den Medien heftig diskutiert. Der Anteil der weiblichen Führungskräfte in privaten Unternehmen hat im vergangenen Jahrzehnt bei bescheidenen vier Prozent gelegen, LEGO ist also bei Weitem nicht die einzige renommierte Firma in Dänemark, bei der die Zeit seit fünfzig Jahre stillgestanden zu haben scheint.

Unter Plougmanns und Kjelds Leitung zu Beginn des Jahrzehnts wurde bereits darüber diskutiert, als interne Untersuchungen unter weiblichen Führungskräften in untergeordneteren Funktionen zeigten, dass ihre weiteren Karrieremöglichkeiten bei LEGO von drei Faktoren gebremst wurden: dem Familienleben, einer gewissen Zurückhaltung der Frauen selbst und den Ansichten der Männer über Frauen im LEGO-Konzern. Es sind, wie in vielen anderen Bereichen des Wirtschaftslebens, stereotype Rollenmuster, die Frauen in Billund den Weg in die Führungsetage versperren.

Kjeld versprach damals, man wolle etwas gegen die unzulängliche Rekrutierung und Talentauswahl unter den weiblichen Mitarbeitern unternehmen, und der männliche Personalchef erklärte: »LEGO ist ein Unternehmen, das sich an breite Teile der Bevölkerung wendet, und eine Marke mit allgemein geltenden Werten, aber es fehlt an Diversität. Je vielfältiger wir werden, desto mehr Inspiration und Kreativität können wir bekommen.« Auch Lisbeth Valther Pallesen nahm damals an der Debatte teil und legte den Finger in die Wunde:

»Wir brauchen neue Vereinbarungen darüber, wie wir Kompetenzen messen. Frauen sind bei diesem Prozess vorsichtiger – ist es gut genug, sind die Leute begeistert von dem, was wir versprechen? Männer denken in Resultaten – haben wir das Ziel erreicht, wurde die Deadline eingehalten? Die männlichen Werte sind klar ersichtlich, denn es ist am einfachsten, die harten Fakten zu messen, aber wir müssen in der Firma beides bewerten.«

Dennoch vergehen über zehn Jahre, bevor der LEGO-Konzern ernsthaft am patriarchalischen Fundament der Firma rüttelt, und der Weg dorthin ist unfreiwillig komisch. Knudstorp, der mehrere Jahre als einer der vom Gleichstellungsministerium handverlesenen »Botschafter für Frauen in Führungspositionen« gewirkt hat, besetzt 2011 die LEGO-Führung neu und präsentiert zweiundzwanzig Männer! Eigentlich hatte es vielversprechend begonnen, als er 2008 als ministerieller Botschafter erklärte: »Wir können nicht weiter dem alten grauhaarigen Gorilla folgen, der durchs Gras trampelt und sagt: ›Hier finden wir die Beeren!‹«

Die Wahl der zweiundzwanzig Männer wird nichts weniger als der Startschuss zu einer kleineren Revolution, und nach jahrelangen Anstrengungen gibt es 2017 drei Frauen unter den fünfundzwanzig höchsten LEGO-Chefs: die Chinesin und Philippina Marjorie Lao (CFO, Chief Financial Officer), die Russin und Amerikanerin Julia Goldin (CMO, Chief Marketing Officer) und die Italienerin Lucia Cioffi (Senior Vice President). Und wie die drei Namen zeigen, haben sich auch die internationalen Hubs von LEGO an der Rekrutierung von weiblichen Führungskräften beteiligt. In diesen Abteilungen werden Arbeiten erledigt, die ehemals in Billund angesiedelt waren, inzwischen aber nach Schanghai, Singapur, London und Enfield, Connecticut, ausgelagert wurden und für mehr Diversität bei LEGO sorgen. Manch männlichem Mitarbeiter geht dies bereits zu weit, wie auf Knudstorps Blog zu lesen ist: »Muss ich mich einer Geschlechtsoperation unterziehen, um künftig noch eine leitende Position zu bekommen?«

Ein halbes Jahrhundert fehlender Gleichstellung bei LEGO ist eine mögliche Erklärung dafür, dass der Spielwarenkonzern immer Probleme hatte, das Interesse von Mädchen zu wecken. Darauf weist die Autorin Avivah Wittenberg-Cox im *Harvard Business Review* 2014 hin, die mehrere Bücher über Gleichberechtigung im Geschäftsleben veröffentlicht hat. Wenn eine Führung nicht geschlechterparitätisch besetzt ist, ist es schwer, eine paritätische Konsumentengruppe zu erreichen, schreibt Wittenberg-Cox und ärgert sich, dass »dieses von Männern dominierte LEGO« selbst in dem neuen Jahrtausend das weibliche Geschlecht allein als einen Markt für »Mädchen« sieht und mit pastellfarbenen LEGO-Sets wie 2012 LEGO Friends bedient, anstatt zu erkennen, dass sich hier ein riesiger Markt mit einer ganzen Reihe profitabler Nischen auftut:

> »Genau denselben Fehler begingen die Produzenten von Mobiltelefonen wie Siemens und Nokia, als sie rosafarbene Mobiltelefone einführten, die für Frauen gedacht waren, kurz bevor Apple sie vom Markt fegte mit dem in geschlechtlicher Hinsicht ›zweisprachigen‹ iPhone, das auf die beste Weise die Präferenzen beider Geschlechter gleichermaßen integriert. Und genau dort ist die Goldmine zu finden. Man muss den Männern in LEGOs Unternehmensführung einfach sagen: Ladet ein paar weibliche Fans zu euren Aufsichtsratssitzungen oder Direktionskonferenzen ein!«

Der gute Rat, der Knudstorp weder fremd noch unverständlich ist, steht in den 2000er-Jahren jedoch weit unten auf seiner To-do-Liste. Er arbeitet weiterhin an LEGOs wirtschaftlicher Erholung, und dabei hat die Fokussierung auf Spielzeug für Jungen im Alter von fünf bis neun Jahren höchste Priorität.

Am allerwichtigsten ist 2006 jedoch die neue Strategie für LEGOs achttausend Beschäftigte – »Shared Vision« –, die dritte große Zukunftsvision der Unternehmensführung innerhalb von zehn Jahren. Den Anfang machte von 1996 bis 1998 das Compass Management, gefolgt von Fitness 1999 und nun also Shared Vision, ein Siebenjahresplan in drei Phasen, mit denen man sich als Mitarbeiter beschäftigen und die man in seine tägliche Arbeit integrieren soll.

Knudstorp benötigt so viele Gedanken und Worte, um die Vision zu erklären, dass ihr eine ganze Sonderausgabe der Mitarbeiterzeitung *LEGO Life* gewidmet wird. Auf der Titelseite stehen unter dem Foto eines Jungen der neuen Superzielgruppe, der einen Turm aus LEGO-Steinen baut, die drei Hauptpunkte der neuen Strategie:

1. Die Besten darin sein, einen Mehrwert für unsere Kunden und Verkaufskanäle zu schaffen.
2. Den Fokus auf den Wert richten, den wir unseren Konsumenten anbieten.
3. Die Abläufe des Unternehmens verbessern und effektivieren.

Manchem Mitarbeiter kommt es so vor, als trinke man alten Wein aus neuen Schläuchen, doch die meisten sind froh über einen Plan, der realistisch erscheint. Mit der Skizzierung der drei Phasen, die zusammengenommen als Wende vom reinen Überleben hin zu neuem Wachstum gesehen werden können, rückt das Licht am Ende des Tunnels in greifbare Nähe. Und anstatt seine Shared Vision in Managementfloskeln zu ersticken, verankert Knudstorp seinen Plan in der Geschichte und den Werten von LEGO, wie es schon das alte Motto von Ole Kirk in Worte fasst: »Nur das Beste ist gut genug.«

Was der Firmengründer damit meinte und woher die Worte eigentlich stammen, ist nicht mit Sicherheit zu sagen. Ole Kirk war niemand, der mit hausgemachten Weisheiten um sich warf, aber einiges deutet darauf hin, dass er die Anregung zu »Nur das Beste ist gut genug« im Frühjahr 1937 fand, als er die große Mustermesse in Leipzig besuchte. Er hielt sich offenbar am Stand von Steiff mit den populären Stofftieren für Kinder auf und sah den Slogan der deutschen Firma: »Für Kinder ist nur das Beste gut genug!«

Mit seiner großzügigen Handhabung des Gründermottos gelingt es Knudstorp 2006 zu signalisieren, dass LEGO nun einer neuen Strategie folgt, die in ihren zentralen Punkten der Grundhaltung des Unternehmens wie zu Ole Kirks Zeiten folgt:

> »Nur das Beste ist gut genug für die Konsumenten – das heißt die Kinder. Wir wollen Kindern zu einem echten Erlebnis mit unseren Produkten verhelfen. Aber auch für unsere Händler und selbstverständlich auch für unsere Mitarbeiter ist nur das Beste gut genug. Für mich bedeutet das Motto auch, dass wir wirklich hervorragende Arbeitsabläufe haben. Wir müssen eine hohe Qualität, eine hervorragende Logistik sowie einen guten Kun-

Der alte Leitspruch des Gründers »Das Beste ist nicht zu gut« hat Jahrzehnte an LEGOs Wänden gehangen. Auf dem Foto sieht man ihn Anfang der Fünfzigerjahre hinter Dina Thomsen, Lilly Munk und Valborg Madsen, die Spielzeuglastwagen schleifen und lackieren.

den- und Konsumentenservice haben. Wir müssen immer danach schauen, wie wir unsere Arbeit verbessern können.

Aber das vielleicht Wichtigste von allem, so hat es Ole Kirk verstanden, ist, dass es zu Wiederholungskäufen kommt und dass eine positive Mund-zu-Mund-Propaganda von einem Kunden zum anderen zu immer neuen Käufen führt. Ole Kirk lackierte die Holzenten, die die Kinder hinter sich herziehen konnten, ganze drei Mal, weil so eine Ente ja häufig gegen Möbel stößt und Schrammen bekommt. Er wusste, die Lackierung führte dazu, dass die Konsumenten gute Erfahrungen mit LEGO-Spielzeug machen würden, und dann würden sie es auch wieder kaufen oder jemand anderem empfehlen.«

Kjeld: »Das Motto meines Großvaters hat uns immer Probleme bereitet, wenn wir es ins Englische übersetzen wollten. Wir haben ganz einfach nicht die richtige Wendung gefunden, vielleicht weil ›zu gut‹ sehr Jütländisch ist. (Auf Dänisch lautet das Motto: »Det bedste er ikke for godt.« Da die wörtliche Übersetzung, »Das Beste ist nicht zu gut«, negativ klingt, hat sich im Deutschen die Wendung »Nur das Beste ist gut genug« durchgesetzt.) Für mich persönlich waren die Worte immer eine Erinnerung daran, dass man nie aufhören darf, etwas Neues zu denken, egal, was du getan und erreicht hast. Das ist für mich die wahrhaftigste Interpretation von Großvaters Motto. Vergiss niemals, kreativ und neu zu denken! Aber ich weiß auch, dass es viele Leute gibt, die es für eine Forderung nach einem beinahe krankhaften Perfektionismus gehalten haben, was ich furchtbar finde.«

Knudstorps Präsentation der Shared Vision kommt ungefähr zur gleichen Zeit wie eine andere wichtige Konzernmitteilung im Frühjahr 2006, in der es um die Verlegung der Produktion und der Packerei in Niedriglohnländer wie Tschechien, Ungarn und Mexiko geht. Eine Drohung, die über ein Jahr wie eine schwere Wolke über Billund hing. Nun wird es ernst.

Die Schließung der Gießereien in der Schweiz, den USA und Südkorea, und in einem gewissen Umfang auch in Billund, bedeutet nicht nur Massenentlassungen, sondern auch, dass man künftig den größten Teil der Produktion der Firma Flextronics International überlässt. Dieses gewaltige Manöver ist ein äußerst wichtiger Bestandteil von Knudstorps und Ovesens Rettungsplan und bedeutet auf dem Papier, dass man bis 2010 weltweit die Gesamtzahl der Beschäftigten von achttausend auf dreitausend Mitarbeiter reduzieren will. Es ist also ein Aderlass zu erwarten, aber mit seinem offenen, ehrlichen Führungsstil und seiner umgänglichen Art gelingt es dem geschäftsführenden Direktor noch einmal, einen grausamen Punkt des Sparplans durchzusetzen.

Weder Knudstorp noch Ovesen oder der Aufsichtsratsvorsitzende Øvlisen wollen den Einwohnern von Billund irgendetwas versprechen. Alle sind der Ansicht, dass die Familie Kirk Kristiansen der Gemeinde Grene ein halbes Jahrhundert lang viel gegeben hat. Die Menschen nehmen die verzwickte Situation erstaunlich ruhig hin, vielleicht weil sich niemand ernsthaft vorstellen kann, dass der Firmeninhaber – Godtfreds und Ediths Sohn Kjeld – sich damit einverstanden erklärt, LEGO aus Billund zu verlagern.

> **Kjeld**: »Nichts war mehr heilig, als Jørgen und Jesper mit ihrem Sparplan loslegten. Ich war prinzipiell gegen Outsourcing, aber ich sah ein, dass es sinnvoll war, zum Beispiel die Packerei in ein Niedriglohnland zu verlagern. Vor der Verlagerung der gesamten Produktion hingegen hatte ich Angst, das würde einen enormen Verlust von Know-how in der Gießerei bedeuten. Ich war einverstanden, dass achtzig Prozent nach Tschechien und nach Mexiko gingen und wir die Fabriken in der Schweiz schlossen, aber ich bestand darauf, den wichtigsten Teil der Gießerei hier in Billund zu belassen. Er war mir heilig. Als Firmeninhaber und Einwohner von Billund empfand ich mich als eine Art Garant dafür, dass der Wahnsinn einen Sinn bekam, wenn wir schon sparen und so drastisch entlassen mussten. Und es zeigte sich auf lange Sicht, dass es keinen Sinn hatte, einen so großen Teil der Produktion aus den Händen zu geben.«

Die Bilanz des Jahres 2006 weist einen erstaunlichen Gewinn von 1,3 Milliarden Kronen aus, und 2007 wird in mehrfacher Hinsicht ein Jahr des Jubelns in Billund. Die angekündigten Entlassungen in Verbindung mit der Verlegung der Produktion werden ausgesetzt, um später ganz gestrichen zu werden. Es stellt sich heraus, dass Flextronics seinen Verpflichtungen nicht nachkommen kann, und Knudstorp muss ein für alle Mal den Gedanken aufgeben, andere Firmen den LEGO-Stein gießen zu lassen.

Es gibt somit gute Gründe, im August 2007 das 75-jährige Jubiläum des Unternehmens zu feiern, gefolgt von Kjelds sechzigstem Geburtstag Ende Dezember. Dass Humor und Lebensfreude des Firmeninhabers nach den schlimmsten Krisenjahren zurückgekehrt sind, kann man während des Jubiläumsfestes am 10. August auf dem großen Parkplatz des LEGOLAND-Geländes erleben. Dreitausend Mitarbeiter feiern bei strahlendem Sonnenschein. An einem Ende des Festplatzes gibt es Spielmöglichkeiten für das Kind im Erwachsenen, am anderen Ende ist für das Mittagessen ein Zirkuszelt aufgebaut, vor dem Kjeld und Knudstorp jedem die Hand schütteln.

Der Lehrling und sein Meister sind mit Leib und Seele dabei. Kjeld hat während des Mittagessens Jørgen zu einem Wettlauf mit Widerstandsbändern aus Gummi herausgefordert, und die Tribünen rund um die Laufstrecke sind bis auf den letzten Platz besetzt. Auch die örtliche Presse ist zur Stelle. Die Mitstreiter nehmen die Brillen ab und ziehen Schuhe und Strümpfe aus, bevor ihnen ein kräftiges Gummiband um den Körper gelegt wird. Das Publikum feuert sie lautstark an und stöhnt laut auf, als Kjeld von dem Widerstandsband in einem halben Purzelbaum zurückgerissen wird. Mit einem breiten Grinsen akzeptiert er seine Niederlage: »Jørgen ist ein fantastischer Kämpfer. Das muss ich schon sagen. Aber dazu braucht man ja auch ein gewisses Gewicht!«

2007 kommt es auch zur Teilung der Investitionsgesellschaft KIRKBI zwischen den beiden Familienzweigen: auf der einen Seite Gunhild, ihr Mann Mogens Johansen und ihre drei Söhne, auf der anderen Seite Kjeld und Camilla, Sofie, Thomas und Agnete. Nach Godtfreds Tod hatte Kjeld die LEGO-Aktien seines Vaters übernommen, Gunhild blieb Mitinhaberin von KIRKBI A/S. Das ist sie auch noch bis 2007, als sich der Kirk-Johansen-Zweig nach der großen Firmenkrise aus der direkten Inhaberschaft zurückziehen möchte. Die Formalitäten werden von Jesper Ovesen abgewickelt, der nach der Sanierung von LEGO Direktor von KIRKBI geworden ist und nun die Inhaberschaft von LEGO in einem Unternehmen unter der Kontrolle von Kjelds Familie vereint.

Das Gesamtvermögen, das in zwei Teile aufgeteilt wird, wird of-

Bei der Jubiläumsfeier 2007 treten Kjeld und Jørgen bei einem Wettlauf mit Widerstandsbändern gegeneinander an. Zunächst sieht es für den Inhaber recht vielversprechend aus, doch dann unterliegt Kjeld, der ganz links auf dem Foto zu ahnen ist, dem geschäftsführenden Direktor. *Foto: Palle Skov.*

fiziell mit 20 Milliarden Kronen beziffert, Beobachter schätzen aber, dass es sich auf das Doppelte beläuft. Es besteht aus Wertpapieren, Beteiligungen an verschiedenen Investmentgesellschaften, Immobilien im In- und Ausland und nicht zuletzt dem Recht an dem Markennamen LEGO. Grob gesagt, bekommt Gunhild Kirk Johansens Familie die Anteile von KIRKBI, bei denen es keine direkte Überschneidung mit LEGO gibt, während Kjelds Familie alle LEGO betreffenden Bereiche bekommt. Kjeld äußert sich dazu in der Tageszeitung *Berlingske*: »Man kann sagen, dass die Spaltung von KIRKBI, die wir nun vornehmen, die Teilung der Firma vollzieht, die mein Vater viele Jahre vor seinem Tod vorbereitet hat. Es ist wichtig, so etwas zu tun, wenn alle in der Familie gut miteinander auskommen, so wie wir heute.«

Zu seinem sechzigsten Geburtstag 2007 gibt Kjeld zum ersten Mal seit drei Jahren wieder größere Interviews und erzählt mehreren überregionalen Zeitungen von der Erleichterung, sich vom Tagesgeschäft im Konzern befreit zu haben. Die Leser begegnen einem entspannten, abgeklärten Firmeninhaber, der auch die Schuld an der Krise von LEGO Anfang der 2000er-Jahre auf sich nimmt und einräumt, dass viele der Fehler, die gemacht wurden, durch sein Zögern entstanden sind:

»Heute sehe ich, dass wir bestimmte radikale Schritte zu spät vorgenommen haben. Ich hätte früher erkennen müssen, dass es neue Leute in der Führung braucht. Wir mussten offenbar erst wirklich unerfreuliche Ergebnisse einfahren, bevor wir Maßnahmen ergriffen, um das Ruder umzulegen.«

Kjeld Kirk Kristiansen gewährt auch persönliche Einblicke, wie man es vorher noch nicht erlebt hat; so erklärt er, aus Rücksicht auf seine Familie hätte er sich eigentlich schon früher von der Position des geschäftsführenden Direktors zurückziehen müssen:

»Wie ich meinem Sohn Thomas gesagt habe: ›Auch wenn ich ständig betone, dass die Familie das Wichtigste ist, nützt es ja nichts, wenn ich gleichzeitig signalisiere, dass dies nicht der Fall ist.‹ Es ist eine harte Erkenntnis, aber sie ist richtig. Man kann nicht sagen, die Familie kommt zuerst, wenn man nicht konsequent danach lebt.«

Am Ende des Jahres gehören zum engsten Familienkreis neben ihm selbst und seiner Ehefrau Camilla die 31-jährige Sofie, der 28-jährige Thomas, die 24-jährige Agnete sowie zwei Enkelkinder und die Urgroßmutter Edith. Sie ist 83 Jahre alt, aber noch immer der soziale Dreh- und Angelpunkt in der Familie. Alljährlich richtet sie zu Pfingsten ein Mittagessen in der Jagdhütte der Familie in der Utoft Plantage aus, bei dem Edith, abgesehen von Kjeld und Gunhild und deren Familien, ihre sechs älteren Geschwister und deren Kinder, Enkel und Urenkel versammelt.

2005 nehmen fast hundert Familienmitglieder an Ediths Pfingstfest teil, das vor dem Mittagessen in der Jagdhütte mit einem Gottesdienst in der Kirche von Grene beginnt. Ein Jahr zuvor, zu ihrem achtzigsten Geburtstag, wird Edith in der Mitarbeiterzeitung gefeiert, in der sie auch ein wenig über sich und ihre Ehe mit Godtfred erzählt:

Mit Knudstorp an der Spitze des Unternehmens, das ganz offensichtlich zu alter Stärke zurückfindet, kann Kjeld sich aus der Verantwortung als Inhaber zurückziehen und mit Camilla auf Reisen gehen, unter anderem nach Grönland, wo das Paar sich mehrfach aufhält und das Inlandeis auf einem Hundeschlitten erlebt. *Fotos: Privatbesitz.*

»Ich musste Pläne für die Wochenenden machen, denn wenn ich nichts geplant hatte, arbeitete er sowohl am Samstag als auch am Sonntag. Mir wäre es lieb gewesen, wenn er mehr Zeit zu Hause verbracht hätte, denn die Kinder vermissten ihn sehr damals, aber Godtfred fiel es schwer, sich freizunehmen.«

Der 60-jährige Kjeld hat ebenfalls nicht vor, sich aufs Raltenteil zu begeben, aber er hat sich eingefunden in seine Rolle als graue Eminenz mit einem Büro in KIRKBIs Bürogebäude an der Ecke Vejlevej und Koldingvej. Aus dieser etwas zurückgezogenen Position, mit der Rolle als verantwortlicher Inhaber und Aufsichtsratsmitglied bei LEGO A/S und KIRKBI A/S im Hintergrund, prägt der ehemalige geschäftsführende Direktor weiterhin den Geist und die übergeordneten Richtlinien des Unternehmens. Außerdem ist Kjeld an der LEGO Foundation und dem LEGO Brand & Innovation Board beteiligt, wo man den Rahmen für die Entwicklung der Marke und des Produktprogramms festlegt.

Darüber hinaus ist Kjeld seit 2004 eine Art Mentor für Jørgen Vig Knudstorp, was sich vor allem in ihren vielen gemeinsamen Flugreisen in der zweiten Hälfte der 2000er-Jahre zeigt. Hier lernt Knudstorp die

»asiatische« Mentalität des Firmeninhabers so gut kennen, dass er in einer Geburtstagsansprache den Begriff »irrational« für seinen Lehrmeister verwendet und erklärt, mit Kjeld gäbe es niemals einen klaren Anfang oder ein klares Ende. Es solle immer möglichst spielerisch und intuitiv zugehen. Wie bei *Pu der Bär*.

> **Kjeld**: »Wenn man zu zweit in einem Privatflugzeug sitzt, ist man in einer Blase für sich und kann ungezwungen über das reden, was einem am meisten am Herzen liegt. Jørgen und ich haben viele lange und gute Reisen unternommen, denn ich habe Wert darauf gelegt, dass er unser Unternehmen genau kennt. Wir waren in den USA, Australien, Singapur, Japan und China. Und wenn wir im Flugzeug saßen oder uns zum Schlafen legten, erzählte ich ihm etwas von LEGOs Geschichte, woran Jørgen sehr interessiert war.«

Die Jahre 2008 bis 2010 werden finanziell gesehen zu einer glücklichen Verlängerung der Situation, die sich bereits in den vergangenen drei Jahresergebnissen gezeigt hat. Der LEGO-Konzern ist wieder zurück als einer der weltweit führenden Spielwarenproduzenten, und selbst eine globale Finanzkrise, die tiefe Spuren in der Weltökonomie hinterlässt, ändert nichts an den positiven Zahlen in Billund.

Das Ergebnis im Jahr 2006 weist einen Gewinn von 1,3 Milliarden Kronen aus und steigt dann Jahr für Jahr bis auf 4,9 Milliarden Kronen im Jahr 2010, das als Ziellinie für die Shared Vision definiert wurde. Der LEGO-Konzern legt bei Umsatz und Gewinn deutlich zu, und nicht zuletzt auch bei den Mitarbeitern, obwohl Knudstorp und Ovesen in ihrem ursprünglichen Rettungsplan die Zahl der Beschäftigten auf dreitausend reduzieren wollten. Die Wirklichkeit hat die alte Zahl jedoch überholt, 2010 hat LEGO mehr als neuntausend Angestellte, die am Jahresende zu einem globalen Fest eingeladen werden. Es soll an den LEGO-Standorten überall auf der Welt stattfinden und zeigen, dass die Shared Vision gelungen ist.

Mitten in der internationalen Finanzkrise, in der die Konkurrenten Federn lassen müssen, wächst LEGO und präsentiert 2009 einen Gewinn von 1,8 Milliarden Kronen. Jørgen Vig Knudstorp ist verantwortlich für einen der aufsehenerregendsten Turnarounds der dänischen Wirtschaftsgeschichte, aber er hält den Ball flach: »Wir hatten unsere eigene Finanzkrise vor vier, fünf Jahren, daher sind wir heute besser gerüstet.«

In Dänemark findet das Fest am Freitag, den 19. November 2010, statt. Sämtliche Mitarbeiter aus dem ganzen Land werden am frühen Nachmittag abgeholt und mit Bussen zum Vingsted-Center zwischen Vejle und Billund gebracht, wo jede Menge Aktivitäten angeboten werden. Man kann Kicker spielen, Nägel in einen Baumstumpf schlagen, sich verkleiden oder sich ein Kindertattoo aufmalen lassen. Um die dreitausend Mitarbeiter und die Inhaberfamilie, angeführt von Kjeld und Camilla, zu unterhalten und zum Tanzen zu animieren, hat man Dänemarks bekannteste Popbands engagiert.

Den größten Jubel gibt es bei einem besonderen Dank an die LEGO-Mitarbeiter weltweit, der in Dänemark auf einer Großleinwand gezeigt wird. Es ist ein Musikvideo mit der Führungsspitze, zu der außer Knudstorp Mads Nipper, Lisbeth Pallesen, Bali Padda, Sten

Daugaard und Christian Iversen zählen. Der Film beginnt mit einem Blick in den *boardroom* der Firmenzentrale, wo die Direktion sich versammelt hat, um über die Form der Dankesrede an die Beschäftigten zu diskutieren, die aus Anlass der Shared Vision bei dem globalen Fest gehalten werden soll. Alle am Tisch sind natürlich einer Meinung, dass die Rede mit PowerPoint-Folien präsentiert werden soll – *»lots of PowerPoints«*, wie einer der Beteiligten sagt. Doch dann klingelt ein Handy. Es ist Kjeld! Knudstorp hört zu, nickt ernst und gibt seine Anweisung an die anderen am Tisch weiter: »Kjeld sagt: keine PowerPoint-Folien!«

Die LEGO-Direktoren sehen sich ungläubig an, keine Folien – was denn dann?

Knudstorp ergreift das Wort: »Guys, lasst uns die Zeit bis ins Jahr 2004 zurückschrauben, als wir mitten in dieser schrecklichen Krise steckten und alles so düster aussah – wie haben wir uns damals gefühlt?«

Es sind die erlösenden Worte. Jetzt brechen bei den sonst so anständigen und korrekten Führungskräften alle Dämme, sie verlieren sämtliche Hemmungen und verwandeln das triste Konferenzzimmer in eine verschwitzte Diskothek der 1980er-Jahre, mit gedämpftem Licht, einer sich drehenden Discokugel, aufreizenden Rhythmen und der Stimme von Gloria Gaynor. »I Will Survive« wird zum aufpeitschenden gemeinsamen Song über das Unternehmen, von dem alle glaubten, es würde verkauft werden, das aber aufgrund des Einsatzes und der Kreativität seiner Mitarbeiter überlebte:

We grew strong
The Shared Vision spurred us on
And now we're back
Because of you, we have survived.

Eine Welle der Begeisterung geht durch das Vingsted-Center. Wann hat man so etwas schon gesehen: eine Unternehmensführung, die wie 17-Jährige vor Tausenden Beschäftigten auf der ganzen Welt singt und tanzt! Der Finanzdirektor wirbelt den Chef der Digitalabteilung herum, und der Marketingchef schmettert den Refrain mit einer Kraft – *The LEGO Group is strong / It's the greatest place to be, hey hey!* –, als stünde er beim Roskilde-Festival auf der Bühne. Knudstorp legt die Arme liebevoll um Bali Padda und blickt in die Zukunft:

We're on a mission to invent
The future of play
Let's share
A bit of magic every day
Then you and I
We'll reach the sky.

Und dann – puff – erlischt die Discokugel, und die Direktion sitzt wieder am Konferenztisch und blickt sich an. Jetzt mit einem leicht schiefen Lächeln, bis der Finanzdirektor sich ein bisschen Silberstaub vom Jackenärmel bürstet und sagt: »Das geht nicht, Freunde, niemand wird uns je wieder ernst nehmen!«

»Nein, halten wir uns an PowerPoint«, erwidert Mads Nipper.

»I like that«, stimmt Bali Padda zu, *»PowerPoint rules!«*

So endet das Jahrzehnt im LEGO-Konzern mit einer weltweit übertragenen Hymne an den spielenden Menschen. Oder wie der tanzende und singende CEO es einige Jahre zuvor formuliert hat: »Das, was Spielzeug mit Kindern macht – warum sollte es nicht dasselbe mit uns machen? Wir wollen ein Arbeitsplatz sein, der in diesem Geist lebt.«

Friends, 2012.

Erbe

Die 2010er-Jahre

1964. Es ist Hochsommer in Dänemark, und der 16-jährige Kjeld besucht eine Reitschule mit einer Menge pferdebegeisterter Menschen. Gustav Martens, ein bekannter Reitlehrer aus Vejle, ist verantwortlich für das alljährliche Ochsenweglager für Reiter, Postkutschen und einen Präriewagen, der von einem Arbeitspferd namens »Der Elefant« gezogen wird. Der fröhliche Umzug mit Kindern und Erwachsenen, die reiten, die Zügel halten oder auf dem Dach der Postkutsche liegen, führt stets über ein Stück des Ochsenwegs – jene uralte Hauptverkehrsader durch Jütland, die im Mittelalter Dänemark mit Deutschland und dem übrigen Europa verband.

Die Straße hat schon viele Menschen erlebt: Pilger, Landstreicher und Soldaten, aber auch Trödler, Ochsentreiber und Pferdehändler. Im Juli 1964 wird die Natur rund um die alte Handelsstraße allerdings nur von der Menagerie des Reitlehrers gestört. An einem Nachmittag schlägt man schließlich das Lager bei Randbøldal in der Nähe von Billund auf. Es ist eine der schönsten Gegenden im Tal des Vejle-Flusses, und sie hinterlässt bei Kjeld einen bleibenden Eindruck. Es ist der Sommer, in dem er sich mit Poul Erik anfreundet, der wie Kjeld Pferde liebt. Aber Poul Erik erbt keine Spielzeugfabrik und stellt sich

Wildwest in Mitteljütland. Die Postkutsche abseits des Ochsenwegs im Sommer 1964. *Foto: Privatbesitz.*

bereits vor, sein Leben als Erwachsener mit Pferden und Reiten zu verbringen.

Zehn Jahre später, Mitte der Siebzigerjahre, sitzt Kjeld nur noch selten auf dem Rücken eines Pferdes. Er ist ein junger Kerl in einem engen Hemd mit breitem Kragen und Gabardinehose mit Schlag, Direktor der LEGO AG in der Schweiz und frisch verheiratet. Kjeld und Camilla wohnen in dem Alpenland, sollen aber bald nach Dänemark umziehen, wo Kjelds Vater ein großes Reihenhaus für den Sohn und die Schwiegertochter vorbereitet hat. Auf einer ihrer kurzen Reisen nach Dänemark sprechen die beiden darüber, sich ein Zuhause zu suchen, das nicht mitten in Billund liegt, und Kjeld erinnert sich an die wunderschöne Landschaft in der Nähe von Randbøldal.

Kjeld: »Ich dachte, wir könnten eventuell dort draußen wohnen, also fuhr ich hin und redete mit dem Eigentümer des Gutshofs Korshøjgård. Es hätte ja sein können, dass er verkaufen wollte. Es stellte sich heraus, dass es ein älterer Pferdehändler war, Anton Mortensen, und sein Hof sei absolut nicht zu verkaufen, hieß es. Wir gaben den Plan auf und zogen im Skovparken ein.«

Die nächsten zehn Jahre hat Kjeld Erfolg mit LEGO, und Camilla und er werden Eltern von zwei Mädchen und einem Jungen. An einem Sommersonntag 1988, an dem Kjeld ausnahmsweise einmal nicht auf Reisen ist, fährt er zusammen mit Sofie, die angefangen hat zu reiten, zur Hengstkörung nach Herning. Vater und Tochter genießen die Stimmung, den Geruch und den Anblick der hübschen, glänzenden Tiere, und plötzlich stößt Kjeld auf seinen alten Freund aus der Reitschule und dem Sommercamp. Die Wiedersehensfreude ist groß, und Poul Erik, der genau weiß, was Kjeld macht, erzählt, er sei Inhaber eines Geschäfts mit Reitausrüstung in Vejle und sitze im Vorstand von Dansk Varmblod (Dänische Warmblüter), einem Verein für Züchter und Halter von Reitpferden. Kjeld lädt ihn nach Schelenborg ein, und als Poul Erik Fugmann die verlassenen Kuhställe des Gutshofs sieht, sagt er spontan: »Hier solltest du Pferde halten, Kjeld!«

Gesagt, getan, die Ställe werden umgebaut und mit Pferdeboxen eingerichtet. Mit Poul Erik als Experten und Berater beginnt Kjeld nun, Pferde für ein Springpferde-Gestüt zu kaufen, das den Namen Stutteri Ask (Gestüt Esche) erhält. Aus der Zusammenarbeit der beiden alten Reitkameraden entsteht schon bald die Idee, Zucht und Sport miteinander zu verbinden. Sie sehen sich nach einem Ort in Mitteljütland um, wo man ein Dressurzentrum und eine Hengststation mit Platz für rund fünfzig Pferde bauen könnte, und erneut denkt Kjeld an den hübsch gelegenen Hof in Randbøldal.

Kjeld: »Ich griff zum Telefon und rief Anton in Korshøjgård an.

›Hallo Anton, hier ist Kjeld aus Billund, soweit ich weiß, hast du noch immer den Hof, könntest du dir inzwischen vorstellen, ihn zu verkaufen?‹

›Weißt du was‹, antwortete er, ›das ist komisch, dass du anrufst, denn ich bin jetzt achtzig Jahre alt und nicht mehr so gut auf den Beinen, und meine Tochter sagt, ich soll jetzt ins Pflegeheim, daher würde ich eigentlich gern verkaufen!‹

Er nannte mir einen Preis für den Hof, und ich sagte: ›Das klingt doch eigentlich sehr vernünftig, Anton, das können wir gern so vereinbaren.‹

Da war er ein bisschen enttäuscht, der alte Pferdehändler. Er hatte erwartet, dass wir um den Preis feilschten, eben auf echt jütländische Art.«

Das neue Dressurzentrum mit Stallungen, Reithalle und anderen Einrichtungen in Korshøjgård wird Blue Hors genannt, Poul Erik übernimmt die Leitung.

»Und was macht Kjeld?«, fragt die *Hippologisk Tidsskrift* bei einem Besuch im Herbst 1992.

Kjeld antwortet, sein Job als Direktor bei LEGO nehme den größten Teil seiner Zeit in Anspruch, deshalb würden sie für die verschiedenen Aufgaben auf der Stutteri Ask und bei Blue Hors Mitarbeiter einstellen.

Das Pferdemagazin stellt Kjeld als einen Unternehmer dar, der sich vor allem aus alter Liebe zu Pferden Hals über Kopf in den Reitsport und das Dressurzentrum gestürzt hat. Nun will er versuchen, seine Investitionen in ein einigermaßen rentables Geschäft zu verwandeln – ebenso wie das Unternehmen in Billund sollen das Gestüt Ask und Blue Hors nicht unbedingt die Größten, aber gern die Besten auf ihrem Gebiet sein. Und so sitzt Kjeld spätabends zu Hause über Kalkulationstabellen, die sein neues Hobby und Geschäftsfeld analysieren. Er genießt es, die Finger in einem Betrieb zu haben, der im Gegensatz zu LEGO mit einem Blick zu übersehen ist. Egal ob man durch die Ställe und auf die Trainingsbahn geht oder die Datenbank der Zuchthengste mit Stammbäumen, Körungsbeschreibungen, Nachkommen, sportlichen Resultaten, Renndaten und zu erwartenden Fohlengeburten aktualisiert.

Kjeld: »Es ist nie ein gutes Geschäft gewesen, das kann ich schon verraten, aber es hat mir im Laufe der Jahre so viele andere Freuden bereitet. Die Pferde und die Zucht so in der Nähe zu haben, wie es in Schelenborg der Fall ist, das ist einfach wun-

»Ich kaufte Don Schufro 1997 als Vierjährigen. Als ich ein Video mit ihm sah, hatte ich Tränen in den Augen. Fantastische Gangarten, ihn mussten wir für das Gestüt haben! Er wurde rasch unser Stammhengst, zehn Mal war er Nummer 1 bei der deutschen Zuchtwertschätzung für Dressurhengste, und seine sportliche Karriere hatte ihren Höhepunkt mit einer Bronzemedaille bei den Olympischen Spielen in China. Im Januar 2020 starb er mit siebenundzwanzig Jahren als eine Legende innerhalb der Dressurwelt.«
Foto: Privatbesitz.

derbar. Ich mag es wirklich sehr, zu ihnen hinauszugehen, vor allem, wenn sie mit den Fohlen auf der Weide grasen, die dann vorsichtig näher kommen und ein bisschen an einem herumknabbern. Für mich war es immer eine sehr gute und gesunde Therapie, dieses enge Verhältnis zwischen Tier und Mensch. Ich finde ja, zum Spannendsten gehört, herauszufinden, wie man zum Kern der Psyche eines Pferdes vordringt. Auch Pferde lernen viel durch Spielen, und ich konnte es nicht lassen, dies ein wenig mit dem Glauben an das Spielen und Lernen zu vergleichen, den wir bei LEGO schon immer hatten.«

Kjelds und Poul Eriks Wege trennen sich zu einem Zeitpunkt, als das Leben mit Pferden zu einer Leidenschaft geworden ist, die Kjeld mit seiner Frau und seinen Kindern teilt, obwohl er nicht länger reitet. Aber Sofie reitet noch, auch als sie in den 2000er-Jahren nach Klelund Dyrehave, einen Wildpark zwischen Billund und Esbjerg zieht. Thomas nimmt einige Jahre an Reitwettbewerben teil und betreibt eine Zeit lang ein Gestüt für Araberhengste in der Nähe von Schelenborg. Und Agnete, die Jüngste der drei Kinder, wird zu einer der besten Dressurreiterinnen des Landes und vertritt Dänemark auf ihrem Pferd JoJo AZ 2016 bei den Olympischen Spielen in Rio.

Heute konzentriert sich Kjelds Engagement für den dänischen Reitsport auf die beiden Anlagen, Stutteri Ask und Blue Hors, in denen es alle erdenklichen Einrichtungen rund um Pferde und das Reiten gibt, darunter eine große, moderne Reithalle mit Platz für annähernd tausend Zuschauer. Für Kjeld geht es dabei nicht nur um den Wettkampfsport, sondern auch darum, mit den Turnieren ein Familienerlebnis zu schaffen, das fast schon an das klassische LEGOLAND-Konzept erinnert.

Diese Grundidee – das Familienerlebnis – liegt ganz offensichtlich auch Kjelds großem Plan in den 2010er-Jahren zugrunde: Er will ein LEGO *brand house* mitten in Billund bauen. Die Idee dazu hat Kjeld, als das interne Firmenmuseum in das Haus seines Großvaters an der Hovedgaden verlegt wird. In diesem Zusammenhang wird viel darüber diskutiert, ob man das Ideenhaus der Öffentlichkeit zugänglich machen sollte – nicht zuletzt deshalb, weil die wachsende Schar von AFOLs aus der ganzen Welt angefangen hat, Wallfahrten nach Billund zu unternehmen, wo alles begann. Aber Ole Kirks Haus und das lange Fabrikgebäude aus dem Jahr 1942 eignen sich nicht als Ausstellungsräumlichkeit mit den Einrichtungen und dem Platz, den ein öffentliches Museum erfordert.

2007 werden Billund und Grindsted zu einer Großgemeinde zusammengelegt. Die beiden Bürgermeister einigen sich darauf, dass die neue Gemeinde Billund heißen soll, während das Rathaus mit seinen Angestellten, die Büros und Archive nach Grindsted umziehen. Auf dem Rathausplatz von Billund – weniger als hundert Meter vom Löwenhaus entfernt – steht ein großes, hässliches und leeres Gebäude, über dessen weitere Verwendung noch keine Entscheidung getroffen worden ist.

Der Rathausplatz in der Mitte des Ortes, wo der Billund-Bach verläuft und früher einmal die Molkerei stand, ist ausgesprochen verlockend. Kjeld ist sich inzwischen sicher, dass ein zukünftiges LEGO-Museum kein traditionelles Museum sein soll, sondern ein großes, lebendiges und modernes *brand house*, das bis in seine Architektur eine Huldigung der Marke ist. Und innen soll es ein Erlebniszentrum sein, in dem Kinder, Eltern und Großeltern aus der ganzen Welt mit den Steinen spielen können, jede Menge aktiver Bauerlebnisse haben und humorvolle Einblicke in LEGOs Werte und Geschichte bekommen. Auch über einen möglichen Architekten hat sich der visionäre LEGO-Inhaber bereits Gedanken gemacht. Der Däne Bjarke Ingels soll Kjelds Traum von einem Gebäude einlösen, das den LEGO-Stein und die Idee des LEGO-Systems abbildet und Platz bietet für den spielenden Menschen.

Im Zusammenhang mit der Verleihung des LEGO-Preises im April 2010 an Nicholas Negroponte, den Gründer von »One Laptop Per Child«, eine Organisation, die zum Ziel hat, Millionen von Kindern in der Dritten Welt durch Ausbildung und Kommunikation die Möglichkeit zu geben, aus der Isolation der Armut auszubrechen, hat Kjeld Bjarke Ingels als einen der Hauptredner eingeladen. Als die Feierlichkeiten vorbei sind, nimmt er den Stararchitekten auf eine Sightseeingtour durch Billund mit.

Kjeld: »Nach der Preisverleihung fuhr ich Bjarke durch die Stadt, auch am alten Rathaus vorbei, und sagte beiläufig: ›Weißt du, hier könnte ein fantastisches LEGO-Gebäude stehen.‹ Dann sprachen wir über die Idee, und es endete damit, dass Bjarke sagte, es klänge spannend und es wäre eine Aufgabe, die ihn interessieren könnte. Es wurde also ein Architekturwettbewerb veranstaltet, zu dem wir drei verschiedene Architekten einluden, darunter Bjarkes Architektenbüro BIG. Er kam mit all seinen

> Gerätschaften, hatte alle Hebel in Bewegung gesetzt und präsentierte das modulare Gebäude mit Außenterrassen und so weiter. Es gab überhaupt keinen Zweifel: Er bekam den Auftrag.«

Dass Kjeld von Anfang an Bjarke Ingels haben wollte, liegt auch daran, dass Dänemark zu den Ländern der Welt zählt, in denen die meisten Architekten pro Einwohner ausgebildet werden. Dänische Architektur ist mittlerweile überall auf der Welt mit einigen großen Bauten vertreten. Wie viele andere dänische Architekten hat Bjarke Ingels als Kind mit LEGO-Steinen gespielt, und daher erklärt er, als feststeht, dass BIG die große Aufgabe in Billund übernehmen wird:

> »Es ist ein Traum für uns bei BIG, dass wir nun ein Haus für und mit dem LEGO-Konzern entwerfen dürfen. Die LEGO-Steine haben mir persönlich unglaublich viel bedeutet, und ich sehe an meinen Neffen, dass die Rolle der Steine bei der Entwicklung von Kindern zu kreativ denkenden und schöpferischen Menschen nur noch an Bedeutung gewinnt in einer Welt, in der Kreativität und Innovation zu zentralen Eigenschaften in nahezu allen Aspekten der Gesellschaft geworden sind.«

Trotz großer konstruktionsbedingter Herausforderungen schreitet der Bau in den kommenden Jahren einigermaßen planmäßig voran, und am 8. Oktober 2015 kann in Billund endlich Richtfest gefeiert werden. Es entwickelt sich zu einem Volksfest, bei dem in der ganzen Stadt ab den Morgenstunden die Fahnen wehen und die Geschäfte ausnahmsweise bis 18 Uhr geöffnet sind. Die dreitausend Eintrittskarten haben sich längst die Einwohner von Billund und die LEGO-Mitarbeiter gesichert.

Für eine Eintrittskarte von 20 Kronen bekommt man nicht nur eine Führung über die Baustelle, sondern auch zwei rote Würstchen mit Brot, eine rote Limonade und zahlreiche Reden von Bjarke Ingels, Jørgen Vig Knudstorp und Kjeld Kirk Kristiansen. Allerdings ist Kjeld kürzlich mit seinem Segway gestürzt und hat sich ein Bein gebrochen und muss sich daher damit begnügen, seine Ansprache von zu Hause

In Billund drehen sich ständig Kräne über irgendeiner LEGO-Erweiterung oder KIRKBI-Investition. Wo einst eine Genossenschaftsmolkerei und seither das Rathaus (1) stand, soll nun ein LEGO House gebaut werden. Links stehen das Systemhaus (2), Ole Kirks Haus aus dem Jahr 1924 (3) und das Fabrikgebäude von 1942 (4). Oben Godtfreds und Ediths Haus aus dem Jahr 1959 (5) sowie das Billund Center (6).

aus auf der Terrasse im Rollstuhl zu halten. Er erzählt, dass das »LEGO House« sein persönlicher Traum war, denn er habe einen dynamischen Ort schaffen wollen, an dem Kinder und Erwachsene gemeinsam oder allein auf alle möglichen Weisen mit LEGO bauen können – vielleicht sogar in Formen, an die sie selbst bisher noch nie gedacht haben:

> »Die Familie und ich haben das Gefühl, dass wir an einer größeren Sache arbeiten – dem Spielen und Lernen von Kindern –, und in diesem Zusammenhang ist es wichtig, den Eltern noch deutlicher zu machen, wie wertvoll Spielen ist. Das LEGO House ist einzigartig, weil es das einzige seiner Art auf der Welt ist und bleiben wird. Das ist mir wichtig.«

Bei der Grundsteinlegung 2014 ist die Inhaberfamilie für einen Moment eingemauert von den sechs zentralen LEGO-Werten. Von links: Agnete, Camilla, Kjeld, Sofie und Thomas. Davor die 90-jährige Edith, welche die Fertigstellung nicht mehr erleben wird. Kurz vor Weihnachten 2015 stirbt Kjelds Mutter, die insgesamt siebzig Jahre aktiv am Leben der Familie, der Stadt und des Unternehmens teilnahm.

Die Bauarbeiten nehmen 2017 Fahrt auf, und mit seinen weißen Außenkacheln leuchtet das LEGO House bald wie ein großer Eisberg mitten im Zentrum Billunds, wo es, abgesehen vom Kirchturm, kein Gebäude von mehr als zehn Meter Höhe gibt. Das Haus wird im September fertig, und durch die Aufnahmen einer Drohne kann man sehen, dass es aus einundzwanzig übergroßen LEGO-Steinen errichtet wurde. DUPLO Maximus könnte man sagen.

Betritt man das Haus, befindet man sich sofort auf einem riesigen, überdachten Platz in der Mitte des Gebäudes, der ohne Säulen und andere tragende Konstruktionen auskommt. Gut zweihundert Quadratmeter, auf denen es, abgesehen vom Eingangsbereich, ein Restaurant, ein Café und natürlich einen großen, gut sortierten LEGO-Store gibt. Von dieser zentralen Plaza aus können Kinder und Erwachsene auf Entdeckungsreise gehen, zum Beispiel in den Keller, wo ein Kino einen Film über die Geschichte von LEGO zeigt und eine »Memory Lane« Erwachsenen die Möglichkeit gibt, die LEGO-Sets und Bauerlebnisse ihrer Kindheit wiederzufinden.

In den oberen Stockwerken, von denen sich die Kinder unweigerlich angezogen fühlen, befinden sich vier farblich gekennzeichnete Erlebnisbereiche – Rot, Blau, Grün und Gelb –, in denen das spielerische Lernen die pädagogische Grundlage bildet: Der rote (kreative) Bereich dient dem freien Spiel, während im blauen (kognitiven) Bereich Probleme und Herausforderungen gelöst werden sollen. Die grüne (soziale) Zone ist die Welt der Figuren und des Geschichtenerzählens, und in der gelben (emotionalen) Zone kann man mit LEGO-Steinen Gefühle ausdrücken. Überall stehen junge Mitarbeiter bereit, um Kinder und Erwachsene zum Spielen mit LEGO zu bewegen und ihnen Anregungen zu geben.

In der obersten Etage ist die »Masterpiece Gallery« untergebracht, eine Ausstellung einiger besonderer Skulpturen, die AFOLs aus der ganzen Welt gebaut haben. Mitten durch die vier Erlebniszonen erhebt sich – vom Boden bis zur Decke – ein fünfzehn Meter hoher Baum, gebaut aus über sechs Millionen LEGO-Steinen, der »Tree of Creativity« genannt wird. An dem Kreativbaum entzündete sich in der ersten Bauphase die einzige Meinungsverschiedenheit zwischen dem Archi-

2017 wird das LEGO House offiziell vom Kronprinzenpaar und seinen vier Kindern eröffnet, die einen herrlichen Spieltag erleben. In der obersten Etage, zwischen den eher abstrakten LEGO-Modellen, die von Fans aus der ganzen Welt gebaut wurden, wird Kronprinzessin Mary von Kjeld (links), Bjarke Ingels und Jesper Vilstrup, dem Leiter des LEGO House, herumgeführt. *Foto: Jens Honoré / LEGO House.*

tekten und dem Bauherrn, da Ingels ein riesiges Mobile aus schwebenden LEGO-Elementen vorschlug, während Kjeld etwas stärker Verwurzeltes wollte und seinen Willen bekam: der Baum des Lebens, der wie Yggdrasil aus der nordischen Mythologie seine immergrüne Krone in den Himmel reckt und dessen Wurzeln in der skandinavischen Erde und Kultur stecken, aus der auch LEGO kommt.

Architekten und Kunstkritiker aus der ganzen Welt pilgern nach der Eröffnung des Hauses nach Billund, um sich die neue Attraktion von BIG und LEGO anzusehen, und die wenigsten haben etwas zu kritisieren. Alle teilen die Begeisterung darüber, dass es gelungen ist, eine Unternehmens- und Produktphilosophie in ein derart interessantes Gebäude zu überführen. Dennoch können es manche nicht lassen, den surrealistischen Gegensatz zwischen dem neuen windschnittigen Bau mit der internationalen Modernität einer Großstadt und der provinziellen Umgebung, in der das LEGO House steht, zu kommentieren. Der Rezensent der Zeitschrift *Arkitekten* schreibt, man habe beinahe das Gefühl, in einem Paralleluniversum zu sein, wenn man nach Billund kommt und sich dem weißen Raumschiff des LEGO-Imperiums nähert:

»Wenn man beim Anblick des Gebäudes an eine Fata Morgana denkt, dann liegt es daran, dass das Haus sich aus – Entschuldigung, Billund – dem Nichts erhebt. Das LEGO House lässt einen an eine außerordentlich hübsche Braut denken, die in einer Eckkneipe oder auf einer deutschen Messe für Büroausstattung gelandet ist.«

Das LEGO House entsteht in einer Periode von LEGOs Geschichte, in der es ebenso märchenhaft zugeht wie in den 1980er-Jahren, und das liegt nicht zuletzt an den Erfolgen von LEGO Ninjago aus dem Jahr 2011 und der neuen Serie für Mädchen, LEGO Friends, die 2012 auf den Markt kommt. Beide Themen sind Big Bangs, und das bedeutet, es sind eigene Erfindungen, die mehrere Jahre entwickelt wurden und nun weltweit nach allen Regeln der Marketingkunst eingeführt werden.

Mit den beiden Produktlinien wird die Geschlechtersegmentierung weitergeführt, die die Führung während der Krise in den 2000er-Jahren angestoßen hat. Neben den Ninjago-Kriegern und den Friends-Freundinnen trägt auch DUPLO Princess zur Unterscheidung in Jungen- und Mädchenspielzeug bei, das in DUPLO-Sets wie »Dornröschen im Turmgemach«, »Cinderellas königliche Kutsche« und »Arielles zauberhaftes Unterwasserschloss« auf Disney-artige Prinzessinnen setzt. Wie es aussieht, hat man den Gedanken aufgegeben, dass DUPLO-Produkte für Mädchen und Jungen gleich sein sollen, der vierzig Jahre lang vorherrschte.

»Gebt den Mädchen, was sie haben wollen«, sagt Louise Swift, die das DUPLO-Marketing leitet und erklärt, dass siebzig Prozent der verkauften DUPLO-Produkte jene für Jungen seien, während Mütter auf der ganzen Welt nach Mädchenprodukten suchten. Die bekommen sie nun mit DUPLO Princess und LEGO Friends. Nicht nur zur großen Begeisterung der Mädchen – und vieler Mütter –, sondern auch zur Freude von Opa Kjeld. In seiner Rede zum 80-jährigen Jubiläum 2012 sagt er:

> »Ich habe sechs Enkelkinder, alles Mädchen, daher ist LEGO Friends momentan mein Lieblingsprodukt. Die beiden Großen im Alter von fünf und sechs Jahren sind ganz verrückt danach. Sie kennen die Namen der Friends-Mädchen, sie können sich in die Geschichte einleben, und sie können ein bisschen bauen. Auch wenn Mädchen mit anderen LEGO-Produkten spielen könnten, ist es schön, dass wir ihnen nun ein so tolles Angebot machen können.«

Ein anderer, ebenso wichtiger Grund für LEGOs unaufhörliches Wachstum in der ersten Hälfte der 2010er-Jahre ist die erwähnte LEGO Ninjago-Produktlinie. Sie wird mit mehreren verschiedenen digitalen Funktionen lanciert und schwimmt im Kielwasser der Erfolge von Filmen wie *Kung Fu Panda* und den klassischen *Ninja Turtles*, jenen vier mutierten Schildkröten aus New Yorks Abwassersystem, die von Zeit zu Zeit auftauchen, um das Böse zu bekämpfen.

Der Direktor der LEGO Product Group 2, Michael Stenderup, hat große Erwartungen bei der Einführung im Januar 2011 und ist sicher, dass sich LEGO Ninjago doppelt so gut verkaufen wird wie die LEGO Power Miners, eine Serie, die kurz zuvor herausgekommen ist: »Jungs sind überall auf der ganzen Welt nahezu gleich. Sie möchten etwas haben, das cool ist, mit dem man auf eine Mission geht, mit einem Konflikt, und wo es starke, ikonische Charaktere gibt. Ninjago hat all das.«

Um das Konfliktelement im Ninjago-Universum zu verstärken, hat LEGO einen sogenannten »Spinner« konstruiert, eine Art Kreisel, auf den man eine LEGO-Figur montieren kann. Die Idee ist, dass die Jungen ihre Spinner gegeneinander kreiseln lassen, bis einer der Teilnehmer als Sieger dasteht. Spinner und LEGO-Steinen liegen Spielkarten bei, die dem Spinner zu verschiedenen Eigenschaften verhelfen.

Aber ist LEGO nicht dabei – wie schon Ende der Neunzigerjahre –, sich von seiner eigentlichen DNA und seinem Kerngeschäft zu entfernen?, fragt die Mitarbeiterzeitung.

Dieser Ansicht ist der Marketingdirektor nicht: »Jungs wollen Konflikte, und uns geht es ja keineswegs darum, den Fokus von den klassischen LEGO-Produkten zu nehmen, aber wir sehen, dass wir, wenn wir mehr verkaufen möchten, gezwungen sind, gezielt auch auf andere Spielerlebnisse zu setzen.«

LEGO folgt mit anderen Worten dem Zeitgeist und der offenbar weit verbreiteten Ansicht von Eltern in der westlichen Welt der

LEGO Friends ist das sechste auf Mädchen abzielende Angebot in dreißig Jahren. Die Serie wurde für Mädchen im Grundschulalter entwickelt, und die fünf verschiedenen Teenagermädchen aus Heartlake City erobern die Konsumentinnen im Sturm. Olivias Haus wird 2012 das am meisten verkaufte LEGO-Produkt und verweist LEGO Ninjago, LEGO Star Wars X-Wing Starfighter und LEGO City-Polizeistation auf die folgenden Plätze.

2010er-Jahre, dass Jungen und Mädchen fundamental verschieden sind und es unmöglich, vielleicht sogar falsch ist zu versuchen, die biologischen Unterschiede auszugleichen oder zu verändern.

Verantwortlich für dieses Verständnis von Kindererziehung ist eine Reihe von Wissenschaftlern, unter anderem die amerikanische Soziologin und Professorin Elizabeth Sweet, die über den Einfluss von Spielen und Spielzeug auf das Geschlecht forscht. Sie ist wie LEGO der Ansicht, dass Spielen für Kinder lebensnotwendig ist, weil es ihnen beim Lernen hilft, da sie daran wachsen, sich der Welt anpassen und zu vollwertigen Menschen werden. Aber im Unterschied zu LEGO hat Sweet beobachtet, dass es für Kinder schwer ist, eine eigene Identität zu entwickeln, wenn ihr Spielzeug derart geschlechtsstereotyp ist: »Die Forschung zeigt, dass verschiedene Arten von Spielzeug Kindern dabei helfen, unterschiedliche Fähigkeiten und Eigenschaften zu entwickeln. Daher ist es essenziell, dass Kinder mit allem spielen, um zu einem wirklich funktionellen Erwachsenen werden zu können.«

Kjeld: »Wir wurden bereits in den Neunzigerjahren massiv kritisiert, als wir anfingen, rosafarbene Steine zu produzieren, und nicht zuletzt, als wir 2012 LEGO Friends auf den Markt brachten. Aber warum eigentlich? Es war ganz natürlich, meine ich, dass wir unsere Produkte den Konsumenten und der Zeit anpassten. Es brachte den Kindern doch nur noch mehr schöne Bau- und Spielerlebnisse, und glücklicherweise gibt es ja einen Unterschied zwischen Jungen und Mädchen, insbesondere wenn sie in ein gewisses Alter kommen. Dann wollen Mädchen lieber etwas haben, das an ihren Spaß am Rollenspiel appelliert. Sie wollen einen Rahmen um ihr Spiel aufbauen und sich in die verschiedenen Rollen und Milieus einleben, die sie sich schaffen. Für Jungen zählt eher Action und etwas Großes zu konstruieren und zu bauen. Deshalb bin ich der Meinung, dass wir den richtigen und natürlichen Weg gegangen sind. Heute sind wir so weit, dass unter den Kindern, die mit unseren Produkten spielen, über fünfundzwanzig Prozent Mädchen sind, und die Zahl steigt ständig weiter.«

LEGO Star Wars, LEGO Creator, LEGO Technic und LEGO City, LEGO Ninjago und LEGO Friends sind die populärsten Produktlinien in der ersten Hälfte der 2010er-Jahre. Gefolgt von Steadysellern wie Harry Potter, Mindstorms und DUPLO. Doch nicht alles, was LEGO anfasst, wird zu Gold – zum Beispiel floppt eine groß angelegte digitale Initiative mit dem Onlinespiel LEGO Universe, das 2012 nach nur wenigen Jahren am Markt aufgegeben wird. Trotzdem gibt es Grund genug für Jørgen Vig Knudstorp, auf eine etwas ungewohnte Weise vor die internationale Presse zu treten, als am 25. Februar 2015 die Jahresbilanz in Billund präsentiert wird.

Vor dem Hintergrund der Nachricht, dass der Gewinn des Jahres 2014 bei 7 Milliarden Kronen, also fast einer Milliarde Euro, liegt und damit das beste Ergebnis des LEGO-Konzerns jemals ausweist, liefert Knudstorp, der nun seit zehn Jahren CEO ist, eine ausgesprochen unterhaltsame Performance bei der Pressekonferenz. In einem hocheleganten grauen Anzug mit passender Krawatte heißt er in fließendem amerikanischen Englisch die Pressevertreter aus Europa, Asien und den USA willkommen. Und knüpft sofort eine Verbindung zu der gerade erfolgten Oscar-Verleihung in Hollywood, bei der der Zeichentrickfilm *The LEGO Movie* in der Kategorie »Bester Song« nominiert war, sich aber damit begnügen musste, dass sein Titelsong »Everything Is Awesome« in einer musikalischen Show auf der Bühne des Dolby Theatre in Hollywood dargebracht wurde.

Für die Idee und Umsetzung der Aufführung ist LEGOs Lizenzpartner Warner Bros. verantwortlich, der keine Kosten und Mühen gescheut hat. Minicowboyfiguren laufen plötzlich von der Bühne und zwischen die Stuhlreihen im Saal, um Oscar-Statuen aus LEGO-Steinen an Schauspieler und Prominente wie Bradley Cooper, Meryl Streep, Clint Eastwood und Oprah Winfrey zu verteilen. Und nach der Verleihung lassen sich alle mit ihren LEGO-Oscars auf Pressefotos, Schnappschüssen und Selfies verewigen, die fleißig in den sozialen Medien geteilt werden – *awesome*!

Die Show mit der Darbietung des Songs ist der Höhepunkt des

The LEGO Movie hat im Februar 2014 in den USA Premiere. Der Film handelt von Emmet, einer ganz normalen Minifigur, die ihr Leben nach LEGOs sicheren Bauanleitungen führt, eines Tages aber mit einem LEGO-Meisterbauer verwechselt wird, der die Welt vor einem bösen Tyrannen retten soll … *Foto: Warner Bros.*

Abends, meinen viele. Dass es sich um eine unbezahlbare weltweite Werbung sowohl für den Zeichentrickfilm als auch für die Marke LEGO handelt, steht zweifellos fest. Eine dänische Zeitung rechnet vor, dass eine traditionelle Werbeeinblendung von dreißig Sekunden bei der Oscar-Preisverleihung mehr als 1,3 Millionen Euro kostet.

Auf der etwas kleineren Bühne in Billund drei Tage später erklärt Knudstorp zu Beginn der Pressekonferenz, dass von einem neuen Rekordjahr gesprochen werden dürfe, LEGO habe sich erneut selbst übertroffen. Dann verfällt er mit einer eleganten Referenz an die Oscar-Verleihung in einen zappelnden Tanz und stimmt den schrillen Refrain des Songs an: »*Everything is awesome / Everything is cool, when you're part of the team.*«

Daraufhin wechselt Knudstorp erneut die Gangart und verwandelt den erwarteten systematischen Marsch durch die Einzelposten der Bilanz in einen populärwissenschaftlichen Minivortrag über die Bedeutung des Spielens. Zwischendurch werden sämtliche Journalisten und Fotografen zu Versuchspersonen, als sie alle eine kleine Tüte mit sechs LEGO-Steinen bekommen und aufgefordert werden, in vierzig Sekunden eine Ente zu bauen und sie ihrem Nachbarn zu zeigen. Es ist Spielen und Lernen – und Learning by Doing – mit einigen der spitzesten Federn der internationalen Wirtschaftspresse als Versuchskaninchen.

Knudstorps Medienstunt ist ein Treffer, und kaum haben sich die Wogen der Begeisterung gelegt, verkündet der erfolgsverwöhnte Konzernchef neue Ziele und die zukünftigen Ausrichtungen in LEGOs Mitarbeiterzeitung. Mithilfe von *The LEGO Movie* hat man weltweit ganz neue Konsumenten gewonnen. Und Knudstorp weist darauf hin, dass es noch mehr potenzielle Kunden dort draußen gibt:

> »Die Welt wird immer wohlhabender, und obwohl überall auf der Welt große Unsicherheit herrscht, glaube ich, dass die niedrige Inflation und die niedrigen Ölpreise für eine gute Entwicklung der Märkte sorgen werden, auf denen wir sind. Unser Markenname hat ein sehr großes Potenzial und ist in vielen Teilen der Welt noch immer unbekannt. Ein gutes Beispiel für Wachstumsmöglichkeiten ist Malaysia, wo wir 2014 ein Büro eröffnet haben und wo unser Verkauf seitdem um über hundert Prozent gestiegen ist. Und es gibt noch viele solcher Länder, in denen wir nicht aktiv sind.«

LEGOs Strategie der weltweiten Expansion geht in den folgenden Jahren auf. In der zweiten Hälfte der 2010er-Jahre ist der globale Markt, den Godtfred und sein Führungsstab in ihren euphorischen Momenten in den Sechzigerjahren vor sich gesehen haben, schon beinahe Realität. Von 2010 bis 2019 vervielfacht sich LEGO in Größe und Vermögen, vor allem aufgrund des Wachstums auf den Märkten, auf denen man in den vorhergehenden Jahrzehnten nur schwer Fuß fassen konnte, sowohl in Europa als auch in Nordamerika, Russland, China und den anderen asiatischen Staaten.

Nach 2015 entwickeln sich die Märkte in Ostasien rasant. Die großen einleitenden Schritte sind schon in den fünf Jahren zuvor unternommen worden, als die bereits erwähnten Hubs in Schanghai, Singapur, London und Enfield, Connecticut, als regionale Hauptbüros mit Unterabteilungen und Verwaltungseinheiten eingerichtet wurden, die von der Zentrale in Billund abgetrennt sind.

> **Kjeld:** »In unseren Hubs kommt es zu vielen interessanten Aktivitäten, bei denen es nicht nur um Verkauf und Marketing auf den jeweiligen Märkten geht. Sondern auch um Fragen, die die Produktentwicklung und Lizenzvereinbarungen betreffen. Diese Hubs werden in der Regel von einem unserer Seniorchefs geleitet, der auch in die Führungsaufgaben hier in Billund eingebunden ist. Es ist eine Methode, um sicherzustellen, dass wir in unserem Denken in jeder Hinsicht global sind. Und es führt auch dazu, dass es zum Beispiel leichter wird, in London Spezialisten für alle möglichen Bereiche zu finden. Es war ja nicht immer leicht, Leute nach Billund zu bekommen. In Wahrheit war es in all den Jahren häufig einfacher, einen Ausländer – jemanden aus New York zum Beispiel – nach Billund zu holen als einen Kopenhagener.«

Ein besonderes Zeichen für den rasch wachsenden Markt in Asien ist das plötzliche Auftauchen chinesischer AFOLs. Jared Chan, der seit 2017 im Hub in Schanghai arbeitet, sorgt für den Ausbau der guten Beziehungen von LEGO zu den Hardcorefans und Botschaftern der LEGO-Idee. Er berichtet, dass die AFOLs in China anders als im Rest der Welt recht jung, aber bestimmt nicht weniger engagierte Botschafter der Marke LEGO sind. Alles, was sie bauen und ausstellen, demonstriert chinesischen Kindern und Eltern, wozu man LEGO-Steine nutzen kann.

Ein markantes Beispiel kommt von der AFOL-Gruppe aus der Millionenstadt Nanjing im östlichen Teil des Landes, die die berühmte

Gartenanlage Da Guan Yuan im Roman *Der Traum der roten Kammer* aus dem 18. Jahrhundert nachgebaut hat. Das LEGO-Modell ist rasch zur Ikone und einem kulturellen Exportgut geworden, berichtet Jared Chan, da es nicht nur in dem ganzen riesigen Land ausgestellt wird, sondern auch bei internationalen Fan-Treffen wie der Brickworld in Chicago. Es ist ein kultureller Austausch zwischen zwei Ländern, deren politisches Verhältnis bisweilen schwierig ist, die aber offensichtlich über das Spielen mit LEGO zueinanderfinden.

Als der LEGO-Konzern am 1. März 2016 die Bilanz des Jahres 2015 präsentiert, wächst das Unternehmen nun das zwölfte Jahr in Folge. Der Gewinn nähert sich 10 Milliarden Kronen, und die Anzahl der Beschäftigten ist in einem einzigen Jahr von 14800 auf 17300 angestiegen. Zu Beginn seiner Ausführungen verspricht Knudstorp einem zurecht erwartungsvollen Presseaufgebot, dass er in diesem Jahr nicht tanzen und singen wird, aber er macht doch vor Freude einen ordentlichen Hüpfer wegen der nach wie vor fast unwirklich positiven Zahlen und der ebenso märchenhaften Tatsache, dass LEGO nun rund hundert Millionen Kinder überall auf der Welt erreicht – *awesome*!

Aber obwohl der geschäftsführende Direktor außer sich ist vor Freude über die Verdopplung des Unternehmens innerhalb von fünf Jahren, sorgt sich der Firmeninhaber seit Langem über das – wie er sagt – heftige und beinahe übernatürliche Wachstum: »Können wir Schritt halten? Können wir die Leute finden, die wir brauchen, und haben wir die Zeit, den vielen neuen Mitarbeitern eine gute Einführung in das Unternehmen und unsere grundlegenden Werte zu geben?«

Die Befürchtungen des Inhabers werden im selben Jahr weiter angeheizt, als LEGO einen Rückgang beim Umsatz und Gewinn konstatieren muss. Als das beunruhigende, aber nicht katastrophale Ergebnis veröffentlicht wird, ist Jørgen Vig Knudstorp nicht länger für die öffentliche Verkündung zuständig. Der neue Mann an der Spitze von LEGO ist der 60-jährige, in Indien geborene Brite Bali Padda, der seit

2016 präsentiert LEGO im zweiten Jahr in Folge einen Rekordumsatz, und erneut verliert Jørgen Vig Knudstorp für einen Moment die Bodenhaftung. Die versammelte Presse hat den euphorischen Moment erwartet, den Fotograf Mads Hansen festgehalten hat. *Foto: Mads Hansen.*

beinahe fünfzehn Jahren zur Führungsriege gehört. Nun kann er sich der erste nicht-dänische geschäftsführende Direktor in der Geschichte LEGOs nennen, und er hat die zweifelhafte Ehre, das nicht sonderlich gute Ergebnis zu präsentieren. Bali Padda fasst zusammen: »Wir hatten in den letzten Jahren ein übernatürliches Wachstum. Was wir nun sehen, ist ein nachhaltigeres Wachstum. Und das wollen wir auch für die Zukunft beibehalten.«

Jørgen Vig Knudstorps Rücktritt hat nichts mit dem überraschend schlechten Jahresergebnis zu tun. Es geht vielmehr um eine neue zentrale Rolle, denn er soll die im Familienbesitz befindliche Firma leiten, die bereits jetzt das 100-jährige Jubiläum 2032 vorbereitet. Und er soll einen reibungslosen Generationswechsel begleiten, der seit mehr als zehn Jahren stattfindet. Über seinen Rücktritt als hochgeachteter CEO sagt er selbst: »Meine neue Rolle ist es, mich gemeinsam mit Thomas Kirk Kristiansen mit allem zu beschäftigen, was mit der Inhaberschaft zu tun hat, die Idee hinter LEGO zu schützen und die Marke LEGO weiterzuentwickeln und zu vermarkten.«

Bei Knudstorps neuer Position im LEGO-Konzern geht es also um Zukunftssicherung auf mehreren Ebenen und um eine ganze Reihe von Fragen: Was will die Familie Kirk Kristiansen mit LEGO in den kommenden Jahrzehnten? Wie ist die Vision? Was sind die Ziele? Wie nahe er der Inhaberfamilie jetzt kommt, erklärt Knudstorp auf einer Pressekonferenz Ende des Jahres, bei der die Veränderung der Führungsebene mitgeteilt wird: »In meiner neuen Rolle bin ich nicht Mitinhaber, aber ich übernehme eine aktive Inhaberrolle im Namen der Familie und helfe, sie nach außen zu vertreten, sodass zum Beispiel ein Partner wie Disney mich als einen verlängerten Arm der Familie betrachtet.«

Es geht mit anderen Worten um die Rolle eines Consiglieres der Familie. Dann wird Kjeld gefragt, ob Knudstorp nun auch mit der Familie Kirk Kristiansen Weihnachten feiern wird.

Kjeld lacht laut auf und antwortet: »Hahaha! Nein, so weit ist es noch nicht, aber ich habe mit dem Gedanken gespielt, ihn zu adoptieren!«

Kjelds wahrer Sohn, der 37-jährige Thomas, sitzt zu diesem Zeitpunkt seit beinahe zehn Jahren im Aufsichtsrat von LEGO und ist laut seinem Vater und seinen beiden Schwestern der aktivste Inhaber der vierten Generation. Auf der Pressekonferenz tritt er zum ersten Mal richtig in Erscheinung und erläutert die Hintergründe der Entscheidung, Knudstorp noch stärker in den Generationswechsel und die Marke einzubeziehen:

> »Der Grund für unser Vorgehen ist, dass wir vermeiden wollen, in eine Situation zu geraten, wo uns die Dinge aus der Hand gleiten und wir versuchen, Wachstum um des Wachstums willen zu generieren – auf Kosten der Qualität des Spielerlebnisses. Oder wo etwas nicht mehr zu der LEGO-Idee passt. Dann

Eine emotionale Stunde am Vejle Fjord im Juni 2016. Von links: Jørgen Vig Knudstorp, Thomas, Kjeld und Søren Thorup Sørensen von KIRKBI A/S. Es wurde beschlossen, dass Knudstorp seine Rolle als CEO der LEGO A/S aufgibt und als Vorsitzender der LEGO Brand Group arbeitet, in der sämtliche Aktivitäten gemeinsam mit Thomas entschieden werden. Kjeld bittet um ein Foto der vier Männer. Er spürt, dass der Generationswechsel endlich vollzogen und Jørgens zukünftige Rolle definiert ist. Knudstorp hat mit Handschlag besiegelt, dass er der Inhaberfamilie helfen wird, ihre Visionen bis zum Jahr 2032 zu realisieren.

haben wir Fehler gemacht. Dagegen müssen wir uns für die Zukunft absichern.«

Thomas Kirk Kristiansen wurde 1979 in Billund geboren, im selben Jahr, als sein Vater den Posten als geschäftsführender Direktor bei LEGO übernahm. Er hat als Kind nie die Hochachtung vor der Firma empfunden wie Kjeld in jungen Jahren. Irgendwann wurden ein Tisch und ein Stuhl bei den Modellbauern aufgestellt, an dem Thomas nach der Schule sitzen und bauen konnte, so wie es sein Vater einst getan hatte. Doch er machte es sich nie zur Gewohnheit.

Kjeld: »Ich liebte es, zusammen mit unseren Designern etwas zu bauen, und als Thomas so zwölf, dreizehn Jahre alt war, fragte ich ihn eines Tages, ob es nicht eine gute Idee wäre, die Entwicklungsabteilung zu fragen, ob er dort eine Ecke für sich bekommen könnte. Die bekam er, aber oft war er dort nicht. Ich glaube, es war einfach zu früh. Er war überhaupt nicht motiviert. Thomas hätte sich zum Beispiel wunderbar mit Jens Nygaard unterhalten können, der die LEGO-Minifiguren erfunden hat. Oder mit einigen anderen dort, die ihm hätten erzählen können, wie sie auf die Ideen für ihre Modelle und Designs gekommen waren. Aber das hat ihn nie wirklich interessiert. Vielleicht habe ich ihn verschreckt.«

Den größten Teil seiner Kindheit und Jugend erlebte Thomas einen Vater, der entweder ständig arbeitete oder auf Reisen war. Nachdem er endlich nach Hause gekommen war und die Familie gemeinsam essen konnte, setzte er sich in sein Büro, um weiterzuarbeiten. So zumindest hat es Thomas in Erinnerung.

Weder er noch seine Schwestern hatten als Kinder und Jugendliche ein gutes Verhältnis zu dem Unternehmen. Für sie trägt LEGO Schuld daran, dass sie nicht so sein durften wie ihre Schulkameraden und dass ihr Vater und ihr Großvater immer diskutierten und sich stritten.

2017 ist nach zehn Jahren die »Lehrzeit« als LEGO-Inhaber für den 37-jährigen Thomas Kirk Kristiansen vorbei. Nun ist er bereit, die Verantwortung in dem Weltunternehmen zu übernehmen. *Foto: KIRKBI A/S.*

Dass die Kinder nie wirklich etwas über die Fabrik erfuhren – was dort eigentlich gemacht wurde und wie alles miteinander zusammenhing –, machte die Sache nicht besser. Sie erlebten nur, dass ständig neue LEGO-Schachteln ins Haus kamen und sie die Sets nachbauen sollten, die sie schafften – und sagten, wenn sie Fehler in der Bauanleitung entdeckten.

»Ich hätte mir manchmal schon gewünscht, dass Mutter und Vater uns mehr informierten und erklärten, was da eigentlich vor sich ging«, meint Agnete. »Stattdessen war es so eine komische Sache von irgendetwas mit Bausteinen, die Vaters Zeit stahl und dazu führte, dass er sich mit Großvater stritt und wir in der Schule geärgert wurden.«

Es dauerte bei allen drei Kindern lange, bis sie verstanden, dass ihre Eltern sie schonen und von dem Stress fernhalten wollten. Und dass dies der Grund dafür war, dass sie nicht aktiver bei LEGO einbezogen wurden, bis sie sich eines Tages dem Erbe stellen und die große, schwere Frage über eine eventuelle Beteiligung an dem Familienunternehmen beantworten mussten.

> »Vater betonte immer wieder gegenüber uns Kindern«, so Agnete weiter, »dass es keine Erwartungen an uns gibt, was LEGO betrifft, und dass wir auch nicht das Gefühl haben sollten, es gäbe welche. Vielleicht lag es daran, dass er selbst meinte, einfach so hineingezogen worden zu sein. Er wollte uns dieser Situation nicht aussetzen. Nur hatte das den entgegengesetzten Effekt, es war beinahe so, als seien wir ausgesperrt. Es war und es ist eine wirklich schwere Gratwanderung für Eltern. Das spüren wir heute selbst als Erwachsene mit Kindern, die einmal LEGO erben sollen.«

Ende der Neunzigerjahre, als LEGOs wirtschaftliche Situation schwieriger wird, ist Thomas zwanzig Jahre alt und ist unsicher, was er mit seinem Leben anfangen soll. Er und seine Schwestern haben von ihrem Vater erfahren, dass sie nicht an eine aktive Karriere im Unternehmen denken, sondern zunächst ihren eigenen Weg ins Leben finden sollen. Thomas kann es nicht. Er hat keine Ahnung, was er will, und sucht gleichzeitig in verschiedenen Richtungen. Die Geschäftswelt? Landwirtschaft? Oder Lehrer? Es endet damit, dass er eine zweijährige Ausbildung zum Marketingvolkswirt an der Kaufmännischen Schule in Aarhus beginnt, und irgendwann dann auch ein Landwirtschaftsstudium.

Dann geschieht etwas Entscheidendes. 2003 wird allen Familienmitgliedern klar, dass Kjeld sich Sorgen macht, weil es nicht sonderlich gut um LEGO steht und er nicht weiß, was mit dem Unternehmen passieren soll. In dieser schwierigen Situation sieht der Sohn plötzlich etwas bei seinem Vater, das er noch nie gesehen hat. Er hat das Gefühl, den Vater zu verstehen:

> »Ich war Anfang zwanzig und hatte das Alter erreicht, in dem man neugierig wird, wenn sich die eigenen Eltern verändern.

Was mich damals am meisten an meinem Vater faszinierte, war, dass in ihm immer noch diese anhaltende Leidenschaft steckte, obwohl es wirklich finster aussah und alle irgendwie sagten: ›Weißt du was, Kjeld, vergiss diese Steine, sieh zu, dass du LEGO so schnell wie möglich verkaufst.‹ Da war in ihm eine Stimme, die sagte: ›Das ist nicht wahr, hier ist noch was zu machen!‹

Selbstverständlich kann die Willensstärke, die ich an ihm sah, auch von dem Erbe gekommen sein, das frühere Generationen aufgebaut hatten und das zu erhalten er sich verpflichtet fühlte. Aber ich denke, es war mehr. Es war die eigentliche LEGO-Idee – der Glaube daran, dass ausgerechnet er mithalf, die Entwicklung von Kindern positiv zu beeinflussen. Plötzlich entdeckte ich diese Leidenschaft in meinem Vater. Und das weckte mein Interesse.«

Zum ersten Mal glaubt Thomas zu verstehen, was Kjeld eigentlich meint, wenn er immer wieder sagt, LEGO sei mehr als nur eine Spielzeugfirma. Wenn das wirklich stimmt, denkt Thomas, dann ist da nach wie vor ein Riesenpotenzial, nicht nur in den Steinen, sondern auch in der Idee, dass man einen Rahmen für ihre Entwicklung schafft, wenn man Kinder zum Spielen bringt.

Es ist eher der Lehrer und weniger der Landwirt Thomas, der die große Perspektive sieht und nun überlegt, ob es für ihn nicht doch eine Zukunft in dem Unternehmen gibt, mit dem er früher solche Schwierigkeiten hatte. Landwirte mögen es, wenn die Dinge wachsen und gedeihen, doch auch der Lehrer in Thomas sieht gern dabei zu, wie sich etwas entwickelt, nicht zuletzt Kinder.

Kjeld: »Ich erinnere mich, dass wir 2003 von einem Skiurlaub zurückfuhren und Thomas irgendwann sagte: ›Vater, wie wäre es, wenn wir uns einmal zusammensetzen, wenn wir wieder zu Hause sind, und du erzählst mir ein bisschen, was da eigentlich in der Firma passiert, damit ich es besser verstehe. Und wenn es etwas gibt, wobei ich helfen kann, würde ich es gern tun.‹

Das war sehr positiv und für mich ein klares Zeichen, dass

Thomas anfing zu überlegen, ob er eine Rolle bei LEGO spielen könnte. Ich habe den Kindern niemals abgeraten oder sie ermuntert, in das Unternehmen einzusteigen, und hielt es auch damals, als wir unsere große Krise hatten, für das Wichtigste, dass sie alle ihr eigenes gutes Leben führten. Und das war nicht notwendigerweise mit LEGO verbunden. Es kann sehr viel Freude machen, ein Unternehmen zu erben, aber man muss auch mit sehr vielen Problemen zurechtkommen. Für mich ging es immer darum, dass sie auf ihren eigenen Füßen stehen und genau herausfinden, was sie in ihrem Leben wollen. Das war mein Rat an sie.«

2004 erklärt Thomas der versammelten Familie, dass er nun wisse, was er wolle. Er ist sich noch nicht im Klaren darüber, wo er sich bei LEGO engagieren will, aber er ist sich jetzt sicher, dass er diesen Weg gehen will:

»Bei großen Krisen kommen die Dinge ja auch in Bewegung, allerdings hat man das Timing dann nicht selbst in der Hand. Genauer betrachtet war es also ein Zufall, dass ich mich so entschied. Eigentlich hätte es ebenso gut eine meiner Schwestern sein können, die als Erste ihr Interesse bekundete, aber Agnete war in ihrem Leben noch nicht so weit, und Sofie hatte damals beschlossen, andere Wege auszuprobieren. Ich dagegen war an einem Punkt in meinem Leben angelangt, wo alles genau zusammenpasste und der Funke übersprang.«

Als 26-Jähriger bekommt Thomas die Rolle eines Beobachters im Aufsichtsrat der LEGO A/S, bevor er zwei Jahre später einen festen Platz erhält. Im selben Jahr wird Thomas auch in den Aufsichtsrat von KIRKBI A/S berufen und in die neu gegründete Firma LEGO Brand & Innovation Board einbezogen, wo er unter anderem mit seinem Vater und Knudstorp die Zukunft von LEGO definieren soll.

Mit erfahrenen Unternehmern, die die Rituale und die Rhetorik der Geschäftswelt bestens kennen, am Aufsichtsratstisch zu sitzen, ist schon eine Herausforderung für einen jungen Mann, der keine Führungserfahrung hat und nie in das Tagesgeschäft eines Handels- oder Industrieunternehmens involviert war. Nun beginnt eine zehnjährige Periode, die Thomas heute als eine lange Reise der Ausbildung und der persönlichen Entwicklung bezeichnet:

»Als superjunger und total unerfahrener Mensch bei den Direktionskonferenzen mit am Tisch zu sitzen, war absolut überwältigend. Anfangs verstand ich nicht einmal die Hälfte von dem, was gesagt und getan wurde. Es war ein großer Sprung, aber von Sitzung zu Sitzung, von Jahr zu Jahr, verstand ich immer mehr davon, was da eigentlich vor sich ging, bis ich dann schließlich ein vollwertiges Mitglied mehrerer Aufsichtsräte war. Ich dachte, ich müsste alles über sämtliche Vorgänge wissen und so klug sein wie alle anderen zusammen. Und es war schwer, mit der Tatsache klarzukommen, dass das nicht der Fall war: Das kannst du nicht, Thomas, vergiss es!

Erst als ich das akzeptiert hatte, war ich so weit, dass ich die Schultern entspannen konnte und mir sagte: ›Okay, es muss irgendetwas zu machen sein aus dem Familienbesitz und der Funktion und Rolle, die nur wir spielen können.‹ Man kann sich alle möglichen Kompetenzen von außen hereinholen, aber die Tatsache, dass wir als Familie etwas können, was niemand sonst kann, war es, auf die ich mich konzentrierte. Es ging darum, an der Wertebasis festzuhalten, die Kultur in die richtige Richtung zu schieben und die ganze Zeit an der LEGO-Idee festzuhalten, damit die Mitarbeiter dem folgen und verstehen können, dass LEGO für die Kinder auf der ganzen Welt wirklich etwas verändern kann. Das ist es, was mich heute antreibt und was ich hoffentlich an die nächste Generation weitergeben kann.«

Und diese fünfte Generation seit Ole Kirk Christiansen besteht aus lauter Mädchen im Alter von neun bis fünfzehn Jahren, von denen die meisten seit 2012 auf eine ganz besondere Art in das Unternehmen einbezogen sind. Irgendwann ziehen Sofie, Agnete und Thomas die Konsequenz aus dem, was sie als Kinder vermisst haben – mehr über LEGO zu erfahren und tiefere Einblicke in die Firma zu bekommen –, und schaffen eine besondere Entwicklungsplattform für die Familie, die sie LEGO-Schule nennen. Sie stellen sogar einen Pädagogen ein, der das »Vorbereitungsprogramm« leitet.

Auf der Pressekonferenz 2016, als Jørgen Vig Knudstorp seine neue Position als besonderer Berater der Familie bekannt gibt, erklärt Thomas den Zeitungen, LEGO sei zu dem Unternehmen geworden, das es heute ist, weil die Inhaberschaft immer bei der Familie lag. Sollte in ein oder zwei Generationen niemand aus der Familie mehr aktiv die Inhaberrolle einnehmen, würde das das Ende von LEGO bedeuten, wie man es heute kennt: »Das ist für mich das größte Schreckensszenario, und daher werden wir alles in unserer Macht Stehende dafür tun, dass die nächsten Generationen wissen, auf was sie sich einlassen, aber auch, dass sie engagierte Eigentümer werden.«

Und dabei soll die LEGO-Schule als Brücke in die Zukunft dienen, in der Ole Kirks Ururenkel die Möglichkeit bekommen, sich immer stärker als Teil der Eigentümerfamilie zu empfinden und ihre eigene Stellung als Firmeninhaber zu definieren.

»Es ist mir wichtig, dass es für sie gleichsam ein Licht am Ende des Tunnels gibt«, erklärt Thomas später. »Dass sie begeistert sind, dass sie dieses Gefühl spüren: ›Ja, genau hier will ich sein, denn hier kann ich meinen Teil dazu beitragen, für die Kinder auf der Welt etwas zu verändern!‹ Darum wird es in den nächsten zwanzig Jahren gehen.«

In der Praxis findet die LEGO-Schule einmal pro Monat für einen ganzen Tag statt, im Laufe des Jahres gibt es acht bis zehn Schultage sowie ein Sommercamp. Die Mädchen treffen sich zu themenorientierten Stunden, die stets ihren Ausgangspunkt darin haben, dass sie aktiv in die verschiedenen Bereiche des Unternehmens einbezogen werden. Sie spielen nicht einfach nur mit LEGO, sondern erleben aus nächster Nähe, wie die Steine gegossen, sortiert, verpackt und vertrieben werden. Sie werden durch die Produktionsentwicklung geführt und erfahren etwas über Design und Innovation. Zwischendurch taucht Groß-

Die drei Erben der vierten Generation haben jeder ihre eigenen Interessen entwickelt, die nicht unmittelbar etwas mit der Inhaberschaft von LEGO zu tun haben. Sofie betreibt den Klelund Dyrehave (Klelund Wildpark) südlich von Billund. *Foto: Chresten Bergh / Jysk Fynske Medier.*

Thomas hat das Golfresort Great Northern in Kerteminde auf Fünen gebaut (hier überreicht er 2019 dem Golfspieler Nicolai Højgaard eine Siegesprämie). *Foto: Great Northern.*

Agnete ist Dressurreiterin und nahm mit dem Pferd JoJo AZ an den Olympischen Spielen 2016 teil. *Foto: Jens Dresling / Politiken / Ritzau Scanpix.*

vater Kjeld auf und erzählt Räuberpistolen von damals, als er ein Junge in Billund und täglich auf dem Fabrikgelände war. Die Mädchen besuchen gemeinsam das LEGO House, das sie »Opas Spielzimmer« nennen, die Fabrik in Kladno in Tschechien, oder sie reisen in kleinerer Gruppe oder einzeln mit der LEGO Foundation nach Südafrika, um das Unternehmen dort besser kennenzulernen.

Die Mädchen lernen in der LEGO-Schule die Bedeutung von schwierigen Begriffen wie Stiftungsarbeit und Philanthropie, Nachhaltigkeit und Umweltverantwortung kennen und erfahren etwas darüber, wie ein Unternehmen funktioniert und geleitet wird. Alles auf eine spielerische und experimentelle Art und Weise als Vorbereitung auf die mögliche Arbeit im Aufsichtsrat, den Umgang mit wirtschaftlichen Fragen und Bilanzen. Wie Agnete, Mutter von drei Mädchen, sagt:

»Ich finde, es ist wahnsinnig wichtig, dass wir eine Generation fördern, die wirklich etwas mit dem Unternehmen zu tun hat und es weiterführen möchte. Darum geht es doch im Grunde: dass wir hier etwas total Verrücktes und Großes haben, das aber nur geliehen ist und weitergegeben werden muss.«

Und was sagt Kjeld zu einer »Familienschule«, die größere Anforderungen an seine und Camillas Enkelinnen stellt, als er seinerzeit an seine Kinder stellen wollte? Er ist nicht nur stolz auf die Initiative seiner Kinder, sondern auch begeistert von dem Konzept, außerdem freut es ihn natürlich, dass die bunten, kreativ eingerichteten Räume der LEGO-Schule auf derselben Etage liegen wie sein eigenes Büro in dem KIRKBI-Gebäude. Im Dezember 2016 erklärt Kjeld *Jyllands-Posten*: »Es ist großartig, dass die fünfte Generation glücklich und stolz darauf ist, Teil der Familie zu sein, noch dazu erleichtert es ihnen den Umgang mit ihren Schulkameraden und ihrem Umfeld im Allgemeinen.«

Noch ist ungewiss, wie sich der Wechsel von der vierten auf die fünfte Generation vollziehen wird und wie viele der Cousinen sich im Erwachsenenalter aktiv als Inhaberinnen einbringen wollen. Ganz so glatt wie der Generationswechsel zwischen Kjeld und Sofie, Thomas

Sommer 2018. Großvater Kjeld genießt mit seinen Enkelkindern die Abendsonne an der Pferdekoppel von Schelenborg. *Foto: Privatbesitz.*

und Agnete wird es kaum gehen, da in einigen Jahren doppelt so viele LEGO-Inhaber berücksichtigt werden müssen.

Der Eigentümerwechsel von Kjeld auf seine drei Kinder, der eine historische Veränderung bei LEGO markiert – von einem alleinigen Inhaber zu mehreren parallelen Inhabern in der vierten Generation –, war auch der Versuch eines Modells, von dem die fünfte Generation profitieren und sich inspirieren lassen kann. Im Grunde baut Kjelds Vorstellung von einem »fließenden Generationswechsel« auf der Achtung der individuellen Freiheit jedes Menschen auf und dem Wunsch, den Erben die Möglichkeit zu geben, ihr eigenes Leben zu leben, ohne sich LEGO verpflichtet zu fühlen.

»Wir haben als Familie unglaublich viele Diskussionen und Gespräche darüber geführt, wie man es strukturieren und auf welche Weise man Lust und die Möglichkeit haben könnte, sich einzubringen«, erklärt Agnete. »Und wir drei Geschwister sind schließlich bei dem Modell gelandet, dass sich einer von uns aktiver einbringt als die beiden anderen und dass man auf unterschiedliche Weise ein Inhaber sein kann. Zum Beispiel kann man sich wie Sofie für eine eher passive Rolle entscheiden. Das muss auch okay sein, finden wir. Wir haben es uns schließlich nicht selbst ausgesucht, in das hier hineingeboren zu werden. So geht es vielen Familien, und man muss versuchen, damit in irgendeiner Weise umzugehen. Ich finde, wir haben mit viel Ruhe und Geduld ein gutes, gemeinsames Verständnis dafür gefunden. Wir müssen alle unseren Platz haben, darum geht es in einer Familie.«

Sofies Entschluss, eine passive Inhaberin zu sein, liegt in ihrem Wunsch begründet, ihre langjährige Liebe zur Natur zu pflegen, die unter anderem bei den vielen Aufenthalten auf Schelenborg in ihrer Kindheit und Jugend entstanden ist, wo sie im Wald und mit den Tieren ganz sie selbst sein konnte, ohne dass jemand mehr von ihr erwartete. Heute betreibt sie den Klelund Dyrehave, einen der größten Wildparks Dänemarks, in dem Rotwild, Rehe, Wildschweine und viele andere heimische Tierarten leben. Hier hat Sofie als Eigentümerin seit 2005 mit einer Reihe versierter Menschen ein Naturprojekt aufgebaut, bei dem es darum geht, ein Gebiet von über vierzehn Quadratkilometern der Natur zurückzugeben und damit für Tiere und Pflanzen eine bessere Umgebung zu schaffen.

»Der Ort, an dem ich mich am meisten zu Hause fühle, war für mich immer der Wald und wenn ich mit Tieren zusammen war. Hier spüre ich, wer ich bin. Daher ist Klelund Dyrehave nicht nur ein ›Naturprojekt‹, ›Arbeit‹ oder ›Interesse‹ – es ist lebensnotwendig für mich, meine Liebe zur Natur in die Praxis umzusetzen. Ich habe vermutlich schon immer gewusst, dass es für mich ebenso wichtig ist, ein Teil der Natur zu sein wie zu atmen. Deshalb bin ich auch sehr dankbar, dass meine Familie mich in meinem Wunsch nach Freiheit unterstützt hat, sodass ich mich zu hundert Prozent für den Wald und die Tiere einsetzen kann.

Die freie, abstrakte Bauweise, die ein Teil der DNA des LEGO-Steins ist, hat sich in unseren Tagen zu einer Kunstform entwickelt. Dagny Holm gab 1968 mit ihren Tieren, Häusern und Landschaften in LEGOLAND die Richtung vor, heute gibt es *Brick Artists* auf der ganzen Welt. Zum Beispiel Nathan Sawaya, der 2004 seine Anwaltskarriere in New York aufgab, um Vollzeitkünstler mit LEGO-Elementen als seinem Material zu werden. Das ikonische Werk »Yellow. The Leap« thematisiert Sawayas Realisierung seiner selbst als Künstler.

Es ist eine liebevolle Unterstützung und ein Verständnis, das uns noch enger verbindet und mir enorm viel bedeutet. Auch wenn ich mich anders entschieden habe, bin ich sehr stolz auf meine Familiengeschichte, und daher ist es ein gutes Gefühl, einen kleinen, passiven Inhaberanteil zu bewahren.«

Thomas fügt hinzu, die zahlreichen Gespräche innerhalb der Familie und zwischen den drei Geschwistern in den letzten Jahren hätten einige Dinge klar werden lassen und tatsächlich dazu geführt, dass sie als Familie gestärkt worden seien:

»Es ist natürlich schwer, wenn du eine Familie bist, der gemeinsam eine Firma gehört. Es gibt viele Dinge, die auf familiärer Ebene schiefgehen können, weil man sich bei schwierigen Entscheidungen einigen muss, zumindest auf eine gemeinsame Richtung. Und so müssen wir ständig dafür sorgen, dass es der Familie gut geht, und das ist nur möglich, wenn man nicht das Gefühl hat, in ihr gefangen zu sein. Die Situationen, wenn Menschen sich eingesperrt fühlen, sind hochgefährlich.«

Der sich über mehr als ein Jahrzehnt erstreckende Generationswechsel hat Kjeld und seinen Kindern auch die Möglichkeit gegeben, sich darüber einig zu werden, wofür man den Reichtum, den das Unternehmen erwirtschaftet und den die private Holding- und Investitionsgesellschaft KIRKBI A/S verwaltet, einsetzt. Auf der Liste des *Forbes Magazine* mit den reichsten Menschen 2021 besetzen vier Dänen mit dem Mittelnamen Kirk Platz 274, und laut *Forbes* stehen Kjeld, Sofie, Thomas und Agnete jeweils für rund 7,3 Milliarden Euro. Dieses private Vermögen wird von der Aktiengesellschaft KIRKBI A/S verwaltet, die in den Medien häufig als »LEGOs Bank« oder »Geldspeicher der Kirk-Familie« bezeichnet wird.

Es war Godtfred Kirk Christiansens Familie, die 1984 die KIRKBI Invest A/S gründete als Versuch, wie eine Zeitung es drastisch ausdrückte, »das beinahe keusche LEGO-Profil vom knallharten Finanz- und Investitionsgeschäft des Konzerns abzukoppeln«. Die Aktiengesellschaft KIRKBI, deren Name sich aus Kirk und Billund zusammensetzt, hatte einen turbulenten Start, als man mit Godtfred als Aufsichtsratsvorsitzendem beschloss, 30 Millionen Kronen in die Kopenhagener C&G Bank zu investieren, die 1988 nach einigen »kreativen« Geschäften in Konkurs ging und eine lange Reihe von Gesetzwidrigkeiten ans Tageslicht beförderte. Der Fall erregte erhebliches Aufsehen in den Medien und warf ein ausgesprochen schlechtes Licht auf den Ruf von LEGO.

Seit der Gründung von KIRKBI in den Achtzigerjahren war es das

Jedes Jahr im August trifft sich eine Gruppe erwachsener Jungs mit einer Schwäche für alte Formel-1-Rennwagen auf der berühmten Ascari-Rennbahn nördlich von Marbella in Spanien, um Rennen in ihren eigenen Autos zu fahren. Johnny Laursen (rechts), der Inhaber von Formula Automobile, richtet die Rennen aus. Das Foto oben zeigt Kjeld 2014 in seinem Ferrari F1-91 in einer der vielen Kurven der Rennbahn, als er zum ersten Mal an dem Rennen teilnahm.

erklärte Ziel der Aktiengesellschaft, das Geld, das mit LEGO erwirtschaftet wurde, besser anzulegen als eine Bank. Es wurde in andere Gesellschaften und Wertpapiere investiert, im In- und Ausland wurden Immobilien gekauft. Die Strategie war konservativ und sehr langfristig, mit anderen Worten ging es darum, etwas zu kaufen, um es zu besitzen, nicht, um es weiterzuverkaufen.

Von der ursprünglichen Investmentgesellschaft hat sich KIRKBI heute zu einer vielseitigen Organisation entwickelt, die drei fundamentale Aufgaben wahrnimmt: die Marke LEGO quer durch alle LEGO-Bereiche zu schützen, zu stärken und weiterzuentwickeln. Eine Investmentpolitik zu betreiben, die ein gesundes finanzielles Fundament für die Aktivitäten der Inhaberfamilie absichert und etwas zu einer nachhaltigen Entwicklung auf der Welt beiträgt. Die Initiativen, Unternehmungen und die philanthropische Arbeit der Inhaberfamilie zu unterstützen und mitzuhelfen, die aktive und engagierte Inhaberschaft künftiger Generationen vorzubereiten.

Søren Thorup Sørensen, KIRKBIs geschäftsführender Direktor seit 2010, hat in seiner früheren Karriere als Wirtschaftsprüfer mit vielen inhabergeführten Unternehmen gearbeitet und sich dadurch naturgemäß mit der Frage befasst, was man tun muss, damit diese Form der Inhaberschaft funktioniert. Wesentlich ist seiner Ansicht nach, dass man als Familie zusammenhält – und im Fall von LEGO hilft dabei die moderne Aktiengesellschaft KIRKBI:

> »Als ich 2010 kam, machte Kjeld mir klar, dass KIRKBI in Übereinstimmung mit dem ausgebaut werden sollte, was für die Familie und ihre Mitglieder am wichtigsten war. Er hat immer den Ehrgeiz gehabt, dass LEGO der Familie Kirk Kristiansen gehören und von ihr kontrolliert werden sollte. Und dass es in jeder Generation einen aktiven Inhaber gibt. Daher konzentriert sich vieles, was KIRKBI heute unternimmt, darauf, eine Infrastruktur aufzubauen und zu verstärken, die dazu beiträgt, dass die Familie Kirk Kristiansen und Thomas als der aktivste Inhaber gemeinsam erfolgreich sein können.
>
> 2010 sagte Kjeld zu mir: ›KIRKBI hat 10 Milliarden Kronen, die wir auf nachhaltige Weise investieren wollen, und außerdem möchte ich, dass du ein Familienbüro aufbaust, sodass unsere Familie einen Ort hat, an den sie gehen und wo sie verschiedene Dinge erledigen lassen kann. KIRKBI soll der Kitt in der Familie sein, der auch über die Blutsbande hinausgeht – stell dir einfach vor, meine Enkelkinder gehen als Erstes zu KIRKBI, wenn sie groß sind und bei irgendetwas Hilfe benötigen.‹«

Als Kjeld Søren Thorup seine Vision schildert, arbeiten dreißig Menschen bei KIRKBI. Heute sind es hundertachtzig im Hauptsitz in Billund und den Büros in Kopenhagen und Baar in der Schweiz, die nicht nur ein Investitionsvermögen von 85 Milliarden Kronen (mehr als 11 Milliarden Euro) verwalten und sich um das Privatvermögen der einzelnen Familienmitglieder kümmern, sondern auch als eine Art *family office* dienen, das die einzelnen Familienmitglieder unterstützt, sich auf ihre jeweilige Leidenschaft jenseits von LEGO zu konzentrieren.

»Thomas hat zum Beispiel bei Kerteminde eine Golfanlage gebaut«, erzählt Søren Thorup, »Sofie betreibt den Wildpark in Klelund, Agnete den Gutshof Julianelyst, außerdem gibt es das Gestüt Ask und Blue Hors, Kjelds Liebhabereien. Viele der administrativen Aufgaben, die bei diesen umfassenden Unternehmungen anfallen – Buchführung, Gehaltszahlungen, juristische Fragen, Reisen und so weiter –, erledigt KIRKBI für die Familienmitglieder. Diese Funktion zu übernehmen, war ein wichtiger Teil von Kjelds Vision 2010, als er sagte: ›Wir sind eine Familie von Unternehmern, die so viel Zeit wie möglich für die Dinge bekommen sollen, für die wir brennen. Dadurch bewahren wir das Engagement für LEGO und KIRKBI.‹ Und in den letzten zehn Jahren war diese Vision die Schablone für die Entwicklung von KIRKBI.«

KIRKBI gehören fünfundsiebzig Prozent von LEGO, die restlichen fünfundzwanzig Prozent hält die LEGO Foundation. Beide werden von der Familie kontrolliert, wobei Kjeld die größten Entscheidungsbefugnisse hat. (Im Frühjahr 2023 ist Kjeld im Alter von fünfundsiebzig Jahren als Aufsichtsratsvorsitzender der KIRKBI A/S zurückgetreten und hat die Verantwortung an Thomas und die nächste Generation abgegeben.)

Kjeld: »Was die Zukunft angeht, habe ich die Initiative zu einer kleinen Stiftung ergriffen, die den Namen ›Kjeld Foundation‹ bekommen hat und in deren Aufsichtsrat drei unbefangene Personen sitzen sollen. Die Absicht ist, die Kjeld Foundation auf den Plan zu rufen, wenn die aktiven Inhaber sich irgendwann in der Zukunft über fundamentale Fragen ihrer Inhaberschaft nicht einigen können. Dann muss die Stiftung prüfen und entscheiden, wen man unterstützt – mit Blick auf die ganze LEGO-Idee und die Werte, für die das Unternehmen immer stand und die im LEGO-Ideenpapier festgehalten sind.«

Kjeld will LEGO auch weiterhin prägen, aber er will sich nicht in die strategischen Entscheidungen künftiger Generationen einmischen. Auch dann nicht, wenn es um eventuelle Teilverkäufe, Übernahmen durch Fremdfirmen oder Börsengänge geht, Szenarien, an die er bestimmt nicht gern denkt. Aber er weiß auch, dass man heute unmöglich sagen kann, wie die LEGO-Idee in fünfzig Jahren verbreitet werden sollte, die in dem Ideenpapier festgehalten ist. Es enthält die grundlegende Idee der LEGO-Marke und ist eine Art »Familiengrundgesetz«, das auch sämtliche Mitarbeiter des LEGO-Konzerns kennen.

Das LEGO-Ideenpapier ist im Großen und Ganzen ein Konzentrat von Kjelds früheren Überlegungen und den Visionen und Strategien aus den Achtziger- und Neunzigerjahren, das Jørgen Vig Knudstorp und Thomas niedergeschrieben haben, von dem auch die Initiative zu dem Papier ausging. In der Wir-Form wird darin erklärt, auf welchen menschlichen Werten das Unternehmen LEGO basiert und wofür die Marke LEGO steht. Es beginnt mit der Überschrift »Our Fundamental Belief« und den Worten: »As a family and owners of the LEGO brand and the LEGO branded entities we fundamentally belief that ›Children are our role models‹.«

Die Kjeld Foundation soll also – wenn es eines Tages notwendig werden sollte – auf der Grundlage des Ideenpapiers und der Stiftungssatzung entscheiden, in der Wert darauf gelegt wird, dass kein Konflikt in der Familie das Unternehmen ruinieren und daran hindern darf, erfolgreich zu sein.

Jeder Generationswechsel in einem familiengeführten Unternehmen ist eine komplizierte Angelegenheit, und man erlebt selten, dass er bis in die vierte Generation hinein glückt – in LEGOs Fall sogar

Das neue Hauptquartier in Billund, in dem über zweitausend Beschäftigte arbeiten, heißt LEGO CAMPUS. Über den Bau sagt Kjeld: »Die Architekten von C. F. Møller kamen mit einem fantastisch spannenden Projekt, und alle waren sehr zufrieden. Es war ein schickes Bürohaus, aber so neutral, dass es auch von einer Pensionskasse hätte genutzt werden können. Daher nahm ich die Architekten mit in mein Büro und zeigte ihnen das Bild von dem Jungen, der stolz seine LEGO-Kreation präsentiert. Beim Anblick des Bildes begriffen die Architekten, was für ein Bauwerk nötig ist, um ein richtiges LEGO-Hauptquartier zu sein.« *Foto: Niels Aage Skovbo.*

bis in die heranwachsende fünfte Generation, die schon heute pädagogisch begleitet auf ihre Aufgabe vorbereitet wird. Diese Perspektive hat Kjeld und seinen Kindern die Möglichkeit gegeben, sich auf bestimmte Richtlinien zu einigen, wie man all das Geld einsetzt, das von LEGO zu KIRKBI fließt. Thomas hat einmal gesagt, in der Vergangenheit habe LEGO gehandelt wie eine Firma, die Geld verdient, um zu wachsen, um mehr Geld zu verdienen und weiter zu wachsen, um noch mehr Geld zu verdienen und noch weiter zu wachsen und so fort.

> »Bis vor Kurzem war es weitgehend so, dass wir unsere Abläufe vor allem optimiert haben, um das Endergebnis zu verbessern und zu zeigen, dass wir die Dinge im Griff haben und ein ordentliches Geschäft betreiben können – selbstverständlich immer mit dem Hauptziel, an das wir so sehr glauben, nämlich etwas für Kinder zu tun. Heute ist das Unternehmen so groß geworden, auch finanziell, dass es uns als Inhaberfamilie einige Möglichkeiten eröffnet, auf andere Weise mit dem Gewinn umzugehen, der nun einmal da ist.«

Damit sind unter anderem nachhaltige Investitionen durch die KIRKBI A/S gemeint sowie Ausbildungsprogramme und andere Formen philanthropischer Hilfe für die verletzlichsten Kinder und Familien durch die LEGO-Stiftung und den Ole Kirk's Fond.

Die LEGO Foundation zählt zu Dänemarks größten Unternehmensfonds mit einem Eigenkapital von 15 Milliarden Kronen und zu denjenigen, die die meisten Mittel ausschütten. Der Fonds ist in den letzten zehn Jahren beträchtlich gewachsen. 2012 hatte er dreizehn Beschäftigte, und es wurden 80 Millionen Kronen ausgeschüttet; heute sind es hundert Mitarbeiter und Ausgaben von 1,5 Milliarden Kronen (200 Millionen Euro) – eine Summe, die sich in den kommenden Jahren noch erhöhen wird.

Der rote Faden, der sich durch die Arbeit der LEGO Foundation zieht, ist das Recht des Kindes auf Spielen und spielerisches Lernen, unabhängig davon, wo auf der Welt es lebt und unter welchen Bedingungen es aufwächst. Thomas, der Aufsichtsratsvorsitzende der Stiftung, drückt es im Namen der Familie so aus: »Wir haben den Ehrgeiz – und das wird sich in meiner Zeit sicherlich nicht erfüllen –, allen Kinder auf der ganzen Welt eine sinnvolle Spiel- und Lernerfahrung zu bieten.«

Die LEGO Foundation konzentriert sich in ihrer Arbeit auf die Bedeutung des Spielens für die kindliche Entwicklung und darauf, gute Rahmenbedingungen für das Lernen zu schaffen. Sie unterhält Partnerschaften in mehr als dreißig Ländern und engagiert sich besonders in Südafrika, der Ukraine, Mexiko und Dänemark. Darüber hinaus leistet die Stiftung auch humanitäre Hilfe in Gebieten überall auf der Welt, wo Mädchen und Jungen aus welchem Grund auch immer keine Kindergärten und kein qualifiziertes Schulangebot zur Verfügung stehen – in Flüchtlingslagern in Ostafrika, dem Nahen Osten oder Ländern wie Bangladesch.

Überall arbeitet die LEGO Foundation mit führenden Experten zusammen, Lehrern, Eltern, einflussreichen Akteuren wie UNICEF, Regierungen und Ministerien – mit dem erklärten Ziel, Botschafter für das Lernen durch Spielen auszustatten, zu inspirieren und zu aktivieren. Über diese Form der Philanthropie sagt Thomas:

> »Mir ist es ziemlich egal, ob auf der Hilfsarbeit LEGO steht oder nicht. Wenn ich das Gefühl habe, das, was wir machen, trägt dazu bei, die Welt in eine bessere Richtung zu bewegen, dann bin ich einfach nur stolz, dass sich andere von uns inspirieren lassen, auch diesen Weg zu gehen und Partnerschaften zu schließen, die dazu beitragen, dass wir so viele Kinder wie möglich mit dem spielerischen Lernen erreichen.«

Der etwas kleinere Ole Kirk's Fond, dem Kjeld vorsteht und in dem Camilla im Aufsichtsrat sitzt, unterstützt Projekte, die die Lebensqualität von Kindern und ihren Familien verbessern wollen. Der Fonds engagiert sich vor allem sozial, aber auch kulturelle, kirchliche und humanitäre Ziele kommen in Betracht.

2016 stiftete der Ole Kirk's Fond zum Beispiel 600 Millionen Kronen (etwa 80 Millionen Euro) für den Bau des »BørneRiget« (Das

Reich der Kinder), das an das Rigshospitalet in Kopenhagen anschließt. Das separate Kinderkrankenhaus will neue Standards für die Behandlung von Kindern, Jugendlichen, Schwangeren und ihren Familien setzen und soll 2025 fertiggestellt sein. Spielen wird ein integrierter Bestandteil des Alltagslebens auf den Stationen und der Behandlung sein. Oder wie der Fonds das weltweit bisher einzigartige Projekt dieser Art beschreibt: »Kinder eignen sich intuitiv neues Wissen durch Spielen an und verstehen und erleben die Welt durch Spielen, auch wenn sie krank sind.«

Die Bemühungen der Inhaberfamilie, ein persönliches Zeichen ihrer Wohltätigkeit in der Welt zu setzen, haben bisweilen zu Kritik geführt, unter anderem im Wirtschaftsteil von *Berlingske* im März 2016. Nach der Bekanntgabe eines neuen Milliardengewinns in Billund, von dem wiederum Milliarden Kronen an KIRKBI weitergeleitet wurden, wünschte sich die Zeitung ein noch größeres und transparenteres karitatives Engagement der reichsten Familie Dänemarks, schließlich würden vor allem amerikanische Philanthropen wie Warren Buffett und Bill Gates große Teile ihres Vermögens verschiedenen Wohltätigkeitsprojekten übertragen: »Warum sehen wir zum Beispiel nicht einen Kjeld Kirk Kristiansen, der aktiv für Projekte eintritt und deutliche, wichtige Fußabdrücke hinterlässt, die noch künftigen Generationen nützen und wirklich etwas verändern?«

Ein Teil der Antwort ist sicherlich, dass die Familie Kirk Kristiansen aus Jütland stammt. Anders als bei den amerikanischen Philanthropen ist es hier nicht kulturell verankert, sich von Millionen- und Milliardenbeträgen zu trennen. Vor allem in den letzten Jahren sind solche Summen nachhaltig und für humanitäre Zwecke geflossen, nicht nur in die LEGO Foundation und den Ole Kirk's Fond, sondern auch in die sogenannten »Passionsinvestitionen« von KIRKBI und der Familie Kirk Kristiansen.

Kjeld: »Mir gefällt der Gedanke, dass wir etwas zurückgeben, denn wir haben so viele Jahre so viel Geld verdient, dass es nur gut ist, wenn wir durch KIRKBI etwas Gutes für andere tun können. Wir haben professionelle Investoren und eine Strategie, bei der wir sagen, eine Sache ist unser Kernkapital, wo wir es so gut wie irgend möglich machen wollen. Und dann haben wir ein Kapital daneben, das wir zunächst ›Passionskapital‹ genannt haben, nun aber ›thematische Investitionen‹ nennen. Hier kann die Familie mithilfe unserer Investoren mit dem Herzen investieren, nachhaltige Projekte und Waldpflanzungen unterstützen und Geld in Unternehmen schießen, die spannend und innovativ sind in Bezug auf die grüne Wende. Projekte, die nicht notwendigerweise einen sonderlich hohen Ertrag haben, aber vielleicht Entwicklungsmöglichkeiten in Bezug auf eine verbesserte Umwelt und das Klima in der Zukunft. Und schließlich darf ich mich mit der Entwicklung in Billund befassen und investieren. In Zusammenarbeit mit der Gemeinde wollen wir Billund zur ›Hauptstadt der Kinder‹ machen und mit der Zeit hoffentlich zu einem Kraftzentrum, in dem die Entwicklung und das Wissen über das Spielen und Lernen von Kindern vorangetrieben wird. Ein Ort, an dem man an mehreren Fronten die Welt durch Kinderaugen betrachtet.«

Im März 2021 präsentiert der geschäftsführende Direktor von LEGO, Niels Bjørn Christiansen, im dritten Jahr in Folge eine Rekordbilanz, die ein unerlässlicher Teil der Geschichte des heute größten Spielzeugproduzenten der Welt ist. Es ist die Geschichte von Umsatzzahlen und Gewinnen aus neunzig Jahren, die anfangs klein und bescheiden waren, aber Jahr für Jahr verbessert wurden. Neun Jahrzehnte lang wurde ständig investiert, expandiert und transformiert. Das anhaltende Wachstum wurde nur einmal durch einen Knick unterbrochen, bei dem man einige gewaltige wirtschaftliche Ohrfeigen kassierte. Doch es gelang, die Entwicklung zu drehen und das Unternehmen zu neuem Erfolg und Fortschritt zu führen.

Es sind Bilanzen aus neunzig Jahren, die eine entscheidende und unschätzbare Bedeutung für Billund und das Umland haben und eine Loyalität und ein Verantwortungsbewusstsein von LEGO für die Ge-

Der Guss der derzeitigen LEGO-Elemente für den europäischen Markt erfolgt hauptsächlich in Dänemark. Die Elemente werden in Tschechien in LEGO-Schachteln verpackt, wo sich auch das europäische Distributionslager befindet. Das Bestücken von LEGO-Schachteln für Nord- und Südamerika sowie Kanada findet in Mexiko statt, während der chinesische und australische Markt von der Produktion in China beliefert werden. Die Verbesserung der Gusstechnologie, die Forschung und die Entwicklung von nachhaltigen Elementen, die zum Beispiel aus wiederverwendetem Plastik oder Zuckerrohr bestehen, finden in Billund statt.

meinde und umgekehrt geschaffen haben. Seit mehr als fünfzig Jahren greift jeder CEO an dem Tag, an dem LEGOs Jahresbilanz veröffentlicht wird, morgens als Erstes zum Telefon und ruft den Bürgermeister von Billund an, weil er weiß, dass die Bilanz von LEGO immer auch die Gemeindekasse und damit in einem gewissen Umfang auch die politischen Entscheidungen beeinflusst – in jedem Fall aber den Steuersatz für die Einwohner der Kleinstadt.

Diese Form des gegenseitigen Vertrauens hat Niels Bjørn Christiansen auch in seinem vorherigen Job bei dem Heizungsanlagenbauer Danfoss erlebt, ebenfalls ein Familienunternehmen, das eine ebenso symbiotische Beziehung zur Insel Als hat wie LEGO zu Billund:

> »Es ist eine kolossale Stärke, diese Wertegrundlage und diese Kultur zu haben, wenn man ein großes Familienunternehmen

> ist, das auch Teil einer kleinen Gemeinschaft ist. Es ist schön, in einem Umfeld zu sein, wo ein Wort als Wort gilt und wo man Vertrauen zueinander hat und nicht glaubt, dass der andere darauf aus ist zu betrügen oder zwei Millimeter smarter zu sein. Man benimmt sich einfach ordentlich, und das schätze ich sehr.«

In der Bilanz, die im März 2021 vorgelegt wird, als LEGO sich trotz der Covid-19-Pandemie besser geschlagen hat als alle anderen in der Spielwarenbranche, war zu lesen, dass der Verkauf an die Konsumenten um einundzwanzig Prozent gewachsen ist und der Umsatz 2020 43,7 Milliarden Kronen (5,8 Milliarden Euro) betrug. 1932, als Ole Kirk seine allererste Preisliste für Holzspielzeug druckte, lag der Umsatz bei 3000 Kronen.

Fragt man Niels B. Christiansen, der seit 2017 bei LEGO ist, welche Erklärung es für den Erfolg des Konzerns über so viele Jahre gibt, dann geht es für ihn viel um Gefühle. Nicht nur um die Gefühle, die Kunden weltweit heute mit LEGOs Produkten und mit der Marke LEGO verbinden, sondern auch um die Gefühle, die man im Laufe der Zeit in einer Unternehmenskultur versammelt und verdichtet hat. Um den besonderen LEGO-Geist, der sich in Generationen von Mitarbeitern fortgepflanzt hat. Ein Geist, der nach Ansicht des CEO bis heute wirksam und spürbar ist, obwohl LEGO inzwischen weltweit über 20000 Beschäftigte hat:

> »In vielen Unternehmen spricht man über die guten Werte, die man hat. Aber ich glaube nicht, dass die Mitarbeiter diese Werte in der gleichen Weise und im gleichen Maß spüren wie wir. Bei LEGO sind die Werte nicht etwas, das auf einem Blatt Papier steht, das der Direktor vorliest. Bei uns sind die Werte das, was wir tun, und Teil der Entscheidungen auf allen Ebenen. Natürlich ist der LEGO-Geist ständig in Bewegung, damit er auch für die Gegenwart relevant bleibt, aber gleichzeitig hat er eine ursprüngliche Kirk Kristiansen'sche-Billund'sche Prägung. Viele wichtige Prozesse im Unternehmen können an unterschiedlichen Orten auf der Welt stattfinden, aber es gibt ein paar Dinge,

die das Herz der Firma ausmachen und die nur in Billund stattfinden können. Wo alles begann. Zum Beispiel das Design unserer Produkte. Wir haben zwischen zweihundertfünfzig und dreihundert Designer aus über fünfzig verschiedenen Nationen in Billund, und daran halten wir fest. Also, wenn es einen gottbegnadeten Designer gibt, den wir haben wollen, der aber nicht in Billund arbeiten will, tja, dann wird es eben nichts. Ich glaube auch, dass der geschäftsführende Direktor immer in Billund sitzen und das Unternehmen von hier aus leiten sollte. Und ich glaube – und das klingt jetzt vielleicht ein bisschen ketzerisch –, dass es ziemlich wichtig ist, einen dänischen Direktor zu haben, wenn man sichergehen will, den Kern des LEGO-Geistes zu bewahren. Und wenn es kein Däne ist, dann sollte die Person die Bedeutung der Geschichte, der Werte und des Geistes des Unternehmens verstehen, um sicherzustellen, dass der LEGO-Geist in seinem Kern erhalten bleibt.«

Niels B. Christiansen, der bei der Pressekonferenz am 10. März 2021 das positive Jahresergebnis den Mitarbeitern widmet, sieht die großen Herausforderungen der Zukunft in der Digitalisierung, in die LEGO weiterhin massiv investiert, um bei Trends ganz vorn zu sein und mit den vielen digitalen Versuchungen im Kinderzimmer Schritt zu halten.

Beispiele von neuen digitalen Initiativen ist LEGO Super Mario und LEGO Hidden Side, bei Letzterem kann man mit einer App auf seinem Smartphone Geisterjäger mithilfe von *augmented reality* werden. Es ist eine Technik, bei der unsere physische Welt erweitert wird, indem der Wirklichkeit eine Ebene digitaler Objekte hinzugefügt wird, die man mit Brillen, Headsets, Smartphones und Tablets sehen kann. Der LEGO-Direktor erklärt einer Zeitung im März 2020: »Kinder von heute unterscheiden nicht zwischen digitalem und physischem Spiel. Sie wechseln unmerklich zwischen ihnen und genießen ein fließendes Spiel, bei dem das Physische und das Digitale sich gegenseitig verstärken.«

Bei LEGOs Investitionen in die Digitalisierung geht es auch darum, die Kapazitäten und Möglichkeiten auf der Homepage des Unterneh-

»Ich bin sehr begeistert von diesem neuen Modell. Unsere LEGO-Designer haben fantastische Arbeit geleistet, die Details des ikonischen Bugatti-Designs bewahrt und gezeigt, dass man mit LEGO-Steinen alles bauen kann«, sagt Niels B. Christiansen im Juni 2018 bei der Präsentation im LEGO House, zu der Bugattis oberster Chef Stephan Winkelmann einen richtigen Bugatti Chiron mitgebracht hat.

mens auszubauen, lego.com, die 2020 von einer Viertelmilliarde Menschen besucht wurde und die vor allem sicherstellen soll, dass LEGO auch in einer Zukunft relevant bleibt, über die sich alle in der Branche nur in einem Punkt einig sind: Es wird noch digitaler!

Und für diejenigen, die es leid sind, dass der Handel immer gesichtsloser wird und sich mehr und mehr ins Internet verlagert, und die ihre LEGO-Steine in einem LEGO-Store kaufen wollen, gibt es auch in diesem Punkt gute Neuigkeiten aus Billund: 2021 wurden hundertzwanzig neue Läden eröffnet – achtzig davon allein in China –, sodass es nun weltweit über achthundert LEGO-Stores gibt.

In den letzten zehn Jahren ist LEGO stärker gewachsen, als es in den Jahren nach 2004 irgendjemand für möglich gehalten hätte. Bei einem so rasanten Wachstum drängt sich unweigerlich eine Frage auf, die viele Menschen Godtfred um 1960 und Kjeld in den 1980er-Jahren stellten: Gibt es keine Grenzen dafür, wie groß das Unternehmen LEGO werden kann und was man mit der Marke machen kann?

> **Kjeld:** »Meiner Meinung nach gibt es keine Grenzen. Womit sollen wir uns vergleichen? Wir sind ja kein Spielzeug-Brand, wir sind eher ein Lifestyle-Brand, und man kann sehen, wie wir mit der technologischen Entwicklung, nicht zuletzt durch die Verbreitung des Internets, eine fantastische Menge erwachsener Fans hinzugewonnen haben, die die abenteuerlichsten Dinge bauen, die auch Kinder und die ganze Entwicklung von Spielen und Lernen inspirieren. Nein, ich glaube, es ist noch kein Ende in Sicht.«

Ein äußerst zufriedener Kjeld kann im Frühjahr 2021 feststellen, dass die vergangenen fünfzehn Jahre die besten Jahre seines Lebens waren, sowohl mit Blick auf die Familie wie auf die Arbeit. Vieles hat sich eingespielt: der Generationswechsel, das LEGO House, ein gesteigerter Einfluss bei den LEGOLAND-Parks durch den Aufkauf von 47,5 Prozent der Aktien von Merlin Entertainments, dem Eigentümer der acht Parks auf der Welt, bis hin zu weiteren Enkelkindern und einem ganz besonderen Geschenk von Camilla 2017 zu Kjelds siebzigstem Geburtstag: ein Abenteuerurlaub irgendwo auf der Welt.

Kjeld entschied sich für Afrika. Einen Kontinent, der von LEGO größtenteils unerforscht ist und den Kjeld immer für einen »wahnsinnig spannenden, vollkommen anderen und schweren Kontinent« hielt. Mit dem eigenen Flugzeug, einem Hubschrauber und einem Heißluftballon startet die von Kjelds gutem Freund, dem ehemaligen Elitesoldaten B. S. Christiansen, geführte Tour von Polokwane in Südafrika, dicht an der Grenze zu Simbabwe und dem graugrünen Fluss Limpopo – »der gesäumt ist von Fieberbäumen« und wo man herausfinden kann, »was es beim Krokodil zum Mittagessen gibt«, wie Rudyard Kipling in »Wie das Elefantenkind seinen Rüssel bekam« schreibt.

2018 reist Kjeld nach Afrika und schießt mehrere tausend Fotos von wilden Tieren und Wasserfällen. *Fotos: Privatbesitz.*

Der Jubilar und der Elitesoldat setzen die Reise durch Botswana fort bis zu den Victoriafällen in Sambia. Unterwegs erlebt der Tierliebhaber Kjeld die Giraffen der Savanne, Elefanten, Löwen und Zebras in freier Wildbahn. Er nimmt mehr als zweitausend Fotos und Videos auf, zerfetzt eine Wassermelone auf fünfzig Meter Abstand mit einem Gewehrschuss und fühlt sich oft wie der Junge in Billunds verwilderten Gärten Ende der Fünfzigerjahre.

Und nun muss er seine Rolle als Rentner finden, etwas, das seinem Vater schwerfiel. Doch Kjeld freut sich darauf und fühlt sich beinahe so, als sollte er noch einmal einen kleinen Tisch in der Ecke bei den Designern bekommen, an dem er mit LEGO bauen und diesen Meistern der Fantasie ein paar Tricks abgucken kann.

> **Kjeld:** »Ich habe schon mit Thomas darüber gesprochen und darf durch die Firma gehen, wenn mir danach ist. Das habe ich eher selten getan. Aber ich habe oft das Bedürfnis, einfach mal rüberzugehen und einem der Designer auf die Schulter zu schlagen, wenn er oder sie etwas Fantastisches gebaut hat, das einfach gut ausgedacht ist. Und dann habe ich ja noch immer meine Pferde, die mir so viel geben. Ich werde auch weiterhin meine Treffen mit Niels und Jørgen haben und verfolgen, was ganz allgemein im Unternehmen geschieht. Aber ich werde mich nicht einmischen, das will ich nicht. Schließlich ist da die Arbeit in den Fonds und die ganze neue Investitionsstrategie bei KIRKBI. Da sehe ich viele Möglichkeiten für jemanden wie mich. Ach, jetzt hätte ich fast meine Arbeit mit der Stadt Billund und meinem Con-Amore-Projekt ›Hauptstadt der Kinder‹ vergessen. Denn das ist es, wofür ich in Erinnerung bleiben möchte – dass ich viel an Kinder gedacht habe, an ihre Entwicklung, an das Spielen und Lernen und die Bedeutung des Spielens überhaupt.«

Immer noch in Bewegung, oder wie eine der Töchter über ihren Vater sagt: »All diese Gedanken! Da muss unglaublich viel in ihm vorgehen. Und in den letzten zehn Jahren hat er seine Ressourcen dazu genutzt, noch mehr verrückte, schräge und kreative Ideen auszubrüten. Was kann da nicht alles draus werden?«

So verabschieden wir uns von ihm, staunend und in Gedanken bei den Träumen, Idealen und Ambitionen seiner Familie, den Strategien, Plänen und Visionen, den Stapeln von Umsatzzahlen früherer Zeiten, Marktanalysen und Budgets, Mappen mit Patentanmeldungen, Zeitungsausschnitten, Preislisten und Fotoalben mit Vätern, Müttern und Kindern aus vier Generationen. Und über all dem schwebt ein lächelnder älterer Herr auf dem Weg rund um die Welt. Er ist der Botschafter des Spielens, der eine wichtige Nachricht aus der ›Hauptstadt der Kinder‹ in Dänemark überbringt: »Wir haben die Aufgabe, den Begriff ›Spiel‹ in etwas zu verwandeln, das nicht nur zum Kindesalter gehört. Es ist leider immer noch so, dass man aufhören soll zu spielen, sobald man ein bisschen erwachsen ist! Unsinn. Lasst uns für das Spielen eintreten – das ganze Leben lang!«

Namensregister

Literatur

Andersen, Jens: *Astrid Lindgren. Ihr Leben*. Aus dem Dänischen von Ulrich Sonnenberg. München 2015.

Andersen, Marc Malmdorf: *Leg*. Aarhus 2019.

Baichtal, John und Meno, Joe: *The Cult of LEGO*. San Francisco 2011.

Bank Jensen, Thea: *Småt legetøj, stort legetøj, godt legetøj*. Kopenhagen 1967.

Beck, Vilhelm: *Erindringer fra mit liv*. Kopenhagen 1916.

Brown, Kenneth D.: *The British Toy Business. A History since 1700*. London 1996.

Bundgård Christensen, Claus: *Den sorte børs – fra besættelsen til efterkrigstid*. Kopenhagen 2003.

Carroll, Lewis: *Alice im Wunderland*. Übersetzt und mit einem Nachwort versehen von Christian Enzensberger. Frankfurt 1963.

Clausen, Claus (Hrsg.): *Barndommens historie*. Kopenhagen 1981.

Collins, Jim: *How the Mighty Fall – And Why Some Companies Never Give In*. London 2009.

Cortzen, Jan: *LEGO manden. Historien om Godtfred Kirk Christiansen*. Kopenhagen 1996.

Coupland, Douglas: *Microsklaven*. Aus dem Amerikanischen von Tina Hohl. Hamburg 1996.

Dael, Merete; Helmer-Petersen, Jan und Juncker, Beth (Hrsg.): *Børnekultur i Danmark 1945–2020*. Kopenhagen 2021.

Dansk Kulturhistorisk Museumsforening: *Leg og legetøj*. Kopenhagen 1978.

De Coninck-Smith, Ning; Rasmussen, Lisa Rosén und Vyff, Iben: *Da skolen blev alles. Dansk Skolehistorie. Bd. 5, Tiden efter 1970*. Aarhus 2015.

Den jyske Historiker: *Virksomhedshistorie*. Aarhus 2005.

Doyle, Mike: *Beautiful LEGO*. San Francisco 2013.

Engelbrecht, Anders: *Dansk Købestævne i Fredericia*. Kolding 1986.

Eyermann, Jacob Zakarias; Jørgensen, Per und Winther, Jesper (Hrsg.): *Leg gør os til mennesker. En antologi om legens betydning*. Kopenhagen 2013.

Fredlund, Jane: *Så lekte vi*. Västerås 1973.

Gad, Holger: *Bondefrigørelse. Dansk landbrug i fortid, nutid og fremtid*. Aarhus 1989.

Hansen, Ole Steen: *LEGO og Godtfred Kirk Christiansen*. Kopenhagen 1997.

Hansen, Willy Horn (Hrsg.): *50 år I leg*. Billund 1982.

Henningsen, Peter: *Hedens hemmeligheder. Livsvilkår I Vestjylland 1750–1900*. Grindsted 1995.

Henningsen, Poul: *Om leg*. Kopenhagen 2019.

Hildebrandt, Steen und Rørth, Charlotte: *Hildebrandt møder …* Viby 2003.

Huizinga, Johan: *Homo Ludens. Om kulturens oprindelse i leg*. Kopenhagen 1963.

Hundevadt, Kim: *Stifinderen*. Aarhus 2001.
Jarl, Annette Bruun (Hrsg.): *På sporet af en ny kommune*. Esbjerg 2006.
Jensen, Carl Peter: *Modstandskamp I Vestjylland*. Nr. Nebel 1985.
Jensen, John V.: *Tyskere på flugt*. Aarhus 2020.
Jessen, Peter: *En by og dens brugs. Billund Brugsforening 1894–1994*. Jelling 1994.
Karoff, Helle und Jessen, Carsten (Hrsg.): *Tekster om leg*. Kopenhagen 2014.
Kipling, Rudyard: »Wie das Elefantenkind seinen Rüssel bekam«, in: *Geschichten für den allerliebsten Liebling*. Aus dem Englischen von Irmela Brender. Hamburg 1994.
Kirk, Hans: *Fiskerne*. Kopenhagen 1928.
Knudsen, Holger: *De hellige. Erindringer om de gudelige forsamlinger og Indre Mission socialhistorisk set*. Viborg 1985.
Kristensen, Evald Tang: *Danske sagn som de har lydt i folkemunde*. Aarhus 1980.
Larsen, Kurt Ettrup: *En bevægelse i bevægelse. Indre Mission i Danmark 1861–2011*. Fredericia 2011.
LEGO House: *Building a Dream*. Billund 2017.
Lindholm, Mikael und Stokholm, Frank: *LEGO. Globaliseringen af den gode idé*. Kopenhagen 2011.
Linn, Sudan: *Forbrugerbørn. Varernes erobring af barndommen*. Kopenhagen 2006.
Lipkowitz, Daniel: *LEGO Bogen*. Kopenhagen 2009.
Lipkowitz, Daniel: *Great LEGO Sets. A Visual History*. London 2015.
Lunde, Niels: *Miraklet i LEGO*. Kopenhagen 2012.
Madsen, Ernst: *Vor jyske natur*. Grindsted 1997.
Mailer, Norman: *Cannibals and Christians*. New York 1966.
Milne, A. A.: *Peter Plys*. Kopenhagen 1955.
Mørch, Søren: *Den ny Danmarkshistorie 1880–1960*. Kopenhagen 1982.
Mouritsen, Flemming: *Legekultur. Essays om børnekultur, leg og fortælling*. Odense 1996.
Muhr, Sara Louise: *Ledelse af køn. Hvordan kønsstereotyper former kvinders og mænds karrierer*. Kopenhagen 2019.
Ogata, Amy F.: *Designing the Creative Child. Playthings and Places in Midcentury America*. Minneapolis 2013.
Olsen, Lars Hedebo: *Kay Bojesen. Linjen skal smile*. Kopenhagen 2014.
Page, Hilary: *Playtime in the First Five Years*. London 1953.
Papert, Seymour: *Den totale skildpaddetur. Børn, datamaskiner og kreative tanker*. Göteborg 1983.
Pée, Lieselotte (Hrsg.): *Gutes Spielzeug von A-Z. Kleines Handbuch für die richtige Wahl*. Ulm 1976.
Pilegaard, Ulrik und Dooley, Mike: *Forbidden LEGO. Build the Models Your Parents Warned You Against!* San Francisco 2007.
Rasmussen, Hanne und Rüdiger, Mogens: *Danmarks historie 7. Tiden efter 1945*. Kopenhagen 1990.
Rasmussen, Lars: *Vandelgrisen. Vejle-Vandel-Grindsted jernbane*. Vejle 1978.
Rendboe, John: *Besættelsen 1940–45 i Grindsted*. Grindsted 2005.

Resnick, Mitchel: *Lifelong Kindergarten. Cultivating Creativity through Projects, Passion, Peers, and Play*. London 2017.
Riis, Benedicte: *Danmarks lege og legetøj*. Kopenhagen 1994.
Robertson, David: *LEGO. Sådan omskrev LEGO reglerne for innovation og erobrede legetøjsindustrien*. Kopenhagen 2013.
Rostgaard, Marianne und Wagner, Michael F.: *Lederskab i Dansk Industi og Samfund 1880–1960*. Roskilde 2000.
Sawaya, Nathan: *The Art of the Brick. A Life in LEGO*. San Francisco 2015.
Schmidt, Ingrid und Kaj (Hrsg.): *BILLUND. Der var engang*. Grene 2003.
Sigsgaard, Jens: *Barnets verden. Træk af barnets sjælelige udvikling*. Kopenhagen 1946.
Sigsgaard, Jens: *Det legede vi med. Gammelt legetøj i Danmark*. Kopenhagen 1982.
Sommer, Otto: *Erindringer om Grindsted-Grene Sogne*. Billund 1980.
Sørensen, Niels Arne (Hrsg.): *Det amerikanske forbillede? Dansk erhvervsliv og USA ca. 1920–1970*. Odense 2010.
Spies, Margrethe: *Fra hytte og slot. Danske hjem i tyverne og trediverne*. Kopenhagen 1977.
Tapscott, Don: *Wikinomics: How Mass Collaboration Changes Everything*. New York 2006.
Thygesen Poulsen, Per: *LEGO. En virksomhed og dens sjæl*. Kopenhagen 1993.
Torpe, Helge und Kobayashi, Shiguro: *Den tredje vej. En kreativ ledelsesform*. Græsted 1977.
Trap Danmark: *Billund Kommune*. Kopenhagen 2021.
www.brickfetish.com
www.brightontoymuseum.co.uk
www.brothers-brick.com
www.hilarypagetoys.com
www.inverso.pt

Dank

Mein Dank geht an die Mitarbeiter im LEGO-Ideenhaus, das Lokalhistorisk Arkiv for Grene Sogn, das Grindsted Lokalhistoriske Arkiv, das Fredericia Lokalhistorisk Arkiv und das Vejle Stadsarkiv sowie an Anders Aistrup, Tom Alsing, Karin Berg, Camilla Boesen, Hans Erik Christensen, Ning de Coninck-Smith, Jette Glargaard, Kathrine Glargaard Andersen, Mathias Glargaard Andersen, Niels B. Christiansen, Jens Christian Hansen, Helle Hegelund, Thomas Hegelund, Birgit Hornsleth, Kim Hundevadt, Peter Jessen, Gunhild Kirk Johansen, Christian Klauber, Jørgen Vig Knudstorp, Camilla Kirk Kristiansen, Kjeld Kirk Kristiansen, Sofie Kirk Kristiansen, Thomas Kirk Kristiansen, Jes Larsen, Ulla Lundhus, Lisbeth Aagaard Lykke, Linda Nielsen, Jette Orduna, Rebecca Schollert Mervild, Ulla Mervild, Tine Froberg Mortensen, Ole Magnus Pedersen, Mogens Rüdiger, Erik Skov, Ulla Skov, Pernille Schou, Kenneth Schultz, Peter Svendsen, Agnete Kirk Thinggaard, Søren Thorup Sørensen, Kenn Tarbensen und Lasse Zäll.